潘军文集

第柒卷

早期小说卷

文化艺术出版社
Culture and Art Publishing House

| 在北京寓所（2006年10月）

在西单图书大厦签名售书（2000年5月）

和读者在一起（2000年5月，北京）

在大理（2001年10月）

漫天飞雪（2001年冬，合肥）

作画祝贺潘萌长篇处女作出版（2008年冬，北京）

| 在旧金山金门大桥（2011年12月）

1967年的日常生活

潘军

晚饭

石婆岛史上没有吃早饭的习惯。早与空腹走半点，普通人家一般都在街上买油条和烧饼。条件好一点的，可以吃上包子和搀有腊肉丁的烧卖。到了1967年，街上的几家早点铺都相继关门了。因为战斗，商贩进不来。石婆这一带只产水稻，不种麦。

那时我家的成员是：外祖父、外祖母、母亲、我和妹子。家庭的经济来源是外祖父和母亲的薪水，他们在剧团上班。两人合起来有百余元，糊口有余。菜市上肉七毛四一斤，鸡蛋六分一个。家长是外祖父，他是一个信朴的老人，~~负责~~ 担负每日的采买。外祖父有一支放令的钓竿，再张致。他去菜市上转悠，买回来的货色却不怎么样，猪肉上好象总有一排肋骨。

| 手稿

|《日晕》不同版本书影

《潘军文集》第七卷
目　录

短篇小说

教授和他的儿子 …………………………………… 3
没有人行道的大街 ………………………………… 13
别梦依稀 …………………………………………… 22
初雪 ………………………………………………… 32
红门 ………………………………………………… 41

中篇小说

墨子巷 ……………………………………………… 53
篱笆镇 ……………………………………………… 95
大江 ………………………………………………… 142

长篇小说

日晕 ………………………………………………… 221
　　附录：
　　　多余的话 …………………………………… 450
　　　《日晕》（台湾版）序言 ………………… 453
　　　重印《日晕》自序 ………………………… 455

潘军文集

第柒卷

短篇小说

教授和他的儿子

教授在等待儿子的归来。

窗外无声地飘着雪,把寂寞卷到北方这所大学。放寒假了。对于上了年纪但神志却还清楚的人,最大的威胁倒不是死亡而是孤独。教授的妻子还没有来得及当上老伴就撒手西去了,能改变生活节奏的就只有这唯一的儿子。然而,当儿子离他很近的时候,教授又觉得儿子离他很远,很远……

教授今年正度花甲。他的身材由于腰有点弯而显得瘦小。为数不多的头发还是灰的,整齐地向后背着,因此他的额头显得很宽。几道浮雕般的皱纹似乎暗示着教授学识的渊博。没有人不喜欢教授的眼睛,这倒不是因为他的眼睛很美,毫不浑浊,而在于目光流露出十足的和蔼亲切和平易近人。他还有一口足以令同龄人惊羡不已的好牙哩!但不容易发现——教授是缄默的。教授的穿着历来简朴,他的服装上难得找到一条直线,而皮鞋是从来没有光泽的。在教授身上,唯一考究的是他出门时一定要戴上的那副水晶墨镜。这件微不足道的小玩意儿安在教授身上就像一顶鸭舌帽扣在出土陶俑头上,总让人觉得不协调。可是教授戴墨镜似乎成了一种嗜好。

教授是德高望重的。可以说他是国内研究古文字的权威。但他总是以谦逊的措辞阐述自己的观点,字里行间里充满着不耻下问。教授最担心的是自己的论文引起争鸣,他早就不习惯打笔墨官司了!不过,这种情况偶尔还是有的。持不同观点者总是挺身而出,与教授摆出一副血战到底的姿态。教授却退避三舍,以此来表示自己的宽宏大量。这时候儿子就会用不屑的甚至是轻蔑的目光注视着父亲。有几次教授感到不知所措。他觉得,儿子越来越神秘。他顶多认为儿子的额头同他相似,很宽,就这么点。儿子身材颀长而魁梧，皮肤黝黑且粗糙，鼻梁挺拔，眉毛浓重。教授总觉得儿子的眼睛黑白分布得不合理，否则，那眼睛怎么会折射出锋芒毕露的光泽呢？哦，还有那张叫人讨厌的嘴！"嘴唇完全是磨薄的！"教授最不满意的是儿子不作思考的口若悬河。

儿子，这位二十六岁的文科大学生，在没有被契诃夫颠倒神魂之前，是达·芬奇的狂热崇拜者。一想起这点，教授就追悔莫及。教授的卧室里用精致的镜框至今保护着《蒙娜丽莎》，但他不希望自己的儿子为达·芬奇的事业而献身。他认为"艺术家"虽然是个堂而皇之的称号，但也是个倒霉的职业。这些人为人类创造优美的图卷，自身却往往遭到抹黑。陶醉在肖邦的旋律中去探索他与乔治·桑的罗曼史，这当然也是一种独到的享受……"非画之不可以？"当初教授这么问儿子。他花了一整天的时间同正在抽条的儿子促膝交谈，并把自己一大堆关于古文字学的专著和论文摊在儿子面前，企图诱导这个小小的男子汉一头扎进浩如烟海的线装影印书堆里，用高倍放大镜在龟甲和金鼎上寻找无穷的乐趣。儿子手里翻着老子写的书，目光却越过老子的肩头，大胆地迎着那"永恒的微笑"……教授差点喘不过气来……天晓得儿子是哪一天怪起来的！后来他竟瞒着老子把户口迁到了大别山；在那里他找到了爱。到了一九七八年秋天，儿子又突然把名字写到了A大学中文系的花名册上。教授这才吁了口气，中国也许失去了一位艺术家，但教授却得到了一个像样的儿子。他认为儿子放弃油画箱是痛改前非。于是他像写论文那样给儿子写信，郑重表明做父亲的渴求事业后继有人的希望。然而，儿子寄给他的是一本很有声誉的文学月刊，那上面发表了儿子的处女作，一个叫《晨》的独幕话剧。单就选材——社会机构改革，就使教授震惊！儿子毕竟不是国务院总理，想得太多了！想多了是很可怕的。教授哪有心思看完呢？他觉得手中这本杂志沉甸甸的……

如今，儿子到了毕业的时候。他的才华得到了社会的公认。但，这并不意味着儿子真正走进了宠儿的行列……

远处飘来了汽笛声。儿子到了。他爱乘这班车，因为这班车是特快，而且总是正点。半小时后，楼梯上响起了节奏感很强的口哨：

青春啊青春，
美丽的时光……

"爸爸！"儿子现在就站在离父亲顶多两米远的地方。教授双手环抱着胸，大拇指在神经质地抖动。他在揣测儿子的穿着。直到儿子又喊了一声"爸爸"，他才回答说："回来了！"紧接着两只晦涩的眼睛将儿子搜了身。果然！——儿子俨然成了登山队员。教授立刻后悔不该每月给儿子汇去三十五元的生活费，否则儿子没有可能买来这件蓝得叫人睁不开眼睛的登山服，更不可能拎得起这种带小滑轮的旅行包。那上面赫然印着"QC"。什么意思？教授有点茫然。

"哼。"——教授的鼻腔不禁发出了这个轻微的、但足以表明态度的单音节。

儿子习以为常地笑笑。

教授感到儿子的嘴唇像是又薄了点。"还那么爱讲！肯定是！"教授这样想着，坐到藤椅上。藤椅发出了一声呻吟，掩盖了他微弱的叹息。几乎每次都这样，儿子不回来就想得慌；回来了则又闷得慌。老人有老人的脾气。何必呢？还是快活点吧。于是他的脸上勉强挂起少见的笑容。他问儿子旅途是否疲劳，是先洗澡还是先在沙发上打个盹，并说已经买好了带鱼……

儿子说先洗澡。说着就三下五除二地几乎把自己剥得精光，露出一身的健美。这叫教授暗暗吃惊，面前的儿子分明就是米开朗基罗的《大卫》的翻版。画家在作素描时渴求的就是这样的躯体，这样的结构。

洗澡间里稀里哗啦地响着。冷水浴是不是也属于赶时髦？教授倒有点不寒而栗。如今跑步都不过瘾了，兴打拳，更兴气功。没准儿哪一天——当然不是夏天，男女老少都齐刷刷地跳到冰窟窿里去呢！人总爱变着花样来折腾自己，不就是想多吃几年油盐吗？其实死是最公正的，谁也走不了后门。

一刻钟后，儿子挺着红扑扑的胸脯走出了洗澡间。教授看了很有几分羡慕。可等儿子穿好衣，再披上那件登山服，顿时味变了。于是教授脸上表现出一种无可奈何的微笑。儿子也笑了，笑得自在、开朗，又像是知道父亲缄默时的心理而感到可笑似的笑了。他那线条硬朗的脸上竟出现了两个浅浅的酒窝,这不和谐的组合却增添了儿子的温柔和可爱。教授有把握地认为,完全可以在这种气氛中使两代人推心置腹地谈上一番。从何谈起呢?教授思忖着。儿子在学业上的成就如何可以不管,教授不是那种巴望子女独占鳌头的父亲。天才往往是不幸的。他只希望儿子静悄悄地做人,而做人的学问远比其他学问高深得多。遗憾的是,二十六岁的儿子却不知道做人的 ABC。否则他怎么会在大庭广众之下,说他们的校长像电影《牛虻》中的蒙太里尼呢?其实完全不含贬义,仅仅是一种纯肖像的比拟,就像说棕榈和芭蕉模样差不多一样。可为什么偏要将深孚众望的校长大人同一位卑鄙龌龊的外国神父放在一起呢?秃头的人很多嘛,比如,列宁。说校长像伟大的伊里奇,哪怕只是一点点儿,也不至于在评选三好学生的时候,让人甩给你一顶"不尊重领导"的帽子。人家才不欣赏你这廉价的幽默呢!还有,为什么偏要称高汉平作"高副主任"呢?这个"副"字就舍不得省掉吗?只有傻瓜才会这么喊。尽管高汉平曾当过教授的研究生,那毕竟是过去的事了。不久前,教授应邀去 A 大学中文系作学术报告,红光满面的高汉平到车站接他。"汉平,听说你提拔为系负责人了,我很高兴!""……先生。我知道自己是不称职的。"高汉平自然会这么说,其实他心里难道不像浇上了一勺蜜吗?看看他笑出的双下巴就有数了……

但儿子不懂这些。是的,不懂。教授轻轻叹了口气,从沉思中费劲地抬起头——儿子已不在面前了。少顷,厨房里飘出一支歌:

望着我,望着我,
你那诚实的眼睛……

眼睛!诗人们爱说它是"心灵之窗"。不过,这扇窗户还是关起来,再拉上帘子的好……教授觉得头有点晕,便顺手将墨镜戴上。霎时周围的一切暗淡了,像是暮色悄然降临,其实,太阳就高悬在他的头顶上……

儿子的烹调功夫蛮不错。带鱼是油煎糖醋的,美极了。毕竟父子俩还有共同之处，比方这吃带鱼。这种场面很容易使教授想起神秘的遗传学。教授对遗传学最通俗的理解是"种瓜得瓜，种豆得豆"。当然，单凭这吃带鱼的嗜好来证明种质的稳定性那未免太遗憾了！或许，除了那宽宽的额头和吃带鱼，儿子身上能呈现的一切都是对遗传学的反叛？——这并非是计较儿子当着很多同学的面，说父亲的报告——《关于汉字的起源和发展》，索然无味。"平淡得像一潭死水！"儿子挥动着有力的手臂，"你的观点呢？难道就是几家学派观点之和？"……教授不会埋怨儿子的。他私下承认儿子的辨析力很强，善于捕捉本质的东西。教授的报告就是那么平淡，没有锋芒。何必要有锋芒呢？教授不善于作煽动性的报告。他的报告宛如一曲轻音乐，给人带来的只是宁静和舒适。听听会场上响起的掌声吧！"……我们再次表示感谢！"主持报告会的高汉平再次举起手，于是又一次引爆了雷鸣般的掌声。教授站起身，向大家频频点头。陡然他脸上的笑容凝固了——他终于发现有一双与会场的气氛格格不入的眼睛，在严峻地注视着他……那晚教授失眠了。有两双色彩迥然不同的眼睛在他面前晃动着。

高汉平的眼睛是习惯于笑的，一种很有力量的笑。教授第一次领略到这种力量是六十年代初，那时他刚从科学院调到北方这所声誉颇高的大学任教。还没有认清中文系所有的同行，教授便知道毕业班有个叫高汉平的，一个腼腆得像乡村姑娘却具有相当号召力的系学生会主席。否则，他怎么会由校方直接推荐给教授当研究生呢？他除了帮教授检查资料，抄卡片，做目录索引外，还替教授拿报刊信件、打开水，以至于倒痰盂，这使教授十分过意不去。但高汉平的硕士论文却是教授费尽了口舌才予以通过的。不通过行么？教授的勇气终于被高汉平那温柔得不能再温柔的目光击溃了。对高汉平，教授赋予的是同情和感激，而不是希望，尽管他时常按着高汉平的肩头，颇有感触地说"后生可畏"。然而，有希望的恰恰是高汉平。他有一双难得的眼睛，不是每个人都具备的。至少，儿子不能。儿子的眼光是那样的尖刻、冷峻，简直可以说是咄咄逼人！画家就是这种眼光。可儿子早已不摆弄那些乱七八糟的玩意了，为什么就不肯把这不讨人喜欢的眼光摘去呢？不久儿子就要毕业了，难道就让他用这种眼光去看世界？

"怎么样，爸？"儿子用筷子敲敲碟子的边缘，"这带鱼的味儿还凑合吧？"

教授定了定神。想得太多了。可是不想又怎么行呢？他是父亲。他就这么一个儿子。父与子，这是法律明确了的。法律，该是多么严肃！唉，妻走得太早了……

"不错。"教授赞许地点着头。

"手艺不比高副主任差吧？"儿子向父亲挤挤眼。

儿子指的是教授去高汉平家赴宴。回来，曾对高汉平的烹调技术赞不绝口。本来，平素深居简出的教授是不愿意在那种场合下抛头露面的。但那次他竟慨然应诺了。教授觉得，同作为系领导的高汉平谈谈关于儿子分配的事，没有比这更好的场合了。在杯来盏去之间把问题摊开至少不显得唐突。况且是高汉平以学生的名义请他的而不是他请高汉平，这就避了瓜田李下之嫌。动身前，教授在百货大楼挑选了几盒精美的糕点，拎在手上。可这种形象实在不怎么好看，在儿子毕业前夕，拎这些油腻腻的、装潢使人眼花缭乱的东西去登他的顶头上司之门，日后难免要留下话柄。这使教授颇为难堪。但天无绝人之路，教授还是有办法的。他把方方正正的公文包腾了出来，再把糕点平平整整地塞进去，锁严，堂皇地提着，俨然像去庄严的会场作学术报告……那天饭后，高汉平又一次就儿子的分配作了暗示。之后，这位机敏的中年人拿出一篇文章，交给教授，说是"请先生指教"。教授当然清楚"指教"的潜台词意味着什么。尽管那篇文章轻得像片羽毛，但教授还是将它在自己主持的一个影响还不小的学术杂志上公诸于世了……儿子说的烹调技术是指这件事吗？像是，又不完全像。为此儿子曾斜着眼盯过教授。更不可思议的是，他的毕业论文居然是冲着高汉平那篇文章来的，用犀利的措辞进行针锋相对的商榷。他这辈子大概就爱"商榷"。虽然教授认为儿子的文章结构严谨，论据充足，逻辑性强，但教授还是不满于儿子这种费力不讨好的做法。他写信，甚至还挂过长途电话，以"尊敬师长是学生起码的道德修养"为由，奉劝儿子收敛一些。儿子引用亚里斯多德的话作了回答："吾爱吾师，吾更爱真理！""你懂得什么真理？"教授气得嘴唇发颤。真理是什么？果真是像辞典上解释的那样，是客观事物及其规律在人的意识中的正确反映？如今不是有很多人把"棘手"读成"辣手"吗？有一本具有权威性的语言专著还称其为约定俗成呢！相反，念"棘手"的倒受到嘲弄和讥笑，视为不合法度。难道这也是真理？要是这样，那么真理就太悲哀了……

这顿饭吃得够长了。教授觉得带鱼的味道越吃越淡。他放下一片像梳子似的鱼刺，抿抿嘴唇，说："你的毕业论文……没动动？"

"没。"儿子连头都没抬。

"还是应该动动，"教授说，"至少，措辞要委婉一点……"

"委婉了，理就说不清了。"

"你……怎么这样自信？"

"人连自己都信不过，岂不太可悲了？"

教授轻轻地放下筷子，不想再吃了。"江山易改，秉性难移呀！"他内心这么感叹。但愿作为指导教师的高汉平气度能大点，看在他的面子上……教授走进卧室，将门重重地关上。

这样，一扇门隔住了两代人的心。

沉默。

这种可怕的窒息般的静谧在教授和他的儿子之间似乎还不曾有过。教授整个身体差不多都陷在那只松软的藤椅上。这把椅子是儿子在大别山插队时用三百斤山芋换来的，一直摆在教授的身边。那时，妻子刚与他中道而别，儿子又远走高飞，能打破寂寞的就只有这把椅子……教授用手抚摸着藤椅的扶手，凝视着长案上那只精巧的镜框里镶嵌的他和妻子抱着五岁的儿子的照片。哦，小天使！那时你的脸像苹果一样圆润，不像现在这样的棱角分明，仿佛是铸出来的，雕刻出来的！儿子长大了。他是那样不可抗拒地、一天天地、在父亲的注视中长大了。成熟和幼稚，深沉和奔放，敏锐和迟钝却是那样不和谐也不合理地纠缠在一起，像骨骼和肌肉，拆也拆不开！

儿子呀儿子……

门外始终听不到声响，儿子的声响。

教授对儿子产生了一种本能的怜悯。他还从未这样冷落过儿子。他历来是宽容的，像每一个慈爱的父亲对使他煞费苦心的儿女那样的宽容。是的，儿子在父亲面前，在这六十平方米的空间里，任性、恼怨、发泄、歇斯底里以至于摔碎茶杯、踢倒凳子，都无关紧要。而在社会上，也就是说，在除六十平方米的空间以外的空间里，就必须小心翼翼地留神任何一句话，像演员分析剧本那样地去抠潜台词，就必须注意任何一个眼波，解剖任何一个姿态……这些，儿子懂吗？NO！他看社会如同欣赏一块窗幔——那仅仅是一块美丽的布；然而，这块布后面的东西不见得都是美的！

唉……腰酸得难受，坐久了。教授吃力地站起身，用握不紧的拳头轻轻捶着腰。他无意中在大立柜的镜子里看到了自己，不禁一怔：怎么成了这个样子？像张弓。一丝凄凉悄悄爬上了他的心头……汉字的发展经历了一个由简至繁，再由繁至简的过程。实际上简单的字并不都简单。至少有这么一个字：人。"……尊敬的祖先把'人'作为人的象形符号大概不是偶然的吧？"教授沉思着。也许人生来就是那个样子：永远虔诚地弯着腰，软弱无力的手下垂着，是请安还是打千？

——"胡扯！这个字若是仓颉造的，那么仓颉该打！"很久以前一位年轻人第一次发现这个符号——"人"，就拍案而起，"人的腰是不能弯的！"后来他果然挺起胸膛去迎接反动派的水龙头，高唱"团结就是力量"；后来他挺着胸膛站在天安门面前，高喊"中国人民站起来了！"……再后来，他又挺着胸膛为俞平伯说了几句公道话，那时他致力于"红学"。但不久，他的腰弯了……他失败了。不，他获得了意外的成功。因为他再也不会挺着胸膛为胡风说话了。他终于悟出了那个符号——"人"的内涵。但是，历史让"人"变成了"人"！

"……昂首挺胸，迈开双腿，阔步向前——这才是人的姿态！"记得儿子这么说过。是的，他说过。儿子就是用这种姿态去丈量地球的。可怕的是，这种姿态会使他走出地球的边缘的。也许，这就是儿子所谓的个性？而个性，唯有爱弥尔·左拉才一语道出真谛：那是被视为公敌的一种独具一格的异乎寻常的表现。天！公敌！

教授没有勇气想下去了……

西天，只剩下一线残阳。

教授醒来，正是朝霞满天。这一夜是怎样过来的，他一无所知。他只觉得这一觉睡得很吃力，像走完了一截沼泽地。他费劲地翻过身，一只脚踩着了还留有余温的热水袋。这是儿子不知什么时候塞进来的。儿子醒了么？肯定醒了。怎么一点动静也没有呢？那有力的脚步声，那节奏分明的刷牙声,还有那稀里哗啦的冷水浴声,现在,都消失了。教授的心顿时被孤独和寂寞笼罩着……

盥洗完毕,教授像往常一样拖着步子走向阳台。他舒展着身体,大口地吸着气。当市中心电报大楼发出凝重雄浑的钟声时,教授的心一阵抖瑟。他意识到,这满天的朝霞已将他遗弃,上帝又无情地把他向坟墓推近了一步。这……不遗憾。如果这个世界依然属于他,那才是真正的遗憾了。这世界应该属于儿子。可是,儿子能否属于这个世界呢?教授长长地吁了口气。他步履蹒跚地走到儿子的斗室前,轻轻推开门——整洁的房间,但没有儿子。桌上有这样一张条子:

爸:
　　我去看看秀。一周后回来。我喜欢山里的雪……

儿子到大别山去了。那崎岖的山道上刻下了他的脚印。遗憾的是,那位叫秀的姑娘三年前去世了,为了一位不慎落水的儿童。然而,儿子的爱并没有被埋葬。在青冢面前,他的头,那倔强的头,埋下又昂起,像鹰般地昂起……

教授没有用儿子给他准备好了的早餐,就出了门。他知道儿子乘的那班车发出的时间是八点,还来得及。慌乱中,教授差点忘了戴上那副墨镜。什么时候开始戴墨镜的?记忆没有欺骗他,是为俞平伯鸣不平而遭殃之后。那是个多雪的冬天!他的眼睛没有任何眼疾,但需要保护,谨慎地保护。这并非属于浅薄的附庸风雅。教授不肯让任何人透过他的心灵之窗来窥视他内心的隐秘。同时他又可以隔着这两片墨绿色的玻璃,肆无忌惮地表现自己本能的喜怒哀乐。谁能知道,他满面春风的脸上会藏着一双布满血丝或沁满泪水的眼睛呢?

他先后换了三副墨镜,色调越来越深……

……教授来到了车站。他站在一个不易被人注意却又不妨碍观察的角落,努力地搜寻着儿子的身影。他很快就发现了,儿子倚在一棵梧桐树上,在看一本书。但教授看得非常吃力。他觉得,儿子对于他,好像永远是个谜,像毕加索的画、卡夫卡的小说、无标题音乐和朦胧诗。教授感到眼球发涨,于是他下意识地摘下了鼻梁上的墨镜,立刻,他的眼前划过一道霞光,刺得他几乎睁不开眼来。等他完全睁开眼时,他震惊了!教授似乎是第一次发现大自然的面貌原来竟是这样的清爽。那阳光!那雪!还有这座古老的城市,像童话中的插图,一切显得井井有条。尽管这里有废墟,但耸立起了高高的脚手架,不久,大厦将拔地而起……

终于,教授看清了儿子。阳光下的儿子通体发亮,像一尊粗犷雄健的大理石雕像。儿子的脚下是白皑皑的雪。然而雪里将萌动着一个生机勃勃的春天——这是不可抗拒的。就像从"入"到"人"那样的不可抗拒。历史是严肃而公正的。……上车的铃声响了,儿子迈开了步,他还是那个姿态。那登山服的颜色,像天,又像是海。哦,那旅行袋上的"QC",教授一下领悟到,那分明是——青春!

……教授重新戴上墨镜,目送着儿子,但儿子的身影又突然模糊了。莫非,这副眼镜到了该摘去的时候了?教授轻轻地叹了口气。

1982年12月初稿
1983年9月改毕于安庆
(原载《北京文学》1984年第1期)

没有人行道的大街

鞋跟又被踩了。他弯下腰，索性把鞋带打了个死结。刚抬头，"啪"——面前绽开一朵斑斓的花，是自动尼龙伞。伞底下是四条缠绕着的细脚。只差一点，伞尖就捣着了他的鼻尖。他赶紧挪开，为这对红男绿女让路，以至于险些让"嘉陵"的前轮吻了他的小腹。驾车的小胡子两腿像舢板的桨，朝地上一搭，用白眼狠狠地扫他，吐掉嘴唇上的烟蒂，这才"嘟嘟嘟"地走开。他倒吸一口凉气。倘若他乘"伏尔加"来，这小胡子敢这么凶？……

这是条没有人行道的街。很挤。原先铺的是青石板，后来把青石板揭去，填上碎石子再浇上柏油，便成了一条不很宽，但光洁可鉴的柏油街道。除了这一点可算得上沾了点现代化味，街道两边的屋宇仍颜面依旧。莫非，这条街是特意留给电影厂作外景地的？倘若拍三十年代都市一隅，那顶多只需把街两边"二郎神"们悬挂的五颜六色的，以致让人眼花缭乱的入时服装，换成"大拍卖"、"大减价"之类的幡旗，就得了。这条街……

他像条鳗鲡似的游动着。蒸发出来的焦烘烘的柏油味和男人身上的烟草味，吞噬了姑娘身上散发出来的淡淡的香水味。汗味和烂桃子味黏在一起。二氧化碳在向空气挑战。他小心翼翼地吸气，大幅度地收腹。他举目望去，跳动的头黑压压一片，像浅水池里的一群蝌蚪。当年错批一人，如今误增几亿。但是他的父母，在这方面并无卓著的贡献。他一想到这点，立刻对父母肃然起敬。他是他们的唯一作品。但这不意味着他们有先见之明，只不过是在他出生后的第二年，母亲害了一场大病，便一夜之间丧失了生育功能。"你能！"前些年父母纠葛，末了父亲总得把这句伤人的话甩过去。"你能就再生个女儿看看！"母亲便"独怆然而涕下"……

但他依然是父母的骄傲和安慰。

"你儿子真出息!"

"这样的儿子!啧啧!"

"好福气哟……"

类似这样听起来令人发酥的话,是在他做市长的秘书之后听到的。他压根儿想不到自己当时苦恼的事恰使蓬筚生辉。他是学中文的,全系公认的"才子"。在校期间他就发表了几篇值得一读的小说。其中一篇还得到了一家刊物的征文奖。可是,每次放假回家,除赢得认识他的人对他表示礼节性的寒暄外,便无特别赞誉。为这,他抱怨过。然而现在……

"乖乖!当上了市长的秘书!"

他觉得这"当上了"很不是滋味。好像市长秘书的位置是他经过不屈不挠的搏斗,才到手的。实际上是分配的,也就是给的。给谁都行。到人事局报到的那天,他磨磨蹭蹭地向那位戴眼镜的中年办事员,表明自己的意思,希望能由市政府办公室改派到市文联或市文化局。办事员像触电似的一惊,一滴墨水落在信笺上,而后便用那双不大的眼睛审视着他的脸。"你神经没毛病吧?"他领悟到办事员的意思。

但他感到疑惑。

秘书,市长的秘书,就这样轻而易举地"当上了"。据说当初市长对他一笔潇洒而娟秀的字感到兴趣,所以来了个一锤定音。于是,他开始了一种恍惚的生活。一听电话铃响,他就感到周身发麻,还冷。有几次他真想把话筒攒了!再就是看不完的文件和写不尽的材料。味同嚼蜡。更令他难以忍受的是,凡他写的材料,办公室主任总得用朱笔在上面潇洒地涂涂改改。好像只有这样,才体现主任的水平,至少高他这个初出茅庐的大学生一筹。而且他还得笑容满面,竭力做出一副虚心好学、不懂就问的小媳妇的样子,甚至说几句使主任愉快的话。其实,一转背他就想对那像螃蟹爬过似的字啐口唾沫。

他害怕在报刊上看到自己同学的文章。若是看到了,便不屑一顾。然而这种阿Q心理并不能抵御苦闷的侵扰。凭他的才力,他完全有把握超出那些人。他巴望有机会施展一下，来一次小小的爆炸。是的，小小的爆炸！哪怕只来那么一次也好。至少使分散在各地的同学私下认为"才子"的桂冠他受之无愧，非他莫属。可是，在他头脑中游动的尽是"认真领会"、"坚决贯彻"；一下笔就下意识地写出了带冒号的"同志们"或者"我的话完了！"——其实是市长的话完了……

他感到了一种莫名的寂寞，仿佛掉进了一口枯井。

然而他家门庭若市。只要他一回来，就总有一些人尾随而至。他们共同的爱好是刺探文件上或报纸上见不到的"新闻"。诸如：××这次机构改革是否要进"班子"？××最近没出来是否意味着是"三种人"？顶替的政策是否要变？肥皂是否要涨价？等等，等等。最有意思的是一位儿时的同窗，递上来一份申诉，说自己的老婆被人摸了一下而法院又不予受理……他被弄得筋疲力尽，又烦又腻，恨不得操起鸡毛掸把这些游手好闲的座上客赶出去！可是，不知怎的，他渐渐把回答这些不成为问题的问题当成了一种嗜好，对答如流，口若悬河，津津乐道，说得那些人一个个眼睛像充足电的小灯泡。他便从中猎取了一种异样的满足……

有一个早晨，他去宾馆接"上面来的人"。当米色的"伏尔加"路过家门时，他下意识地叫司机减速。果然，一些正在街边刷马桶的女人看到了并认出是他，几乎都惊羡不已。其中一位穿花睡裤的胖妇人，竟忘形地把马桶刷举过了头……

他突然感到脸颊发烫。不过，很快就好了。一切恢复正常……

大幅广告牌十分醒目，鲜亮。遗憾的是设计雷同，都是"美人头"。更糟糕的是颜色，原色的比重太大，让人喘不过气。最大的一幅是推销轴承的，有意思，也请"美人"用手托着锃光油亮的轴承，好像轴承是姑娘的手镯！"真蠢！"他暗暗骂了句。

忽然他意识到错了。怎么走上了这条街呢？他是打算去百货大楼买半高跟皮鞋的。他个头不高。如今都市女郎已庄严地宣称过，凡男性青年身高不足一米七者均属半残废。也许因此娇小的未婚妻常和他拌嘴。"不行，拉倒得了！"他横下心来就这么说。她虽然不再吭声，但眼神中还是不自觉地流露出一种委屈，好像他欠了她的债。他们是同学。在大学时，每当他发表一篇小说，她总得吹毛求疵几句，但这是象征性的，因此也照样给他带来了快慰。那时，他的个头似乎还要矮点……幸亏智者贤人发明了半高跟，便医治了一批"半残废"，也拯救了他。昨天听说百货大楼到了货，今天他就赶来了。可是，百货大楼在西面，与这条街背道而驰，真是鬼使神差。

再走几步便是新华书店。偌大的城市只有唯一的书店，还坐落在这条没有人行道的街上。他下意识地停住脚。

他看看表，上午的时间不多了，得去买鞋。刚转过身，"噌！"——腰部被什么撞了一下。

"你……"看见是个不足一米高的小男孩，他才断然把后面火气不小的话咽了下去。

男孩一边向后退着，一边摸着扁扁的脑瓜子。肯定是撞到他口袋里那只氧气打火机上去了。他早已没有吸烟的嗜好，兜里却不得不装上打火机，因为市长吸烟。这和迅速地记录、利索地开车门一样重要。他发现这孩子很像童年时代的自己，两眼圆圆的，滴溜溜地直转。一遇上不愉快的事，嘴巴就撅得像勺子。

"来干什么了"话一出口，他就觉得荒唐。到新华书店来还能干什么呢？于是不等男孩讲话，他就摸摸孩子光洁白嫩的脸蛋，努努嘴，意思是：走你的吧。

男孩便一溜烟地钻进了书店的大门。

像有一只手拽了他一把，他也跟了进去……

每次进书店，他就不自觉地想起一桩啼笑皆非的往事。

这是十几年前的事：他打听到市委党校的图书馆没有被"革"掉，便花了一整天进行了实地考察，果然发现南窗下有一套《辛稼轩词集》。他差点叫出了声。到了夜里，约摸十一点钟，他翻过栽着玻璃尖儿的围墙，像只猫似的溜到南窗边。瞄瞄四周，悄没声息。他用电工刀撬开玻璃，伸手摸开插销，拿出那套书就急着往怀里揣，正欲逃之夭夭，突然像是从天上落下来一只大手，把他逮住了。

"啥银（人）！"门卫老胶东死死封住他的领子，要揪他去见人保。老胶东力大无比，抓他像抓鸡。他知道硬来恐怕不行……

"大爷，"他努力装出心平气和的样子，"我，我拿本书……瞧瞧……"

"呸！"老胶东吹胡子瞪眼，"贼娃子！"

"贼？"他从容不迫，"偷书就是拿书，什么贼不贼的！不信，问老鲁去！"

"老鲁系（是）啥银（人）？"

"鲁迅！"

"中央朽（首）长么？"

"系（是）！"他差点笑了，"毛主席都对他竖大拇指！"

老胶东顿时傻眼了，手也就跟着松下来。

他骄傲地提提领子，顺手摸出半包揉皱的"大铁桥"塞到老胶东手里，嘻嘻一笑，还做了个连他自己也不明白的手势，便溜之大吉……

于是，他常逛这条没有人行道的大街。这里有蓬莱仙境。他实在太爱书籍了。在上大学那阵子，每月助学金一发下，他就朝书店里钻。他跟那里的营业员都混熟了，每次新书一到，他们就替他选留几本，使他非常感激。之后，新书好书越来越多，靠那点助学金不足应付了，他就扯些"关于添置夏装"、"关于购买棉帽"等乱七八糟的理由，郑重地向家里伸手要钱。一次，为了买上海译文出版社编的那套"世界文学名著"，他竟把手表卖了！幸亏后来得到了一笔不大但也还可观的稿酬，才得以亡羊补牢。那套书，他差不多买齐了。令他遗憾的是，狄更斯的《远大前程》至今没有弄到。他是狄氏的崇拜者，有人竟称他为"小狄"。如果不是毕业在即，他肯定会写信去向出版社邮购。他曾通过这种渠道得到了不少使同学们为之咂嘴的书。连以"书的富翁"自诩的梁怡也不得不对他时常投来惊羡的一瞥。他当然也悠悠自乐。学中文的，还有比这更值得自豪的么？有多少读书人不嗜书如命呢？

如今书店实行开架售书，很好，可以随便翻看挑选，省得和营业员磨嘴皮。他在一排书架上浏览一遍，没有发现自己喜欢的，正想转身走开，蓦然，一本书跳进了他的眼帘，那分明是《远大前程》！他立即将它抽出，用手一摸，尽是灰。他的心一阵紧缩，眼睛并没有欺骗他，这一架的的确确挂着"廉价处理"的牌子，像"退休光荣"的帖儿，那么安泰。

"同志,"他急促地问边上正在漫不经心地"智斗美女蛇"的营业员,"这书……是不是摆错了……"

小伙子瞟瞟他:"错了? 错不了!"

"狄更斯的名著怎么会降价呢?"

"姓狄的多大能耐?"小伙子很不耐烦地磨过脸,继续去斗他的"美女蛇","不要,搁进去……"

搁进去?!

这不正是自己梦里都想要的书吗? 他不由自主地把手伸进袋里去掏钱,但犹豫了。花钱买这些书,还"用得上么?"——每次他只要带一本小说去办公室,就肯定有人对他这么说。他也在琢磨。

扉页上的狄更斯在凝睇玄思。那冷峻而深沉的目光曾颠倒过他的神魂,以至于私下认真模仿过。现在,他有点冷。……

他把《远大前程》默默地放回原处,打算往门口走去时,他听见身后嘟哝一声:"哼! 书降价也有意见,降了价你也买不起……"是那小伙子! 斗完了"美女蛇"就来斗他。

他像是被那小伙子扒得精光,扔到街上,两腮顿时烧了起来。他猛地转过身,几步就蹿回去,一把将《远大前程》抽出来,和五元钱一起摔到那营业员面前:"我买了!"像是和别人赌气似的。

好在这时有人喊他。女的。

如果不是她撩开松软卷曲的刘海(现在还称刘海么),他根本认不出面前这位亭亭玉立、体态秀丽的女郎是梁怡。

"啊,是你呀! 还好吗?"他握着她的手问道。梁怡分在这个城市的文化局创作组,一个当初使他眼红如今又感到无所谓的单位。

"没你好,"她一笑便绽开一对迷人的酒窝,但也使鼻子两侧的雀斑显得突出,有得必有失。"当上了市长的秘书,过瘾吧?"

又是"当上了"! 而且"过瘾"! 他以笑作答,很快岔开话题:

"拜读了你的大作,省报上的。"

"大作?"梁怡并不特别高兴,只是咧咧嘴,"吃这碗饭的,总得意思意思。否则,年终的奖金会受到威胁的……"

他有点疑惑。好像梁怡写文章是有人拿刀子抵在她腰上;不写,就试一下。

"《远大前程》?"她接过他手中的书,"你买的?"

他未置可否。

"别买了,退了吧。"她把书插进书架,"我那本,送你。星期天你来取……"

她那本不就是在校时常向他炫耀的那本么?据说她是从"高价书商"那里弄到的。"怎么你尽拣便宜事?""便宜?我多花了五毛!""我再加五毛!"……当时,他羡慕加嫉妒。

"那你……"想不到她现在如此慷慨。可能她已有两本,他想。

"我书够了。"她说,"书橱大了显得蠢。这书装潢太死板,没味儿。摆在里面不那个……"

那个?他暗暗一惊。接着他发现梁怡脸上的雀斑似乎多了点,也大了点。莫名其妙。

"不看看吗?"他问她。

"没什么可看的。"她用叠成扑克牌一般大的手帕扇着风,送来一股熏人的茉莉花香。"我是来买挂历的。"

挂历?他不解。如今已是六月,一年过去了半年,还要挂历?

她很敏感,立刻从他的表情上捕捉到了他的疑惑,便解释说:"我准备结婚。房子总算到手了,还幸亏那篇文章呢!"说完,她旁若无人地笑了起来。

那篇被称作报告文学的文章,是写她的局长如何如何做机构改革的促进派的。其实,那位局长在填写"干部履历表"时,总爱把年龄缩点,把学历升点。他也笑了。

"房子还可以吗?"

"凑合。粉刷了,再黏上墙布。"她说,"不过,没挂历总不像样子……"

"现在恐怕……"

"听说仓库里还有积压。但品种不理想,全是女人。也罢,装饰装饰,点缀点缀……"

难道女人只是用来装饰和点缀的?他想笑。这时,梁怡向他大方地伸出了手,并郑重地告诉他,说关于她结婚的消息切切不可向外界披露。

她说她不想别人对她意思意思，也不想对别人意思意思。说完，她飘然而去，甩着小腿……

有一分钟，他怀疑刚才踩他鞋的是不是梁怡那白净而修长的腿。

壁上的时钟沉闷地响了十下。他意识到剩下的时间不多了。得去买半高跟。明天就穿给未婚妻看。可是，一看到大街上攒动的人头，时髦的服装和刺眼的广告牌，他就感到两腿发软。然而，待在这寂静的书店里又能干些什么呢？

这时他又发现了那个有点像他的小男孩，弯着腰，在寻找什么。

他好奇地走过去，问那孩子找什么。

男孩抬起头，一脸是汗。

他又问了一句。

"我，我丢了钱……"到底是孩子，话刚落音，泪珠儿就跟着滚下来。

"丢了多少？"

"一毛二。"孩子直撇嘴，"我要买《小学生手册》。上回爸爸给我买了一本，我弄，弄丢了……"这下他真哭了。

他替孩子揩揩眼泪。然后，从口袋里掏出两毛钱，塞给他。

孩子睁着大眼珠看着他，把一双小手藏在身后。

他还是把钱硬塞到了男孩手中，并一字一句地说："去，买书吧。记住，这次可千万别弄丢了！"

孩子认真点着头，两片嘴唇咬得紧紧的。

……

他站在一个僻静的角落，望着那男孩手举着书，连蹦带跳地走了。他霎时感到了一种惬意和快慰，同时像获得了一种解脱……

终于，他又一次被卷进了这条没有人行道的大街。脚底滑了一下，肯定是踩着了烂桃子或西红柿。汽车喇叭声、自行车铃铛声、小贩像唱歌似的吆喝声夹杂着那沙哑的、尖厉的咒骂声："碰着！碰着！""别踩了孩子！""你他妈的瞎了眼！"……搅拌在一起，令人为之悚然。夏风乍起，街两边悬挂着的入时服装便像万国旗似的飘扬，飞舞。人，便在这缝隙中钻来钻去……

蓦然，一个念头在他脑海中泛起：应该立即给市长递份报告，把这条街彻底地改造一下！至少，要把人和物严格地区分开来，让人去走人的道路……

1983 年 9 月　安庆
（原载《安徽文学》1983 年第 12 期）

别梦依稀

　　你可千万要小心，上车时别碰了脑袋。这车非常矮。这种名叫"桑塔纳"的混血儿轿车整个地委大院才进了两辆。大家一致认为这车漂亮非凡，摸起来像摸鲤鱼的脊背那么光溜。可是，你一见到车的 W 标记就总想起一个英语单词 why（为什么）。不为什么，这是工作需要。所以，你大可不必考虑你坐上去是否合适，尽管你才三十二岁，但你毕竟是地委组织部副部长，而且是省里直接放下来锻炼的"第三梯队"。

　　你什么都赶巧了。高中毕业赶上了当兵；复员回来赶上了恢复高考。大学快念完时，你的一篇小型论文在《红旗》上发表了。于是，你理所当然地被分配到省委办公厅，当上了负责同志的秘书。你的素质不错，不声不响地就摸到了机关工作的窍门。你周旋在大官小官之间，处世的火候和待人的分寸都掌握得可以，那种环境使人成熟得早。

　　上面很重视你，这你心中有数。那位负责同志临去北京任职之前，对你的安排吩咐了几句，自然很快奏效。你连中几元，人家说你是撑杆跳也并非挖苦，你的确干得不坏。你一直想做出些看得见摸得着的成绩来，以此证明自己的升迁是顺理成章的事。所以，你一到职就急着去基层搞调查。

　　昨天你到了 A 县。A 县是你的家乡。因此，你昨晚没有睡好也很自然。桑梓之情牵动了你，遗憾的是那里再没有你的亲人了。你离开家乡已跨十五个年头。那时你还没有小家庭，而大家庭早就散了。你母亲在你入伍的前一年死于肝癌。那个在履历表上你称他作父亲的男人，你连恨他也嫌烦。这不是无缘无故的。小时候那家伙动不动就没有轻重地揍你，因为你总忘记替他打酒和倒洗脚水。问题还不在这，倘若你对这点鸡毛蒜皮的事耿耿于怀那你就算不上一条汉子。但是，他打你妈！打够了就扔，扔得不明不白。后来你母亲死了，于是他便另觅了新欢——其实，这之前他和那小女人已经暗地里交往。如果你能容忍这一点那你也算不上一条汉子。你想走，于是就走。一走就是这些年。你越走下去越觉得轻快。

在县里住了一晚，今天一早你就起身去 P 乡，据说那里整党工作搞得不错。P 乡与你的家乡 C 乡相距不远，正好能让你抽空去看看母亲的坟（十五年啦！）可是你又担心会不会碰到你的父亲。他会不会还在 C 乡当副书记呢？你没有打听，怕引出一连串的名堂来。那位陪同你的县委分管组织工作的副书记老金，体态虽略显臃肿但头脑却非常灵光，一见面他就听出你的口音有这地方的成分，"程部长也是 A 县人？""不。我曾在这里插过队。在 C 乡。"你居然应对得从容不迫。

稻香季节。这地方的稻子总是这么好。那会儿你一放暑假就赶上割稻子。你家自留地里也有一块稻子，你和母亲赛着割。你每次都割在母亲前面，其实你不知道母亲是故意落后的。她知道自己的儿子好胜。你看，过这道石桥了，你还记得这座桥的河沿有许多蟹子洞吗？摸这玩意儿不难，只拼命往洞里灌水就是了，然后把短裤脱下来，扎紧两只裤管，用裤腰对准洞，蟹子就会自投裤裆。有一次对面来了个放牛的小姑娘，你吓得扔了"袋子"，蹲到水里。那姑娘怎么知道你光着屁股呢？她漫不经心地在河沿上放牛，一直放到日头落山。于是，你就蹲到日头落山。结果，回到家你就发烧了。你父亲就着你摸的蟹子喝了三两酒，而你母亲什么也没吃，坐在床沿用湿毛巾敷在你额头上……

轿车略颠了一下。

你感到有点躁，便把车窗摇到最低限度。车开得极快，你的头发像瓜皮帽似的朝后披去。发根有点麻，风不小。看来你那副变色眼镜是买对了，要不这沿路的景色看起来必是蛮伤眼的。不过你买这副眼镜还有另一种用途。你妻子总称它是小道具，是这么回事么？你这一米七六的而且是绝对魁梧的身材，穿上这一套米色涤纶凡尼丁的夏装，棕色的皮凉鞋，再拿着一把折扇，动不动就把鼻梁上的变色镜朝上推推，看起来的确是一表人才。

车拐弯了。从老金的神色中你知道P乡到了。果然，车驶上了一个小坡，对着坡上那雪白的四合院子开过去。大门口有几个中年人立着，见车开来，他们八字排开，搓着手，仿佛这车是一口棺材，要他们来抬。

车停住。老金第一个下车；接着你发现有人替你打开了车门，于是你弯腰走出来。你的头却碰了一下——

替你开车门的是你的父亲，P乡党委书记程永旺。他没能一下子认出你，因为你戴了变色眼镜。

老金敞开衣裳，上前介绍："这是地委组织部的程部长，这是乡党委程书记。哦，你们还是宗家呢！这是乡党委副书记老马，这是……"

你与他们一一握手。你一只手，他们两只手。你第一个握的就是你父亲的手。现在你已经感到那双手在微微发颤。你知道这一瞬你们都明白了对方是自己的什么人。你看，你父亲的目光总在你右腮上那块月牙疤上移来移去……

"先坐下喝口水吧！"老金把手挥了一下。

那双像受惊的鹿似的眼睛不时从浓重的扫帚眉底下看你。而你的眼睛一直在隔着变色镜片审视着那仿佛小了一圈的父亲。那目光，你想着，那目光柔和到接近呆滞的程度，以前的威严不知分解到哪里去了。你当然不会再在那双眼睛的注视下去战战兢兢地写什么作业，而把弹弓悄悄往裤袋里塞了。现在，你觉得脸上有个小虫子在爬来爬去，你的鼻翼出奇地痒。你抬手摸了一下，手却落在那块凹进去的月牙疤上。你把这块硬肉揉了揉。从眼角的余光里，你看到坐在你对面两米远的父亲的头低下了。你下意识地缩回手……

"程部长这次下来，主要是，这个这个……"老金点上烟说开场白，"主要是了解整党情况，我昨天在电话里已经讲过了。你们准备好了么？好了就谈吧。你看呢，程部长？"

你点点头。

你眼前暗了许多，原来你的父亲站起来了，他的背遮住了半个窗户。他早已把准备好的一叠材料捏在手里，指头在神经质地乱动。

"坐下谈吧。随便谈。"你说。你拿出笔记本，把钢笔帽脱了。

你父亲依然立着。他轻轻清了一下嗓子，把鼻梁上的老花镜扶了一下，不料老花镜滑得更低。他终于说了："这次，上级领导到我们乡来视察，是对我们极大的信任和鼓舞……我刚调到P乡不久，情况还不熟，所以……"

这声音又弱又涩。这是那个声音吗？你怎么也听不进去。而另一个声音你想撇又撇不开，那声音又粗又亮。"打酒去！""把拖鞋拿来！""考不到90分老子揍扁你！"哦，就是那个声音主宰了你的一家……一天下午，你放学回来，还没有进门你就听到屋里嗡嗡地响。是母亲在抽泣："孩子都上高中了，你也该正经点……要不，你就干脆把我离掉，明明亮亮地去同那小狐狸过……"屋里只静了一下。你趁这机会推开了门，你看见母亲磨过脸转身进厨房去了。你靠在门框上，看着西山尖快要沉下的日头。父亲把腿从椅子上搬下来，"打酒去。"你没动。父亲又重复了一句。你还是没动。"聋了？打酒去！"父亲霍地站起来，把钱摔到桌上。"不打！"你突然叫道，你第一次敢于瞪着眼睛去看你的老子。你父亲火了，像野兽一样向你扑来，揪住你的耳朵把你朝前一操。你摔倒了。接着你感到右腮火辣辣的黏乎乎的。你扭过头来看你的父亲，他的脸早吓白了……你脸上被缝了三针……

哦，这该死的鼻子！都怪上午兜风太厉害，现在报应来了。都他妈的在机关里泡酥了！

你的父亲还在向你作汇报。他的声音似乎比刚才亮了一点，也流畅了一点，偶尔还带上了一两次"这个这个"。这很好。你发现自己的心绪好了一些，不那么闷了。你尽量把身体向前倾一些，远看上去别人还以为你在系鞋带呢。可是，尽管这样你总还是居高临下的，你已经开始注意听你父亲的汇报了。你觉得，这个五十多岁的人作为一名基层领导干部的素质还不算差，问题讲得蛮有条理，也还透彻，谦虚的措辞之中有分寸地塞进了工作的成绩。如果你不时插言赞扬几句，你边上的县委副书记老金就会记下来，说不定等你走不久，你的父亲就会向上走一层。当然，最好你宣布这位程永旺同志就是你的亲生父亲，这奏效更快。但你不可能这么做！你的鼻子又痒起来了，这下你不得不"哼哼"两声。

鸦雀无声。

汇报结束了？你觉得奇怪。怎么刚讲就结束了？你抬起头，正好遇上你父亲的目光。天哪！那目光简直就和苏联一幅油画中那个孩子的目光一模一样。那幅画叫《又是两分》，画的是一个大概二三年级的小男孩，拿着写着 2 分的成绩单靠在门口，一家人都对那孩子投去责备、鄙夷的目光……

你狐疑地望望老金。

老金凑到你的耳边问："你有什么意见？"

意见？什么意见？你不明白，摇摇头。突然你清醒过来，就差一点笑了，如果不是你面前有一双"2 分孩子"的眼睛的话。

"请程书记接着谈。你们的工作，我看是蛮有特色的，请接着谈。"你赶紧绕了几句。你发现在场的人都松了口气。但你记录的字迹越来越难看。更不可思议的是，你竟写了一个英文单词 father（父亲）。

你赶紧把这一页翻了过去。

自然是一顿丰盛的午餐。

"把酒撤了吧。"你说。

老金也皱起眉，埋怨道："我在电话里不是招呼过了吗？你们哪！好吧，下不为例吧！"说着就邀你落座。你坐一席，是当然。

斟酒的是你父亲。他先给你斟。

"我自己来。"你说。

"你是客嘛，坐下坐下！"老金把你按住。你顺势把头磨向老金。

酒杯好大！一杯足有一两五。

你父亲谨慎地给你倒了半杯，便将瓶口抬起。他望着你。从他的眼神里你知道他的意思。你的胃是在三年自然灾害时期搞坏的。那时你父亲虽然在乡里管财粮，但从不搞鬼，你家吃的东西和别人家吃的东西毫无二样。你的胃就怕沾辣的东西。你长这么大喝的酒还不上一斤。

"少来一点吧。"你说。

"喝酒还谦虚？"老金叫道，"加满加满！老程，你怎么搞的？快给程部长加满！"

你父亲面带难色。

"加满吧，"你说，"就这一杯。"

一滴、两滴，你父亲给你斟满了。

你端起杯，立起身，对大家看，说："谢谢招待，谢谢！"你和大家相继碰杯，大家都弓着腰，把杯子举到额前，等着你先喝。

你又说："谢谢。"

"这，这已经很不成样子了，程部长……"你父亲说，"要不是因为工作，请都请不到……"

一点不错。你脑子里早就把父亲这个概念驱逐出去了。如果你事先知道你父亲调到这个乡来了，那你肯定要换一个地方！看来这一切似乎是上帝安排好了的……

你一饮而尽。辣。还是辣。

不错不错，考了5分！不错！下次还要考个5分，老子还请你喝酒。么话？辣？多喝一点就不辣了，就香！你看我喝……

那天，夜里，你胃病发作了，痛得满脸是汗。你母亲没完没了地责备他，你不怕父亲的酒气，也不叫痛，你就平静地躺着，望着你的父亲和他背后的母亲。……

"看不出，程部长还是海量！"老金越发显得活跃，叫道："老程，加满加满！"

"我有言在先，抱歉。"你摆摆手，"下午我还有点私事……"

"私事？"

"我想去C乡看看。"

"不急不急。我陪你去。"

"不，我一个人就可以了。"

"那，叫老程给你引路吧，他原先就在C乡干。"

"不。我熟。"

去C乡不足十五公里。

"就停这儿吧！"你对驾驶员说，"五点来接我。"你下了车。等"桑塔纳"调头开走了，你才提提领子，插上了右边的一条弯曲的小路。这路的尽头便是一座小山。

你从山的背面移到山的正面。在山腰那座长满青草的坟墓面前，你蹲下了。你发现母亲的碑已经换了一块新的。是你父亲换的。落款日期是甲子年清明。

妈妈，我来了。你把这坟上的枯草和长高的草一根一根地拔掉，这样，这坟看上去就像披了一层绿丝绒，很光很美。妈妈，我来了。你用手指把碑文上的积土慢慢抠掉，用嘴吹净。然后你站起来，围绕着坟墓徘徊着。你似乎有一种感觉,长眠于此的母亲并没有死,世上的一切她都知道。可是妈妈,你知道今天的事吗?我遇到了那……家伙!可我怎么不给他几下子呢?那一次要不是您……我肯定会一刀劈了他和那个小狐狸!可是您死死抱住我,喊道:"我求求你,小老子!好歹他总是你的老子……"我真恨我身上淌的是他的血……妈妈,现在我可以告诉您,我已经替您报仇了!而我没有费吹灰之力……

你想抽烟。突然,你一惊。你分明听到母亲在喊你——

孩子,过去的事就莫再提了。不管怎么说,他是你老子。你是他儿子。你看看,他的头发都白了,他老了。孩子,你十五年没叫过父亲了,你就喊他一声父亲吧……

"嘀嘀——"

你抬起头,日头已经西沉了。"桑塔纳"已经停在原来的地方,驾驶员不知你在哪里,就拼命地按喇叭。你不要埋怨车来早了,要埋怨你就去埋怨时间。

你对着母亲的坟深鞠了一躬,眼前一片恍惚。你高一脚低一脚地下了山。

日头完全沉下去了,但西天仍是一片火。田野好静。四面腾起的炊烟笔直,把天割得一条条的。这久违的景致引起你遥远的思念,这思念将结束的时候又变为一缕淡淡的惆怅。晚饭后你就站在这坡上,不觉那清淡的月亮已爬出山脊。再过一个钟头这月亮才会显出本色。今夜,山里又是满地的银了。

你往回走的时候,听见院子走廊上有人在嘀咕什么,声音不大,但语气是严厉的。你放慢步子,听着。是你父亲的声音。

"……门市部真没有货?啊?昨天我就讲了,今天要来上级领导,晚上没有好片子可有好电视,现在搬个黑白的机子,算什么名堂?……没有货!这些人只晓得吃饭,不晓得到县里去提?"

"县里……也缺货……打过电话了……"

"去把吴木匠家的那台借来,就说是我讲的。快去!"

"我就去……"

那人拐弯向外跑,迎面遇到你。他是乡里的秘书,见到你只叫了声"程部长"就出了大门。你想叫住他已来不及。你走进院子,看见你父亲的背影。你完全能从这倾斜的背影推测出他拉长的脸孔。这才像他!

你背过身去点了一支烟。然后,你走进了住的地方。这屋子是临时收拾出来的,很干净。落地电扇的商标非常新。一把藤椅也是极新的。你没有坐。在屋里踱了几步之后,你放平身子躺在床上,吸着烟。长长的烟灰落到你的颈子上,你忙起来把它抖了。这时老金挺着滚圆的肚子进来了,他的牙怎么还没剔完?

"急吧?"他对你咧咧嘴。

"急什么,你坐。"

"晚上有《命运》,放到第二十一,不,第二十二集了。我是集集不落的,那片子的确是好,不过大岛茂比以前老了些,上次到中国来的吧?"

"谁?"

"大岛茂。哦,叫宇津什么……"

"宇津井健。"

"对对。宇津井健。我孩子说,他是地球上最好的老子……"

"我想是的。"

老金不以为然地笑笑,似乎在吃"大岛茂"的醋。突然他看看表,叫道:"哟,快到了。新闻联播后头就是的。走吧。"

"哦,我有点累。你去吧。"

"那你……"

"我躺在床上看会儿书,就睡了。"

"你们这些大学生呐,好吧,我去了。"老金说完就离开了。

你重新躺下,关了灯。

月亮终于升高了,柔和的光从窗子里透进来。你把手伸到月光里。手出奇的白。你痴痴地望着手。不多时,外面传来了《命运》的主题歌。你随着这旋律欠起了身。你的视线集中到院子里一个佝偻的影子。是你父亲。他独自在院子里徘徊,月光把他的影子拉长又缩短,缩短又拉长……

你的心一阵抖瑟!

"爸，今夜的月亮真好看。"

"是的，好看。"

"妈妈讲，月亮里头有一个好看的女人。"

"是有一个好看的女人，叫嫦娥。"

"嫦娥?"

"嫦娥。"

"她结婚不?"

"结过，又离了。"

"么子要离?"

"嗯，夫妻感情不好吧，这是大人的事。"

"她有儿子不?"

"嗯……有吧。"

"那她么子不把儿子也带到月亮上去?"

"她儿子太调皮。"

"我调皮不，爸?"

"有一点点。你玩性大。"

"我……"

"你要不改，我叫你妈也跑到月亮上去。"

"妈才不呢。除非你跑。"

"我跑了你想不想?"

"想。……哎哟! 你胡子像麦芒……"

——你的手不禁按住脸，那月牙疤又提醒你把手慢慢放下了。视线中的那个佝偻的影子起了毛边，像一滴墨在水里渗开似的。

你猛地拉亮灯。

"哟，还没睡?"进来的是老金。

"哦哦，天热……电视完了?"

"完了完了，"老金一边朝自己茶杯里兑开水一边说，"真是怪事! 孩子不愿意认亲老子，老子呢又不愿意认自己的孩子。唉，天下之大，无奇不有哇!"

你淡淡一笑，目光悄悄越过老金的肩头去看窗外，那佝偻的影子不知什么时候消失了。

你陡然感到一阵酸楚。

翌日一早,你要走了。
乡里的大小头目早已在"桑塔纳"边等候,八字排开。
你一一同他们握手。
你父亲替你把车门打开,然后向后挪了一步。
你向他伸出一只手。
他两只手接住你的手。
你又压上一只手。

        1985年8月 合肥陋室
      (原载《安徽文学》1986年第1期)

初　雪

　　差不多在车开动的同一时刻,天落雪了。这场雪憋了好些日子,所以一开始就气势不凡,不一会儿,整个地面全给覆盖住了。这场姗姗来迟的雪事实上已成为所有乘客的中心话题,连素来寡言少语的你也感叹道:"到底……落了。"

　　"落了。"应话的是坐在你对面的那个看起来年纪和你不相上下的女同志。她穿着黑色雪花呢短外套,造型很别致的眼镜后面有一双疲惫的眼睛。你想这大概是一个长途跋涉者,回家过春节也调动不了她的兴致。"雪,总是那么温柔、纯洁,像情窦初开的少女。不是吗?"她竟这么健谈,目光一下从窗外移到你脸上。

　　你报以微笑。你从这时起便对这个陌生的旅伴产生了好感,这也许是因为你爱好文学的缘故吧。

　　"回家?"她问你,把脸颊的头发拢到耳后去。

　　"哦,不。"你说,"我家就住在这个城市,刚才送我上车的是我妈妈。我去S市。"

　　"陪丈夫过年?"

　　"去看看他。你呢?"

　　"和你一样。一模一样。"

　　"哦,巧了!"

　　能遇上这么一位旅伴是你始料未及的。你们可以从起点站聊到终点站。如果这趟车不晚点的话,你们至少可以谈上十二个小时,也就是说,从今天的黄昏谈到明天的凌晨。这正是旅行者最难熬的时间,况且天这么冷,又是农历腊月二十八,而现在你无所谓了。你觉得自己的心绪比刚上车时好多了。每年这个时候你登上这趟车就有点不大愉快,这你心里有数。

你从提包里拿出两个苹果,削好,先递给她。她没有一点推辞的意思,甚至连客气话也不讲就接了,好像你们是老熟人似的。

"你在哪个单位?"她问道。

"我是工人。在纺织厂……你是大学生吧?"

"是不是因为我戴了副眼镜?"

"倒不。不过能看得出来的。"

"我在市晚报社工作。"

"大记者……"

"小小的。"

你们吃苹果。

窗外已经彻底黑了。有灯光的地方便是雪的颜色。

她把眼镜拿下来拭时,你陡然感到了她的老。你注意到了她额头和眼尾的皱纹。刚才你们谈到了年龄,她问:

"你还不到三十吧?"

"翻过年就是了。你呢?"

"和你一样。看上去肯定不止吧?"

"哪里,我才显老呢!"

现在你心多少有点得意,如果是同龄人,你相信自己比她年轻,要不就是她瞒了年龄,(有这个必要吗?她又不是来同你谈恋爱的!)你有兴趣地看她拭眼镜。这眼镜真可以,框那么大,遮住了她脸的三分之一。该遮的全遮住了。

"这副眼镜真漂亮!"你脱口说道。

"是吗?"她歪过头看你,"真用它的人讲究镜片,假用它的人讲究镜框,而镜框的价钱往往比镜片贵……"

"那你是真用还是假用呢?"你笑着问道。

"有真有假,真真假假,真假难分!"她笑着把身体朝后一靠,然后利索地戴好眼镜。

"你的眼镜是两全其美!"

"你真会说话。要像你一样,多好。一双美丽的眼睛和一副漂亮的眼镜怎么能相提并论呢?"

"你讲得我不好意思了。"

"我讲得不对,你可以问你丈夫去……"

她乐不可支的样子。你的情绪逐渐低落下来。你知道自己的眼睛很好看,可是你丈夫从不美言它几句。只有一次,他对你说:"你的眼睛看别的男人可不许这样亮……"这个男人天生就不会讨女人的好,连好也不承认。结婚五年,你们一直是分居两地,日子过得像温吞水。他在S市汽车客运公司当驾驶员,一逢年过节就得玩命地加班。调动吧,以前你总想着这桩心事,以为调到一起什么都好了,可现在你觉得不调到一起似乎日子也过得去。甚至要过得好些。一想到这个问题你就有点心虚。不管怎么说,事情总得有个结果。像这样似乎是可有可无的感情长期拖下去会把人拖成病的。你快三十了,想想,你又感到凄凉了……

列车鸣笛,也不知是什么意思。这笛声弄得你心烦意乱,如果不是你面前的她找你讲话,你会暗自忧伤一阵子。

"你丈夫是……"

"哦,开汽车的。在客运公司。"

"哟,那可是大买卖!喇叭一响,黄金万两!家里实现'四化',又有这么一位漂亮的妻子,全了!男人还会要什么呢?哦,你别见怪,我逗着你玩的……"她用手扶扶眼镜。

你淡淡一笑。倒也是,如果他胳膊肘朝里拐点,经济上自然要活些。而他是个本分人。当初你嫁他的理由其中一条就是看见他的圆领衫上印了个大红的"奖"。后来这事叫人知道,便成了一个笑柄。厂里的小姑娘一看见有穿"奖"字衣服的小伙子就对你伸舌头。渐渐地,你也觉得自己有点可笑……

"你那位是干部吧?"你问道。

"搞经济的。不过他文学底子也挺厚。"她停顿了一下,又说,"我们是在大学认识的,一见钟情。我在校报上发表了一篇小说,他竟写信批评了我的观点。我不服,找他算账,谁知一见面就……"

"就谈起恋爱了?"

"浪漫吗?"

"不是成了现实吗?"

你们又笑起来，又悄悄把笑咽了。她的眼睛朝窗外看时，外面的灯光落到她的镜片上反光极亮，你看不清那双眼睛是什么内容。你感到自己的眼睛有些涩。你不会掩饰自己，只好把头低下。你害怕她会从你的眼睛里窥测到你内心的惆怅和窘迫。你悄悄把眼合上了。

　　你得承认你羡慕她。在所有的夫妻组合中最佳者莫过于同学，何况是大学同学！你完全可以推测出他们的生活是多么富有色彩。你越这么想就越感到天冷……

　　列车驶过一片有灯光的地方。

　　"雪真好看。"你睁开眼说。

　　"是的。"

　　"明天，肯定是厚厚的，像鸭绒被……"

　　"是的。"

　　你望着她。她一直没有转过脸来。落在她家的雪和落在你家的完全一样，可这两个家的差别又是那样的大……

　　你小心地叹了口气。

　　"你们怎么不调到一块呢？"你突然问道，连你本人也觉得奇怪。

　　"什么？哦，调动？"她回过头，等她明白了你的意思便苦苦一笑，"谈何容易？我们都是书呆子，既无权又缺钱。"

　　"不是讲落实知识分子政策吗？"

　　"我倒希望有一天不这么讲才好。说明这件事办好了，彻底好了，再没有大讲特讲的必要了！"她又扶了扶眼镜。

　　"不要急，只要感情好……总会……"

　　"是呀，'但愿人长久，千里共婵娟'。我们通信，像热恋的时候一样的。谈学习、谈工作，当然也诉衷情……"

　　"你们有孩子吗？"

　　"哦，没有……为了事业，不要。暂时不要。你有了吧？几岁？公子还是公主？"

　　"是个男孩，才两岁。"

　　"挺可爱吧？是呀，有时我也想要一个，起码会增加点生活的欢乐吧。可是……孩子生下来等于困难生下来、责任生下来。我们都忙，双方的父母都已过世；请保姆，又负担不起，还有房子的问题。何况又分居两地，孩子放哪合适呢？"

"当然还是放在你身边。你是母亲。"

"母亲？不错，世界上最崇高的人是母亲。可是当了母亲的女人事实上已经不复存在了，也就是说，不能再算作女人了……这是一对不可调和的矛盾。"她做了一个夸张的手势，然后上厕所去了。

你感到诧异。望着她矜持的背影你轻轻噘嘴。你细细琢磨她的话，却怎么也不得其解。你觉得当不上母亲的女人不能算作女人，至少是女人的不幸。你想起厂里的一位因生不出孩子而得了精神分裂症的女工，那女人见谁抱小孩都显傻笑。厂里很多母亲怕她，躲她。你也一样。现在你感到以前自己做得有些不妥，如果你是她，你也会那样的，说不定还会去寻别人的孩子来亲亲呢！你记得有次出差回来的情景吗？你硬是把睡着了的孩子抱起来吻，其实你在外面只住了三天……

这时列车又停靠站了。这是个小站，月台上几乎没有人。雪已经下得均匀，像筛下来的。几个列车乘务员缩着脑袋跳上跳下，个个一副沮丧的样子。而上下车的旅客全都兴高采烈，东西弄得乒乓乱响。等车开动时，车厢内又倏然静了。你这节车厢只剩下了你和她。你们都有了睡意。看来你们还得聊下去，否则冷抗不住。可是你已经觉得不再有什么可讲的了，而她的话你又不再有和先前那样好的兴趣去听。这心理仿佛被她探出，她也不再多说。你们都沉默了，寒气随之浓重起来。突然你又感到这场面更叫人不好受，于是你看看表，说："这鬼车，又得晚点！"

"几乎每次都这样！"她也看看表，"至少要晚一个半小时……"

"恐怕还不止，要到天亮。"你松动了一下身体，两条腿笨得搬都搬不动。

她拿起一本书，翻翻，又扔到原来的地方，挺着身体打了个哈欠。她的脸扭得难看，那副眼镜险些从鼻梁上滑下来。

列车又吼了几声。

"坐过来，来。"她说，"这样暖和些。"

你就坐过去了。你们挨得紧紧的。她腾出一只手扶住你的肩。再过一小时,你会躺在一个壮实的汉子怀抱里。他有力,会搂得你浑身冒汗的。你放心,他出来接你之前会在被窝里放上一个热水袋。这个男人心粗,但这件小事他总记得。但是你并不觉得怎么暖和……

列车钻过一个桥孔时发出震耳欲聋的声音,你一下站了起来。

"你怎么啦?"她仰脸看你。

"哦哦,腿冻麻了……"你说。见她的脸松弛了,你吁了口气。你继续在原地轻轻跺脚,搓手,想把刚才一瞬的失态掩饰得天衣无缝。其实她压根儿没当回事。她斜靠着,把呢外套抄抄紧,眼睛半闭着。你这才慢慢坐下,茫然注视着窗外忽明忽暗的雪。你尽力想把自己的思绪调理好,可是那件事怎么也撇不开,记忆像个大眼筛子正在把使你心惊肉跳的细节朝脑表层推,于是强烈的酸楚在你心里翻滚……那件事藏在你心里好久了。到现在为止,你依然说不清这件事的起因是由于你丈夫的平庸还是由于那个讲师的才华。你参加厂里职工夜校学习,星期六晚上给你们讲授语文的教师是从大学里聘请来的。他是个新提的讲师,年轻,也算得上英俊。你被他渊博的学识和口若悬河的表达所征服。而他,总是巧妙地在课堂上注意到了一双美丽的眼睛。下课时你们正好同路,他推着自行车与你并肩而行。后来他索性不带自行车了。你们交谈的范围逐渐扩大。当你知道他刚刚离婚时,你心里产生了一种怜悯。"你丈夫真幸福啊!"他常常这么感叹,于是你越发感到他的可怜。同时,你又同情起自己来。这以后,你的口味坏了,吃什么都觉得腻,连你丈夫托人给你捎来的橄榄你也觉得涩嘴。你开始等待星期六。有一个星期六,他生病没来上课,你竟失眠了。那天晚上,你第一次想到了一个可怕的字眼:离婚。可是,睡在你身边的儿子又让你不敢顺着这条思路想下去。你流泪了……

"这鬼天,真冷!"她打了个盹被冻醒了,叫道。

"冷?哦,是冷……你可别感冒了。"你说。

"四点了。"她看看表,"老牛破车!国外这种车早回炉炼铁了!……真冷。"

"到家就好了。总会越来越近的……"你挨近了她。

"雪还在落?"她回头问你。

"还在。"你说。

"你喜欢雪吗？"

"谈不上喜欢还是不喜欢。你呢？"

"我讨厌雪！"她厉声说，"是的，我讨厌！雪最虚伪。"

你笑着看她。

"纯洁之后便是污秽，这就是雪的罪孽！"她有力地扶了扶眼镜。接着她的脸显得平板，连保留那么长时间的自负和幽默也都失去了。这张脸仿佛是冰雕出来的。这不像女人的脸。你想这张脸大概是被冻麻木了。

这时列车又鸣笛三声。你朝窗外看，远处已呈现出一片灯光，越来越亮……

你用胳膊肘捣捣她。她漫不经心地看了看，然后说："我以为没有个尽头呢！其实，没尽头才好呢，就这么坐下去……"

乘务员来拖车厢了。这姑娘睡起来脸都不洗，眼还是肿的。"嘿，抬起脚！"她对你们说。不等你们把脚抬高，她的拖把已伸过来了，胡拖了两下，然后一扭屁股走了，一路叫着"过年啰——"

远处的建筑物愈见清晰。雪愈见白。这雪看上去像海绵，能激起人捏它一把的欲望。

你开始想终点站外面的一个角落。他每次接你总站在那里。那地方很显眼，正迎着车站出口，一盏路灯的光全泼在他的小平头上，你一出站门就能看到。现在，他准又站在那里，至少候两小时了。唉，这么大的雪呀！可是这个男人什么都能忍受。你们在一起的时候，他总拿你没办法，就只好忍着。你动不动就收拾东西，拿出说走就走的样子。他只是眯眼笑笑，抽他的烟，绝不劝你。他知道你即使走了，还会来。这不，你又来了……

你还是来了。

"你下车乘几路公共汽车？"她问道。

"3路。你呢？"你说。

"5路、8路都行。"她说着站起来，把呢外套牵牵平。

你们动手整理行李。

"这么大的包呀，装的什么？"她对你的旅行包努努嘴。

你索性把旅行包拉开了：花生米、傻子瓜子、咸鱼、皮蛋、符离集烧鸡……

"乖乖!"她叫道,"你丈夫可真有福!"

"都是我妈叫弄的……过年嘛。你不也是一大皮箱?"你说。

她也把皮箱打开让你看:衣服和书。然后她说:"春节,传统之节。传统总有点让人不寒而栗。当然啰,各人有各人的乐趣……你的包够沉的,下车……"

"我丈夫会来接我的。我拍过电报了。"你把旅行包拉好,试着提了提。

"这么早,公共汽车会不会……"她又看表,自语道。

"干脆你下车住我那儿去。我那儿宽敞。"你说。

"不不,"她摆摆手,"我那位也会来接我的……"

列车似乎在加速。汽笛声中,S市的轮廓依稀可辨。终于,清晰了。灯光下的雪刺眼的亮。寂静的车站猝然响起悠扬的《紫竹调》,但无疑是对雪景的破坏。

列车像头累垮了的老牛,喘着粗气滑行进站,住了。

那个乘务员开始吆喝了:"下车下车,你们不想过年我们可想,下车下车……"

雪,纷纷扬扬。地上的雪还很完整,你真不忍心去踏残它。

验票出站。

在门口,你们停住道别。

"我会去给你拜年的,"她说,"不,应该说是去给你们拜年。"

"欢迎到我们家做客。别忘了叫上你丈夫。我那位虽是个粗人,但很好客。"你说。

"再见!"她伸出手。

"再见!"你感到她的手像块冰。

这时一辆大卡车驶过来,把你们隔开。等车开过,你发现她已经转身离开了。你以为她急着去找丈夫了,可是她连一个张望的动作也没有做。你心里掠过一阵抖瑟……

她独自深一脚浅一脚地走在四顾茫茫的雪地上。她将呢外套的领子竖起,脑袋缩得几乎看不见。那个沉重的大皮箱在手上不停地换来换去,刚才列车上那个骄傲的形象已荡然无存了。

你目送着她。渐渐,她模糊了……

此刻好静哪……

一个声音在喊你。

你蓦然回首,发现那个熟悉的角落里一个雪人动了。他把棉帽的护风耳朵像猪一样地甩了几下,抖掉了上面的积雪,筒着手向你走来。

你用力挪开步迎上去,看清了那张黑脸。

1985 年 10 月　于合肥陋室

(原载《北京文学》1985 年第 5 期)

红 门

横亘眼前的是宽大的红门。

好静。

天已黑透。柔和的灯光泼在红门上，在暗暗的亮。它紧闭着。你离它还有三米时，便有一年轻武警自门右侧树丛中闪出，旋即用职业目光将你上下过一遍。

"哪里的？"

"市教委。这是证件……"

"找谁？"

"刘杰。刘市长。"

"事先约过吗？"

"事先……哦，是他约我的。上次……"

"约你？"武警迟疑了一下，转身进入岗亭后就拿起电话："接刘市长家。"

"占线。"听见一个微弱而尖细的声音这么说。

武警出来时把腰间的牛皮盒子紧了一把，也许是你这单薄得可怜的身架不配去充当一名荆轲，他就把脑袋朝红门里歪了一下。但你的工作证被暂时扣下了。这举动叫你明白：跑了和尚跑不了庙——今夜倘有不测的话。

此刻那盏路灯正悬在你头顶上，于是你的影子紧缩在你的脚下，划出一个奇怪而毛糙的圆，似一眼枯井。

"去看看刘杰吧。春节还是他先来给你拜年的呢！这么长时间……"这话爱人提过几遍？每次你都嗯嗯过去了。不错，刘杰是年初三上午来的，蹬了辆旧自行车，这很好。你早就对以刘杰为首的一些能挨得上带小车子串门的同学声明过：你这儿挤，小车进不来。其实你这幢宿舍楼前的空场至少可以停放两部小车。何必要让人知道我吴子民与某个要人有瓜葛呢？你不情愿这样。但是，你这个滴酒不沾的人为何爱在食品柜里搁几瓶装潢精美的酒呢？刘杰那次进门就说："我可不是乌纱一戴脖子就歪的人哩！"气氛顿时就热了。不过他只坐了十分钟。他说还得去跑几家。拜年嘛，自然就是如此了。况且作为市长的刘杰是不可能在每个市民家里泡十分钟的。你送他出门，在楼梯拐弯处碰见楼上的一位什么处长。"哟，刘市长！"那处长双手握住刘杰的手，一脸的激动。他竭力邀请刘市长到家里坐坐。刘杰说还有个会在等着，谢绝了。刚下楼刘杰便低声问你："那胖子是谁？"你笑而不答。世上香客成千上万而菩萨少得可怜，只有香客认得菩萨，哪有菩萨认得香客？第二天那位处长见面就问："你与刘市长是一个学校出来的吧？""一个班的。"你说。是不是最早通过这位处长披露出去的还很难说，反正知道你与刘杰市长系同班同学并且还在一个县搞过"四清"的人不算少。这以后便有诸如爱人调动、房子分配、落实政策一类的事朝你这儿涌。"老吴，麻烦你同刘市长打个招呼！"在那些人看来，这位刘市长不是你老子便是你儿子，极好使唤的。一个冬天的早上，你乘市政府交通车上班，北风一个劲地朝里灌——几乎没有一块完整的玻璃。大家挤成一团，没有敢伸脖子的。忽然一个女同志高声说："吴子民，你发点慈悲去代我们给刘市长磕个响头，换辆好点的交通车吧！"立即有笑声在车内荡起。你脖子缩得更短。我算什么？我进大门也得凭工作证的！想起那件事你心里就窝了火。那回换衣服时忘记把工作证掏出来，结果把门的武警履行职责了，理直气壮地把你支到一边去。你耐心地等候一位能证明你身份的人出现。过了一刻钟，从里面驶出一辆贴着金色菱形标志的超豪华"尼桑"，武警扬起小绿旗，但车却停下了。接着玻璃窗落下，露出了刘杰饱满的脸孔，他喊你。你还没有反应过来，他已下了车。握手。刘杰是赶去为新落成的立交桥剪彩的，于是你们只讲了几句散话。"我搬进'红门'了，刚搬。有空去聊聊！"说完，他上车走了。你也该走进去了。武警脸涨得通红。

然而这件事、还有以后的一些事只提醒你注意到一个很有趣味的事实……

称这地方叫"红门",俗。不知是哪个蠢家伙嚷嚷开的。那门也根本不该漆成红的,这官邸似乎成了消防队的营地。据说那门上曾经用别的颜色作过覆盖,但是不久,那根深蒂固的红颜色又不知不觉地泛上来了,与覆盖色混为一体,极难看。于是再次刷成红的……不过这地方住家倒是第一流的。你沿着花圃间的蜿蜒小径走着,轻风带来了淡淡的花香和不大嗅得出来的汽油味。塔松与垂柳丛中露出几块柔和的灯光,勾勒出幢幢小楼的部分轮廓。这楼的造型仿佛青岛海滨那一带的德式别墅。这里应该叫做"绿洲",你想,这名字倒蛮贴切的。待会儿不妨同刘杰说说。刘杰住在三号楼,这不会错。原先的市长年事已高,进省去充顾问了,能带走的全带了,也许只留下这幢美丽的小楼。然而人去楼不空。听人说,刘杰起先不肯朝这红门里搬,建议把三号楼安排给退居二线的老同志住或者辟为老同志活动室什么的。可是谁敢往三号楼搬呢?"红门"有史以来,三号楼主人非市长莫属。

眼前是三号楼了。

离门还有两级台阶时你陡然觉得了心跳。心脏在左边,奇怪,一摸右边,也跳。你自己也觉得荒唐。我是来看老同学而不是来看新市长的,你想着,在门口稍立了会儿,然后平静地揿了门铃。

一分钟后门裂开尺把宽,现出一架臃肿的躯体和一张碟式的脸。这是保姆。

"哪里的?"

"我叫吴子民,在教委。我……"

"市长很忙。"

"我与刘杰是同学。老同学。"

保姆眼中射出"老同学又怎的",但门还是开大了些。等你进来,她的嘴迅速对门后面一撇——

一排拖鞋。

地板是打蜡的。今天怎么偏穿了皮鞋呢?这么费事……拉错了鞋带,死结。这双皮鞋式样似乎有点不合潮流但质量是绝对的可以。本来应该套在刘杰脚上,可是码子小了。刘杰就转让给了你。这事过去总有五六年了,可觉得还像是不久前发生的……

"子民！"

刘杰兴冲冲地下楼来。"脱鞋干什么？金銮殿也还不兴脱鞋嘛！"他轻声但不失严肃地责备在一旁边嗑瓜子边看彩电的保姆，"讲了几次了，把那堆拖鞋拿掉！"

"地板是我拖！"保姆说，并不转头。

这会儿工夫你把死结解开了。望着刘杰略显尴尬的脸你笑道："天热，换拖鞋舒服。"

客厅很宽敞，枝形吊灯散出的浅蓝色的光涂在素雅的墙布和枣红的地板上，使这个空间显得极其幽静。等你走进两步后，才发现靠右边的长沙发上已坐了两位中年男子，肚子均有点凸，双脚均平放着。见你们进来，他们就自然地立起，微笑中透出难以察觉的拘谨。

"来，介绍一下，"刘杰向前跨了半步，"文化局的凌局长、报社的欧阳总编……我的同学吴子民，在教委工作。"

"哦……是一个口子里的嘛！"被称作凌局长的脸孔顿时松弛开来，"坐坐！"他先躺进沙发，右腿麻利地搬于左腿之上，然后从茶几上拿起"渡江"牌扔给你一支。

"不会。"你把烟递给了刘杰。过了"大铁桥"就开始"渡江"了。那阵子香烟奇缺。刘杰那个公社太偏僻，于是动不动就摇电话给你："子民，给我捎一条'大铁桥'！"

在薄绡般的烟雾中，沉默降临了。

刘杰弹弹烟灰，把头磨向你：

"怎么小马不一道来？"

"哦，她要辅导小二子复习……"

"小二子与我家明明同年吧？属猴？"

"属鸡。"

"哦，大一岁。"刘杰站起来，踱步，"子民，你的孩子考不取大学可交代不过去哟，父母都是大学出来的，又都是搞教育的……"

局长与总编也这么附和着，气氛溶解且转为活跃。

你吹吹茶叶，喝了一口，这茶不错，蛮不错。

"这事得抓紧。"刘杰说。

"是得抓紧，离高考只有个把星期了。"你说，声音不大。

"不抓紧,到时候出岔子,就是把我这个市长抬出来也无济于事。"

"那是那是。"凌局长说,"我们回去就研究……"

他们抓紧的是另一桩事。你理解错了。等你明白过来你感觉到脖子上有点儿热。于是你干咳了两下,埋头喝茶。

"至于经费,你们两家多少得出一点。再打个报告,口不要开得太大;到时候我跟财政局讲一声就是……你们看呢?"刘杰过来给你添水,脸却对着那二位。

"行,行。"总编说。

"还有一个问题,刘市长,不大好办……"凌局长从兴奋中及时挣脱出来,但他的目光与你的目光相碰时,他的声音渐弱了下去。

你立即意识到自己在这个空间有点碍事,刘杰在唱"阿庆嫂",你便欠起身说:"你们谈工作,我下去一下。今晚有'世界杯'……你们谈,你们谈。"

下楼时你听见那个局长在说:"还有一个问题……"

保姆在看黄梅戏。

你不爱看戏。因为戏的节奏太慢。杀一个人要花两三个小时。不过今晚你是不看也得看。保姆俨然家长势派,你别无选择。

是出悲剧。中国的悲剧即使赚人眼泪也是廉价的。其实悲剧无须动辄流血或者流泪。这道理你越来越明白。

……

九点一刻。王师傅那场电影该散了。是部老片子,《一盘没下完的棋》。这位王师傅可真是逢"棋"必看,其实他根本不懂围棋。他下象棋。整个教委机关除你之外没有第二位能同他敌手。也许因此他替领导送液化气罐时也把你的带拉着。这老兄棋瘾太大,没事就朝你家去。先是海阔天空地与你谈天说地,甚至可以从他女人的狐臭谈到他儿子的痢疾。你听着,偶尔也陪他笑两声。他似乎得到了鼓舞,谈兴就愈浓起来。你不停地给他杯子里加水,但这含蓄的逐客令对他是毫无作用的。他喝撑了就去卫生间小解,然后出来说:"怎么样,杀一盘?"讲杀一盘实际上至少要杀两盘。你能不陪他杀么?于是就杀。他的套数你了如指掌,自然输家是他。可是那会子若你脑子里装着一篇将诉诸笔端的论文或者一个将要去办的事情，你就会巧妙地输给他，希望他载着这伪胜利神采飞扬地离开……

想想你就要笑。笑过了想想，又……你看看表，又过去了一刻钟。21点半。楼上时有笑声飘起，笑声中似乎夹着"还有一个问题"。今夜你不是也还有一个问题么？

临下班时王师傅在门口截住你。他刚出差回来，一脸的胡子乱糟糟的。"老吴，"他凑过来，"什么时候杀一盘？出去半个月，在外面找不到对手……"

"杀就杀。"

"到我家来！你家小二子要考大学，不能干扰，不能干扰。我家……你还没去过吧？"

"大致晓得。"

"好好，说杀就杀。今夜可行？我还留着一小筐新鲜枇杷……"

本是可以去杀的。回来后，爱人莫名其妙地又冒了一句"该去看看刘杰了，人家来过那些日子……"

"哦，好，今晚去。"你答应着。是得去。有来无往非礼也。可是，去了谈些什么呢？爱人把你的衣服和皮鞋拿来，叫你快去快回。

你要等天黑了，再走。

一路上你都在想谈什么呢？刘杰如今是这座城市的头脑，而你只是属于你的家庭的头脑。这两个头脑不可同日而语。那个头脑装的是城市的蓝图、计划、投资以及税收，你的头脑想的是下星期三主任要讲话，稿子你至少要在下星期二拿出来；你的小二子很快要参加高考，倘若马失前蹄你还得为他争取复读；你的老岳母决定到你这儿定居，房子面积还是个头痛的事……而这些，作为市长的刘杰是不会去想的，就像你不会去考虑什么蓝图计划一类的东西。

天气有些反常。刚进六月就这么热。经过一天的暴晒，柏油路踏上去不硬，汽车飞过吱吱啦啦地响。已有居民摊起竹床在路边乘凉了。路灯下围了一丛人，在下象棋。你瞥了一眼，见输家慷慨地摸出几角钱到附近的摊子上抱来一只西瓜，一拳砸上，西瓜裂成几瓣，最大的一块被赢家果断地送到嘴里，咧出一个放大的惬意于脸颊。接着是"再来再来！"这声音简直就像是王师傅发出的。每次他下输了就这么说。今夜如果要去王师傅家杀棋,那黄澄澄的枇杷,啧!

路过一家电影院,门前极萧条。几个卖冰棒的孩子在穷喊乱叫。忽然右侧跑出了王师傅,一边啃着半只馒头一边朝大门里钻。电影快开映了,是《一盘没下完的棋》。

"这棋迷……"你笑笑。刚才你要是喊住他,他肯定要去退票。何不去这棋迷家杀一盘呢?他家离这不会远的。不过你实在没有兴致去同王师傅杀棋,你说去他家只是说说而已,时间在这类事情上的消耗,你觉得极划不来。

但是时间用在看你所厌倦的戏上就那么合算么?一颗泪珠在保姆眼角上亮着。这女人很幸福,至少此时此刻她是幸福的,你想,也许再过一会儿舞台上手起刀落时她会昏过去,但这并不荒唐。一点也不。她寻找到了适合自己的坐标。那么,你呢?

投在墙上的那个百无聊赖的影子是你的,起先你还怀疑。后来你承认了。你站起来,想去和刘杰打个招呼就走,可又觉得这么做未免显得唐突,你又慢慢地坐到了原来的位子上。你想看戏,想看进去。想同你前面这个虎背熊腰的女人那样眼角上挂起一颗亮亮的泪珠儿……

终于楼上传来响亮的一声:"好,就这么定了!"是刘杰的声音。不多会儿,有了脚步声。

他们下楼来,与你打招呼。握手。你看看表,说:"我也该回去了。"不等刘杰开口那位凌局长就用短而圆的手臂拦住你说:"叫我们耽误了,抱歉抱歉。本来你们老同学叙叙……"

"我是随便串串门的。"你说。

又一次握手。他们二位走出了门,刘杰问:"带车了吗?"

"带了带了,在前面。"凌局长说。

"那我不送了,走好。"

关上门,刘杰拉你上楼去。他边走边说:"你看,在家里也是办公,没办法!芝麻大的事都捅到我这儿来……"

重新落座后,刘杰把你杯子里的凉茶倒掉一半,续上新水,然后把背重重地往沙发上一靠,顺手拉亮落地台灯,灭了吊灯。于是有一个橘黄的光圈隔在你们之间,使这个空间陡然缩小了一圈。

那过去了很久很久的一夜浮于你的眼前，愈来愈清晰。那夜也无风雨也无星辰，只觉得从黑暗中到处渗透着仲夏夜的窒闷。校园里一片静寂，夜深了，整个宿舍楼唯有一个窗口还亮着昏黄的灯光。一盏简陋的台灯还没有灯罩，刘杰便用瓷盆扣在灯泡上，于是你们之间出现一个小小的光圈……

现在你像那夜一样注视着刘杰，他脸上的倦意也同那夜一样正在漫开。他又点上香烟，深吸了一口，说：

"子民，近来过得还好么？"

"老样子。"

"说实话，我羡慕你，子民。无官一身轻，你总不显老。"

"谁说的，都有白头发了……"

"我呢？脑门上还剩几根？"

如果不是这么个很考究的环境衬托，你怎么也不相信目下与你促膝谈心的是这个城市的首脑。这桔色的光圈蛮好，使你能不时地把这个空间忘却。仿佛还在那幢石灰剥落、墙壁上写满了"某某某在此居住四年"或者"到祖国最需要的地方去"以及含蓄地挖苦系主任字迹的宿舍里。那夜你们买了半斤猪耳朵和五两花生米，还有一瓶红葡萄酒——你们都是平生首次碰酒，竟喝光了。你们出格地谈，出格地笑——从黄昏笑到黎明——那是什么滋味的笑哟！这不是酒不醉人人自醉又是什么呢？翌日，你们就带着这可怜的醉意踏上了"四清"之路……

"刘杰，你得注意身体，放松些……"你说，"一市之长，担子是很重的……"

刘杰做了个"没什么"的手势，站起来，想了想，抓起了电话："接市政府办公室值班室。"

你有点儿茫然。

电话很快接通。刘杰说："值班室吗？哪位？我是刘杰……喂，明天上午的市长办公会改在下午，你通知一下。就这事，好。"他踱了几步，抱着胳膊说："文山会海，可就是铲不平填不满。……哦，子民，你刚才说什么来着？"

"哦，没说什么……"的确是没说什么，或者是没什么可说了。再坐下去无非是让彼此感到都很疲倦，你想，下一句话应该是"时间不早了"。不过现在走未免显得生硬……

"爱人出差了？刘杰？"

"哦，不，她回娘家去了，带着明明要住半个月……"

"明明成绩还可以么？"

"不稳，偏文科。"

"这一年得抓紧点才是……"

"是的是的，明年……是骡子还是马……子民，换点茶叶么？"

"不不，时间不早了……"

"还早吧……哟，10点20了？"

你把茶喝尽，站起身。

刘杰也跟着站起来，也还在说"还早"。

你们互相看了会儿，刘杰突然像记起什么似的，问你："子民，今天来可有什么事？"

"没。什么事也没。"

"有什么事就说好了。老同学又不是外人，只要是原则范围内所允许的……"

"我没什么事，真的。"

"那……"

"只是随便走走，串串门。"

"你看，叫你大老远的跑一趟……你等等，我叫车送送。"

"不，不用。天热，走走凉快。"

"那……下次再来，和小马一道。"

"我会来的。"

那个橘色的光圈在你视觉中正在无限地放大、扩散，映出了客厅的线线面面。你觉得这客厅比来时见到的要大得多也空得多，而且似乎有点儿冷清……

红门在你身后严肃地徐徐闭起。

此刻月亮正在升起，于是有氤氲之气弥漫于天地间。风依然是微弱的，不过比天黑时要凉爽得多。你像是在散步，悠悠地走着，拖在身后的影子舔着月光。街上的行人已经稀少，路面上刚经过洒水车的劳作，洁净极了。城市正处在朦胧之中。这个夜晚本是窒闷的,但是你的心绪却在刚才那扇宽大的红门关闭的一瞬好了起来……

那家电影院早已关门了。灯暗着,只现着一尊崔嵬的躯。王师傅家离这儿不远,你像是记得,他大概不会睡的,说不定还在灯下翻那本毛了边的棋谱呢!

快 11 点了,现在是夏时制,这就是说实际上刚接近 10 点。10 点,……

你停住了。然后你往后退了几步,折进了一条古朴的小巷。

小巷深处是一串耀眼的灯光。

那多像枇杷。

1986 年 7 月 5 日　合肥

(原载《安徽文学》1987 年第 10 期)

潘军文集

第柒卷

中篇小说

墨子巷

一

据说，清乾隆年间这座小城就有了这条小巷。相传号称完白山人的大书法家邓石如，少年离家鬻字谋生，曾在此停歇，其间留下一些墨迹，却不为人赏识。嗣后，邓氏扬名海内，于是乎翰林院奏本朝廷，索得皇银以修缮此巷，并择"墨子"为名，以示纪念，遂唤至今。

光阴荏苒，过去了两百好几年。

墨子巷古风犹存。巷长不过二十丈，宽不足八尺，且幽暗而潮湿。巷内皆一色穿枋二层楼舍，上半截木制，下半截是砖。砖缝一律用糯米汤熬石灰勾嵌。两侧山墙依然是马头形状，残存着装饰图案。小瓦。瓦楞间杂长着小草和无名野花，风过时哑哑地响。物稀者贵，逛腻了宽阔的柏油马路，再顺着墨子巷光溜油亮的麻石条"吧嗒吧嗒"地踏个来回，虽不说飘然若仙，倒也别有一番情趣。

古风虽有，但关于邓石如的蛛丝马迹却已无法考察（况且本来就是"据说"、"相传"）。墨子巷沾不上古人的光，也就难得今人的重视。居民们企图趁保护文物之机获得乔迁之喜的理想于是宣布告吹，还是要年复一年地晒霉、补漏，汛期临前将重要家当搬到木楼上——这里每年差不多都遭水淹。这之前家家必须买足生活必备品，省得临时抱佛脚出尽洋相。那时有工作的就不回来，扛着被条住到单位里去。最苦的是念书的伢子，上不成学，就整天地蹲到楼上背课文做练习。然而这里的伢子个个不笨，该进中学的进了中学，该进大学的进了大学。四号刘寡妇的儿子宏俊便是其中最突出的代表。刘宏俊的主要成就，是他做了省长的秘书。据说省长看上了这小伙子的一笔颇有功力的字，于是墨子巷的人都认为是沾上了完白山人的灵气，当初邓公也是以字来惊动衙门大人的。当然这是迷信。可是，这墨子巷的伢子个个都善书写，每逢春节，家家的门对子都由自家的伢子炮制，真草隶篆皆有，叫人目不暇接，俨然一副书法展览的势派，这就不奇也奇了。

墨子巷自古奇闻多也。

自然奇人也多。

二

1984年3月里的一天，墨子巷三号换了主儿。原先的房主是个搞技术的，争取调动花了半辈子，总算成功，与千里之外的妻儿团聚去了。不几天，新房主便来了。是一个精瘦的老头，看上去年纪已近花甲，却是鹤发童颜。听口音，老头不是本地人，京腔十足。这就叫人颇感神秘，遂引起普遍关心。据住在对门的刘寡妇判断，这老头是省里下来的，因为只有省里人才满嘴广播员的话。她儿子就是这样的。但是，老头绝非国家干部，因为这样年纪的干部打死也不会住到墨子巷来。老头十有八九是在省里某个剧团里做事，因为他有一根一人高碗口粗的毛笔——十几年前，剧院戏台上，少男少女着一色军装，戴一色袖章，拿一色的毛笔（就是这种叫人吃惊的大笔），唱一色的歌："拿起笔，做刀枪……"不同的是，那些笔是木头雕的，而三号老头的这支是真的。但刘寡妇还是猜他是剧团里的，如今退了休。可退休怎么往这里退呢？莫非这地方有老头的儿女？刘寡妇想到这里有了气，难道儿女家就腾不出摆一张床的场子？这老头老得不吓人，腰板直得像小伙子，鼻涕口水不一起淌，也不邋里邋遢。穿得干净体面，像去做客一般。老人有这等模样不多见，儿女有么事不容的？不过老头有无儿女还难讲，或许连老伴也没有，要真如此那就可怜。看来这老头根在这里，树高千丈，叶落归根，倒是常情。

刘寡妇判断的，也对也不对。

这老头叫古凤眠，时年六十有二。懂点书法的，大概对这名字不陌生。古凤眠原在省书画院工作，这地方是他的原籍。他早年出门，久做他乡之客。几十年间他仅一次返里，但不是探亲，而是劳教。那是1976年夏末的事。好在不久四凶垮台，一场噩梦便过去了。古凤眠果真孑然一身。他41岁那年，妻子死于肠梗阻。夫妻无比恩爱，遗憾的是膝下无丁。妻子中道而别，他便开始了鳏夫生涯。那青灯孤影的日子可想而知。他默默念着爱妻，感情彻底专一。有好心人想替他重新作天地撮合，而他闻之则沉脸。这脸色庄严无比，此后不再有人当古凤眠面提女人。可他又怕别人拿他当鳏夫看。他不愿意听到诸如"孤独"、"寂寞"一类的词。若去他屋里，只能讲"这儿干净"、"这儿安静"，却不能说"这儿冷清"。不了解他底细的人，与他交谈，得加倍谨慎，周密考虑，方可启齿，轻举妄动不得。一次，有一外地同行顺道来拜访古凤眠，正好碰到他在洗衣服，于是那同行便打趣说："古老真乃'文韬武略'，可谓模范丈夫……老伴病了？"古凤眠瞥了同行一眼，说："死了！"不再开口。弄得那同行乘兴而来，败兴而归。这类事屡见不鲜。古凤眠这次告老还乡，起因也是如此。书画院新盖了宿舍，决定分给他一个中套。可是，那个去年从美院分来的"现代派"要结婚，安排他住原先古凤眠的房子，他不满足，就当众对古凤眠说："古老，按政府文件你怕是要住集体宿舍的……"古凤眠经受不住这种含笑的侮辱，当夜写了辞职书和退休报告……

　　当然，古凤眠决心逃脱那个可怕的环境，并非一时心血来潮。他想归宿故里。他想起家乡曾是他景仰一世的完白山人游历过的地方，心里舒坦不已。他记得墨子巷。回到县里，政府自然对他古凤眠不会轻慢。他是名人，是县里的一枚金牌。政府正欲精心安置这位名士，不料这位名士提前自作了主张。那日古凤眠来墨子巷云游，正遇上三号人家搬迁，一打听，这屋子尚未被人号上，于是他就急忙去房管局办了手续……

　　这举动使县里头目十分不安，三番五次动员古凤眠撤出，而他就是不肯。

　　"怎么非要住进这墨子巷呢，古老先生？"

　　"想沾上点完白山人的灵气吧。"

　　"那……那里条件太差。您住下，我们可真不好向上面交代……"

　　原来他们是怕自己惹上麻烦，才这么劝得起劲！古凤眠觉得又被人捉弄了，就不再同他们啰唆。当下立了字据：

"甲子仲春,古凤眠告老还乡,自愿在墨子巷三号落户,绝非政府淡薄所致!政府厚爱,余受宠若惊。余平生景仰完白山人,师其风骨,承其龙韵,而今能栖身于墨子巷,实乃三生有幸,足矣!"

三

古凤眠深居简出,自搬进墨子巷,几天没有惊动四邻。每天他头一个起来,一溜小跑至巷子背后的大河边,呼吸新鲜空气,活动筋骨。然后回来生炉子烧开水,用宜兴紫砂壶泡上茶,就着早点喝。这把茶壶是妻当年替他买的,每次端起,古凤眠就有了一种异样感觉。"文革"间古凤眠自然免不了一场浩劫,但他的两件宝物——端砚和紫砂壶,都不曾损害,叫他有了劫后余生的兴奋。他感谢抄家者的不识文化和不懂感情。

河水悠悠地动,好绿,好精神。他越发觉得自己这着棋走得极高明。古凤眠在文化圈中活动了好久,越发觉得那是个惹不起的场所。文场上不见血的厮杀,叫他目不忍睹。他杀不了人也怕被人杀,上策便是逃遁。这主意他酝酿了许久。他还怕别人找他写字。这几年当官的没完没了地更换,而老官新官十有八九要索他的字,其实他们根本不懂个子丑寅卯,却硬是死皮赖脸地索取。这年头,字与花草、金鱼儿一般,摆在家里,无非是讨别人啧啧嘴。替不懂字的人写字,几多难受!古凤眠伺候不了,也招架不住。一次,古凤眠在一家新开张的酒馆里发现,自己的一幅立轴悬于正壁,再往下是两张油润润的嘴。他怔了一下。起先他怀疑这是仿作,可凑近一看,竟有他的印章,古凤眠差点儿晕了过去。事后一打听,原来是原文化局长的外甥领证开业,想招徕顾客,便从舅舅那里讨来了古凤眠的字儿。"亵渎!"古凤眠为此绝食一天。他发誓不再为当官的干这种勾当。如今好了,彻底好了。他想这小县城墨客雅士不多,自然这职业就不为人所看重了,极好!古凤眠想,这后来的光阴他自己掌握着,他要完全地交给完白山人。他有个宏大的计划,撰一部研究邓石如的专著,也算了却一大心事。他打算上午写字,下午撰书。如今时间不紧,满可以把这叫人羡慕的"双栖"生活过足。

然而不幸的事很快发生了。

对门的刘寡妇，似乎闲得无聊，就开了个小吃部。这女人胖得惊人，白肉像堆起来似的，腰水桶一般粗，一对乳房晃来晃去，似乎稍一使劲就能晃到背脊上来。其实这妇人做姑娘时异常单薄，甚至有人猜她是阴阳性别，她言谈举止都带着一股雄气。直到她为那个中学历史教员麻利地生下个儿子，她的性别才得到一致的肯定。她不仅是女人，而且有一截日子出落得极水灵，这也算墨子巷的奇事了。然而红颜薄命，她花开正当时，那教书匠却一命呜呼了。从此墨子巷少了个刘师娘，多了个刘寡妇。她有过几次不当寡妇的机会，但只要男方对小宏俊皱一下眉，她便拔腿就走。她相信自己能不靠男人来养活自己和儿子。这女人，人虽粗，手却巧，洗衣浆衫、挑花绣朵、烧锅掌勺，样样都做得精。她就凭这些手艺维持住了生活，扯大了儿子。有一度，她到县委食堂里当临时厨娘，翻新花样地做出菜来，想博得大家的赞许，慢慢转为正式。大家也的确赞许她菜做得精美可口，而她就是不能转正。那个膳食股长得不到她的便宜，就来挟持她。这女人干脆连临时的也甩了。原来只能巴结自己，她懂了。

她发福是近两年的事。儿子念完大学了，自己有了薪水，做娘的手头也活了些。可也不敢摆阔，儿子还要结婚。如今年轻人结婚不是个轻松事。这也不要紧，刘寡妇想，只要儿子有出息，就是拿她的头，她也肯伸颈。这墨子巷有儿子这般出息的吗？省长只有一个，省长的秘书也只有一个，而这一个却给了儿子。刘寡妇自然高兴，逢人就谈儿子如何如何。墨子巷的人也都引以为荣。去年，刘寡妇到省里去看儿子。到了省府门口，两个持枪耸立的军人以为她是来递状纸的，便像赶狗似的赶她，容不得她解释一句。幸好那个老传达，过来同她讲话，问明了，这才电话唤儿子下楼来接妈。可是第二天儿子要随省长出差，只好将妈撇下。母子俩只谈了一宿，也只谈了一件事：结婚。

"你盘算盘算，要花多少票子？"

"恐怕……至少两千吧。这算顶简单的了。"

"你手里捏了多少？"

"我哪有，除非偷！……大城市里开销大。跟省长出门，烟抽太孬了叫人笑话……"

"两千块……两……"

"讨不起老婆就不讨!"

"两千就两千吧。

"……"

第二天一早,儿子走了。做娘的心酸酸的,觉得这儿子像是专门替省长生养的。可是,当儿子坐着那灰灰的、扁扁的小汽车从她面前闪过,娘心里又有了甜甜的滋味……

两千块!不难。报纸上讲农民都能成"万元户"呢。如今政策宽,准许个体开业。刘寡妇便紧锣密鼓地开起了小吃部。

"鸡汤馄饨杂烩面哪……"

这妇人中气足,嗓门极脆,无休无止地吆喝也不觉口枯。

深受其害的古老先生,一时间弄得摸不清东西南北,满脑瓜都装入了"鸡汤馄饨杂烩面"。更可恼的是,自县广播站报道了他的新闻,于是他的名气给那妇人招来了生意。几乎天天有许多人来索他的字——县城也不乏雅客!这是他始料未及的。他以种种理由搪塞,说自己写不了字。来者也并不埋怨,却另提要求,说要"参观参观",这能拒绝吗?这些人"参观"饿了,就到对门呼啦一碗鸡汤馄饨或者杂烩面,然后再继续"参观"。古凤眠被这接踵而至的"参观"折磨得疲惫不堪,还叫不得半句苦。

他不能不悔。

为了完白山人,古凤眠发觉又上当了。

四

原来三号那老头是个顶红火的人物,刘寡妇一下引起了重视。她悔自己的嘴快,在墨子巷散布了不正确的言论。写字写得这等红火,刘寡妇一生只听到一次,看到一次。当年她嫁到墨子巷,丈夫曾津津有味地把这墨子巷的来历讲与她听。她信。后来丈夫做了鬼,她就指望儿子日后能像那个姓邓的一样,靠写字讨个饭碗。为儿子写字,她还冒过一次险呢。而这回,她亲眼得见。她也有了说不出的豪迈。以往她在城里碰到相识的人,问她住哪里,她总说住在墨子巷四号,现在她却这么说:

"我就住在那个会写字的古先生的对门!"

当然,这妇人快活,主要是古凤眠替她招引来了生意。小吃部开张不到两月,纯收入竟达三百出头了。刘寡妇脸上整天堆着笑,吆喝得越发像唱山歌儿似的。于是她就想寻个空子来好好谢谢古老先生。请他喝儿子的喜酒不算什么特别,况且还有些日子。细细想来,觉得老头身边没有第二个人,却又烧锅用灶,是顶麻烦的,不如每日贴他两碗杂烩面。刘寡妇觉得应该这样,没有对门这老头,生意哪有这么起色?俗话道,远亲不如近邻,近邻不如对门,日子长远着呢。

这年天热得早。刚入芒种,人就穿不住长袖。像刘寡妇这模样的,短袖也想扒了。刘寡妇觉得年数过了五十,无须再对自己那么封锁,就只套了件圆领汗衫,可还是感到热得厉害。这时她开始对三号那精瘦的古老先生起了羡慕。那老头瘦得利索,衣服套在身上就像是挂在衣架上,想必穿起来极灵便,不像自己这么费劲。刘寡妇对自己这副体态也生厌。她曾以节食的方法来减肥,每餐都扣着吃。但自从开了小吃部,工作量增大,少吃则无力。饿着肚子就觉得有件事忘记做,于是就把暂时卖不出去的馄饨端上一碗,进房去呼啦啦地吃尽,精神才为之振奋。她自己也不明白是怎么胖起来的。有人说,她是"尝"胖的——她做厨娘时,每次炒菜总得尝一口来试个咸淡,久而久之,成了习惯。她也将信将疑,当厨子的有几个瘦的?刘寡妇由胖而想到死,常常吓出冷汗。所以她羡慕古凤眠。有道是:千金难买老来瘦。这还有假?!

这天上午,邮递员送来一封古凤眠的信,是一封国际挂号信,日本寄来的。古凤眠不在家。这些日子"参观"的人不断,他只好一早就锁门出外漫步,午饭时回来,午休后再锁门离开,黄昏时转回。他想这么锁上几天,"生意"就会淡下去,而对门那胖妇也会少些活跃。他巴望这妇人的小吃部顷刻倒闭,但这不容易。那妇人很有几下子,货真价实,名气不小哩!古凤眠一颗心总半悬着。

刘寡妇将古凤眠的信代收了,签了字。她识字不多,但"日本"是认得的。这老头竟红到外国去了,刘寡妇更加肃然起敬,嘴张开了不想合拢,少喊了几声"鸡汤馄饨杂烩面"。

到了正午,古凤眠贼一般地回来了。太阳极毒,他用折扇遮着阳,端着茶壶儿。到了家门口,他四处望望,正欲开门,就听到有人喊"古先生",为之一怔,认为是"参观"者伺机袭来;细一分辨,才知这腔调和"鸡汤馄饨杂烩面"毫无二样,就转过身,果然那胖妇正冲他笑,手里晃着什么。

"古先生,信呢。日本寄来的!"

古凤眠也微微作笑,进了四号门。他知道这妇人的夫家姓刘,就唤其为"刘嫂"。

"哎呀,古先生你客气么子⋯⋯你老坐坐,还是头一回来呢!"刘寡妇嚷个不休又扯个没完,古凤眠只好坐下。

刘寡妇拿来水瓶,替紫砂壶续上新水,问道:"可要换点茶叶?"

"不了,刚泡不久。谢谢,刘嫂⋯⋯"

"你老莫叫我刘嫂,我比你老小一大截子,叫我刘妹还差不多⋯⋯"

刘妹?古凤眠一时觉得尴尬,又见这妇人胸前被汗染湿了一片,双乳印得清楚,就更是坐不住了。可一想毕竟是对门的近邻,首次登门,屁股刚落板凳就走,似乎不近情理,只好忍着。

刘寡妇指手画脚地把古凤眠神吹了一通,言辞无比激烈,以至古凤眠目瞪口呆,不知所措。这妇人如此吹捧我,他暗暗想,怕是叫我再接再厉,多为她揽些生意吧?

古凤眠觉得时辰差不多了,就起身说:"我回去做饭了。"

"这叫么话?"刘寡妇滚圆的胳膊一横,说,"头回来嘛!你坐,我给你下碗杂烩面,就好!"说着便动手操作。

古凤眠推辞不得,就想,吃就吃吧,吃了给钱;不吃,这妇人会怨我不照顾她的生意呢!于是重新坐下,看那妇人作业。

刘寡妇不像平时那么做。平时下杂烩面,是先下面,再从盛着炒好配好的杂烩菜盆里舀一浅勺,扣在面上,三毛钱二两粮票。这回她是现炒杂烩,而且选的是精肉、鸡蛋、黑木耳。姜末在油锅里一炸,满屋都是香味;原料下锅,嗞啦嗞啦地响,叫古凤眠口水往肚里咽。刘寡妇妙锅握在手里,勺子划来划去,很有节奏地响着。古凤眠也很好厨,见她如此娴熟地操作,就看得蛮有兴趣,他特别佩服她把菜朝空中一抛,翻了个180度,竟一滴油不溅出。突然,古凤眠受惊了——那胖妇舀了一撮杂烩菜,用肉嘟嘟的嘴尝了,却又连同没尝尽的重倒于锅里⋯⋯

"这⋯⋯"古凤眠抬起折扇准备指点,正碰上那妇人的眼光,他连忙装作咳嗽，拿出手帕捂住鼻子和嘴，脸磨到一边。

那妇人精得像猫。古凤眠一瞬的神色，她是明白的。这可真是，她想，好心不得好报，烧香却惹鬼叫！刘寡妇一生就是要脸，生怕别人嫌她什么。眼下这自尊心破了点皮，情绪也就低沉下来。可想想这老头毕竟给了她好处，也只好忍忍，装作没看见什么。然而她还是本能地在本来正合口味的菜里，又撒了点盐，拌了。

刘寡妇将杂烩面端到古凤眠面前，依然笑容满面。

古凤眠对着杂烩面一时下不了牙。他老想着那妇人的一口黄牙，和牙缝里那根韭菜……

"古先生，还客气么子？"

古凤眠吃力地笑了笑，闭眼吃了一口。天哪！是不是因为盐不值钱才这么慷慨？还尝呢。古凤眠吃了两口，实在不行，就抓起茶壶喝水。

"咸了？"

"哦哦，不，我有边吃东西边喝茶的习惯……"

"这习惯不好。对胃不好。"

"是的是的。人的习惯，不是每种都是好的……"

他终于把它吃了，剩下的是汤。

古凤眠来不及擦嘴，就先付钱。

"哎呀，古先生你也太认真了！"

"这怎么可以，你，你是做生意的……"

"做生意的未必只贪钱呀。"

这末了一句，叫古凤眠有点内疚。不就是尝了那么一口吗？"五七"干校那阵，大食堂里的锅铲断了，那位气壮如牛的炊事员就把挖地的锹洗了洗，当做锅铲用，那饭不也照样狼吞虎咽了？

"刘嫂，谢谢了。"古凤眠说。

刘寡妇又替茶壶续了水，说："古先生……"

"莫称我作先生，叫老古或者古老。"

"先生就是先生嘛！"刘寡妇道，"你都红到外国去了，还不算先生？"

"这，不算什么的。我就只能写几个字，也是河中无鱼虾也贵。"

"古先生，"刘寡妇道，"这墨子巷可是专出会写字的呢。你老挨家访访，连细伢子们字都写得不孬。我家的宏俊，在大学念书那会儿，写的字还登到报上去了，我拿给你老看看。"就入内屋去了，不一刻，真的拿来了一张省报。

古凤眠将报纸竖于眼前，知道是前几年省里大学生书法展览的作品选登，刘寡妇儿子写的那幅，是隶书，录了一首唐人的五言绝句。古凤眠细看着，颇觉奇怪。这幅隶书竟也是学邓石如的！古凤眠对邓氏的书法，最为钦佩的是其隶书。邓氏的隶书，收汉魏之长，法度谨严而又变化多姿，飘洒俊逸而又古拙苍劲，更妙在守成法又不拘成法，囿藩篱而脱乎藩篱，另辟蹊径，独树一帜，难怪包世臣将其列于书之"神品"也！而眼前这幅习作，虽落笔有些浮滑，结构过于呆滞，却似乎也是识得要领，循规矩而成方圆的。

"哦哦……令郎多大？"

"今年该算二十七了，属鸡的。"

"难得难得！是自学的？"

"他老子死得早，只有自学。"

"他还在写吗？最近的作品可有？"

古凤眠有了兴致，微笑着看刘寡妇。但那妇人说："他如今给省长当秘书，我看跟佣人差不多；省长到哪他跟到哪，连老娘也不要了。"

"这是他的工作性质决定的。如果他爱写字，还是可以写的。你儿子是能写好字的，能。"古凤眠把那张报纸还了刘寡妇。

"他如今手懒了。去年过年回来，叫他给门上写副联子，他都不写。可我到书店买一副回来，他又嫌字丑……这怪伢子！"刘寡妇感叹道。

古凤眠想了想，没说出什么。他打算离开了。这时刘寡妇又说：

"古先生，你这么瘦……真好。不怕热吧？"

"热，倒不怎么怕；冷就有些抗不住了。胖与瘦，各有千秋的。"古凤眠道。

"当然还是瘦好，千金难买老来瘦嘛！"刘寡妇道，"你看我，像个冬瓜，天热就想去投水！其实我每餐都是扣着吃……"

"光节食是不可以的。"古凤眠认真地说，"贵在锻炼，持之以恒，方可奏效。我原来血脂高达400，体重76公斤，全不是现在这个样子，都是锻炼的收获……"

"锻炼？未必要我也去打球？"

"那倒不必。最为简单的方法就是早起跑步。"

"要跑多少？"

"由少到多，量力而行。我每日顺着这后面的河沿跑，跑到那个牛头墩。"

"乖乖！那有三四里呀！"

"习惯了，就不觉远，不觉累。那里空气非常新鲜，对健身极有益。你不妨试试。"古凤眠喝了口水，心想这妇人也认识到了自己身体的负担，可又为何那么贪嘴呢？

"古先生，"刘寡妇信心颇足地说，"从明日起，我们做伴！"

古凤眠正欲点头，猛一听"做伴"，一下子五官挪了位，似笑非笑地嗯了。刘寡妇似乎也觉得自己漏了嘴，于是又说："古先生，你老收我当徒弟吧。"

"不敢当，不敢当。养生之道，其妙无穷，各有各的招儿。不过生命在于运动，确是放之四海而皆准的道理。"古凤眠道。想起刚才受人的款待，临出门，他又道了谢，这才回自己屋里去了。

刘寡妇这才认为，那后来的盐，撒得不是地方。她喂养的那只极壮的名为"花子"的猫，蹿过来挠她的脚。她把它拨开了。烈日当空，刘寡妇拿着大蒲扇满身地扇，嘴里又喊道：

"鸡汤馄饨杂烩面哪……"

五

当天下午刘寡妇去百货店挑了一双白力士鞋，准备"锻炼"用。她信那老头，继而信自己能看着腰小下去，肉走掉些。想起年轻时的模样，很迷恋，也很豪迈。

天黑后，她端把椅子坐到门外纳凉，也照看生意。天太热，夜间顾客无几，但她不大叫喊。她怕扰了别人，大家白天干辛苦了。墨子巷里的人差不多都出来乘凉，东一撮西一撮的，大人在谈工资和物价，小人则吹电视电影。刘寡妇自丈夫死后，就变得孤僻，不爱与人论短争长，却也越发泼辣。这墨子巷里也出毛手毛脚的死脸，不泼不行，不辣不行。

寡妇心狠。能惹得起寡妇的，算上不简单。平日里，大家也怕沾刘寡妇边。大家最厌的，是她动辄提省长，言必称儿子。所以对这妇人，大家一向是敬而远之。不过大家都不以为她坏。

和刘寡妇最亲近的，是"花子"。这畜生极精极灵，只是爱贪嘴。有人说，这都是刘寡妇示范的缘故。"花子"盘在主人脚边，时而神经质地后腿立直，吐一口粗气。刘寡妇用扇子敲敲，它又软了下去，撒娇地席地一滚。

对门的窗户亮着灯，能看见古凤眠的剪影。这老头果真抗热，窗帘拉得严严实实。古凤眠如今只能利用夜间来做事了，除非那小吃部倒掉。

自住进墨子巷，他就打算破工夫录一张刘禹锡的《陋室铭》，悬于座右。这便勾起他的一件旧事。"文革"间，确切的是1976年春，他被遣至故里交当地专政组织监督劳教，锁在县革委会的一间破旧小屋里。那时他就想录《陋室铭》，但写的是检讨。现在他能够写了，不觉心情陶然。他甚至相信，这间屋就是邓石如住过的那间……

古凤眠自然是用隶书抄录。他精心揣摩过山人的隶书。在他看来，山人的隶书，寓奇险于平正，藏婀娜于遒劲，真乃出神入化！古凤眠焉能不醉？"惭愧呀惭愧！"古凤眠时常感叹，觉得此生是少小不努力，老大徒伤悲了。他在书法界的名誉越重，这种心理负担就越沉。其实他少年师承邓石如，进入中年后就稍有转向，企图兼收了金农、伊秉绶、何绍基诸师之长，有所创造；可是绕了一圈，还是皈依了邓石如。对此，古凤眠也颇觉惊奇，百思不得其解。他深知自己只能达到这般境界，别无更高的造诣了。他不能不感叹，但不遗憾。山人的精湛艺术他敬佩，而山人的"胸有方心，身无媚骨"的品格，更使他折服。

刘寡妇不时看对门的窗影，似乎感觉出，那老头写字是十分吃力的。他写几笔，立起身看看，又写几笔。过一会儿他又来回走动，喝茶。刘寡妇不理解的，是古凤眠爱把茶壶儿在腮帮上贴那么一下，这又不是三九天！她一看见这动作就想笑。后来，起了风，不觉睡意袭来，刘寡妇想起明天要起早，就回屋上床了。

刘寡妇念着"锻炼"，一夜都睡不到觉里去，糊涂得很。翌日一早，她就醒了，不去梳洗却先换上了白力士鞋。外面见亮了，她将门拉开一线，果然对门也亮了灯，古凤眠活动了一下手脚，就出了门，并没有招呼她，径自一溜小跑去了。

"这老头……讲话不算数。"刘寡妇有了一刻的委屈。"我有腿还愁不能跑?"她想，这又不是分房子，讨工作，要求人走后门的！她吱地将门锁上，自己跑起了。

跑步自然也有窍门。刘寡妇掉以轻心，不到百米，就感到胸口闷得喘不过气来，乱了方寸，浑身的肉往下坠。她真想走了。天已大白。

"刘嫂子！"迎面来了古凤眠。

"古，古……先生……"刘寡妇刹住了脚，大口地呼吸。

"真抱歉，我忘了喊你。"古凤眠道，"半路上才记起来，就……"

"是我，睡过头了。"刘寡妇说，脸上红扑扑的，前额已见汗了。

"你累了吧？起步要缓些，悠悠的，三步一呼，两步一吸，慢慢就会适应的。"古凤眠阐述道。

刘寡妇连声道"不累"，但不想再动腿。

古凤眠又讲了一番跑步的要领。"试试看？"就先提起脚，嘴里反复念着，"脚尖着地，三步一呼，两步一吸。"

刘寡妇只好跟在后面拖。

他们只跑到河沿，就歇了。河水好清，好绿，不久又变作朱红色，跳动着亮亮的光点，太阳露脸了。

"这跑步也有窍门。"刘寡妇道。

"世间的事，无论大小，都是有道理的。"古凤眠说，"比方你做烹调，也是极有学问的。火候、配料都极讲究。同样的原料，不同的处理，结果悬殊甚大……"

刘寡妇知道，这老头在绕弯子责备她昨天的过失，就想笑。这样的年纪还记恨呢！她突然想到一件事，就说："古先生，我有事求你呢。"

古凤眠问是何事相求。

"你老是写字的名人，想请你替我写块招牌，行不？"刘寡妇说。

古凤眠心里顿了一下。这类散活，曾有不少主儿找过他，而他都婉言谢绝了。他认为这无疑是对他缺乏尊重。

"这个……"他作思索状，"本来不算什么的，可我近来杂事缠身，难以腾出工夫……"

这叫刘寡妇没有料到，不就是几个字吗？她想，怕我拿到市上去兑票子?"那就算了,"她说,"等我儿子回来,叫他写。"

古凤眠有些尴尬,便开始做起鹤翔桩,闭了眼,双手护着丹田。刘寡妇什么时候离开的,他不清楚。太阳升高了,一下把他的身影抽细了。

六

古凤眠在外游了一整天,黄昏才回。刚进巷口,他就听见刘寡妇在大叫大喊,声音尖锐而嘶哑,叫人闻之却步。

"狗杂种呀,不得好死的呀,屙屎敢屙到老娘头上,有种的就站出来……"

古凤眠怔了一下,停了脚。这是何故,值得骂街的?

"……畜生!欺负孤老寡妇……"

原来如此!

古凤眠顿时觉得天昏地暗……

中国人,想整治鳏夫、寡妇一类的人物,没有比这盆屎朝头上扣更有力的招儿了!古凤眠沉痛地想,活在人世的鳏寡,像走钢丝一样的心颤,稍有不慎便即刻栽倒,何等的不公平!他也埋怨自己窝囊,四十、五十都坦然过来了,不料六十却招惹了麻烦!苟延残喘于世,何以为风花雪月?人言何其荒唐,又何其可畏!他双手捧着紫砂壶,又一次感叹起妻子的中道而别。若知日后生活这般艰涩,不如当初同赴黄泉的好……

外面,刘寡妇还在扯着喉咙骂。

"这妇人!"古凤眠也厌恶她。这灾难都是她的奇想所致。早知这地方容不得跑步,就不跑。结果招了灾,灾就灾吧,闭眼忍了,也就过去了。可这妇人非要伸张正义,用最原始也最有效的方式——骂,复了仇。可这类窝囊事还是糊里糊涂地过去了好。此后,算了,远点儿。你能骂街,我呢?我不会骂人也怕挨人骂,有气只能憋着,往肚里咽。

唉……

这一夜,他不曾合眼。

"咚咚!"有人敲门。

天已见白,这么快!"谁?"古凤眠坐直身问。

"古先生，该起来跑步了！"

刘寡妇的嗓音极大极粗，在深幽的墨子巷里发出嗡嗡响。她在示威呢！

古凤眠本能地滑下床，双脚欲朝旅游鞋里塞，又抽了出来，改穿圆口布鞋了。他披好衣，到门口又停了一下，再把门拉开，仅露出脸孔，离刘寡妇的脸孔足有一米，遇见她那似笑非笑的目光，他即刻松了眼皮。

"哦，是刘嫂，你早……"他低声说。

"不早了哟，都过六点了！古先生，该跑步了。"她大声说。

"哦哦……我昨夜受了点凉，觉得……头昏，不舒服……"

"病了？"

"……"

"那可得去医院看。爱锻炼的人也爱生病……"

刘寡妇转身开始跑步了。墨子巷里的人还未彻底醒来，包括古凤眠先生。

……

"这也算是男人！"刘寡妇跑步回来，关上门就这么说。

突然她望着"死鬼"的相片，嚎哭起来。这声音被巷里涮马桶的声音压掉了。

哭罢，火气似乎也不见低多少，做起事来，她还是丢东搅西的。

刘寡妇昨天跑步回来，就听到墨子巷里有嘴说："嘻嘻！四号跟着三号跑了，越老越作怪！"她能不骂？这妇人生性古怪，越是认为不能说的，她说；不能做的，她做，只要她愿意。当年，她明知那历史教员得过肺痨，家庭成分是富农，还是决定以身相许，嫁到墨子巷来，不怕与娘老子反目成仇。"跟着跑就跟着跑，看能拿老娘怎的？"她是这么想的，自然要付诸实践。于是天麻麻亮，她就准备好，靠在门口等对面的门开。可门不开。她就过去敲门，大声地喊——把墨子巷的人一齐唤醒，叫他们竖起耳朵听！这才过瘾。万万想不到的，老头对她扯谎……

就算是合伙做贼，拿住了，也不能溜呀！刘寡妇愤愤地想，这也叫男人？读书人？名人？屁！

七

墨子巷冷清多了。

自刘寡妇骂了街,巷里人经过四号,总得绕开一些。而三号的门似乎终日不见开,到了晚上,才看到昏黄的灯光。刘寡妇不再像先前那么勤快地吆喊叫卖,加上天气一日热过一日,生意也淡了。刘寡妇自然坚持锻炼着,但她不往牛头墩跑。她背道而驰,顺河沿向下游跑。几十天下来,很难看出她的体形发生了什么变化,但脸色不如以往那么红润,是明显的。

古凤眠怕同刘寡妇照面。那妇人极要脸,极犟,你得罪了她,她会记恨你一世。古凤眠每天从外面回来,开门的那一瞬,就有了如履薄冰之感,总觉得背后有两柱凶恶的光穿透过来。门一打开,他像老鼠似的进去,反手把门掩上,才呼一口气。

这日中午,古凤眠回来,打开门,听见"咔嚓"一响,接着一个东西"噗"地射出,使他惊出冷汗。是"花子"。古凤眠刚进门槛,木了——

"花子"打碎了他的紫砂壶!

古凤眠望着地下的碎片,扶着门框的手往下滑。突然他吼道:

"孽种!"

刘寡妇猜是"花子"又闯祸了,想了想,认为应该过去了解一下。那老头的背影叫她心慌。她想要是"花子"打碎了老头的贵物,就糟了。她攒的钱是给儿子娶媳妇用的。唉,这畜生!平时太宠它了……

"古先生。"刘寡妇到了三号门口。这"古先生"几十天未叫过,如今重叫,怪咬口的。

古凤眠没有回头,好像嗯了声。他坐在小竹椅上,还在对地上的茶壶片儿发愣。

原来是打碎了把茶壶,刘寡妇松了口气,赔得起的。

"哟,这该死的把壶打碎了!"刘寡妇故作惊奇地说,"这该死的……"

古凤眠一语不发,几乎不看门边上的刘寡妇。听她讲得多么轻巧!

古凤眠心里窝着火，这俗妇懂得什么！

刘寡妇见古凤眠这么淡漠自己，也上了火，口气也粗起来。

"古先生，我赔你的！一把茶壶我还是赔得起的……"说着，她从门后抄起笤帚，欲来清扫地上的碎片、茶脚。

古凤眠猛地立起。

刘寡妇迟疑了一下，而这时，古凤眠已弯下腰蹲于地上，把茶壶片儿一一拾起，放在手帕里，包裹起来。他轻轻地、像梦呓般地说：

"这壶，是我妻子留下的……唯一的……"

刘寡妇手里的笤帚滑落于地。她悄悄离开了。

过了一会儿，听见了"花子"的惨号。

古凤眠闻声而出，走近刘寡妇门前，见"花子"已是肝脑涂地，四爪划动了几下，死了。只用了一板凳。

"你！你……"古凤眠上气不接下气地说，"你的手……太重了！它是畜生！"

刘寡妇不看古凤眠，若无其事地拿来煤灰撒到"花子"身上、地上，将地上的血污扫尽，一手提起"花子"的尾巴，骂道："不通人性的东西……"双眼红得吓人。

刘寡妇将"花子"扔进了远处的垃圾箱。古凤眠也跟在后面，拖着腿，眼前都成了红色！他第一次看见了生命的毁灭，而这毁灭，是由他一手炮制的！畜生也是有血有肉的，这畜生本性不恶，人类何以不相容？古凤眠内心产生了强烈的犯罪感……

"刘嫂！刘……"他说。

刘寡妇不吱声，步子沉沉地返回了屋，熄了炉火，提前关了店门。

古凤眠也回到屋里，掩上门，感到浑身没有一点力气，感到恶心，感到冷。

……

天黑时，落起了牛毛细雨。不一刻，听到阵雷由远至近滚过。打闪。雨渐渐响了。后来又起了风，一刻工夫便狂，很野。

古凤眠靠在床上，木然望着窗外。

窗外一切好杂乱。

他下了床，找出一只人造革旅行袋，握着手电，撑起伞出了门，急急地走。

古凤眠从垃圾箱里提出"花子"尸首，托着，对着雨冲洗干净，放入旅行袋里，用手电照着细看了一遍，而后拉上拉链。他提起它，往牛头墩走。到了，古凤眠找了块松软的地皮，用手挠出了一个深约二尺的坑，葬了"花子"。这牛头墩地势高出周围，风大雨密，古凤眠的伞打不住，就索性收拢了。等一切停当，他已浑身湿透，战栗不止。

后来，古凤眠又从怀里摸出那包茶壶碎片儿，站到最高处，双手捧着撒到了河里。

八

"花子"毙命，是刘寡妇失手造成的。她一气之下把小板凳砸过去，"花子"反应慢了一拍，便脑门迸裂顷刻死去。这畜生知道自己的主子一贯地包容它，就很不以为然，于是铸成了悔之不及的大恨。它料不到自己会落到这样惨的下场。它不服。它伴了她几多年，养了几多仔——让她拿到市上去兑油盐钱，那会儿，她没现在这么胖，这么神。它没弄清自己犯下了多大的错误，就死了。它死不瞑目。

刘寡妇躲在屋里淌了一夜的眼泪。"花子"就这么不见了，屋里不会再有"喵咪"的叫声，身边不会再有活蹦蹦的东西绕来绕去，脚背不会丝丝地痒……

不该叫它做"花子"，刘寡妇想，那是个注定要遭厌、要遭殃的名字！如今它葬身于垃圾箱里，就应了这个倒霉的名字。

当夜天落大雨，刘寡妇想叫"花子"净净身子，来生投个好胎，第二天一早便拿着塑料布，打算去捡起"花子"的尸体，装殓下葬别处。可是不见"花子"！这，这肯定是哪个杂种捡去了，扒了皮，剁了尾巴和脚，当野兔子拿到菜市上糊钱去了！刘寡妇好气，好难过，怏怏地往回走。

墨子巷的人还没醒，好冷清！

古凤眠早醒了，却不起床。昨夜葬了"花子"，淋了雨，他现在感到体内温度增高，头痛，四肢也无力。他感冒了。但他心里舒坦了些，他想自己毕竟还做了件轻微的好事，尽管旁人知道会视为荒唐可笑。他又觉得，自己虽然得到了些解脱，可是刘嫂心上的刀口，一时是难以弥合的。那妇人与猫儿做伴非一年半载，想彻底地把它忘却，并非一朝一夕的事。古凤眠也喂养过猫，一只叫"黑儿"的公猫。那也是"文革"间，他被赶到一间低矮潮湿的屋里。老鼠何其多！书被烧得差不多了，可是还有些名贵的碑帖、拓片和纸，人饶过了老鼠不饶，光天化日之下公然大啃特啃。古凤眠悲痛欲绝，却又无能为力。有一天，他突然听见了凶狠的"喵——扑扑！"原来是一只黑猫，好威武！他猜想这也是个孤儿，一个浪迹江湖的生命。与他古凤眠不同的是，它有自由。哪儿有老鼠哪儿就有猫的自由。上帝也不否认这点。古凤眠喜出望外，过后又怕它是匆匆过客，朝秦暮楚。他急。他想留住它。他拿不出像样的东西来贿赂它，只是不断地、轻轻地唤着"黑儿，黑儿……"一天，两天，三天，"黑儿"在此落户了——是老鼠灭不绝还是别的？"黑儿"伴了他多少时候？古凤眠没有精确地算过。反正，他领着"黑儿"迁回书画院宿舍的第二天，抑或第三天，"黑儿"便杳无踪影了……这一直是个谜。那几日，古凤眠怅怅然。但他至今坚信不疑——"黑儿"活着！或许有一天，"黑儿"会出其不意地立到他的门槛上。但是，"黑儿"还会认得我吗？它不会认我。它是来寻找它的同类的——它们难道不是失散多年的有情人？谁敢断言？要不，"黑儿"是为着它的敌人来的。它或许知道，如今这墨子巷失去了"花子"，"花子"没做完的事，它得接过来，继续做。啊，这可怜的生命，它们任劳任怨地为人类服务的时候，人类并没有慷慨地给它们额外的待遇，一旦它们稍有不慎，触犯了人类的一丁点儿利益，人类就会轻松地对它们加倍地惩处，乃至要它们的性命！在温柔的动物面前，人类永远是专横残暴的，好像不这样，就不能算作人类……

　　古凤眠呻吟着，还是支起身体，起了床。

　　他要到市上去一趟。

　　如今这县城的市场极繁荣，极喧闹。能拍卖的在这里都在拍卖，一天一个价。

　　古凤眠是来买猫的。有好几个猫贩子，带着杂色的幼猫，并不声嘶力竭地吆喊，却在漫不经心地抽烟、拨脚趾头、吹牛，个个都神气如阔佬。这年月，猫儿是供人玩的，所以好卖。

"这猫……什么价？"

"跟着老母鸡走。一斤一块八。"

古凤眠蹲下来，将十来只猫仔逐一看过，选择着。其实来前他已有选择，目下只是对号入座而已。果然有……

"就这两只。"古凤眠说，"小黑，小花。"

猫贩子将两只幼猫分别过秤，竟是一样的重：二斤三两五。古凤眠如数付款。

"一公一母，配对的。"猫贩子沾着唾沫点着票子说，"老头子，过两年你也会发猫财了……"

古凤眠将两只猫小心安放在竹篮里，拂袖而去。绕出市场，他就急急地往回走。他想一下就把这两只猫送回墨子巷。那里，少不了猫的。他这会儿觉得筋骨轻松了一些。

到了家门口，古凤眠将小黑送入门内，再回首瞥一眼对门，刘寡妇不在，门开着。古凤眠想想，就抱着小花走过去，对里面唤了两声"刘嫂"，但无声应答。当然她不会走远，他想，或许去厕所了。于是古凤眠将小花安放在门后原先花子住的地方，如释重负地看看，搓搓手，离开了。

还没吃早饭呢。古凤眠想动手做，又觉得肚里不空，就想泡茶喝，这才想起紫砂壶已不复存在，旋即心里又掠过一丝惆怅。这时他听见了刘寡妇过来喊他。

"古先生……"刘嫂抱着小花过来，说，"这猫可是……"她把它放到他脚边。

"不不，刘嫂，你弄错了。"古凤眠说，"这不是我的……"

"不是你买的？"

"不是。我是买了猫，在屋里……"古凤眠说，"是只黑的。咪咪——"

那小黑果然蹒跚着由屋内走到门口来，狐疑地望着小伙伴。

刘寡妇迟疑着。过了会儿，才喃喃地说："咦呀……怪事……"

"刘嫂，"古凤眠说，"我看，这是花子的后代，完全是一个模样。我看是的。"

"出鬼了？"刘寡妇迷惑地望着小花，口齿不清地说，"未必，那畜生,魂不散……"

"刘嫂,花子的死,我是有责任的……"古凤眠沉重地说,"它……"

"它找死!该死!……古先生,你这么讲叫我的脸都没地方搁,我晓得那茶壶……"刘寡妇声音渐弱了下去。

"刘嫂,"古凤眠把小花抱起来,用手从它背上梳了一遍,说,"你收养了它吧。也好……与小黑做做伴。"

他把它交给了她。

刘寡妇眼圈儿开始发红,就抱起小花转身走了,走几步又停了一下,再走。

突然,缩在门拐的小黑直起脖子乱叫,遂引起小花也叫了起来。两只幼猫相对而鸣,其音如未满月的毛伢啼哭。

古凤眠咧咧嘴,蹲下来牵出小黑,朝它屁股上轻拍了一下,它便摇摇晃晃地跟着刘寡妇去了,走到街当中,却又扭过身回到了古凤眠脚边。古凤眠将小黑抱起,同样用手梳理它。两只猫仔都歇息了。

陡然间,墨子巷显得好幽静。

九

两只猫仔似乎一进墨子巷落户,就熟悉得情同手足。它们来往频繁,总聚在一起,处得非常融洽。主人给小黑一尾小鱼,小黑就吃力地衔到对门,与小花伙着吃。主人给小花系了个铃铛,也给小黑系了个铃铛。它们一起动作起来,铃铛碰得脆响,惹得行人都要停下来看一眼。

"你看,畜生实在多了。"

"两小无猜。将来是夫妻无疑……"

"又瞎扯!"

"我只是讲猫……"

……

当然,人不至于蠢到对畜生都抱着病态心理的地步,关键是畜生不吃这套!

好像没发生过什么,古凤眠同刘寡妇,渐渐处得如以前那么自然,见了面，隔一截子打声诸如："吃过了？""回来了？""还在忙呀？"一类的招呼，但刘寡妇不再请古凤眠来吃杂烩面，古凤眠也不再来邀约刘寡妇去锻什么炼了。不过有一天，刘寡妇还是去找了古凤眠，请他帮着看看儿子宏俊的来信。她弄不清"第三梯队"、"挂职下放"、"厅局一级"的意思，还有几个字不认识。

古凤眠解释道，她儿子是作为党和国家的第三代领导者培养的，最近要到基层——就是本县，当一位领导干部，锻炼一年后再回到省里；那时，用她儿子的话来说"可能担任厅局一级的领导职务"，而厅局一级，就是和地委书记、行署专员或者省里直接管理的城市的书记、市长一样高的级别。所谓一样的级别，就是权力一样大，工资一样高……"刘嫂，你儿子是很出色的。"末了，古凤眠恭维了一句。

刘寡妇听了这洋洋洒洒的一番，记得清的却只有一层意思：儿子要回家来，住一年！这不会假的。自儿子上大学至今，他在家住的日子怎么算也达不上一年……一年……一年！刘寡妇激动得泪花儿直闪，对古凤眠连声道谢，以至古凤眠不知所措。

不知怎的，古凤眠陡然感到了孤寂正包围上来。

……

刘寡妇天天盼子归家。她把自己的大床腾出来，铺上了新席子，钉好了夹被。她自己就打算睡竹床，竹床底下放着两只方凳——竹床用老了，怕压塌了。每天半夜醒来，她就从箱子里把存折拿出来重看一遍：七百多了。等过了一年，还怕达不上两千？她信心百倍。

一天，县政府派了两个人来找刘寡妇，其中的那位科长说："刘妈，刘县长要回来了，文件已经到了县里。"

县长？刘寡妇心动了一下，县长不就是县太爷吗？不就是戏里的知县？七品芝麻官，可也不小，能叫人死人活呢！她讲不出话，只是忙着递烟倒茶。

"刘妈，您老人家有福气呀！"科长说。

"都是，组织培养的……"刘寡妇说，觉得脸烧得凶。

科长环视着屋内，说："刘妈，您老人家是不是换个地方住住？这屋子太旧，太潮湿，汛期又快到了……"

"不不，不用，"刘寡妇连忙说，"我在这里住30年了，不用……"

"还是换个地方吧,组织上都作了安排的。"

"不用,真不用。"

"刘妈……"

"不用,实在是不用……"

科长面有难色,又说:"您老人家不换个地方,我们回去要挨批评的。刘县长就快到了……"

刘寡妇心陡然往下一沉,彻悟了。原来都是儿子回来做官的缘故!她由喜转怒,真想抄起笤帚把他们撵出去,就像省府里当兵的那回撵她一样。可又一想,面前这两个,不过是衙皂……

"科长呀,劳你们二位跑路了。你回去对比你大的人物讲,就说我不愿意搬家……"

"那,那为什么?"

"不搬就是不搬。这墨子巷虽破,可是风水好得很呢,朝朝代代都出能人。当个县长算什么,你看对门的古先生,人家都红到外国去了,都愿意住到墨子巷来……我不搬。"刘寡妇一口气说了这些,就到门口照看生意去了。

科长对同事看看,摇摇头。他们把茶喝尽,告辞了。

"鸡汤馄饨杂烩面哪……"

这妇人好久没有这么起劲地吆喝过了。

过了几天,又下雨了。这场雨来得好猛,可是越落越小。然而墨子巷的人还是警觉起来,像往年一样,把贵重的东西朝楼上搬,上上下下地动,整条巷子乒乒乓乓地响,行人也不断。当然总有几个壮小伙子来替刘寡妇搬东西。

"刘妈,宏俊哥来家当县长了?"

"县长又怎么样?"

"县长当然是一县之长啰,管一县呢!刘妈,你还搬么子东西,打个电话给县政府,叫他们派小车子接你住小楼去!"

"他当他的县长,我做我的百姓。你刘妈这一生还不喜欢从别人嘴里抠饭吃呢!"

刘寡妇等东西安顿好,又说:"对门的古先生,一个人,也去帮一把吧。"

"当然啰！墨子巷黑心的家伙有几个？"

"搬完了，过来吃馄饨。"

"要钱不？"

"要你的肉！"

小伙子们乐哈哈地过去了，可是"铁匠"把门，一夫当关。

这老头，又游到哪里去了！天要黑了，该不会饿了小黑……刘寡妇倚着门，慢慢地摇着扇子。

"嘀嘀——嘀——"

一辆漆黑的"伏尔加"驶进了墨子巷，几乎占去了整个巷子，惊得行人提着身子死命朝屋檐下靠，可地上的泥浆还是乱溅，弄脏了人们的衣服。人们议论纷纷。

这是哪个老爷！抖威风到大街上去抖！刘寡妇揩着裤脚的泥星生气地想。忽听见面前一片嗡声，其中夹着："宏俊……"

刘寡妇还没喘过气来，宏俊已提着笔挺干净的裤管走过来，喊道："妈！"

边上人说话声逐渐响亮了，有人在同宏俊打招呼，一边揩身上的泥浆点子。

宏俊扬起手，对周围的人挥了几下，又回头喊了一声"妈"。

刘寡妇没有把儿子看仔细，却看清了边上人身上的泥，她身上也有。

"你腿断了？"她突然叫道。周围霎时静了。

儿子一怔，白皙的脸上旋即泛了浅红。他嘴唇翕动了几下，想说什么。

"抖威风抖到老娘面前来了！"

儿子连忙调头伏在司机耳边说了点什么。司机发动汽车，朝后退，退，慢慢地退……

边上人这才拢了过来，热烈地与宏俊握手，问长问短不止，适才的怨气悄然散尽。可宏俊还是面带愧色地向大家表示歉意，大家说："这有什么？墨子巷还是头一回来小轿车呢！"

十

　　儿子衣锦还乡，为娘的哪有不乐的？刘寡妇当众劈头盖脸地骂了儿子，那只是一气之下。等人散了，进了家，刘寡妇又觉得自己刚才是难为了儿子。如今儿子大小是个县长，这样叫他下不了台，往后他的腰杆儿怎么好硬起来？实际上儿子也并没有犯多大的错误，只不过坐小车子回了家，只不过多占了点路，只不过溅了点泥星到人们身上——搓搓就掉了。刘寡妇认为自己小题大作了。

　　"是吃饭还是吃面？"娘问儿子。

　　"……我吃了来的。你吃吧。"儿子低声说，抽着烟。

　　"喝碗鸡汤？早上才杀的鸡……"

　　"不饿。"

　　"还在气妈？"

　　"不是。你吃吧，妈。我不饿。"

　　"明天家来吃。"

　　"明天……再讲吧。"

　　"……"

　　"好，明天回来吃。你快吃吧，妈。"

　　刘寡妇端来一碗清面，夹了一块豆腐乳，坐在儿子对面吃。才吃两口，突然她把碗放下，掏出手绢来擦眼睛。

　　"妈！你……"儿子灭了烟，走过来。

　　"……"刘寡妇抬脸看看儿子，说："真在家住一年？"

　　儿子点头。

　　刘寡妇说："要是你老头子在……"

　　"妈……"儿子捉住妈的手，说，"你吃吧……"

　　刘寡妇就又慢慢吃了。

　　儿子在屋里踱着步，又把灭了的烟点着。

　　刘寡妇吃完，从墙拐上端过楼梯，要上楼去。

　　"这么热，还上楼去？"

　　"拿东西。"

77

"那我上去吧。"

"莫把你的衣搞邋遢了。你又不晓得放在哪里……"

"么东西？"儿子扶着楼梯。

刘寡妇上楼，过了一会儿又下来，到门口拍拍身上的灰，掩上门，这才把握在掌心的存折递给儿子看。

"……785元。"儿子合上存折，有点疑惑地问："哪来的？"

"未必是偷的扒的，看你眼睛瞪得像灯笼……开店嘛！"娘有些豪迈地说，"你莫逼我，拖到明年春上结婚，两千就不在话下！"

儿子沉默了。

"不就迟七八个月嘛，都等不及？你和女伢年纪也都不算大……"

"妈……"

"万一不行，我就去借点凑凑。"

"妈，不是对结婚早迟有什么看法……我是说，这店……"

"我是领了执照的，也不偷税……"

"这店……不开了吧。"

娘不解地看着儿子。

"妈，你听我说，"儿子坐到娘边上去，"你为我吃尽了辛苦，又上了年纪，我想你还是在家歇着……"

"妈手脚还动得，没有病，就是胖些……"

"还是不开吧，妈。"

"开店不累哟。"

"妈，你听我的，停了吧！"

"停？这么好的生意停掉？你不晓得，钱好搞得很呢！我才开几个月呀，就……"

"你就是钱、钱！"儿子口气转硬了。

"搞钱有么子丑的？"刘寡妇不解地问，"国家不是天天叫人民富吗？没有钱怎么富？我这钱来路光明正大的，未必哪个还要捆我进公安？"

这时门外有人喊："刘嫂。"是古凤眠的声音。

刘寡妇开了门，说："古先生，进来进来，我伢家来了，宏俊——"头朝儿子偏。

刘宏俊从座位上缓缓立起，迎上前与进来的古凤眠握手："刘宏俊。

你老……贵姓?"

"免贵姓古。"

"古先生是今年春上搬来的,就在对门。"刘寡妇介绍道,就去泡茶端来。儿子在接待客人:"请坐。"

"谢谢。"

"请抽烟。"

"不会。"

"请用茶。"

"谢谢。"

"古先生呀,门对门地住着,抬头不见低头见,哪来许多的客气!"刘寡妇笑道,"这么迟回来,肚子怕是在唱'空城计'吧?"

古凤眠略有尴尬地说:"我炉子灭了……想买碗杂烩面,你看可麻烦?"

"还谈'买'呀!你这老……"刘寡妇嗔怪道,忙去了。

儿子又抽起烟来,吸一口,问:"古先生府上……"

"就在此地。"

"噢,口音倒辨不出来。"

"少小离家,走了几个地方,于是就南腔北调,很是扰乱视听……"

刘寡妇端面过来,插言道:"绕来绕去,还是绕回来了。树高千尺,叶落归根嘛!"

"是的是的,我是少小离家老大回,乡音虽改根未改。这块土,我总是念着的……哦哦,不打搅了,我端回去吃,碗明天一早送来……"

"没什么要紧的哟,你这老!"刘寡妇说。

古凤眠还是执意要走,刘家母子送他出了门。

"打搅打搅……"古凤眠退了出去。

门一掩上,儿子就又叹气。

"叹么子气?"刘寡妇问,"累了?累了就早点去睡,床现成的……"

儿子说:"我到招待所去睡。家里……这么乱……这么急着搬东西,水也没有进家嘛……"

"水火无情,说来就来,不早些动手……"

"妈,"儿子说,"听行政科的同志说,他们给你安排了房子……"

"那还不是看你做了官！么事早不安排晚不安排？妈不搬。"刘寡妇一想这事就有气。

"妈，我看还是搬吧，人家是一片好心……"

"好心个屁！"

"好，好，不搬就是了。"儿子无可奈何地说，"不过，妈，这店就不要再开了……你听我说，要是你觉得在家闷，我可以叫他们……找个别的事让你做，比方说，搞搞市场管理呀，看看图书呀，要不就到电影院去查查票，你不是爱看电影吗？"

刘寡妇默听着，说："那能赚几个钱？"

"又是钱！"儿子生气了。

"不要钱，你画票子娶媳妇？"

"我宁可一辈子打光棍！"儿子说，"你也不想想，你这么做，我脸上……"

刘寡妇听懂了儿子的话，霎时鼻子发酸，泪珠儿直在眼眶里打转，她忍住了。

儿子扶着妈的肩，轻声地说："妈，你听我的……过几天我跟办公室讲一声，给你找个好点的工作……"

"还是给妈找一个老头吧，妈想嫁人！"

十一

刘宏俊一连几天没有回来。但他的名字却天天在墨子巷人嘴里颠来倒去。大家最关心的是今年的汛期，以为如今有了个县太爷作后盾，墨子巷就不会再遭淹了，墨子巷被人冷落的时代就会一去不复返了！性急的人就天天来缠刘寡妇，求她老人家同儿子讲讲，叫政府拿出措施来。

"其实也不难哪，就只需在巷子外面打一道拦水坝，再开条渠，把水引到前面大河里去……刘妈，你老人家以为呢？"

刘寡妇也觉得必要，就说："等我伢家来我跟他讲。怕还要写个报告吧？"

大家都说当然。这墨子巷舞文弄墨的家家有，还怕写不出一纸报告？但是这件事非同小可，关系大伙的身家性命，关系墨子巷的前途，究竟谁来掌笔，又一时想不出。有人感叹道："有了后台，事情就成了一大半。不过这报告也要写得出色……"

"事实明摆着的，横写竖写都说明问题……"

"哪能乱来！这就像打官司，光有冤不行，还要状纸写得精彩，叫人看了，立场就歪过来，一纸就告中了！"

正说着，有人看见古凤眠回来了，就说："还有比古先生笔头子硬的吗？"

大家一起松动开，认为是最合适不过的，就七嘴八舌地喊"古先生"。

古凤眠还没开门，听见对面许多人喊他，就走过去，礼貌地问有何事。

大家激动地宣布了计划。"古先生，你这支笔凶得很呢，死的都能写得活！"

古凤眠慢慢地反应过来，心想活了六十春秋还不曾写过这类东西。县城就这么大一块，哪里高哪里低，坐在家里都默得出，用得着"报告"吗？这墨子巷的情况，难道县里的头目不清楚？古凤眠心里生了火，写这种乞求的文字，他不情愿，可是又怕负了大家的重托……

"我，只懂点书法，却做不好文章。如果要我抄点什么，是可以的；可写报告，我是纯粹的门外汉……"他说，"我看不如直接向宏俊同志反映，叫他提交上去。"

"口说无凭，还是写个报告好。"

"那……我可真是无能为力了，抱歉抱歉……"古凤眠欠欠身，离开了。

大家非常扫兴，一时冷清下来。

"这老夫子，没遭过水淹的苦，讲得这么轻松，等着瞧今年的吧！"有人说，"他不写我们写！"

大家都响应，个个跃跃欲试的样子。

"先不慌动手，"又有人说，"叫刘妈对宏俊放个口风，看看他怎么认为。刘妈你老人家看呢？"

刘寡妇点点头。大家这才散。

人走后，刘寡妇自个儿纳闷，想起和儿子的争吵，心下很不舒坦。

儿子几日不见影，怕是气还不消。她也觉得委屈，觉得一生活得没味。她这辈子就只为了这么个儿子，儿子就是她的前途，可到头来，儿子却讲她这不是那不是，想想好心酸，不禁又湿了眼睛。但是掉过头来想，儿子还是有出息的，儿子给她挣了脸面，赚了光荣，要不，这墨子巷的人那么抬举她这妇道？"你老人家"是那么随便喊的？她这辈子过够了求人的日子，如今有人求她，而且是那么多的人求……刘寡妇心里松开了些，站起来似乎觉得小腿很有劲。

"有鸡汤馄饨吗？"外面有人喊。

"今天没买到肉，过天来，得罪了。"刘寡妇应道。

这店开不开呢？刘寡妇想，儿子要钱又要脸，真难！可是开店又算得上什么丢人呢？看他脸阴得像抹布，他娘要是真嫁人生伢，他还不拿刀？……

又过了几天，儿子还没回来。

这天又热凶了，知了叫得躁人。这后面有一场雨大概不会错。果然到黄昏天低了，黑云迅速聚拢，天边却出奇的亮。一丝风都没有，空气发散着酸味。不一刻，就听见屋顶上像炒豆子似的响。外边有人扯着嗓门喊："哪家衣裳还不收哇？"那人话音才落，雨就淅淅沥沥地下开了，然后听见雷响，一个，又一个……

墨子巷的人都在门口看天。

"要发大水了！"

"你以为墨子巷出了县长就不遭淹？出皇帝都不行！明朝凤阳出了个朱洪武，凤阳还不照样饿死人……"

"要是老子屙金子就好了，非得把这块地填平！把这鬼巷子扒个精光，你们都跟我住高楼大厦去！"

"你杂种就是挺尸送到医院作解剖标本，也不值我买卫生纸的钱……"

……

这天夜里12点刚过，墨子巷进了水。水势之大之猛，都是历史上空前的。往年一般要在小暑前后汛期才至，今年却这么早，夏至才过没几天呀！水是悄悄涌进来的，涨起来却非常快，到了翌日凌晨三点多，屋内水深竟达七尺有余！这局面连颇有经验的墨子巷人也大为震惊。霎时间，人喧、伢哭、鸡啼、猫叫充满了全巷，闻之非常凄惶。

古凤眠是听到小黑的叫声才惊醒的。拉开电灯，发现水已接近床沿，两只拖鞋漂得一东一西，小黑早已蹿到床上，紧张地立着，不停地叫。古凤眠始而惊愕，后又觉得这情景颇有一番诗意，就一手抱着枕下的邓石如研究资料，一手抱着衣物和小黑，摸过膝深的水，上了楼。

毕竟古凤眠首次体验这生活，尽管他内心平静，但还是丢三落四，一些诸如炉子水缸、锅碗瓢勺、马桶痰盂一类的生活必备品，他几乎一件没搬。不像老户们，竟连粽叶都带上了楼。等他想起，水已很深，而他只会两把水。这时他认为比邓石如更重要的，还有许多……

天很快见白，外面一片汪洋。看见有死鸡、死鸭、烂鞋、大便漂过去，古凤眠直想吐。可是该吐的都吐了，肚子空了，咕噜咕噜响。小黑却非常神气，这畜生已晓得去逮老鼠充饥，在楼上窜来窜去，时而做出吓人的一扑。古凤眠见了，很是高兴，很是羡慕。

到了中午，古凤眠还是空腹，额头上直冒冷汗。晚上还能挺得过？他有些忧虑。他紧了一把裤带，歪在楼板上，借着小窗口射进的光，看着邓石如研究资料，想沉醉其中而将饥饿弃之脑后，昏昏欲睡。这时外面有人喊"古先生——"

是刘寡妇。

古凤眠扶着楼板立起，探出窗口往对面看。

"你还没吃吧？"

古凤眠果断地把头点了又点。

"我就猜到了。"刘寡妇笑得像幸灾乐祸似的，从窗口伸出一根往日晾衣的竹竿，对着古凤眠，说，"你拿稳。"

古凤眠捉住竹竿这一头，架在窗沿上，双手按着。

刘寡妇把一只铝饭筒串到竹竿上，用手将竹竿朝上一举，那饭筒就嗖地滑了过去。

古凤眠取下饭筒，打开一看，是杂烩面，喷香的，还冒着热气。

"刘嫂……多谢……多谢……"

"快些吃哟！"

雨又落得哗哗响，两个人都用最大的力气喊。

下午，雨小了些。来了一只小船，缓缓折进了墨子巷。船上站着两个人,还有一个船夫。这船在三号与四号之间扎住,刘寡妇看见,为首的又是那个科长,心里顿时有了数。

"刘妈——"科长喊了一声。

刘寡妇伏到窗台上,看着。

"您老人家快下来吧!"科长说,"我们来迟了一步……"

不等刘寡妇答话,巷里就"噢"了起来,有人尖声叫道:"刘妈你好福气!"

刘寡妇迟疑着,问:"是宏俊叫你们来的?"

"不是,刘县长三天前上大堤指挥去了,这是办公室安排的……您老人家走好,有人上去接……"科长说着就对随员歪了一下头,随员就跳到水里,去摸四号的门。

科长又转过身喊:"古先生,您老收拾收拾下来……当初您老不信,非要住到这里,您看……您稍等一下,我们上去接。"

古凤眠明白了是怎么回事。突然他大声喊道:

"为什么不来只大船?你们!"

十二

他们没有离开墨子巷。

远远望去,墨子巷像一艘古朴的画舫泊在大湖里。湖是白色的。

第二天,是端午节。泡在水里过端午节,墨子巷人是首次,但依然欢天喜地,过得一丝不苟,自然家家都包粽子。刘寡妇照老方式给古凤眠送了十只粽子:五个咸肉的,五个红枣的,味道很鲜美。古凤眠这才知道,今日是向楚大夫屈原祈祷的日子。后来又有几个极壮的小伙子,受家家委托,顶着粽子蹚水进了三号,都说请古先生尝尝新。古凤眠连声道谢,口齿却不清楚。

"墨子巷……"他喃喃自语,"到底是墨子巷……到底是……"

突然外面出现了喧哗,原来家家都有人探出窗口,双手捧着粽子,朝水里撒。

"屈大夫吃粽子哪……"

"噢……"

古凤眠也照样做了，照样喊了。

墨子巷好热闹，好快活！

……

大水在第三天头上开始退。第四天，退尽了。人们纷纷下楼。于是巷里又是乒乒乓乓地响。安顿了一切，大人们骑着单车上班去了，伢子们背着书包上学去了。一切井然，似乎没发生过什么，墨子巷还是墨子巷。这墨子巷不知经历了多少次水淹，怎么就不会倒塌呢？

不过墨子巷历来是潮湿的。淹上一次水，地得湿半年，等干得像样了，没准儿又来了水。

"地湿得厉害哪，要掀开屋顶死晒……"刘寡妇一边收拾着一边说。

"刘妈，你老人家是有福不去享呀。"有人搭腔道。

"湿得凉快哩！不用花钱买电扇……"

"把钱省下来，天天打酒喝，保准风湿症一生不沾身！"

"你不看我腰硬得像犁柄？"

"不错哩，墨子巷的人从来不生关节炎……"

刘寡妇很快活的样子，一会工夫就把店面收得溜光，她想该营业了。水把她同儿子间的不愉快也淹去了，她要把店开下去，而且店面还要搞得更出色，更招人。于是这妇人买来了石灰，将作为餐室的堂屋细细粉刷得雪白，似乎扩大了不少，她想再加张桌子恐怕不成问题。突然她想起这店自开张以来，还缺一块招牌。成天光凭嘴喊有些吃不消。先前她为此找过古凤眠，可是那老头端着架子不肯干。这次儿子回来，这桩事连提的空当也没有。念书人哪，她想，书都念到脚脖子里去了……墨子巷耍笔杆子的有的是，还怕物色不了一个写招牌的？这妇人又抽身上街，买了一瓶红油漆。回来时，刚进巷口，就看见古凤眠在挨家挨户地道谢，说粽子如何如何好吃，这辈子总共吃的粽子也比不上这一次的……这老夫子，要是人家请他吃大席，怕是要磕头哩！刘寡妇暗自发笑。猛听见老头在喊："刘嫂——"

刘寡妇应了，迎过去。不等古凤眠开口，她抢先说："你老，吃几个粽子都那么认真，要是……"她把后面的话吞了，开门请客进屋。

"要谢的要谢的，"古凤眠道，"刘嫂，这次可真麻烦你了，实在麻烦……"

"我的手粗，东西怕不合你老的口。"

"哪里话！我还恨水退急了呢……哟，刘嫂，你这屋子粉刷得这么利索？"

"邋里邋遢，鬼都不上门，还做么子生意？"刘寡妇提起水瓶，这才想起那把紫砂壶已经不存在了，心里动了一下，就用杯子替古凤眠泡了茶。

"不客气不客气……"

"你老礼节这么多。"刘寡妇也坐下来，摇着大蒲扇。过了会儿，她说："古先生，你可有工夫？有的话，还想请你老……"她把桌上的红油漆拿过来。

古凤眠立刻明白是怎么回事，就说："是写招牌？可以可以的，以前你提过，我忘了，抱歉得很，我这就来写……"

"那真太麻烦了，太谢谢了，太……"

"你怎么也许多的礼节？"

古凤眠笑笑，就回去取笔了。

"都来看哪——古先生写字了！"一个细伢子尖声地叫喊，一刻工夫，古凤眠边上便围了许多人。

古凤眠提着一支斗笔，退后几步上下打量着四号门边的白墙，认为写到墙垛上最好。

刘寡妇咧着嘴端来凳子，不停地擦。有人笑道："刘妈，你这样擦有么用？古先生还要站上去呢！"

大家都笑得乱抖。

古凤眠也笑了，说："不要紧不要紧。"就脱了凉鞋上了凳。

"就这么踩嘛！还脱鞋……"刘寡妇红着脸说。

大家又笑。笑了几下突然刹住——古凤眠下笔了。大家个个圆睁着眼，丝丝地吸气。

古凤眠握笔的手，青筋绷得如一条条的蚯蚓，腕骨像要撑破皮，指关节没有一点血色。一笔下去，石灰粉末沙沙地落下，但没有人动弹一下。

这一刻，天出奇的亮。

古凤眠笔走龙蛇，"点"似巨石落地，"横"若轻舟横江，"直"如深林之乔木,"曲"像待发之强弩。等最后一笔收起,"美味堂"三个字像凸出来似的,周围立即"嗡"地叫开,无不为之叫好。

古凤眠又退回几步,大家连忙闪开让他看,他眯着眼看,认为可以了,就随手把笔朝后一抛。

"笔不要了?"刘寡妇问,捡起笔。

"沾了漆呀!"一青年抢着说,"刘妈,这下你老人家要发大财了!美味堂,美味堂,冲着这字,我也要慷慨解囊!"

大家又松动起来,个个都盯着古凤眠看。突然有人说:"古先生,我也要开店!"

古凤眠高声说:"招牌我老古包写!"

十三

第二天傍晚,刘宏俊回来了。远远地,他就留心可能听到娘的叫卖声。没有听见。他心里动了动,脚步放慢了。这些日子他在大堤上防汛,人变得又瘦又黑。那几天他时时想到妈。他估计到墨子巷会淹,但他没有估计到妈不撤出来。"真没办法,好说歹说,老人家就是不肯离开墨子巷……"行政科长把这话说了不下五遍,自然是怕承担什么责任。他当时沉默了。想起妈这些年的含辛茹苦,他的眼湿了。刘宏俊后悔自己回去那天的表现,觉得太难为妈了。

他有点胆怯地进了墨子巷。没走几步,他就看到了自己家墙垛上的招牌,白底红字,夕阳下分外显眼。

美味堂!这是出自哪位先生之手?刘宏俊怔住了,他猜不出。这墨子巷的历史上,除了清代的邓石如——假如他真在此寄居过,是绝无第二人能写出这样的字的。更奇怪的是,这字显然是师承邓石如的。刘宏俊对书法的兴趣被这墙上的字重新唤起。看来,这墨子巷真乃藏龙卧虎之地呀……

刘寡妇在里面剁肉馅,出来找蒜,看见一条人影伏在门槛上,以为是来了顾客,就顺着那影子看过去,才发现是儿子回来了,心里热了一下。她侧到边上看着,儿子并未发觉,停在那里看招牌。儿子瘦了黑了,这她能料到,防汛不是松事。但她并不担心儿子的安全,一点也不。她注意看儿子的脸面，儿子像小时候看电影一样，眼皮不眨一下，嘴半张着——当然不再淌口水，不过眉头却皱了……她立刻心情黯然。她觉得脚背痒丝丝的，知道是小花在撒娇，就费劲地弯下腰将它抱起，坐到竹椅上。

小花长长地"喵"了一声。

"妈。"儿子进了门。

刘寡妇鼻子嗯了声，继续梳着猫背。

"你还好吧，这些天？"儿子挨着妈坐下，从提包里拿出两瓶荔枝罐头和一袋橘子晶，放在桌上，又说，"我上堤太急，来不及回来打招呼，让妈操心了。"

"我晓得你们不会受多大的罪，也不会死……"刘寡妇说，"你还认这个丢人现眼的妈，买这些东西？"

"妈，是我的错……"儿子低着头说，"我还没吃晚饭，等我吃饱了，你再骂……"

刘寡妇把小花送到儿子手上，动身去给儿子做吃的。

小花不习惯生人的爱抚，不耐烦地叫，刘宏俊只好把它放下，这畜生抖抖身上的毛，小碎步子地到对门寻偶去了。刘宏俊跟着站起来，又出门去看那三个撩人的字，等妈喊他，才回来。

一碗鸡汤馄饨，四个粽子。儿子吃着，妈看着。

"还是家里的东西好吃。"

"莫给我戴高帽子。脸少阴几回，我就是死了也闭眼睛了。粽子不馊吧？"

"不，不馊。"

"还有几个你带去吃。"

"我回来吃。"

刘宏俊吃着吃着，渐又分了神，问道："妈，那外面的招牌谁替你写的？"

"请不动你还怕请不动别人？对门古先生写的。"

"古先生？上次来的那个老人？"

"你站着做么事？掉了魂样的。"刘寡妇边用蒲扇拍蚊子边说，"都讲那几个字好得出奇，我也不晓得好在哪里，像是写得古怪，扁头扁脑的，你先前不也是写这样的扁字？我看是一个模子里拓出来的……"

"我算什么！妈，古先生叫什么？"

"古凤眠。也是省里下来的……"

"我说呢！"

"你认得？"

"久闻大名。我还同他通过一回电话……"刘宏俊放下碗筷，说，"是前年的事。省长搬进新盖的'省长楼'那天，叫我给书画院打电话，就是找这位古先生，想请古先生写幅字装饰一下环境。拨通了。我说着省长的意思，可是不等我把话讲完，对方就说：'请转告省长阁下，我没空。'就把电话挂了。"

"这老头可真古怪。他就是没写？"

"没写。连我也奇怪，这类事我联系过不知多少，从来不打绊的，别人都是按期交活，还裱得极讲究。这一次可真不好交差。我就又给古先生挂电话，但他一听是我的声音就把话筒搁下了。我只好如实把情况向省长汇报了。"

"省长发态度了吧？"

"倒不。他怔了一下，摆摆手说：'知识分子嘛，喜欢孤芳自赏，自命清高……'就算过去了，我也松了口气。妈，古先生可在家？"

"夜里都在。你过来看，不又在灯下写来写去的？"

刘宏俊立在门口看对面窗户上的剪影。

"我去拜访他，妈。"

"饭也不吃完？"

"回来吃。"

"那……"刘寡妇抓起桌上的两瓶荔枝罐头说，"把这个带着，第一回上门，你是晚辈。"

刘宏俊点点头，把东西装入提包里。

"洗把脸。"

"脸要不要洗无所谓！"

"发神经了？洗！你大小总是个县长吧……"

"我是副的。你也跟别人一样的叫？"

"副的就副的。"

"妈，你的辛苦没白费吧？"

"莫帽子一戴颈就歪了……洗脸！"

儿子洗了脸，梳了头，衣角被娘牵了又牵。

"可要我陪你过去？"

"不用。你夹在中间，很多话听不懂的。妈你莫火……"儿子提提领子出了门。

十四

古凤眠刚刚录毕《陋室铭》，就听到门外有人喊自己，略一想，便出来开门。

"噢，是宏俊同志……"于是邀客进屋坐下，泡了茶。刘宏俊一眼就捕捉住了桌上的字。

"听你母亲说，你上堤防汛了，辛苦辛苦……"古凤眠说。

刘宏俊却已经沉醉到《陋室铭》里去了，出神地看着，不停地搓手，猛叫道："宝刀不老！"

"过奖过奖……请喝茶。"

刘宏俊回到座位上，感叹道："久闻先生大名，今日得见，果然名不虚传！晚辈算是开了眼了，能结识先生，三生有幸！"

"你……怎么也这样说话？不像青年。"古凤眠道。

刘宏俊感到脸热，连忙改口："古先生，您的名字我确实早就知道……那次打电话……"

"噢，是你，对，应该是你……人之所以有姓名，就是为了让人叫唤的。当然范围不一样。马克思、毛泽东、雷锋，他们的名字家喻户晓，妇孺皆知。人们称他们作伟人和英雄。但这样的人物毕竟是少数，地球上默默无闻的人是绝大多数，他们的名字传播的范围极小，但他们从来不为此而感到有什么缺陷……你看，我扯到哪了！……到基层工作一段时间，极有益。"

"其实我是力不从心。"刘宏俊说，"你老知识渊博，日后还望多指教。"

"岂敢，我仅仅能写两个字而已。"古凤眠道，"你还有空写吗？我看过你的作品,你是可以写的,但不能剽学,书法上最忌华而不实,如同做人一样……你的字,看不出练过颜柳,倒像是由隶而始,却又缺少汉魏碑帖的底子,似乎直接临邓完白的……你什么时候开始提笔的?"

"是这样的,古老。"刘宏俊说,"大约是1976年,我在农村插队,心情极坏,就想找点事儿来磨时间,于是想写大字——这玩意儿保险,不会招祸,那时我胆小得像老鼠……"

"写字不会招祸?"古凤眠笑道,"年轻人,我说个故事你听。那也是在1976年,三月里,有一天我多喝了几盅,兴致上来就想写字,于是铺纸研墨,一气写了四个字:壮哉邓公。——你大概知道,我这一生是为邓石如活的。可是过几天,来了一伙男女,为首的进门就指着悬在墙上的那四个字说:'姓古的,你居心何在?!'不等我明白过来,他又大叫道,'你是为死不悔改的走资派邓小平唱赞歌!'我完全糊涂了,醒了便魂飞魄散。你别笑,的确是这样的,我毫不夸张……怎么解释也不行,于是就进'牛棚'了,不久便遣送原籍劳教……哦,对不起,我插言太多,你谈你谈……"

刘宏俊从袋里摸出烟,问:"可以吗?农村染上的。"

"当然可以。"

刘宏俊点上烟,深吸一口,说:"我也讲个故事。我那时练字苦于没有字帖,街上只有《雷锋日记》正楷帖,可那算什么帖呀!字像是描出来的,练了没劲。一天,我从队里回来,到县委会,当时叫革委会,去找我妈——她在那里做厨子。我是从后门进去的。路过厕所,看见边上一排矮屋前的走廊上有不少大字报,我一眼就瞥到其中有几张,虽是'认罪书',字却写得极好,因为边上有持枪的专政队员,我不敢上前细看,就走了。但我想那几张字,于是就对妈讲了,要妈给我揭来!妈起先犹豫,但后来还是做了,真的揭了来,不知道她趁什么空子的。过几天,妈又揭来了几张,还是一样的字体,只是这些字糨糊粘得紧,都是残缺的。妈就把破烂的裁掉,好的装成一本——这就成了我的启蒙字帖了,是隶书,现在看来,怕也是学邓石如的……古先生,您累了?"

"哦哦,我在听,在听。"古凤眠眨眨眼,说,"这个故事蛮有趣,蛮有意思,那本'帖'还在?"

"当然在!我放在家里,您可要看?"

"哦，不必不必……"

一时间好寂静。刘宏俊兴奋过了，抬手看看表，想起身告辞，可是古凤眠又开口了。

"我有件事要拜托你……"古凤眠沉思片刻，说，"这墨子巷，年年受到洪水的威胁，破旧，潮湿……"

"对您这样有声望的艺术家，县里难道没做安排？岂有此理！我才到职，我明天就……"

"不，县里对我可以说是十分关心的。是我自愿要求住到这儿的。我是说，这墨子巷除了我，除了你母亲，还有许多的人，他们怎么办？就眼睁睁地看着他们年复一年地在水里泡？"

刘宏俊沉默了。

"老百姓要求非常之低，只希望求得一个干燥，难道也要望眼欲穿？"古凤眠有些激动，站起来说，"共产党申明自己是人民的公仆，是应该取信于民的……我希望你，刘副县长，能把我这个意思反映上去，拜托了！"

刘宏俊深深地吸了口烟。

十五

不知是因为古凤眠的话分量足，还是因为刘副县长的家在墨子巷，总之，整修墨子巷是有指望了。不久，勘测人员到这里走了一个来回，拉拉皮尺，撒上了石灰线。于是墨子巷人个个像过年似的，走东家串西家，把共同关心的问题讲了又讲，却都不觉枯燥。

可是天有不测风云，这节骨眼上，刘宏俊当了三个月的副县长，又得回到省里去。因为省长对新换的秘书不满意，觉得还是小刘顺手服帖。刻不容缓，刘宏俊很快就要动身。

墨子巷人本想集合一笔款子来"抬石头"，想借饯行之机再托刘宏俊给县里促一下，把墨子巷早点搞出名堂来。刘寡妇制止了，觉得这么做，很过意不去。她表示把大家的意思告诉儿子，她代大家去央求。"灵不灵还难讲，自古以来县官不如现管，天高皇帝远。人在人情在，我伢这一走，只怕县里又不认账了。黑板上的粉笔字，一抹就掉。"

大家都被这番话惊出一身凉汗。

刘宏俊临启程的那天，墨子巷家家派代表去送行。古凤眠也去了。他把那幅《陋室铭》送给了刘宏俊，什么也没说。刘宏俊重重谢了古先生，颇有点受宠若惊的样子。大家围着刘宏俊，都说他离开得太早，埋怨省长这一下子把事情全搞乱了套。刘宏俊竭力地安慰大家，可是他的话越往后说，大家心里就越虚。等车开动了，大家看见刘宏俊的眼睛湿湿的，都长叹了一声。刘寡妇心里自然很难过，大家心里也不是个好滋味，都怏怏离去。

事情果然搁了下来。那前前后后的石灰线，很快就一点痕迹也看不出了。

墨子巷似乎比以前更寂静了。只听见两只猫在叫。

这期间，古凤眠去了两趟县政府，他要见县长。第一次，县长在开会，抽不出空。第二次，县长热情地接待了他，但谈话只开了个头就再也继续不下去。

"我希望县里，不要把墨子巷忘了。"

"是呀是呀，本来是要动工整修的，可是今年我们县灾情不轻，经费太紧了……"

无言以对！古凤眠似乎第一次发觉自己的嘴太笨。不错，灾情是惨重的，政府有困难，可是，这些头儿的官邸却换了又换，而且每次换都有冠冕堂皇的理由！什么按文件要住多少平方米呀，什么为了达到"环境美"的标准要修建花圃庭院呀，什么为了工作方便要增加家庭办公室和会客室呀，这不，又说是为了防止冬天烤火影响首长身体健康，要装上负氧离子发生器了。是否还要喂一条狗呢？

古凤眠拔脚离开了。县长还是热情地送他下了楼，并反复强调，他个人生活上有什么不方便的，就提出来。"这也是落实知识分子政策嘛！"县长说，一副极有涵养的样子。

这一天回来，古凤眠就病了。请中医看了，中医说是"虚火太盛，气血不畅，乃心情压抑所致，须静休静养"。当下开了三服中药。

墨子巷家家又派代表提礼物来看了，古凤眠千恩万谢，又恨起自己一介儒生，两袖清风，无回天之力而解众人之忧。大家劝了，却又长吁短叹了一番，直到天黑才纷纷离开。

人走后，刘寡妇端来煎好的中药，嘴直对热气噗噗地吹。

古凤眠透过蚊帐注视着这妇人，想的是另一件事。难怪那些"认罪书"不翼而飞！那"牛棚"的日子，倘若不是能有笔墨做伴，真不知是否可能熬过来。内容是胡编的，多说些"罪该万死"就是了，但字却是认真地写的——写字的人写字能不认真？一天写几十个，专政队发急了，苦于不能责备——这是认罪态度好嘛！好些天作出了一份"认罪书"张贴于走廊，可是过两天竟不见了！无风无雨，又有人持枪把守，怎么会不见呢？于是勒令再写，于是又恭敬了一回邓石如。这次交给他们去贴，可是几天后还是不见了……"真他妈的出鬼了！"连他们也发傻了！这真是个谜。如今总算是解开了……我一生出了不少帖，能找得出胜过这个"孤本"的吗？……这妇人，哪来那么大的胆？！她……

"古先生……"刘寡妇轻声唤道，"起来喝药。"

古凤眠紧紧眨了两下眼皮，掀开蚊帐，说："刘嫂，又麻烦你了……"

"你老，总这么客气！"

古凤眠欠起身，觉得腰疼得刺骨，不禁哟了一声。刘寡妇赶紧帮他靠到床上。"莫动，我递给你喝……"她端起盏子，先自己试了一口，突然像烫了嘴似的一缩，看了看古凤眠，一脸藏不住的尴尬。

更尴尬的是古凤眠。他使上劲，伸长脖子，咕噜噜地将药水喝尽。

"刘嫂，谢谢了……"

"不算什么的，快躺倒。"

一分钟的寂静。

"刘嫂，等我病好了，我，我们还得要跑，跑步的……"

"要跑步的……"

1985年9月21日　改毕

（原载《花城》1986年第3期）

篱笆镇

一

　　凡称为镇的，大概都是些城不城乡不乡的地方。篱笆镇就是这样。这里虽无青山，但有翠竹。几乎家家有竹园，并月屋前都围了个篱笆院子。所以自古以来便唤作篱笆镇。篱笆镇不大，拢共不过一里方圆，容纳不足百户人家。虽是小镇，但毕竟是镇。沿一条窄窄的柏油公路相对立着的两排房子，这就是所谓的镇街了。街上有百货店、杀猪店、饭店和剃头店，还有一个汽车招手站——县内循环班车每天从这里经过两次；要上去，只需招招手。所以说，这地方还算热闹。热闹是花钱买来的。奇怪的是，热闹的地方，人的玩性就大，所以就穷。不过，篱笆镇人花钱虽大手大脚，脸容却安然。这叫穷要脸。人玩性大，惰性也就大。镇上人都想谋得一个既讨巧又不费工夫的活做。这似乎是传统。俗话道：靠山吃山，靠水吃水。篱笆镇人自然要吃竹子了。因此镇上尽出篾匠。不过手艺精的不多，做出来的货销路不好。后来，也不知是哪一年，有人看中了这里的竹子，提出要买，价钱出得也可观。于是镇上便有不少人为之心动，从此篾刀不再破篾，专砍竹子来卖。竹子不是韭菜，砍是有回数的。那几年嚷着"大批资本主义"、"大干社会主义"，农家的竹园不敢扩大，而竹子日益减少，不过几年，篱笆镇的篱笆差不多名存实亡了。

　　全镇只剩下一个最大的竹园。这是镇上的"首长"江德安家的。这德安是全镇唯一吃商品粮、拿薪水、做官的——在县食品公司当股长。他生得壮实，年近花甲腰背却不曾弯曲一分，方脸阔腮，肤色黑里透红，两眼不大但神采飞扬，看上去叫人敬畏。只要德安一回镇上，脚刚进镇东，镇西就有脑袋伸出，迎着他笑。镇上人都想请德安吃餐饭，都要找空当同德安讲句把话。抽上德安给的烟的人，逢人便把夹烟的手亮出，豪迈地说："股长给的！"几十年来，这德安在篱笆镇人心目中的地位，不曾有过动摇。

德安家的竹园是祖上传下来的，逐渐得到扩大，有近两亩地。好几年前，兴"割尾巴"，篱笆镇上的大小竹园都相继受到不同程度的阉割，而德安家的竹园却丝毫未损。原因不仅是来割尾巴的人与德安感情融洽，属于同一战壕里的战友，还在于德安早已声明，他家的竹园不是资本主义孽生地，而是社会主义的自然风景区。这话似乎是真，多少年不见德安家的竹子用于编织竹器，至于出卖，那纯属支援社会主义建设。有一年汛期，德安一下就献出几十根粗毛竹作为防汛器材，受到公社大力表扬。如今竹园规模招人喜爱。站在岭头望去，翠绿、葱绿、墨绿，层层相叠，错综有致，轻风吹过，竹林"沙沙"作响，波浪一样地起伏，叫人忍不住要回头多看一眼。

竹园虽好，对它发痴的人却只有一个。这便是住在岭半腰的那个精瘦的青年，叫做胜宝的，姓王。这胜宝是孤儿，祖上是非常荣耀的。据说他爷爷的爷爷那一辈，竹器手艺惊人，编织过一只金丝箩儿，被清王爷纳入宫中使用；又说这箩儿拿到国际博览会上摆过，叫洋人咂嘴。后来那篾匠被召到宫中做活，从此不再返里。幸亏手艺传下，代代子承父业，只是一代不及一代。到了他自己的爷爷那辈，手艺几乎平平，家境也渐衰。胜宝的父亲既贪女人又贪鸦片，终于把家产浪荡精光，才撒手西去。胜宝的妈受不了辛苦，生下胜宝便月夜跟一个放排的汉子走了，一去不复返。拉扯胜宝的是他奶奶。这老人是胜宝爷爷纳的妾，原是个跟帮走江湖的角儿，唱京戏。她曾结识过一些名士，又略通文墨，人老珠黄后就把心放在小孙子身上。她决心把孙子培养成一个有出息的人，以重振家业。于是教幼年胜宝念"人之初"，而后又源源不断地讲出《平贵辞窑》、《水漫金山》、《单刀会》、《霸王别姬》一类的戏文，唱念做打，互相配合。她不让孙子看一页祖上传下来的关于编织竹器的谱儿，认为手艺人虽然饿不死，却也过不上大方日子。一次，胜宝找出油纸包的篾刀来玩，便挨了老人狠狠一巴掌——打在屁股上。"没出息的杂种!"老人骂道。其实那年胜宝只有六岁,还不懂得什么叫做"出息"和"杂种"。到了胜宝十三岁那年,老人不行了,临死前眼泪汪汪,丢不下。老人最大的遗憾,是孙子五岁时不幸染上天花,差点夭折;治好了,脸上留下了一些深浅不一的白麻子。唱戏的人最忌脸面不干不净,也许为此,老人一口气憋了三日才断。这之后胜宝便自食其力,为生产队看两条牛,管一年饭。这胜宝天资居然不笨,凭着奶奶的只言片语,小小年纪竟能把城隍、观音的来历讲得透亮。他还能吹笛子。广播里的歌儿,他听上两遍便能吹出,并且不哑。而更奇怪的是,这胜宝看过祖传的谱儿,向他人讨来几根竹子,摸索着做起竹活,越做越精。比如说他做的竹椅,式样不同于别人。靠背上沿弯成半圆,不全用硬竹片,而是两旁用细篾编成各式图案,中间夹一块三寸宽的硬竹片;又在竹片当中用烟熏成一幅浓淡相宜的山水风景画,再用尖刃在浓处刮出几个龙飞凤舞的字体。猛一看,以为是印上去的。再比如,他编的竹箩,上口是大圆,下口是小圆,篾丝细而均匀。其中用色篾穿插,织成图案和文字,上面又加一盖,大小与口径不差一毫。远远看去,以为是只特大的金苹果。他还可以把这种箩变来变去,一下是猫头鹰,一下是虎头。这就更让人叫绝。只是胜宝无资无本,不能放手去做。胜宝手艺愈精,供他竹子的人就愈少。这胜宝生来要脸,自然不会时常讨人竹子;篱笆镇距县城又有百里之遥,交通便利却不好捎带竹子——太长。这方圆几里人家,产竹子的甚少,况且脚力又费,于是胜宝只好散编着玩,顶多换点油盐钱。可是,当他抬头看到镇西德安家的那一片茂盛的竹林,不禁手心发汗。"这竹园要是归我,就好了。"这话他在心里不知讲了几回。只要是天晴,黄昏时,他总得要站在家门口对着那片竹林出神,嘴半张着。他不光是为了竹子而这么专注。

福无双至。那德安日月好却不尽如意,他硬是生不出儿子。他只有三个女儿,倒也个个水灵出众。那一年,老大老二都已去了婆家,家中只有小女,唤作竹屏。这姑娘生得俊俏,细皮嫩肉,两条乌黑油亮的大辫子甩起来很是招人。这年她刚十八。念完初中,回乡当知青。她一回来,镇上便有人上门提亲,德安自然不肯。德安一心要把小女培养成人才,打算来年疏通公社,将竹屏推荐上去读个大学、中专,日后成为国家干部,再守着香巢待飞凤,招婿入赘养老。这岂不是两全其美?不料,这当儿竟出了大事——

镇上看禁的刘跛子，在岭南山脚下玉米地里发现，麻子胜宝和竹屏姑娘在起劲地亲嘴、搂抱、七摸八摸，于是跛子逢人便眉飞色舞地说："麻子跟竹屏躲在地里困觉哩！"

事情就这么传开了。

德安听到这丢脸的事，自然怒火中烧，可他并没有及时去整治胜宝。先冲动的是镇上人。"这麻子杂种！真他妈的癞蛤蟆想吃天鹅肉！"镇上人都愤愤然。他们认为有责任替德安股长鸣不平，出气。于是不等德安出面，镇上就有人自告奋勇，拥到公社，拥到区，拥到县，逐级上告，要求逮捕流氓犯、或者强奸犯、或者破坏上山下乡犯王胜宝。德安当然也不彷徨。不久，县里果然来了白衣公安，将胜宝铐了上路。这天全镇人都围上来，骂个不休。胜宝连声喊冤，直至嘴被公安人员掌出血。

几个月后，县里告示贴出，其中有胜宝栏目，写明是"破坏上山下乡犯"，判三年。这年胜宝二十一。

三年后，胜宝刑满释放，但不摘除坏分子帽子，受大队监督劳动。逢重大政治活动，如主席逝世，由民兵持枪看管。

一九八〇年，县法院根据王胜宝本人申诉，对案件作了复查，同时了解了受害人江竹屏。江的意见：一、王胜宝当初与她系正当恋爱，完全是两厢情愿；二、并未发生两性关系。据此，县法院重新裁决，严肃指出：王胜宝破坏上山下乡一案属于错案，有错必纠是我党的一贯政策。撤销对王胜宝的一切处理，恢复名誉，并向王胜宝同志深致歉意。

"错也罢，对也罢，反正皮肉之苦受了，光阴耽误了追不回来。"

"好歹脸面洗干净了！"

"脸值几个钞？"

篱笆镇人就这德行。遇上什么奇事，便有了三分钟的冲动；一旦成为过去，谁都表示漠然。胜宝前脚出监，后脚就有人同他接近，包括告他、骂他、打他的人。不过胜宝已非旧颜，终日不开笑脸，也不大做声。他走路避着人。后来他离开了镇街上生产队队屋的披屋（公家租给他的、他住了十几年），在镇南面岭腰上盖了两小间茅屋，深居简出。这胜宝一直就过着单身生活。有热心人曾为他提亲，只是一个人做田里活挣不了几个钱，娶不起，也就作罢。又有精明人劝他，不如卖了茅屋，卷了铺盖,去与邻村冯寡妇合居——虽是寡妇,毕竟能过上人的生活,不枉为一男子。"管她是瓦屋还是茅屋,吹了灯都是一样的屋!枕头不热,被窝也暖嘛!"

对此,胜宝坚持缄默。

偶尔,夜里听到胜宝在岭头上吹一段悠悠的笛声,心慈的人不免有了一阵凄惶。

但是篱笆镇在变!田地已承包到户,农民不再听队长的哨子了。这篱笆镇地少人稠,光埋头作田,自然难出风头。如今政府号召搞活商品经济,镇上的手艺人又松动起来。他们弄不清什么叫"商品经济",只认为凭力气搞钱是对得上政策的。这些手艺人,农闲时都捎着篾匠家伙,四处乱窜;农忙时转回来,个个红脸亮腮,嘴咧到耳垂,最窄的腰里也揣了十几张"大团结"。不到两年,篱笆镇便新房林立,而且还有了楼房,不止一座哩!于是大节小节都热闹得厉害:舞狮子灯、划龙船、搭台唱戏……

然而好光景也有难处。出外营生,吃饭歇店,价钱都一天比一天贵起来。竹器并非时髦货,况且这些手艺人手上的功夫远不及嘴上的功夫,就越发灰暗。物不美,价就廉,恶性循环,到头来说不定把肉价盘成了豆腐价哩!这"倒贴"的生意驴也不愿做。逐渐地,出门的人也不多了,就守在家门口注意看来往行人车辆,散卖几件,日子过得倒也不涩巴。镇上的人依然互相走动,和气得很,因为家家手艺都水平接近,搞到的钱也差不多,于是纠纷减少。在很多方面,大家想得一致。比如说,他们都怕胜宝出山。

"麻子今天从岭那面扛根竹子回来了,我看见的!"

"不是做桁条吧?"

"当然是做货啰!"

"日他妈!他一做货,我们还做个卵!"

"是的是的,往后卖货就难了。"

"麻子总不会天天翻过岭去扛竹子吧,他又不是牛,有那样的力气,来回好几十里吧!"

"他就不能在镇上买现成的吗?"

"哪家有多的?怕只有股长家……"

"麻子不会去买他家的！我敢打赌！"

世上的事就这般玄妙。德安家的竹子虽好，胜宝却不想多看一眼。他对那片竹子早就失去了兴致，怎么会买呢？他不会买！可是，他也不愿就这么穷一辈子。他不服。凭他的手艺，会活得体面，活得气派，活得叫全篱笆镇人的眼滴血！他信。只是一个人，进进出出，忙里忙外，委实累得厉害。镇上的小毛，曾给他出了个主意。

"胜宝哥，"小毛说，"不如你把那儿分田包给我种，你挑家伙到外面去搞钱。你这手艺，上海南京都吃得开！搞够钱，讨个老婆放在家里看门，你再把田收回去……"

胜宝觉得有理。这破篱笆镇有什么可想念的呢？以前有。现在，没有！

如果不是后来发生的事，兴许胜宝真的锁门离家了。

天晓得后来发生了什么事！

二

甲子年阳春三月的一天，江德安回到了篱笆镇。

他退休了。

德安叶落归根，镇上并没有多大的反响，这是他始料未及的。以前，他回家小住，镇上人便把他当客待，找理由请他去喝酒。那几年农民日子清苦，但照样拿出酒让他喝。德安也不大推辞。他当然不是想酒喝。他觉得这无疑也是一种荣誉和待遇。像他这样成为家家座上宾的，篱笆镇怕是找不出第二个。德安受人款待，自然也不会亏待他人，往往写个条子，帮乡亲搞点便宜货，糠啦，布头子啦，煤碴啦，后来又是平价化肥啦，等等。被人求是一种高尚的娱乐，德安因此感到满足。可如今呢？从昨天中午到今天黄昏，德安在家待了一天一夜，居然无人踏他的门槛！他出来上厕所时，有意在周围走动了一会儿，遇见几个人，差不多每个人都对他这么说："江伯回来啦？"就这么多。这跟城里人有什么两样呢？单位里开了个欢送会这还只到了一半人；领导发给他一方写着"光荣退休"的玻璃匾，轻描淡写地总结了他参加工作以来的成绩，还提了几条"希望"！经理和工会主席送他上车。车还未开，经理说还有个会，就提前走了。车开动的那一刹那，他差点儿落泪了……唉，人哪！德安叹息道，不想再出门了。

莫非是天阴的缘故？

吃过晚饭，天放晴了。云经风一吹，稀稀地散开，露出一大块一大块瓦蓝色的天空。西山嘴上还衔着一缕紫红色的晚霞，山岭却是灰蒙蒙的。德安还是想出来活动活动，但他有点怕遇见人。他梳洗好，捧着扁扁的宜兴紫砂茶壶，一边用牙签剔着稀牙。刚入镇街，迎而碰到几个穿着清爽的青年男女，一路笑声不断，正谈着香港电视连续剧《陈真》。他们天天都去有电视机的人家，像上夜校似的。德安看见了他们，他们也都看见了德安。摩肩而过，德安先开口："吃过啦？"其中一个姑娘也说："吃过啦！"不等德安再说，那姑娘扭过脸对伙伴们说："陈真到底死了没有？"

德安走到一边去了。他不想再往前走。站在这个小土墩上，他把篱笆镇认真地看了一遍，这才发现其中起了不小的变化。如今他家的房子只能算作一般。他家的一切都只是一般。只有那片竹园是他的骄傲。我要这竹园做什么呢？谁又稀罕竹子呢？镇上的手艺人，家家多少有几根像样的竹子，供他们做货，够了。除非再发一次大水，等这篱笆镇濒于被洪水淹没的境地，兴许我那些竹子才有点作用……德安喝了口茶，漱漱口。嘴里苦得很。是呀，他沉思着，如今"帽子"脱下，"鞋"就得穿上——往后走路得靠自己的脚板。这也好……

这时，他听见自镇南面的岭子上传来了断断续续的竹笛声。他有点耳熟，却想不出名儿。他觉得这笛声十分悠远、动情，像在帮助他回忆着什么。

"哪个吹的？"德安随口问从前面过来的小毛。

"麻子胜宝，还有哪个？"小毛说完就照直往前走了。

德安怔怔地听着，渐渐觉得茶壶里的茶已凉，才拥着暮色，高一脚低一脚地走回了家。

他老伴已上了床，靠在床上纳鞋底。见德安这么早就回来，便说："没出去摸几下麻将？"

德安不语，将茶壶续了热水，端在手上来回走动着，墙上的影子一伸一缩。

"你有点失落落的,老头子。"

"退了休,陡然离开了组织,总有些舍不得……"

"是舍不得坐在你桌子对面的那个女会计吧?"

"七扯八拉!"

"许大的火气,吃了枪药不是?"

停了会,老伴又说:

"屏伢么事不一道回来看看?"

"那……杂种不准!"

"唉,不晓得可能到头,那冤家……"

"早晚……要离……"

老伴放下鞋底,呜咽起来:"都是你做的好事,害了我的屏呀……早料到今天,不如当初把她许给胜宝!"

这一夜,德安翻来覆去,不能合眼。鸡叫头遍,德安想到了胜宝头上。这麻子脑瓜机敏。他年轻时,一回来就拿小糖散给镇上的孩子,出谜子叫他们猜;谁猜中了,就多给一粒,而每次都是小胜宝多得。有一年正月十五,镇上闹元宵,舞狮子灯。那灯就是胜宝用他家的竹子扎的,眼皮能眨,舌头能伸,真是活灵活现。胜宝不过十五岁呀!谁料到后来有那种事发生呢?困觉,这当然不是真的,看禁的刘跛子完全是信口胡诌,德安不信。可是镇上的人能有几个不信的?别看他们都争着替我告状,其实他们心里都在笑我。他们巴结我是因为我有身份,能给他们方便。这篱笆镇的人全是些油头滑脑的东西!事情到了那步田地,我也只好顺水推舟。我是做过分了些。如今害了胜宝,也坑了屏儿,这就叫报应!

第二天还是个阴天。天麻亮时又落了小雨。德安起床很迟,梳洗好,换了一套灰色毛涤制服。他以前回家休假,爱穿这套衣。

"天阴落雨你换衣么事?"老伴说,"现在又不作兴讨小。"

"把我带回来的两瓶'古井'拿来。"德安边扣纽子边说。

"出远门?"

"你拿来就是!"

老伴拿来酒,放在德安的手提包里。这酒本来是德安准备返里后款待老朋老友的,没用上。德安提了包,拿了伞走出门。

"早饭不吃了？"

"回来吃。"

这时候雨已止了，可德安没有收拢伞。上街的人不多，都在家里闲着。德安上了镇街，进了百货店，他看看有什么烟。

"买条'团结'的，要精装。"他对营业员说。

买好烟，德安又撑了伞走了。他没有从街上过，而是从屋后绕着走。那把黑伞遮住了他大半个身子。

三

衬着篦笆镇南面的这个岭叫芝麻岭，顾名思义的人会认为这岭上尽长芝麻。其实这岭上不长庄稼，皆石头。唤其作芝麻岭是因为它极小。不过，岭毕竟是岭，立在这上面，可把小小篦笆镇看个透亮。哪家烟囱冒烟了，哪家点灯了，哪家死人，哪家娶媳妇，哪家哭，哪家笑，都能看到。

这岭上仅一户人家，是胜宝"家。"

胜宝在岭腰搭了两间小屋，田地和菜园都在岭脚，每天上上下下没个完，极不便。原来镇街上也划有他的地皮，但他不愿挤在这些人中间。有人拿他开心，说："芝麻岭上真出芝麻了！"胜宝只当没有这回事。二十岁时，他有过因为脸上不平整而产生的心理负担，可后来意想不到有那样灵秀的姑娘非同一般地喜欢他，就从此壮了胆，定了心。再后来他被小人捣鬼，进了监牢，放出来后，伤了元气，也就没工夫操这份闲心了。世上搞饭吃靠手而不靠脸，他只是感叹自己的手拿篾刀的时间太少了，光埋头做田，手头难得宽裕。没有钱，想讨老婆便是躺在地上摸天。胜宝也时常懊恼，觉得这辈子果真成为光棍，无妻无子，为他人所耻笑，是非常丢脸的。如今，农村里的能人都学会了搞钱，而自己还是这般寒酸，咽不了这口气。他不信自己不是个能人。他长这么大还从没认为自己是孬种。

昨天小毛告诉他，江德安回来了，不走了。胜宝一下觉得心里舒坦极了。他想这德安一生的戏算是唱完了。如今平了头，还能像公鸡那般神气吗？他有意地盯着德安家看，竟没有看见镇上有一个人进去坐坐，心里一阵好笑。细一想，又觉得镇上的人都不是好货，德安给他们行不了方便，就不买账了。想着，又一次认为自己住到岭上来是英明的。今早天落了一阵小雨，胜宝到菜园里平了地沟，排了积水，顺便摘了两棵白菜回来。他想关门做一天竹活，前几天到岭那边扛了两根竹子，破成了篾，正待编织。这竹子成色差，又有虫眼，且又贵得惊人，一根要花十块钱，脚力白贴。七折八扣，一件竹器赚不了几个钱。如今他妈的物价没有王法地飞涨，这几个钱便经不起花。有一段时间，报纸上某个作家鼓动，成为作家的先决条件是经历奇特。他信了。心想自己的经历是奇得不能再奇了，就斗胆试着来写。一气写完了两本小学生的练习簿，写完拿来自己读，才知不是这块料。蛇有蛇路，鳖有鳖路，各行其是，胜宝决计不再乱想。眼下要紧的是多搞出些好货来，赚钱讨老婆。

天阴，屋里很暗。胜宝就倚着门口坐，手里忙着，不时抬眼看看周围的野景。这雨后的天气异常爽心悦目，到处都绿得迷人。田里的秧绿了，河弯的杨柳绿了，而竹子一年四季皆作绿色。从这里鸟瞰篱笆镇，德安家屋后的那片竹园犹同一个大池塘。轻风拂过，那枝枝叶叶便像池塘的涟漪。胜宝木木地看着，手慢下来。

"胜宝侄子。"有人喊道。

胜宝忙侧过脸，见来者是德安，心里便有了几秒钟的慌乱。两人都互相看见，目光也都不回避。两人差不多是一样的局促。德安在离胜宝五六尺的地方立着。胜宝也不自觉地立起来，不等完全立起，又慢慢坐下。

"你稀客。"胜宝说，下巴点点屋檐下的小竹椅，手里的活却没停下。

德安拢了伞，把提包放在膝上坐下，然后从口袋里摸出"大前门"，用指甲剥开锡纸，拿出一支先让了胜宝。

胜宝犹豫了一下，还是接过烟。自己摸火柴点了，又把火柴扔给了德安，叼着烟继续忙手里的事。

这分明是表示不欢迎，但德安心里却很满足。胜宝能这么招待他，在他看来已经是天大的人物。按理胜宝不同他搭腔，甚至跳起来刮他两嘴巴，他也不敢怎么样的。一路德安心神不定尽往不利的地方想，而眼下竟有了这般规格。

德安干咳了两声，说："胜宝侄子，我今天是来向你赔礼的。"

胜宝手里的活停下了，把嘴上的烟拿下来。吸着，听着。屋檐上滴水不断，胜宝说："屋里坐。"就起身领德安进屋。隔着竹桌面对面地坐下，互相不着脸。

德安接着往下说："我如今退休了，叶落归根。年纪一天大似一天，活的日子少，死的日子近……这辈子，没犯党纪国法，却也算不上什么正人君子。也做过缺德事。其中最叫我不安宁的，就是，就是……"

"那事馊了，不提了。"胜宝说。

"侄子你是宽宏大量。我呢，一日不了却，一日就放心不下。前几年我就想登门来赔礼，可一回来，家中就人客不断，总腾不出工夫……"说着，德安就打开提包，拿出烟酒，放于桌面。

"这做么事？"胜宝一下抬高喉咙叫道，"你拿回，拿回！"

"这不算个东西，"德安说，"侄子你能海涵我，给了这么大的面子……"

"拿回吧，你拿回去！"胜宝正欲把烟酒朝那提包里装，可德安先一步把提包抓在手里。

"你不收，那我这老脸就无处放了。"德安低沉地说。他很快岔到别的话题上，蹲下来看胜宝编织的半成品金丝箩儿，赞叹道："这手艺真到功了！只是这竹子成色不够理想，是岭那边的吧？那边水土确实不如这边，真是怪事。"

临出门，德安又说："往后要做竹活，莫再过岭了，竹子我园子里有，你砍就是！肥水不流外人田，都是自家镇子上的人……"

胜宝没有送德安出门，手里捧着的烟酒不知往哪儿搁才好。老子操他祖宗！他心里骂道，三年牢只值这点破货？性子正要发作，不多会又有人进门来，是小毛。

"嘻嘻……"小毛凑到胜宝面前，摸着那烟酒，连连咂嘴道："你好福气。"

这小毛是篱笆镇有名的好吃懒做的家伙，小胜宝一岁。三年前老婆跟人跑了，丢下了两个丫头跟小毛过，日子自然清苦。人穷，心倒还慈。胜宝坐牢那阵子，小毛有一年端午，还赶到劳改农场给他送了几串粽子。这事胜宝总搁在心上。庄户人就这样，你有我，我就有你；你给我一碗水，我会还你一眼井，心换心。胜宝看不起小毛这副窝囊相，却又可怜他。平时胜宝卖竹货赚的，多少给他点。不料这小毛成了瘾，动不动就来伸手，胜宝也不多责备，只念经似的叫小毛放勤快些。现在小毛来，怕又是钱花尽了，断了大粮还是断了小粮（香烟）？

"小毛，"胜宝把烟酒塞进小毛怀里，"这东西你都拿去。"

"有这么好事？"小毛惊道。

"真的，你拿去。走，莫耽误我工夫。"胜宝又系上围裙，坐下来编箩。

"这可是些正牌子货，"小毛举着烟酒瞪圆眼睛看，"你狗日的阔起来了！"

"不是我的。是江德安刚才送来的。"

"德安？噢……老子晓得了，是来赔礼的吧？"

"算是吧。"

"这老杂种也有装孬的时辰！"小毛嘻嘻地笑着，"胜宝哥，你们和了吧？"

"和个卵！"

"依我看哪，和也好。德安退了休，往后大家是低头不见抬头见。"小毛说，"算了，旧账就一笔勾销，既然德安来赔了礼，我看也差不多了。"

"你他妈的嘴皮动动那么轻巧，坐牢的滋味你尝过没有？"胜宝气得把手里的玩意儿扔到一边，自己摸出烟抽，不管小毛。

小毛笑笑，又说："你可有本事把他江德安送到牢里去蹲三年？男子汉大丈夫，哪个没有点冤枉？你再冤也比不过刘少奇吧？算了，宰相肚里能撑船。再说，不看僧面看佛面，人家竹屏对你总还是有一截子好的……""你少在老子耳朵边上吹这个卵风！"胜宝狠狠地瞪了小毛一眼。

小毛不管这些，依旧往下说："竹屏如今可怜得很。她那个狗日的老板手毒，动不动就把她打个半死。前几天，我到县里去卖鸡蛋，在菜市上碰到她，吓我一跳，她脸像死人那般的黄，还青一块紫一块，那狗日的！"

胜宝埋头吸烟。屋子一下静了。过了会儿，小毛松动身子要走，胜宝拽住他，问道："竹屏……可讲什么话的？"

"她讲过些日子回镇上来，把小玉也带家来。"

"小玉怕有五岁了吧？"

"差不多，怪懂事的，一口一个叫我叔呢。"

胜宝灭了烟，拍拍围裙上的竹绒，站起来说："小毛，托你把这烟酒退给德安。"

"你这人！"小毛有点不悦，"你也不能做绝了。德安好歹也是花甲子的人，你这么绝，叫他怎么抬头？"

"是哪个先绝的？我收了，我怎么抬头？"

小毛摸摸下巴想了想，猛一拍大腿说："这样可照？酒，我替你还了德安；烟，我拿到镇上去，逢人就散，说这是德安向你胜宝哥赔礼的意思，宣传宣传！"

这小毛果真还不笨，居然能想出这么妙的主意来。这么一来，镇上的人什么都明白了。胜宝一下开了笑脸，说："照！"

四

德安屈尊向胜宝赔礼的事，就这么"宣传宣传"开了，小小篱笆镇为之哗然。

"老德安这是自作自受！"

"那麻子也是孬种，便宜了。这事要摊在民国，非得拉开桌子吃流水席，请人玩灯、说书！"

"和了总是好事，都落在一方土上嘛！"

"麻子的气没出够，太亏了……"

"未必还要拿刀去割老德安的……？"

这消息传到德安耳里，又惊又恼。他后悔把这件事做急了。这么一来，他在篱笆镇剩下的那么点威望怕是荡然无存了。可细细一想，又觉坏事尚能变作好事，今后共释前嫌各走各的路，碰了面也不至于脸红心跳。然而他德安之所以要这么做并非只为这一着，他还有后一步、深一层的打算。醉翁之意不在酒。于是，第二天，德安就趁着这火候，在镇上披露了一条新闻：他要办一个竹器社，准备高薪聘请王胜宝做师傅。

既然胜宝已经海涵于他，想必这后来的事也会清爽的。到了中午，那德安又遣小毛来对胜宝口头下了帖子，请胜宝晚上去他家喝几盅寡酒，共商办竹器社的事宜。

这一着出乎胜宝意料之外，一时手脚无措，便埋怨小毛惹了是非，如今骑虎难下了。

"妈的！他倒成了观世音！"胜宝愤愤地说，"老子不买他的账，他还能啃老子卵！"

"胜宝哥，"小毛说，"依我看这也不是孬事，且不论你是糠箩跳到了米箩，但毕竟是德安有求于你；他来求你便是向你低头，便是你脸上有光，也算出了口气。你拨拨指头算算，这老德安在篱笆镇可曾求过他人？"

"想老子当他的摇钱树？"

"话可不能这么讲。你不也是一样？要不，巧媳妇难为无米之炊。你这身手艺要是带进棺材，那才是天大的可惜呢！"

小毛末尾这句话委实触动了胜宝。小毛讲得不错，他寻思着，如果跟德安拢起来，就可以把田里的活一脚蹬了，专心做手艺，并且收入可观。再者，这德安已先发制人，倘若自己缩着脖子，旁人还以为我怯他呢！反正是他德安来请我求我的，堂堂正正，清清白白，没有什么不体面的。至于一些细事，等到了席上再盘点，总之我不能叫这老东西尽捡便宜。胜宝决定晚上去德安家赴宴。他陡然想起古书中描绘的鸿门宴的场面来，不由得身体内荡起了英雄气概，手掌心竟出了汗。

当晚胜宝进了德安家的门。堂屋里已经坐下了镇上的支书、会计和乡里的一个什么委员，还有几个是德安家的表亲、堂亲，加上德安，八仙桌边围了七人，剩下的位子自然是留给胜宝的。这乡里的风俗，摆宴顶讲究席位。八仙桌的桌缝正对着大门，右上方即所谓首席。这席位总是让给一桌人中的尊长之辈。人客不齐，首席便空出来，都不去坐，以示谦逊和礼貌。胜宝一来。德安连忙笑脸相迎。客人也纷纷站起，推胜宝坐到首席上去，其实乃是一番假客气。可是胜宝竟大方地坐了，毫不推让，似乎今夜这位子只有他坐，才配。大家于是纷纷落座，不再闲扯。德安便招呼老伴拿酒摆菜，不一刻，先上了牛肉脯、松花蛋、卤鸭、香肠等几个冷盘，德安掌瓶斟酒。这酒便是胜宝退回的，是纯粹的亳县古井贡酒。大家呷一口。纷纷嚷香。酒过几巡,老伴又上了几盘炒菜。德安解释道,这些菜全是他自己做的。大家又说怪不得口味如此之妙,绝不亚于城里大馆子的水平。只有胜宝缄默,酒却喝得大方,谁敬他都喝,而他不敬人。大家知道胜宝喝酒的名气,也就不敢多敬,怕先醉了自身。天已完全黑了。酒也将空一瓶。这时德安端着杯子立起来,看了看众人的脸,说:"今夜请几位来聚聚,一是表明心意:我如今已告老还乡,往后还求父母官、亲朋好友多关照;二是了却我的一桩心事,我是……对不住胜宝侄子的,所以借此……"

"德安老,"胜宝说,"我说过这事馊了!"

德安一脸的高兴,说:"侄子能给我一张脸皮,我心也就安了,多谢多谢。"言毕,将酒杯先举至齐眉,一饮而尽,再把空酒杯朝下一翻,竟不淋下一滴。

胜宝也照样做了。

席上人都道这桩事做得像样,连续伸筷吃菜,说了些埋怨那几年国家形势的话,却语无伦次。

德安又说:"这次回来,还有些顾虑。年纪大了,田里的事自然做不了。可闲在家里又觉得冷清,心里也乱。就想,如今政府号召农民致富,广开财路。发展乡镇企业,搞活商品经济。我便想试着在这片竹子上面做点文章,兴办一个竹器社。一来为国家尽点薄力,二来让晚年活个自在舒坦。我倒不是只想搞钱。我退休一个月还能拿上个四五十,管我和老奶奶的生活没多大的问题,况且这竹子一年多少要出几个钱的。所以呢,我就想请胜宝侄子当大师傅,带上几个徒弟,一起来做。不知胜宝侄子是怎么想的?"

不等胜宝发言,大家都附和道:"这是好事!好事!"说完一齐盯着胜宝看。

胜宝把面前的一杯酒喝尽,抹抹胡子上的酒珠儿,说:"事倒是好事,我自然也赞同。不过,我得把丑话讲到前头。要办,可以;但是要合办。你是老板,我也是老板,雇我做,不干。"

一时冷了场。

德安略思片刻,脸上又泛上笑容,说:"这更好,免得我一个人的精力对付不了。我出材料,负责外交销路;你呢,出手艺,管具体的业务。"

"分成呢?"胜宝说,"少了五五开,就算了。"

"好,就是五五分成。至于上缴政府的税,共同提取就是了,这都好说。我讲过,我德安并不是手头紧,缺票子花。"德安说着,就从里屋找来纸笔,请会计代拟了一个合同。

"先订一年试试。"胜宝说。

会计按刚才两人的谈判条件拟了合同,用复写纸印了两张。高声朗读了一遍,然后把笔递给德安和胜宝,两人分别签了名。

支书这时搓着手掌,得意地说:"你们到底是通文墨的人,这么大的事就轻巧地定下了,不简单!不简单!"说完又喝了一杯。

那乡里委员说,营业执照的手续由他代办。"总得起个名字吧?"他又说,"依我看,不如就叫'德胜',各取你俩姓名中间的字。这名字顶好不过,北京就有个德胜门。"

席上人都道名字起得好,委员有水平。

德安笑眯眯地看着胜宝,后者算是默认了。于是两人各执一张合同,揣入怀里。

支书提议再干一杯,预祝"德胜竹器社"生意兴隆、财源茂盛。

大家都将酒杯举过头顶,碰后即仰脖喝净。

几日后,德安家门口响起了脆亮震耳的鞭炮声——

"德胜竹器社"开张了!

五

德胜竹器社一开张生意就好。胜宝先编了几只不同式样的箩儿,交给德安送到县里去试销路,果然供不应求。如今城市的居民比以前讲究,提着这种漂亮的箩儿上街买菜或者放在家里储点鸡蛋、面条之类是顶好不过的。这批货抛出去,在县城竟成了时髦之物,县土产公司便派员来订货。不久邻县也有函来。这局面委实叫两位老板愉快。于是便筹划扩大规模。德安腾出两间屋当做车间,门口挂上了自漆红字的招牌,显眼得很。胜宝从镇上挑了几个老篾匠,让他们把竹子加工成篾,论斤计酬。这些老篾匠都喜欢破篾,只是手艺陈旧,编出来的货既古又蛮,难销出去，所以也就甘心替"德胜"加工材料，钱也搞得多。胜宝身边的几个毛头小伙，倒也不笨，胜宝让他们做下手，编出个坯子，然后他自己再动手加工整治。这胜宝一个人占着一间房，关上门做活。不让第二个人看见。明明送进屋去的都是些式样很拙的坯子，可拿出来的竟是那么漂亮的货色，叫人爱不释手。生产流水线，出的货就多，几个月一过，一拨算盘，胜宝净得三百多。又一想，与德安相比，自己这笔钱来得费劲。他德安只出材料，跑跑外交，即坐收同样数目的钱。胜宝觉得有点亏，后悔当初自己不该入股合办，如果当大师傅，工钱月月都能涨，报纸上叫"向上浮动"，老德安还能讲个"不"？弄僵了，他这根大梁一抽，这竹器社就得出鬼！可是，一看到门口挂的这块牌子，心里又感到舒坦。能与江德安平起平坐，这是他先前所不敢想的。这篦笆镇上，江德安放屁都是香的呀！如今自己放屁也香了。自从竹器社办起，虽也听到有人背后说他是贱货，但事实上很多人都在向他身边拢。他们远远地就把笑堆在脸上，当着面夸他的手艺如何如何，甚至竟不讲脸面地向他讨活做。"胜宝老板，可用得上我破破篾，弯弯骨子？"胜宝听了，心里暗乐，却笑而不答。胜宝不会把以往的事一抹干净的。他对德安更是这样，他不会忘记自己的屈辱。等着吧，他不止一次地提醒自己，等一年的合同满了，老子腰包里鼓了，就把这老狗日的蹬掉，老子自己干！这篦笆镇将来只有一个"胜宝竹器社"。

这夜胜宝兴致极高，从镇上的杀猪点里买来了四只猪蹄，炖了，自斟自饮，茅屋里散发着酒香。吃罢，胜宝从枕头套里摸出一叠钞票，盘点了，钱这东西，他想，没谱的，多有多花。少就少花，那些年勒惯了裤带，如今得了钱竟还花不出去。钱的名堂不大。老子快活是因为毕竟像了人的模样，想不到也有人求我的日子……胜宝喝空了一瓶"明光大曲"，渐渐觉得头重脚轻，便将盅子放下，脚也不洗就歪在床上，不一刻，沉沉睡去。

下半夜，胜宝被冷风惊醒，睁眼一看，发现灯未吹灭，灯内的油即将耗尽。四壁空空，风把油灯的光带得忽明忽暗。胜宝陡然觉得莫名的惶恐，后背即刻出了汗。这样深的夜猛然醒过来，似乎还是头一回。他明白这屋里没有第二个人，不觉慢慢吐出一口冷气。得有老婆！得有儿子！他便把以往别人介绍的几个女子在心里排队。岭那边的一个，显然不行;那女子是个哑巴。我想要个会唱歌的女人。镇上大脚翠枝的侄女,也不行;胖,腰粗得水桶一般,且又贪财。还有那个冯寡妇……妈的!老子难道命定要讨寡妇?胜宝从床上坐起来,摸出烟来抽!烟雾弥漫开,他放佛见到了一张白白净净,弯眉圆眼的女子的脸孔,转瞬又逝。

"竹屏!"他失口叫道。

竹屏小他五岁。她从小就爱牵着他的衣裳角。上山采菇子,胜宝告诉她哪种能吃,哪种不能;他们下河摸螺蛳,有时也围一块水面,将水舀尽,捞起沉底的小鱼儿,又玩又吃。竹屏念书了,胜宝就把牛赶到学堂背后的坡上吃草。一散学,他就把竹屏抱到牛背上,把她的书包吊在自己颈上,拿出课本来看,牛索扯在手里。胜宝喜欢她家的竹子,于是竹屏就将竹子常常偷出来,让胜宝编些小箩小篮、小鸡小猫,她再拿着来玩。一次,胜宝拿竹子做了一根笛子,涂上桐油,暗暗地发着赤亮,吹起来极悦耳,竹屏便和着节拍唱歌……后来,彼此都成人了,就都避着对方。不久竹屏到区里念初中,两人见面也就减少。可是,有一天——

那天出奇地热。胜宝跳到河沟里洗澡,顺便摸几条黄鳝带回来煮吃。路过岭脚那片玉米地,突然听见一声女人的惊叫:"蛇!"胜宝从摇晃的玉米秸认出,地里的人是竹屏,便急忙跑过去,钻到地里。当下竹屏脸吓得发白,两腿抖得厉害,身子往后退,那蛇是有名的"五步倒",极毒,正昂着脖子左右晃动,捕捉目标。胜宝轻轻把竹屏拉到身后,接过她手里的锄头,立着一动不动,盯着蛇。蛇也不动。胜宝慢慢举起锄头,距离不够,便用锄轻轻碰了碰一步前的禾秸,发出"丝丝"响声。那蛇身子一挺,闻声射过去,胜宝手起锄落,只一下,蛇头便成了饼,身子却摇摆不止,打得禾秸乱响。这时胜宝才回头看竹屏,见她一脸是汗,大气不敢出,胜宝又觉好笑。

"到底是女人!"胜宝说,"天这么热,不歇会?"

"歇?这草哪个帮我锄?"

胜宝不做声,转过身就锄起来,锄得极快极净。

竹屏并未去歇,跟着胜宝往后退。

"当心锄柄碰了你,去歇着把,我就好。"

"到处是太阳,哪里歇?不如蹲在地里。"竹屏拉住锄柄,说:"你也歇歇，跟我讲讲话。"

胜宝想了想，还是不肯歇，只是手放慢了些。

"胜宝哥，你……真好。"

"好？好就给我做老婆吧。"

"那……你去我家跟我爸我妈讲。人家都说抬头嫁女，低头求媳妇。你去不？"

胜宝停了，慢慢蹲下来，半天才说："我只是讲讲快活……不当真的。"

"你以为就不能成真？"

"我太穷。"

"穷日子穷过。"

"我……丑。"

"我不嫌。"

"只怕你爸你妈那里通不过。算了，我不想攀你，你也莫恼我。"

"你不信我？"

"我信不算数。"

竹屏一下靠到胜宝怀里。胜宝先是一惊，继之紧紧抱住了她……他们忘记了这是在玉米地里，禾秸摇晃得明显，终于招来了看禁的刘跛子……

胜宝叹了口气，油灯又跳了两下。这事就像是上午发生的。他早就想忘掉，偏偏越来越记得清。真出鬼了！他是想忘掉的。他恨竹屏！逮他的那天，竹屏硬是躲着不见面，为什么就不出来讲句公道话呢？跟她的王八爸混到一起！难怪书上讲女人的心是六月的云，说变就变。而我却时时想起她。我识不了几个字，哪来的这些读书人的骚劲儿？唉，如今人事已非，她也没落得个好的下场，也够可怜的。那狗日的男人也太野毒！竹屏若是我妹，看我不打断那婊子养的背脊骨！去年腊月，胜宝到县里去买年货，在街上看见了抱着女儿的竹屏。她也看见了他，但低着头走过去了。胜宝看见她竟成了另一个人，那样单薄，那样黄……

酒兴仍在发作，又经了风，胜宝觉得肚里火烧火燎的，吃下的食物在朝上鼓，终于张口哗啦啦地吐了一摊稠糊糊的东西。他走到厨房，到小缸里舀了瓢冷水漱漱口，牙齿已被胃酸泡酥，一咬就吱呀作响，很是疼人。吐完，觉得好受了些，又点上烟抽起。

"唉！"他自语道，"日子要过，家业要立。没有女人，终不成个家的样子……"

六

翌日，薄雾遮盖了整个镇子，等太阳露脸了，雾才散开。阳光极嫩，抹到哪里都像镀金似的。这正是庄稼人悠闲的时节，"双抢"搞完了，田里不再多操心。因为"德胜竹器社"占了上风，于是镇上又有手艺人捎着担子出门讨钱，还自带了被条和米，以省下吃饭歇店的经费。钱的来路被堵，开支也就不敢轻狂。镇上的人一方面心里咒"德胜"，一方面却又想讨"德胜"的好。德安家又逐渐热闹起来。谁家手艺人从外面捎回一点稀罕名贵的东西，总要匀出一点请"德胜"的两位老板尝尝新鲜，而两位老板都不大愿意给面子，婉言谢绝。

胜宝的地包给小毛种了，百事不再过问，只给钱。他曾问过小毛，可愿到他这里做个下手，小毛说田里的活已经够忙，手头也不算紧，只高兴胜宝发了财还能平眼看他，就足了。小毛的话叫胜宝好想了一刻。他已觉得，镇上的人对他是敬而远之，像他以前对他们那样。胜宝也察出自己举止不够检点，惯于居高临下了。可一想起当年镇上人那么起劲地替德安来坑害他，心里就有了火焰，自以为把这些人撂到一边，不算过分。对德安，胜宝依然是不恭不敬、不卑不亢，只时常拨指头算日子，百事等合同满期再议不迟。胜宝每天去车间迟，有时故意这么做，自己也不知为何，昨夜没睡好，今早起得迟，十点出了头，才锁门，摇晃着上半身下了岭，进了镇街。远远就看到德安家门口围了一些人，他猜准又是些上门讨活做的。人就如此的贱，有求于人了就不惜拿热脸来贴冷屁股。他又想到自己的处境，还是有些不安。尽管这场戏他唱了红脸，但毕竟是同对头混在一个台上。于是他又拨指头算起日子来。

有人从侧面拉了他一下。一看，又是小毛。

"围这些人，么事？"胜宝问道。

"竹屏家来了。"小毛低声说。

胜宝心里像是被摸了一下，但他说："又不是电影明星，看个么名堂！"

"你不晓得，"小毛把他扯到一旁，说："竹屏离婚了！那狗日的……"

这下胜宝两眼直了。少顷，他转身往回走。

"你不去……看看？瘦得像棉花秸子……"小毛追上来问道。

胜宝一声不吭地走了。

不干了！一路上胜宝想，再干下去浑身就找不出一块清白！可是，合同尚未到期，毁约既负不起损失，又丢了信用。他历来是说一不二、说方不圆的。这脾气在篱笆镇妇孺皆知。十八岁那年，他同镇上一个叫金狗的打赌，看谁能把四十斤的石锁单手举过头顶十下。输家必须从赢家裤裆底下钻过去，要不，就出三块钱买条烟。结果他输了，周围的人以为他穷，出不了钱，就兴致高昂地拢上来看他钻裤裆。他没钻。他拨开人群离开了。于是众人齐声喊道："孬种！"不一刻，胜宝又转回来，手里提着一只壮鼓鼓的芦花母鸡。

"值三块钱不？"他把鸡递给金狗。

金狗被这突如其来的举动弄得发愣，说："算，算了，搞着玩的，不当真……"

周围的人也说算了，这是他的一只独鸡，正生蛋，油盐钱得靠它得呢。

胜宝夺过边上一个人手里的镰刀，一下就把鸡放了血，然后把鸡头往翅膀间一别，丢到金狗脚下，说："赢不起，还输不起？下回再来！"

然而如今的事情没有这么简单。

这天他没有"上班"。

第二天也没有。

第三天早饭后，德安来了。胜宝正躺在床上吸烟看着《岳飞传》，没有招呼德安坐。

过了会儿，德安才说："胜宝侄子，你……听讲了吧？竹屏回来了。"

"晓得。"胜宝随口答了句，继续翻书。

"我也晓得你为难。唉，这都怨我……可是这生意，和外面的用户签的订货合同，怕不能按期……我想同侄子你计划计划……"德安走到胜宝床边说。

胜宝一个鲤鱼打挺坐直，说："生意照做！"

"这就好！"

"不过你老得烦些神，去请瓦匠把车间同你的住屋隔开，从背后另打一个门，招牌也搬过来。"胜宝看着门外说。

德安犹豫了一下，说："不错，不错。我这就去找瓦匠来，下午就搞。"说完就离开了。

胜宝望着德安已略为佝偻的背影，心里觉得好笑。这老东西还真驯，叫他翻跟头他不敢打滚。又觉得自己这个主意不知是怎么冒出来的，胸口一下轻松了许多。

下午他便从新开的门进了车间。他这间屋隔壁就是德安家的房。两天没来，屋里堆了不少箩坯，等他加工收尾成型。这批箩的形状像只蕃茄，上方还安了带顶子的箩盖，谓之"猫叹气"——箩里的东西，猫儿吃不到能不叹气？这种箩按功夫粗细分作几级。最孬的是普通篾编的，值四块钱；中档的箩上织有色篾图案，值五六块钱；高级的则是用细篾精心编成，再油上清漆，能值十块。而更高级的，价格能达到几十甚至百把块。这就作为工艺品了。胜宝从书报上了解到目下竹编工艺品在旅游点和外贸部门非常吃香，外国佬肯出大价钱买。胜宝心里有数。按祖传的谱儿，他相信自己能做出好的货色来，只是现在不愿做。他想等到合同满期了，与德安脱了钩，自己拉出门面，再做。现阶段他只需信手做点粗活，胡来些钱，就行了。

胜宝系上围裙，坐下来收拾这些坯子，一刻钟就能完成一个。做着做着，不觉心不在焉起来。怎么老竖着耳朵去听隔壁呢？他生自己的气。

突然隔壁传来了小玉的哭喊声："妈呀——妈——"

这孩子睡醒了。

"掉魂了！"是竹屏的声音。

小玉不再哭。

"妈，我要回家。"

竹屏没有声音。

"家门口天天有汽车。"

"汽车有什么看的？"

"我要看嘛……"小玉又嗯嗯起来。

"莫哭!"竹屏尖声叫道。

小玉轻轻地一哽一哽地哭着。

"屏伢,莫吓着小玉……"竹屏妈进来说。

"妈,你忙你的去!"竹屏冲了妈一句,抱起孩子走开了。

再也没有声音了。一点也没有。

胜宝放下手里的玩意儿,摸出烟抽起来。

天渐渐黑了。

第二天早上,胜宝到岭脚的池塘里来挑吃水。站在埠头上,能看见一群群的鱼秧子游来游去。他就蹲下来细心看,手里的水瓢总不落下。他也看见了自己的脸孔,发现自己的脸似乎小了一圈子。昨夜他又没有睡好。三更头上他爬起来找出几根篾丝,编了一只带车厢的玩具卡车,又锯了四只竹节,打穿了眼,做"卡车"的轮子。他想叫小毛把这玩具递到小玉手里,那孩子招人爱招人怜。这都是那个狗日的城里人作的孽!

胜宝舀水,鱼秧子惊得游开,自己的脸也歪曲了。他挑水上坡,觉得小腿发软,腰也发酸,这么一担水竟挑得胸闷,以前似乎不曾有过。上了坡,面前是以前大队的油坊,要从屋后拐过去。胜宝想歇会,坐下来抽支烟,可又觉得三十几岁的男人这般软绵,怕叫人笑话,就换了个肩挑着往前走,拐过弯,就上了正路,想必会轻松些。刚绕到油坊后面,没走几步,胜宝一抬头就看见前面来了竹屏和小玉。竹屏挎着篮子是来河沿洗衣的,小玉跟在后面追着一只绿蜻蜓。这路不过三尺宽,胜宝挑着水,迎面来的竹屏就得闪到一旁,等他过去。两人都看到了对方的面目,几乎同时低了头。胜宝慢慢地向前走,离竹屏近了;她便扭过脸去喊小玉,把孩子猛地朝边上一拽。小玉没逮住蜻蜓,失了神,被拉倒在地,于是就哭。

"哭!就晓得哭!"竹屏拉起女儿,替她拍拍身上的泥土,一边说,"像影子一样的,我走到哪你跟到哪!"

胜宝晃了一下,桶里的水溅了出来,弄湿了鞋和裤脚。他赶紧稳住身体,一步一步地从竹屏母女面前走过。忽然那只蜻蜓落在他扁担头上,他腾出一只手一下把它逮住。

胜宝把蜻蜓递给了小玉。孩子笑了。

胜宝头也不回地走了,水洒了一路。到了家,水倒进缸里,胜宝把扁担猛地碰在地上,愤愤地说:"老子不是你的影子!"

七

河边一面,叫竹屏心里难受。她原以为胜宝会招呼她一声,可他埋着头走了。他逮给小玉的那只绿蜻蜓,不多久就死了。

这次离婚,对于竹屏来说是脱了樊笼,她并没有感到有什么失脸面的事。使她最为难的是,今后又得见到胜宝了。她不愿意见到他。她怕。她也不愿意向胜宝解释什么,因为事实解释不了。过去的事,不像黑板上的字,错了可以抹掉重写。如今落到这步田地,还有什么可讲的呢?她想这辈子就守着小玉过下去。她已经过了半辈子了,越往后过就越不难过。

可是,又是父亲给她出了难题。

父亲和胜宝合办竹器社的事,她早有所闻。县里有好几家门市部卖他们的货。但她不满父亲这么做。她怨父亲当初,更怨父亲现在。当初父亲亏了理,如今又拐弯抹角地来修改,算什么名堂?想不到的是,那个王胜宝居然愿意同父亲搭台,干得起劲。她担心以后会出丑。回来的那天夜里,竹屏对父亲说:"爸,这竹器社不开了吧。我们家日子能过。我回家了,田里的活接得下,你一个月还拿四十几块……"

"钱是小事,"德安叹息道,"我退休在家,闲着也闷。"

"你不能帮妈多养几头猪吗?"

"这事你莫操心,"德安说:"我与胜宝,只不过是生意上的来往。他总要成亲,你也……"

"爸,莫讲了。"

今夜,竹屏又到父亲屋里,父亲正坐在床上盘着腿拨算盘。

"爸,把竹器社停了吧。"

"停?唉,你怎么一回来就拆我的台呀。"德安有些不悦。

"你也不听听外面人讲些什么,"竹屏说,"爸,你也不为我想想,我这日子……"她哭了。

德安放下算盘,吁了一口气,说:"都怨我当初走错了一步棋……屏儿，爸对不起你!"

"爸，莫讲了。"

"屏儿，很多事情你不明白。爸不是孬子，会这样贴着胜宝……你不晓得，这篱笆镇上人个个都是油浸出来的，滑得不能再滑！如今我不比先前，他们揩不到我的油，就翻脸不买账。我回来那几天，几乎没有人上门。我不服这口气呀！我要这些杂种把腰弯下来！让他们明白，我德安不是好欺负的！我宁愿去求一个人，不愿求一群人。再说，我是欠了胜宝一笔债的，不了，心里也不是滋味。胜宝这身手艺荒废了也是可惜，他能赚几个钱，把家撑起来，也算是我积了德吧。"德安说罢，不禁两眼湿润了。

父亲的话在女儿心里引起了波动。竹屏长这么大，方才第一次明白原来父亲也很可怜。父亲一生就顾这张脸哪！她又想到胜宝，认为父亲所有都在理上。胜宝受了那么多的冤屈，吃了半辈子的苦，也该活得体面一些。他是个好人。他应该享福。她巴望胜宝能……早点成个家。凭胜宝的德行和手艺，他会讨到一个很好很好的媳妇的。如果胜宝有家了，镇上的人还会嚼舌根吗？

"爸，"竹屏给父亲的小茶壶添了水，捧到她手上，说，"你想办你就办吧，随你。"

这一夜，竹屏偷偷地哭了。她不敢多哭，怕眼睛红肿起来，叫外人看见。躺在床上，眼泪望着窗外的月光和竹园，想着：当个寡妇真难哪！连哭也要受到限制……

醒来，天已大亮，竹屏忙起来烧早饭锅。早饭后，小玉不知跑到哪里去了，她就出门去找。走到镇街上，看见小卖部门口围着一些青年男女，在逗着小玉玩。她看见小玉手里捧着一只竹编的汽车，孩子正蹦蹦跳跳地喊着"嘀嘀——"竹屏心头掠过一阵惊慌，忙闪到一棵梧桐树后，她怕人群中有胜宝。

"小玉，"金狗指着玩具汽车说，"好玩不？"

"好玩。嘀嘀——"

"小玉，你讲，夜里你妈跟哪个困一床？"

"我。"

"还有呢？半夜里有个麻子伯伯钻到你妈被窝里去了吧？"

周围立刻爆发出哄笑。

竹屏眼前一黑，差点儿跌倒，连忙扶紧了树。不等她作出任何决定，她听见那面又哄起来了。

"金狗！"胜宝像是从天上落下来似的，拨开人群，上前一把封住金狗的领子。他两只眼睛像是要冒出来，上面尽是血丝，白多黑少。胜宝粗声说："还打赌吗？"

"赌……赌么事……"金狗口齿不清地说。

"赌命！"胜宝"刷"地从腰间抽出篾刀，白光猛地一闪。

"胜宝兄弟！胜宝兄弟！我，我这嘴臭……"金狗吓得面色如土。

周围的女人一下尖叫着散开了，几个男人忙上前劝架。小玉吓得哇哇直叫。边上人连说："莫吓了孩子！"

这时，竹屏在远处喝道："小玉！过来！"

小玉怯生生地跑过去了。

竹屏夺过小玉手里的玩具汽车，扔到地上，扒开孩子的屁股就打，一边骂着："看你还出来！"小玉尖声大哭，竹屏把她抱走了。

这边，几个小伙子好容易才把胜宝拉开。那金狗连忙抽身闪开了。大家劝了胜宝，不一会也都走了。胜宝站了很久，才拖着腿往车间走去，看到那个滚到路边的玩具汽车，他一脚把它踏了，踏烂了又有点后悔。他又站住，想着去还是不去，一时拿不定主意。

这时背后有人喊他。

胜宝扭头一看，原来是镇上有名的媒婆王妈。一个像干茄子一样的老妇，满口的黄牙，烟熏的。明白人都能猜到她是在旧时青楼上混过的。

"胜宝侄子，"王妈走过来说，"想心事呀？"

胜宝对这老妇有一种本能的反感，就不想理她，扬起手里的篾刀，把边上一截枯树丫斜劈了。

"你想心事就得巴结巴结你王妈！"那老妇说，"莫看你如今发大财，可要讨老婆就要来烧你王妈的高香哟。"说罢像鸭一样地笑起来，一只手还在胜宝肩头上拍了一下。

胜宝心里好笑。这老妇讲的倒也正确，她手里是捉了大把大把的女人。牵线搭桥，若事情办成，除有烟抽有酒喝外，还能得到一套化纤料子的衣服。你看她穿得像十八岁的黄花女！妈的，她倒成专业户了。

"我是要求你的，王妈。"胜宝笑笑说，递给她一支烟。王妈指头上已夹了支，就把胜宝的烟灵巧地夹到耳朵上。

"可是真的？"王妈眼神中立刻流露出明显的职业的喜悦，一副无孔不入的样子。

胜宝犹豫了一瞬，说："真的。"

王妈的脸皮松弛了。她笑着说："像你侄子这样的好汉子，莫说是讨一个老婆，就是讨一打老婆，也不在话下！"

"是钱好吧？"

"钱不是人搞的？"王妈理直气壮地说，"那你就提前办些见面礼备着，过几天我就给你回话。"

王妈摇着身子走了，裤管左甩右甩。

胜宝轻轻叹了口气，自己也弄不清为什么。低下头，又看见地上刚才被自己踏烂的玩具汽车，想想又轻轻踏了一脚。

八

第二天一早，胜宝怀里揣着三百块钱，搭县内循环班车到县城去了。县城距篱笆镇近百里，一块二毛钱的车票，车行两个钟头，到达县城正好赶上各家商店开门。街上的行人车辆这时还不算多。胜宝在百货大楼先给自己买了一套仿毛的青灰色制服，试了，合身，便不再脱下。原先穿的那身旧衣揉成一团塞进了帆布旅行包里。他又买了一只镀金坤表，花去一百四十块整。接着，他挨个把所有的大小商店跑了一遍，把诸如羊毛衫啦、高跟棕色牛皮鞋啦、美加净珍珠霜啦，这些女人家的用品，都买下了，旅行包塞得像只吹了气的猪尿泡。到吃午饭时，掏出所有的口袋一搜。付了饭钱仅剩下了三毛几！这下他慌了手脚，连回去的车票都买不起。他懊悔自己太洒泼，弄得如此尴尬。走百来里路不容易，况且时辰不够。买来的东西只要是好的就没有理由去退，抽出一件折价卖给别人分明是吃睁眼睛亏，说不定还会招来麻烦——拿他当贼！胜宝真是哭笑不得，心想钱这东西来得麻利花得也麻利，如今腰里空空，竟出了这种洋相！

胜宝擦着街道边缘，边走边盘算，委实很急。突然，他瞟见了一样东西——他编的那种"猫叹气",摆在一堆竹器中间,显眼得很。他忙抬头看看这家店门边挂的招牌,才知是县竹器社办的门市部。于是胜宝进了门,仔细地看陈列的竹器,渐渐有了一种豪迈感。这算什么竹器!怪不得自己做的货放在其中那么显眼。他像是头回认识了自己是个能人。这"猫叹气"摆在自己身边并不觉得什么,可一放到这堆杂七杂八的货色中,就如此光彩!这就叫河中无鱼虾也贵。他很快发现,这只箩少了盖。这算什么"猫叹气"?

"这箩……盖呢?"他下意识地问那个柜台里哈欠不断的矮佬。

"盖踩扁了,豁了口。不然早卖掉了。"矮佬爱理不理地回答道,"你要不?原价七块五,少了盖就减掉两块,五块五,还不便宜?"

日他祖宗!胜宝心里盘算着,这箩是顶次的一类,出厂才四块二,他一转手竟得了这么多!城里人尽是滑头儿。胜宝拿起箩,用指头弹了几下。

"你要不要?"矮佬不耐烦地说,"不要就放下来?"

胜宝想了想,说:"老伯,这边上有竹器社不?"

"你不识字?我们这儿就是竹器社,这是门市部,后头是车间。"

"能找几根篾丝用用吗?"胜宝走近矮佬说,"和这箩上的差不多细的。再加两根骨子,我就给你编个箩盖,要是你佬中意,就给我一块钱……"

"你说海话!"矮佬把秃脑瓜伸出柜台,说,"看花容易绣花难,你以为这是伢搭锅灶?"

"信不信由你佬,不中意我倒贴两块。"胜宝有些骄傲地说,放下旅行包。

矮佬看了胜宝半天,猛叫道:"我今天就算是发了神经,倒要见识见识!"说罢尖着嗓门喊"小李"。一会儿从后门进来了个年轻轻但貌平平的女子,正织着毛线衣物。

"叫魂哪!"小李说,对矮佬飞了一眼。

矮佬对小李嘀咕几句,小李立即正眼来看胜宝。矮佬小碎步跑走了。不一刻,矮佬果真抱来一把篾,后面还跟着几个男女,一进来也都盯着胜宝看。胜宝不禁觉得耳根发烫。矮佬把篾放于胜宝脚下,从腰里摸出一块钱的票子,扔到箩里,再抬眼看看胜宝,不做一声。

胜宝这里已脱下新衣，从旅行包里拿出旧裈，提起两只袖口，朝腰间一系当围裙，顺手拿过一只方凳，折放在地上，坐下来开始编织。周围人全屏住呼吸，专注地看胜宝动作。只见篾丝在胜宝指间飞舞，穿来穿去，经纬交错，不到半小时，一只箩盖已经编好，朝那箩上一按，不大不小。

围观者同叫一声好。

矮佬看得发木，醒来便连声道"服了！"

胜宝启开箩盖，拿出一块钱捏在手中，歉意地说："老伯，这钱我就不客气了。"

矮佬连道"当然"，又对小李说："这箩我要了，你把账另记。"

"你这老家伙尽得便宜！"小李说。

矮佬捧着箩笑得两肩乱抖。

胜宝收拾好，正要离开，忽听有一男声喊道："师傅贵姓？"一看，走过来的是一中年汉子，长得极壮，浓眉亮眼。

"我姓王，叫王胜宝。"胜宝有点不安地说。

"哦哦，果然就是王师傅！"中年人拿过胜宝的手来一握再握。

"这是我们周厂长。"矮佬忙插上前介绍道。

"周群。"周厂长说。

胜宝就叫了一声"周厂长"。

"我可是久仰师傅大名哪！"周厂长说，"来来来，到我办公室歇会。"说着就拉胜宝走。

"不了，周厂长，我还……有事。"

"不急不急。"

"我真有事。下回来吧。我还要赶下午的车。"

"家里丢不开？几个孩子？"

胜宝怔了一下，还是往门口迈。

"唉，你这人！我们厂长留你……"矮佬说。

"我说下回来，真的……"胜宝说。

于是周厂长不再拉，想想说："真有事就算了。来，我送送你。"

胜宝连说"不用"，但周厂长还是抢先拎起了旅行包，和胜宝并肩迈出了门。身后窃窃私语："十个麻子九个怪……"

路上，周厂长问胜宝："我和江德安熟，你同他是合股还是他招聘你？"

"合股。他出材料，我贴手艺，五五分成。"

"五五分成？"周厂长停了会，又说，"王师傅，不是我姓周的挑是非，五五分成恐怕你亏了。一根竹子值多少钱？一只箩值多少钱？一只箩需要几根竹子？你算过吗？"

胜宝心里清楚，也悔当初头脑简单了些："我原想这竹器生意吃不开，就……"

"王师傅，不是我当面捧你，凭你这手艺到哪里不是香的？中国也罢，外国也罢。"

"我这乡巴佬有多大的本事……"

"哪里！"周厂长又停了停，说，"实话说，王师傅，你这手艺花在编些低档竹器上，可惜得很！你应该去编精致的工艺品！你完全可以的！"

"怕是没有那个福分了……"

"王师傅！"周厂长拉住胜宝的手说，"如果你愿意，到我这里来。我们目前正在筹备竹编工艺组，就少像你这身功夫的人！你来不来？我一个月给你……一百五！"

"一百五？你逗我开心吧？"胜宝笑道。

"军中无戏言。我是当过兵的。"周厂长又逼近一步，"竹编工艺在国外非常红火，一些旅游点常来函向我们要货……王师傅，就这么讲定了？"

胜宝收起脸上的笑容，想了一会儿，才开口："周厂长，你这样看得起我……可是我跟德安的合同还不到期，中间毁了，怕名誉不大好。"

"这个……那就退一步谈吧。其实做生意跟打仗一样，是需要灵活机动的……王师傅，这件事只有你我有数，不能漏风，特别不能对江德安……"周厂长挤挤眼说。

"这无所谓。他姓江，我姓王。我是我。"

两人不觉已走到车站。然而最后一班车已经离站，胜宝又发急了。

"没关系，"周厂长说，"你在这儿等一会儿，我去去就来。"言毕，跑到对面那个单位去了。隔着玻璃窗，胜宝看见他打电话。一会儿周厂长又转回来,还没到跟前,就说:"行了。车一会儿就到。"

胜宝惊羡地看着周厂长,心想这人门道比德安多得多,似乎一生中没有一点难处。两人又扯了几句散话,胜宝拿出烟来,先让了周厂长,周厂长说不会抽,胜宝就自己点上。一支烟没吸尽,前面来了辆北京吉普,在他们面前刷地掉了头,停下;接着听见里面一个黑脸汉子强盗一般地骂道:"家里死人了!催命似的,老子夜里还有餐喜酒……"

"我回来补你两餐。"周厂长对司机说。又回头告诉胜宝,说这司机是他的战友,在县政府开车。

"送我?"胜宝一时反应不过来,问。

"不送你送谁?"周厂长笑着说,"上车吧,一直送到你家门口。"

"这,这太担当不起了……"胜宝心跳得飞快,自己能听得到声响。他跟着周厂长上了车,头被碰了一下。

"我一个亲戚,住在篱笆镇,有劳你了。"周厂长坐在前面,对司机说。

司机一拉一蹬把车开起来,上了正路便开得飞快。

"狗日的,这个月奖金又捞了不少吧?"司机说。

"等我厂里买了车,请你来开,工资翻番。"周厂长十分得意地说。

"你狗日的尽吹牛皮……"

周厂长哈哈大笑,正了正身子。

胜宝一直在通过车内的那个扁镜子看自己的脸,车晃得厉害,很难看清,但他依然觉得自己有派头,完全不像是乡下人。县政府!他想,这可是县政府的车子!是县太爷坐的!心里说不出的甜蜜。他又侧过脸去看周厂长,心想这是个绝顶聪明的人。他是看出了我的用场,便来灌我蜜喝。要是换上小毛或者金狗,有这么好事?当然,能被人看得起终归是桩好事情。老子要叫全中国的人都看得起……胜宝把背往后面一靠,双手曲着枕起脑袋。

车停在篱笆镇街上,时已黄昏,周围的景物都不大清楚。

"到家喝碗茶?"胜宝说。

"不了。往后见!"周厂长又同胜宝握了手,对他眨了眨眼,其意各自领会。

胜宝下车,谢了司机。车掉头开走了。胜宝还立在原地,盲目地对车招手。突然身后杀出了小毛,见是胜宝,惊叫道:"是胜宝你呀!我还当是县里的书记!"

胜宝忙摸出烟来敬小毛,自己也叼上一支,悠悠地吸着,说:"人家非要送我……"

小毛把胜宝看了个仔细,咧着嘴说:"你狗日的好八字,穿得像接见洋人似的,又有小包车坐……"连连咂嘴不止。

胜宝笑而不答,把烟吸了又吸。

九

当夜,胜宝拖小毛来家喝酒,把白天在县城的事情原原本本地讲了,只是瞒了那个周厂长要花大薪水请他做活的那截子。小毛听了,两眼直勾勾的,手却不停地搓。这小毛酒量不大,好喝又好醉,酒下肚不足二两,便有了几分醉意,说起话来像短了一截舌头。见胜宝把买来的女人衣物用品抖搂出来,小毛就说:"胜宝哥……赶紧讨,讨个老婆家,家来……讨黄花女,莫,莫要寡妇……女人也不是酒,越陈越好……"

胜宝周身紧了一下,把小毛的酒盅子拿下来,厉声说:"你差不多了,小毛!吃菜。"

小毛伏在桌上,大口地呼吸,嘴里还在嘀咕着什么,声音渐渐弱了。

胜宝看看小毛,突然又涌上一片怜意。这也是条汉子。他女人跟他过之前已经跟过两个男人,如今又与小毛脱了钩。可小毛从来不提半句那女人的不是,心里还指望着她能回心转意……唉,人生在世,有多少难过的坎?多少难念的经哪!胜宝把面前的酒喝净,抹抹嘴,过去拉起小毛,扶他回去。

这时候月亮已从岭头升起,光让云搅得忽明忽暗,整个篱笆镇罩上了一层浅蓝色,看上去,屋顶上像打了蜡,暗暗地发亮。镇街上空无一人,有两只狗,一黑一黄,一公一母,在饭店门前闲转,时而相互调戏一下,发出几声怪叫。见狗这般自由亲爱,胜宝忍不住地用脚踢过去一块小石子,正落在其中一只身上,于是它们直起脖子对胜宝吠了两声,又偎在一起,却不再乱动。

"这畜生……"胜宝暗笑道。

他停下了。这一整天的兴奋尚未散尽，使他心神不定，摸不清今夜还想搞些什么。等手里的烟吸完，他才决定去王妈家。

"王妈，"胜宝进门，见只有王妈一人在场，于是就说，"东西我备了一些，想晓得王妈替我找的人家……"

王妈热情地拿烟倒茶，然后说："你看河西子强家的老二可照？"

胜宝想了想，那子强家的二女他见过，豆蔻年华，委实长得小巧玲珑。"怕年纪不般配吧？"他说。

"翻过年就二十一了，"王妈说，"也大不了多少。"

"大十几岁呢！"

"你这孬子，女人又不是生姜，未必老的好？只要女方不嫌，你有么事想的。"

"相貌也不般配。我丑。"

"你是白麻子，不显眼。唉，这你就莫操心，王妈我替你活动。不过我得丑话讲到前头，搞成了，你可要……"

"我做两套衣送王妈。"

王妈这才开颜大笑，身子扭得像麻花。她说："今天起的么子风呀，尽把财气往我这里吹，一天来了三个要做媒的，上昼黑皮，中时竹屏，夜里……"

"竹屏？"胜宝失口道。

"是的哟，寡妇人家嘛，熬得过初一，还能熬得过十五？"

"她要嫁哪个？"

"说是越远越好，嫁到天边都照。这我倒是头一回听到。"王妈起身给胜宝添茶。

"不用了，"胜宝立起来说，"我还有事，王妈。"

"你这光棍条子有么了不得的事？又不用去偎老婆！你再坐坐。"

"我真有事。"胜宝转身就出了门，听到王妈说：

"过天把我就给你回话……"

胜宝顺着镇街直奔芝麻岭头。这岭头虽不高，但陡；每天来往的客车，过岭时所有的旅客都得下来，有时还得帮助推车。胜宝一口气上了岭，身上出了汗。岭头上风要大些，胜宝不禁打了个寒战。突然间，他想起了一桩旧事：

他二十岁那年,有一天过岭去卖竹货,回来的路上天落了大雨,电闪雷鸣。这一路上无村无店,找不到一块干的场子歇脚,只好随雨淋。终于面前现出了芝麻岭,快到家了。可腹内早已空空,咕噜咕噜,浑身没有一条干纱,冷得脸发灰、腿打颤。忽然他听见有人喊"胜宝哥",抬眼顺声看去,苗条的竹屏正用劲撑着伞向他走来。竹屏从怀里拿出一块插秧时穿的薄膜雨衣,给胜宝系上,又拿出两个烤熟的山芋。

这事胜宝记得清楚。他借着月光顺路细看,还记得那回在这块猪头石边上,竹屏滑了一下,差点儿跌倒,若不是他一把拽住了她的话。可是,他也记得自己因为什么坐牢……

胜宝又从岭头走下来,想折回自己的茅屋,偏偏脚迈的不是方向。他又一次进了镇街,像只猫似的,悄悄地进了竹器社,关上门,摸到自己做活的方凳上坐下,吁了几口气后,才拿出烟来抽。一口吸多了,呛得直想咳,但他忍住了。他专心地听着隔壁的动静。都困着了。过了许久,听到德安的脚步响。

"屏儿,还不困?十二点了。"

"刚把小玉哄困。爸,你也没困?"

"困不着。"

停了一会儿。

"爸,夜里闲着急,去摸摸麻将……"

"没意思。"

"家里买个电视机吧。现在夜长。"

"要买的。买一个彩色的,大的。"

"黑白的好些。彩色的买来,家里天天少不了人来,你不嫌烦?"

"老人就要点热闹嘛。"

又停了一会儿。

"屏儿,我有桩事要问你……"

"爸,么事?"

"你……去找王妈了?"

"……"

"屏儿,这事你该跟我和你妈妈招呼一声。"

"……"

"我晓得,你如今日子难过,镇上嚼舌根的杂种多。唉,这都怨我……"

"爸!"

"爸对不起你,也害了胜宝。……屏儿,你和胜宝……依我看情分还在……"

"爸!

"爸不是讲酒话……"

"爸!你困去吧……"

德安重重地叹了口气,走了。

过了许久,传来了竹屏捂着嘴哭的声音。

胜宝觉得眼眶里发涩。

远处,传来了猫头鹰的啼叫,叫起来叫人发憷。

十

几天后的中午,邻县一家土产门市部的货主带来一辆三吨的"跃进"卡车,到篱笆镇"德胜竹器社"装货——一色的"猫叹气"。车就停在德安家门口,阳光照在车身的蓝漆上面,反光强烈。镇上的一些小孩都围着车子动手动脚,其中有小玉,尖声不断地叫"嘀嘀"。

货主是一个穿灰中山装的矮胖子。德安一边唤"陈经理",一边殷勤地倒茶散烟款客。胜宝同几个下手在点货装货,上车下车。货不多,只装了车厢的三分之二。

"就这些?"陈经理操着北方口音说,脸上有点不悦。

"大师傅近来身体不适,所以,下次补上,补上!"德安脸上堆着讨好的笑。

"镇上还有几家做这种箩的,"胜宝说,"是不是也拿来看看?"

德安瞟了胜宝一眼。

陈经理稍稍一想,说:"拿来吧。"

边上的人听到这话,便纷纷窜回家,喊着自己的女人和孩子帮忙。不一会儿,都把自家的"猫叹气"搬来,摆了一地。

陈经理粗粗看看这些货,用脚拨拨,忍不住地笑着说:"这算啥玩意儿?"

"便宜点。"边上有人说。

"经理,就把我们的货带着凑个数吧!"又有人说。

"不是'德胜'的货不要!"陈经理一挥手响亮地说,"宁缺毋滥!"说着就与德安、胜宝拉拉手,跳上了车。司机很快大按喇叭,惊得周围的小孩子乱窜。车掉过头,开走了。

陈经理把短臂伸出窗外挥挥。

德安等车远去,才把手放下。伏天虽过,太阳还很毒,他已忙得一头是汗,赶紧回到家里洗脸喝茶了。他招呼胜宝,可胜宝没动。

此刻胜宝心里泛上了异样的滋味。他不像以前,见自己的货吃掉了别人的货那样兴奋。不知为什么,看见这些人把刚才急急搬出来的货又慢慢搬回去,他就心里发酸。他把袋里的纸烟拿出来散人,但没有一个人肯接。胜宝顿时感到脸腮发烫,双手曲着不知往哪儿落。人都走完了,他还一个人木木地立着,阳光直射在他头上、身上,豆大的汗珠儿顺着腮帮往下淌。渐渐地,他觉得头有些晕了。后来他感到有什么东西碰了他的腿,一看,是小玉;手里拿着一只白瓷缸子,装着茶。

"叔,喝茶。"

胜宝弯下腰把小玉抱起来。

"叔,喝茶。"

胜宝腾出一只手,捧着瓷缸喝了一口,甜。

"小玉,哪个叫你送来的?"

"我妈。"

胜宝把茶喝净了。……

胜宝累了,中饭懒得烧,只吃了一截藕。他想死睡一场。可刚准备上床,门口的光线突然暗了,原来是王妈进了门。

"今天又发了一笔财吧?"王妈说。这老妇今天又换了一套衣装,头梳得油亮,苍蝇立上去怕也要闪腿。

胜宝不答理她,只甩给她一支烟。

"恭喜你哟!"王妈点上烟,美滋滋地吸着,说,"河西那姑娘看中了你的才干,认了;今天我就领你过去看看,这日子也好。"

胜宝仰面倒到床上,双手支着脑勺,望着屋顶上的蜘蛛网。

"快收拾收拾，日头都歪了。"王妈说。

"王妈，我不去了。"胜宝回了句。

"么话？"

"不去了！"

"你……你是三岁毛伢？"王妈顿时板起脸孔，"我百事都做稳当了。"

"不去就是不去！"胜宝猛地坐起来，也沉下脸。

王妈有点慌神，想走又不愿意抬脚。

胜宝从口袋里摸出五块钱，递给王妈，说："劳你神了，买只鸡补补。"

王妈迟疑了一下，还是接过了钱，这才怏怏离开。远远还听到她在讲："两套衣……"

胜宝关了门，合衣躺在床上。突然，伏在枕头上哭了起来。

过了一会儿，传来了隐隐的雷声，光线越来越暗，但不太闷了。接着，落雨了，渐渐大起来。猛地一声雷响，震得桌上的茶碗都晃，只见篱笆镇朦胧一片，唯有那片竹园能看得清。那竹子在风雨中剧烈地摇摆，却没有一根折断。

这场雨直到黄昏时才歇。雨过天晴。篱笆镇像刷了层桐油似的。那片竹园越发苍翠，绿得像要淋下来。天边显出一线晚霞，软绵绵的，几缕炊烟笔直地上升，直到与越来越浓的暮霭融为一体。

胜宝下岭。他披了件衣服，叼着烟，两只力士鞋踏着，走到镇街上四处瞧瞧，见人们都不看他，心里不禁掠过一阵酸楚。又是那两条狗，一前一后，迎着他走来，还没到他跟前，便又绕开了。

路过金狗家门口，隔着篱笆看见金狗正坐在门口编"猫叹气"，胜宝想了想，还是推开院子门，走进去，喊了声"金狗"。

金狗嗯了声，从屁股底下抽出凳子让给胜宝，又叫自己女人倒茶来。

胜宝拿过金狗的货，细细地看着。

"你莫看。我是个呆人，货也呆。"金狗有些不好意思地说，"我哪一点能比得上你胜宝！"

"你力气就比我大。"

"那是蛮力。编箩要用巧力。"

"你这话也对。其实这箩编起来也不见得难。"

"你不难,我就难得比生伢还难!"

胜宝笑笑,说:"我编你看。窍门也不算多,一要篾剖得好;二要口收得好,口上的篾一根也不能断,断了就毛糙。这篾,你看,先从这儿钻过来再复过去……"

胜宝慢慢地把这只箩收拾好。金狗看了,一脸是笑,进门对女人嘀咕几句。不一刻,金狗女人端来了四只糖水蛋。

"这做么事?我才吃过夜饭。"胜宝推辞道。

"家里鸡生的,快吃。"金狗催着说,拉胜宝进了屋。

胜宝心里觉得愉快,也就不再推,全吃了。

金狗又摸出"东海"烟,说:"孬烟。"

"孬烟也吃。"胜宝划了火柴,两人点了烟。

"胜宝,如今你可是篱笆镇通天的人物了,"金狗说,"那天县里小包车送你,我也看见了。要调你到县里去吧?"

"我不是吃商品粮的,哪扯得上什么调。"胜宝说,"是一个熟人的车子……"

"德安也晓得这事,我讲的。"

"他晓得可讲了什么?"

"只笑笑。笑得半真半假的,跟他人一样的。"

胜宝也笑了。

过了一会儿。

"胜宝,我以前是个肉头,帮了德安的忙,跟别人去告你……你不记恨吧?"金狗说。

"这不怪你。哪个都不怪。怪我自己,想得太高了,人家是大户的千金……"胜宝自嘲地一笑。

"话不能这么讲,胜宝。其实竹屏对你是真心。是德安搞的鬼。"

"她要是真心,就会站出来为我作证。"

"你不晓得,那几天德安把她锁在家里,还叫我给他看着,怕她寻死。逮你走的那天,竹屏在屋里哭得天昏地暗,还一头撞到墙上,碰了鹅蛋那么大的包……"

胜宝一下站了起来,两只眼瞪得大得不能再大。突然他要走。

金狗一把拉住胜宝，急着说："你可莫想歹事，我，我……"赶紧把门闩上了。

胜宝又慢慢坐下来，良久，才长叹一声。

十一

那王妈自从失去了胜宝这份子便宜，就逢人讲胜宝得了神经。否则怎么能见嫩花不摘？居然也有人相信。今天，吃过早饭，那老妇又在饭店门前对一些人指手画脚，一口一个"神经。"

"……河西子强家的门槛都叫光棍条子踏凹了，那姑娘几好！人家是看得到摸不到，那麻子有福分摸得到却不伸手，这不是神经？"王妈拍着腿说。

"怕是……丢不开竹屏吧？"有人轻声试探道。

"竹屏？"王妈鼻子哼了一声，"竹屏就算是仙女，也是二道货！"

"媒婆，"金狗说，"你是几道货？"

周围的人"扑哧"笑开。

"金狗！老娘挖你祖坟了？"王妈尖叫道，"你这条乱咬人的疯狗……"

"你才是狗呢！老骚狗！"金狗笑道，"你也不屙尿照照，哪个不晓得你是个有名的筷子筒，男人都能插……"

大家笑得东倒西歪。

王妈见势头不利，便抽身离开了，一路咒着金狗。

后来小毛把这些告诉了胜宝，胜宝便现出按捺不住的高兴，连日来心头的愁闷，顷刻抹掉了许多。他这辈子似乎还不曾有过如此这般的快乐。这快乐之所以难得，是因为不是花钱买来的！

中饭他吃了三碗。饭后，抽过一支烟。便来"上班"。刚到竹器社门口，德安过来招呼道："胜宝侄子，你来一下。"

胜宝就走过去，问有何事。

德安看看四周，见几个小伙计走来走去，就引胜宝进了屋后的竹园。走进很深的地方，才停下来，摸出烟，先让了胜宝。

"有事就讲，"胜宝说，"我还要做货。"

德安又从口袋里拿出账本，用舌头舔舔手指，翻到其中一页，说："这个月的账……"

"我讲过了，账我不管。我只管出力气做活。你理的，我信。"胜宝说。

德安还是把毛收入和纯收入井井有条地说了一遍。"这个月生意红火，百事除外，共得二百二十七块。我拿一百，你拿一百二十七。"说着就从怀里摸出一叠票子交给胜宝，"你点点。"

"搞这名堂做什么，"胜宝说，"五五分成就是五五分成，怎么讲就怎么做。我再给你十三块半。"

"算了。你也太认真了。"

胜宝还是把钱还了德安。"我去做货了。"说着就想离开。

"哦，还有……"德安欲言又止。

"还有么事？"

德安想了想，才说："不是我多嘴，胜宝侄子，你怎么能教金狗做货呢？我都看见了。"

胜宝不吱声。

"你想想，你这手艺是家传的，传家不传外，传子不传女。如今你这么做，一传十、十传百，将来人人都会做，我们的生意岂不是不攻自破吗？你想想，这多险！"德安感叹道。

"你佬也太精了，"胜宝说，"这是我自己的事。"

"我也是为你好哇！"

"我不是呀，好坏还分得清。我不怕险。牢都坐了，还怕什么？"胜宝甩手走了，身子碰得竹枝沙沙响。

胜宝回到车间，越想越窝火，不想做活。他想这德安也够阴的，口口声声说是为他好。当然，按德安的主意，钱会搞得多。可是一个人活在世上，有很多东西是钱所买不到的。买得到的不一定都值钱。

一阵自行车铃铛声，切断了胜宝的思路。接着听见外面有人喊："王胜宝在吗？"

胜宝贴窗看看，见是区里的邮递员，就出了门，对来人说："我就是。"

邮递员拿出一封挂号信，叫胜宝签字。办好就蹬车走了。

胜宝看看信封下面，知道是那个周厂长写的，就走到一边把信拆开。信是这样写的：

胜宝师傅：

　　您好！

　　上次您光临敝厂，大家都很高兴，一致认为像您这样有特技专长的人，是极少见的。您走后，厂里讨论了您的问题，都赞成我的主张，请您来厂长期工作。具体安排是，每月薪金一百五十元，以后再逐渐向上浮动。您的家属可以安排在本厂食堂工作，拿三级工的工资；小孩如有念书的，我们负责联系学校。住房问题，虽然目前厂里较困难，但为了尊重人才，我们决定将会议室隔成两间，您先住下，以后想办法。如果我厂的生产搞上去了，我想将来您的转正、家属的户口都是不成问题的。

　　胜宝师傅，您身怀绝技，不用在大事上是甚为可惜的。我相信您能编织出第一流的竹编工艺品，打到全国乃至国际市场上去的！我期待着您早日来厂！

　　您不必顾虑，如果来我厂工作，那边的合同损失均由我厂承担。希望我们能合作成功！

　　致

敬礼！

周　群
×月×日

胜宝把信塞回信封，装进内衣口袋，点上了烟。他想这个周厂长口气也够大的，条件给得这么优越。他又觉得好笑。我哪有什么家属子女的！笑后又感到口苦。他走到德安家窗户边，对里面说："小玉，给我倒碗茶来。"

里面没有声音。过了会。见竹屏将一只瓷缸从窗棂中间递到窗台上，胜宝正要看她，可她已经走了。

胜宝又是一阵心酸，从窗台上拿过瓷缸，喝了一口，不过是茶而已。他想到那天也是这只瓷缸，但茶是甜的。今天的茶苦。胜宝喝了几口就不想再喝，但还是把茶喝净了。

"这日子……"胜宝怏怏离开了。

黄昏时天又落雨，一开始就很不小。这已是深秋季节，雨却像是夏天的，落下来似乎还带着温热。

胜宝平躺在床上，双眼盯着窗外看，四处一片漆黑，一道闪电把外面的天空斜劈开，转瞬又弥合起来。雨大，雷声听起来不脆，像公路上滚空柏油桶似的，搞得人脑袋发胀。胜宝眼看涩了，就翻了翻身，又把上回在县城买回的几件女人的衣物用品找出来细看了一番。这天气，他想，这天气搂着老婆困觉怕是最好不过的了。胜宝心里又开始烦躁起来，对那天冲撞了王妈，他有点悔。河西那女子，做老婆有什么不好的？如今不要，往后又能指望什么呢？指望竹屏？可毕竟她是寡妇，不，还算不上寡妇。死了男人的叫寡妇。她是离了婚的……胜宝坐起来，想抽烟；一摸口袋，所有的烟盒都瘪了。他舔舔嘴唇，重新躺下，顺着刚才的思路往下想。竹屏要嫁人，真的？不是真的。假的？也不是。半真半假？真不真假不假？女人的心难摸。唉，心里藏了个女人比藏了只猫还难受……

他盯着那只竹笛。多久没吹了。他下床把它取下来，用袖口掸了上面的灰。笛膜没破。他用舌头润了润，轻轻地吹了几下。外面在落雨，淅淅沥沥，但他还是觉得这笛子的音色纯得很。于是他立在窗口，对着窗外忽明忽暗、变幻莫测的天地，吹了起来。他没有吹出一支完整的曲儿，只是随意地吹，吹……

过了很久，他觉得这笛声渐渐清亮了。

原来这阵雨走过去了。

十二

那笛声的尾巴惹醒了沉睡的篱笆镇。该醒的人都醒了。

只有德安家一直没有关灯。德安自上午在竹园里与胜宝摩擦后，就坐立不安。胜宝会越来越硬，这是他设想过的，但没想到有这么快。而更让他提心吊胆的是，胜宝要飞！前几天，金狗告诉他说县里派小包车送胜宝回篱笆镇，他委实吃了一惊。他猜定是县里某个部门发现了胜宝是个能人，便来挖墙脚。否则，像他胜宝这种人怎么会享受得到那种待遇呢？德安自己干了三十几年，也只坐过一回小包车，而且是揩油的——那次县革委会副主任到地区开会，他正巧要回家度假；他常给这个副主任家送瘦肉和猪板油，被副主任所认识，于是就搭上了小包车。可惜车在篱笆镇只停了几秒钟，不等镇上人看见，就开走了⋯⋯德安从这天起就觉得心里又压了块石板。不等这石板掀掉，他心里又多了一只铅锤——胜宝居然向金狗之辈露手艺！这样下去，怎么了得？德安思来想去，还是决计同胜宝认真谈一次，想叫胜宝权衡一下利害轻重。可是，胜宝全然不当回事，最叫德安伤心的是胜宝又一次提起了坐牢⋯⋯这真叫往事不堪回首呀！这往后的日子会过得怎样，是不言而喻的。德安完全摸透了胜宝的心思：合同一满期，胜宝会撇开他，独立门面！

德安最为头痛的是，明知胜宝有朝一日会这么干，自己却无力去改变这个现实。他几乎是绝望了。但是，有一件事点亮了他——胜宝突然宣布不去河西子强家相亲。这自然事出有因。难道不是为了竹屏？德安坚定地认为自己这个判断是正确的。这样想着，德安对胜宝不由产生了几分敬佩，他觉得胜宝是个心慈的人。同时，他又感到沉重的内疚。他几次想同竹屏谈谈胜宝的事，但终因羞于启齿而作罢。今夜，他又想起了。大雨过后，留下来的是胜宝那断断续续、起伏不定、委婉而清脆的笛声。这笛声似乎给了德安信心。他看看身旁的老伴已经睡熟，便悄悄下了床。他捧着紫砂壶出了房门，伸头朝右边看看，见女儿的房门虚掩着，射出一条窄窄的灯光。女儿也没睡？这就好⋯⋯德安穿过堂屋，在女儿门前停下，眯眼往里瞧，见竹屏手里拿着毛线，眼却看着挂在墙上的小圆镜子，许久不眨一下。

德安先干咳了两声，才说："屏儿，你屋里可有开水？"

"哦，爸，有开水。门是开的。"

德安推门进屋："小玉困着了？"

"嗯。刚困。"竹屏拿过水瓶给爸添水。

德安坐到床沿上，把小玉肩头的被子压压好，过后又叹了口气，说："伢也怪可怜的⋯⋯"

"有吃有穿，么事可怜？"竹屏不悦地说，"爸，往后你莫讲这话！"

德安看看女儿，点点头，又埋下头轻轻叹了口气。

"爸，你老叹气做么事？"

"都……都怪我……"

"爸！"

父女俩对坐着，沉默着。

过了一会儿，德安才说："屏儿，王妈那头我已叫你妈回掉了。你想想看，我和你妈都是快进土的人了，你两个姐姐又走得远，要是你再走远了，我和你妈边上连个送老的人都没有……我这话不重吧？"

竹屏低着头不做声。

"当然，你和小玉也不能老蹲在我这里。你还年轻，小玉还小，也得有一个家的。我是想叫你在边近找个人家，两头跑跑……要不，就招一个进来，也让我享受享受天伦之乐……"

竹屏低声说："爸，我和小玉都好办。我有手有脚能把她养大……我要离开篱笆镇，也不是对娘老子不孝，实在是我的日子……不好过……"

"这爸晓得。"德安叹息道："不过，屏儿，遇事也不能往一头想。屏儿，你听我把话讲完，胜宝恨我，不恨你，他对你还是真心的……"

"爸，你也莫往一头想！不管胜宝对我是真心还是假意，反正我的心是死了的！"竹屏抬起头说。

"屏儿，你冷静下来想想……"

"我是寡妇！爸，人做事不能尽亏别人！"

"新社会，有什么寡妇不寡妇的！你还算是个念过书的人！"德安也有点动气了。

竹屏捂住脸抽泣起来。胜宝的笛声又飘过来一阵。

德安走到女儿面前，抚着她的肩头，说："屏儿，莫哭了……爸刚才讲的都算没讲。屏儿，爸老了，言语没有个轻重，你莫往心里放……"他也老泪纵横了。

"爸，你讲吧……"竹屏抑制住了抽泣，两肩微微抖动着，她把父亲又扶到床沿上坐下。

德安停了良久，才说："屏儿，爸也难哪！自从办起了竹器社，爸就没有睡上过一回安稳觉。你回来这些日子，也看到了，这竹器社对爸来说是几多重要。有了它就有了爸，篱笆镇的人都绕着它转，爸心里也平和多了……可是，他胜宝想的跟爸不是一回事。他会走。他会把爸甩到一边去。你想想看,这叫爸怎么下得了台?爸忙了一生,不就是顾一张脸皮吗?屏儿,你就……帮爸一把,跟胜宝讲几句话。胜宝是个心慈的汉子,他对你还是和以往一样。屏儿,你心里想的爸都晓得,你们是有缘分的……屏儿,就算爸求你了!

竹屏怔怔地看着父亲,半天才说:"爸,你去困吧……"

德安走了。在门口,他又回头说:"你也困吧。"

竹屏一夜没睡。这一夜使她感到了从未有过的恐慌:她恨父亲!她躺在床上,时而神经质地坐起来,忽又重新躺下。父亲的话叫她心寒彻骨!爸呀,你讲了这些都只是为了顾你那张脸哪!可是,你不晓得人的脸是靠什么护住的。原来你就是这样和胜宝相处的。你以为多塞几个钱给他,再把女儿搭配给他,就能稳住他吗?爸,你又错了,爸,我不能依你!我得走,走得越快越好,越远越好,我不想再回来……竹屏浑身战栗不止,她双手紧紧环抱着两肩。她又想,父母已经老了,母亲也老了,这个家的笑声会越来越少。但不走不行。胜宝,你这冤家!河西那姑娘多好,你怎么就不娶她过来?你还是和先前一个样,神神癫癫的。你已经三十三了!再过十几天,老历十月初六,是你的生日。这些年这一天,我都要代你吃一碗"长寿面"……冤家呀,要不你走!你到县里去,莫荒了你的手艺。县里条件好,只是人的心眼多些,那些,你凭手艺吃饭就哪个都不怕了。你生来就什么都不怕。而我怕,怕,怕……

竹屏凝视着窗外锅底一般的天,心里纳满了苍凉。

十三

第二天,德安出差了,到邻县去联系生意。

在河沿,来挑水的胜宝又遇到了竹屏。这次是她先来,已经占下了埠头,洗衣。胜宝远远看见,迟疑了一下,就撂下水桶,到一边随手捡了片瓦角,从坡上扔到水面打漂。

竹屏抬眼看看水漂,又扭过头,看见是胜宝,便回头继续洗衣。不过两件衣裳,很快洗好,她挎起篮子,埋头走了。不知是无意还是有意,她忘了带走棒槌。

胜宝下来挑水,看见了棒槌,便捡了,带着它往回走,等绕到老油坊后面,竹屏已经回来寻找,胜宝撂下水桶,把棒槌给了她。

竹屏接过棒槌,想抄胜宝之前走。这时,胜宝喊住了她。她站住了。

"竹屏……"胜宝走过去说,"你……你爸走了?"

"一早就走了。"

"几天回来?"

"不晓得。你不是也要走吗?"

"走?我往哪走?"

"县里。有这回事不?"

胜宝犹豫了一下,从怀里摸出周厂长的信,递给竹屏。

竹屏看了,又把信塞回信封,还了胜宝。

"这是好事。你应该去。县里各方面条件好些……"

"人也好些?"

"不是都不好。哪里都有好人。"

"那我何必要走?"

"我是说,对你的手艺……"

"未必。做篾匠的,全凭手上的功夫。哪里有竹子哪里就活篾匠。哪里长好竹子哪里就出好篾匠。你信不?反正我信。"胜宝顿了一下,又说,"那个周厂长,精像个猫,我怕玩不过这种人……"

"你凭手艺吃饭,管许多。"

"手艺饭也要吃得干净。"

沉默了一刻。

胜宝又说:"有桩事,托你。我……我想,明年一开春,就把这'德胜竹器社'废掉。合同满了就废。你跟你爸打个招呼。"

"我爸也想到你会单干的。"

"不是单干。单干能干出几大的名堂?人与人,还是得互相依靠,你扶我一下,我拽你一把,凡事这样,就方便。你爸跟我想的不同,他只想叫别人来靠他。我不想。人有靠我的日子,我也有靠人的时辰。明年,我想把篱笆镇的手艺人都拢到一起来,办一个'益民竹器社',这名字可照?"

"照。"

"真照?"

"真照。"

胜宝把周厂长的信用指头弹了几下,说:"我哪里都不去,就死在这篱笆镇!"说完把信撕成了碎片,撒在地下。

竹屏抬眼看了一下胜宝。

胜宝望着竹屏,突然说:

"你也哪里都莫去!"

尾　声

只有几句话。

一九八五年春,篱笆镇出现了"益民竹器社"。开张这天,放大鞭,舞龙灯。舞龙头的是王胜宝。

当夜,江德安醉了。

翌日,江竹屏抱着小玉走了,不知去向。

"只要这个女人还活在地球上,就是找到天边,我也要把她找回来!"这话是王胜宝站在芝麻岭尖上,粗着喉咙喊出来的。

1985年5月23日子夜初稿

9月25日凌晨改毕

(原载《中国》1986年第3期)

大　江

> 在发展的进程中，以前的一切现实的东西都会成为不现实的，都会丧失自己的必然性、自己存在的权利、自己的合理性；一种新的、富有生命力的现实的东西就会起来代替正在衰亡的现实的东西……
>
> ——恩格斯
>
> （《马克思恩格斯选集》第4卷第212页）

第一章

一

船像一条白鲸在黑色的大江里游动着。已是子夜时分，这个看上去大约三十出头的，有着明显的南方人特征和文人气质的人，依然伏在船首的栏杆上。黄昏后他就伏在这里。开阔的江面像竖立起来似的，他的背影逐渐被暮色弄得模糊，与浊浪翻腾的大江融为一体。他默默地注视着前方，注视着两岸。现在他已辨不出岸边的杞柳和远处峰峦的轮廓。他只看得见像这一带孩子玩的小灯笼似的、忽明忽暗的航标灯。这红色的光点吸引着他。江上的风很狂，致使向后牵动的衣服裹着他结实的身体，造成喘息的困难。但他还是没有背风而立。初秋之夜，江上的风是醉人的。可他的心绪从他第一眼看到这撒野的江水时就开始坏了。甚至可以说，当暮霭愈来愈浓重时，简直是糟透了。这个长江边上长大的人，惊讶的是，自己对眼底这条不知炫耀过多少次的江如今竟产生了一种陌生感，尽管他总是想方设法地找出这条江骄傲的理由来宽慰自己。他为有这种心理而惶惑。但更多的是忧虑。他清楚地记得，这心理是他第一次见到海，见到太平洋之后随即产生的。他开始对这条江表示沉默。然而这条江具有的惊人的活力又常常使他激动不已。这条江久久地折磨着他。他便在这折磨中领受到了作为男人的因素，悟出了爱的代价。我没有忘记你，他想着，我不可能忘记你。从我认识你的那天起，我就记下了你。原来你就是母亲。"妈妈……"他喃喃自语。十五年前那个凄风苦雨的黑夜，你像一头凶猛的幼狮对着这条江掀起的恶浪狂吼着。你拼命想挣脱父亲的双臂，要扑到江里，要让浪头吞下自己，去追寻母亲的踪迹……江水依旧流淌，母亲却没有回来。其实你也明白，你的母亲还是在她爱的人和爱她的人中间徘徊。你不知道这位杰出的表演艺术家拥有多少位忠实的观众，就像你不知道这条江有多少滴水。

　　我该怎样来总结母亲？他沉思着，我一直在寻找很准确的角度。这很难。我不满意或者不同意别人，包括父亲，对母亲所作的裁判。我敢断言，他们的笔十分拙劣。这种笔只能去为学龄前儿童画歪歪斜斜的房子。而我，写出来的未必是那些深孚众望的老头儿们愿意看的。我要写的可能是被别人忽视的或者是一笔带过的，甚至压根儿就没有想到的地方。我必须要找到一个支点。天平的支点。力的支点。可是，这个支点又是飘忽不定的，难以捉摸的。他多次为自己的一筹莫展而沮丧。

　　但你这次一定要设法找到这个支点。你别忘了，你是作为儿子和记者这双重身份来这座古老的名扬海内的城市，也就是你的故乡，出席"著名表演艺术家常月蓉逝世十五周年纪念演出"活动的。当然你得写点什么。你至少有义务和责任来为这位人们所景仰的 S 剧代表人物作最恰当的、最准确的总结。你还是应该像平时那样昂起头来，保持住良好的心理状态，沉着而又理智的，同时必须倾注你的全部感情来完成这项工作。你现在最好把那种忧郁的目光摘去！

　　……我一定要找到这个支点。阿基米德想得到一个支点来撬动地球。而我则要凭借这个支点来……他昏昏欲睡。他合衣斜躺在上铺。微弱的沾着雾气的舱灯投下的光盖满了他的整个身体。他的颧骨突出，坚硬的眉弓下青色的阴影填住了深深的眼窝。但从时而翕动的嘴看，他还像个少年。"哦——"他突然喊道，紧接着身体朝后翻过去。"大……江……"他继续讲着呓语。原来长江水和黄河水是一个颜色。原来长江里的浪和黄河里的浪是一样的高。原来长江也和黄河具有同样的鲁莽，同样的强悍。他眼前浮动着太阳照射下江面的粼粼波光。这晶亮的斑点在他眼前旋转。他终于分辨出，这正是他苦苦寻找的母亲的眼睛。这眼睛是透明的水晶体，没有一丝杂质。这眼睛又是被泪水浸泡的，蕴含着大千世界的喜怒哀乐，民族的酸甜苦辣……"妈妈……"他轻轻地喊道。随即从他的眼角流出细细的泪水……

"旅客同志们，前方到达港口……"又是这个捏着鼻子发出的嗓音！他醒了。当他意识到前方将抵达的港口时，竟显出了可笑的慌乱。现在他没有心思在心里去骂这个播音员的腔调像发情的母羊。他迅速翻下铺来，跨出舱门。东方既白，水天之间显出一道乳白色的交界线，岸边断断续续地出现了小巧玲珑的南方风格的建筑物。他甚至能看清点点帆影和围绕着双桅旋转翻飞的江鸥。这一切构成了一个微笑。他仿佛感受到有一只温柔而纤细的手在抚摸着他宽广的胸膛。他深深地吸了一口清新的空气。

像每个航次一样，当船进入这个水域，舱内就开始播放作为这个地方骄傲的S剧那优雅动人的旋律。这里是这个剧种的发祥地，是S剧之乡。这里养育了一代名优常月蓉。尽管船上的扩音设备很简陋，但这并不影响这位蜚声海内的艺术家的声音对人心的控制力。喏，那些性急的人不再像刚才那样慌慌张张地从行李架上取东西，或者揪着乘务员去调换工作证什么的，或者喋喋不休地责怪自己的孩子穿衣穿鞋为何如此缓慢了。他们几乎同时打住了。他们像基督教徒祈祷那样，虔诚地聆听着这扣人心弦的唱腔。而他，便从这个氛围中猎获了一种自豪感。母亲是不朽的，他想着，母亲像巫山之巅的神女，已经被这个拥有几千年文明史的国度固定下来。他心底升腾起炽热的庄严。

"常月蓉的，绝唱。"靠门边的一位留着学究胡须的老人不禁赞叹道。立刻有人附和着。老人又叹了口气，说："可惜，死了。死了十五年，整整的。"老人脸上显出了痛惜，这表情又传染给了大家。大家默然。

他那颗活泼的心一阵抖瑟。

……

汽笛长鸣三声，江面的晨雾渐渐扩散开来，像拉开了一道淡青色的帷幔，这座古老的城市呈现在他的视野中。耸立在码头后面的仿照哥特式建筑造型的钟楼发出凝重、浑厚的六响。这钟声与形成高潮的S剧旋律交织在一起，在空中久久回荡，惊起停在桅墙或者枝头栖息的水鸟，它们叫着向江心飞去。船，正点到达。码头上人声鼎沸，熙熙攘攘，川流不息。甲板上的甬道已被堵死，旅客们争先恐后地向前挤，使几个乘警累得气喘吁吁，满脸是汗。

他立在一个僻静的角落，注视着城市的面貌。他企图从中找出一些令人激动的变化，但事与愿违，恰恰这个城市总是使他顿生怀旧之情。他觉得，这个城市像一幅色彩剥落的油画。无论从眼前这座古怪的钟楼，还是从由一些小方石块石板拼凑起来的狭窄的街道，或者是从像一场战争结束后缴获的破装甲车似的灰色矮房子，都能证明这一点。然而他对这幅画没有一丝反感，有的只是隐藏在内心深处的焦灼。他已有一年多时间没有回来了。从大学出来，他像一台高速运转的机器，四处奔波。从大兴安岭到深圳特区，从西双版纳到塔里木盆地，令人羡慕的记者生涯把这条汉子弄得疲惫不堪。尤其是业务上的梗阻，使他竟产生过改行的念头。虽然如今他在新闻界里已小有名气，但他还是感到有一种无形的压力在追随着他，把笔折断的欲望时常激起。从这个意义上，他对同学，现在已成了自己妹婿的夏应波，表示钦佩。夏应波在大学时，才气过人，被大家称作"有一根敏感的新闻神经的人"。可是现在却很难读到这位老兄的文章。这兴许是当了官的缘故吧，他想，这位新提拔的报社副总编辑已经厌烦打笔墨官司了，也许他是明智的。……他从口袋里摸出香烟。一个年轻标致的乘警迎面走来，对他手中的"三五牌"香烟盒看了一眼。他便把烟递过去，乘警谢绝了，问他是刚上船还是未下船。"哟，都下光了。"他对乘警友好地笑笑，没有点上烟就拎起黑色的拉链皮箱匆匆向舷梯走去。他埋怨自己的思路太紊乱了，情绪波动得厉害。他有意识地让自己的脚步放得慢一些，等登上码头，他又停下来，点上烟，悠悠地吸着。他把视线又一次放到江上，这时玫瑰色的朝霞已经溶化在江里，像浓汁葡萄酒。他觉得这会儿心情好多了。

这时，自港务局的右侧有一辆灰色的"上海牌"轿车朝着他的背影徐徐驶来。

"欧阳！"他听见身后有人喊道。

二

欧阳秋已着实感到有两束热烘烘的目光落在自己脸上。但他对这目光附和的表情和动作还是慢了一拍。这家伙简直走样了，像是从另一个模子里翻铸出来的同名者，他想。与面前这个敦厚、结实，理着平头，衣着平常的同龄男子相比，欧阳秋顿时觉得自己身上渗透着令人恶心的贵族血液。他发现自己像是一下子陷入了孤独的泥淖中，可他还是将手中刚吸几口的香烟扔掉，愉快地甚至是兴奋地喊道："应波！"

夏应波适度地对欧阳秋挤挤眼。接着他们漫不经心地握着手，简短地寒暄。

"姗姗来迟。"夏应波略带责备地说，"外地应邀的代表差不多都到了⋯⋯"

"你正准时。喏，刚下船。"欧阳秋笑着说。突然他觉得这口气有点揶揄的味道。我像是在伺机报复他。他想，在学校时我常常被这家伙捉弄⋯⋯"哦，让你起早了，Sorry（抱歉）！"他说。

夏应波没有来得及体味，就把放在地上的皮箱往车上提，使欧阳秋和差不多还是属于小青年的司机都感到了局促。尤其是后者，这个留着很好看的鬓角的小伙子脸上明显地表现着为自己的反应迟钝而内疚的情绪。"夏总编，我来提。"他不好意思地说。

"谁提都一样，不重的。"夏应波用手臂挡住司机，把皮箱提上了车。然后把另一边的门推开，让欧阳秋上车。"先回家看看爸爸？"他问道。"当然。"欧阳秋答道，便告诉司机把车开到市文联宿舍。

⋯⋯他注视着反光镜里夏应波白皙的脸。这是一张虽然略被变形但仍不失为英俊的脸，或者说，这面反光镜恰好矫正了这张脸上五官的不足。不，我简直是在挑剔，他想着，可是这张脸的确让我感到像是经过整容手术的，虽然保养得极好，但当年那种叫男人和女人都眼红的英气却荡然无存。他稍稍朝车窗边挪动了一点，有意识地看着夏应波的侧面。这个男人的表情像一位看平淡无味的影片时耐性好的观众。刚才见到他的那一刻，我就相信自己已不再含糊他了！我似乎在跃跃欲试⋯⋯但你不得不承认，以前你不是他的对手。每当你与他交锋，大到学术争鸣，小到一盘围棋，你都首先在精神上发生了崩溃，心理上增加了负担，最终惨败下阵来。在同学心目中，这个叫做夏应波的气宇昂轩、才华横溢的男子天生像一面旗帜。他是多么的自信哪！自信得让男人嫉妒，让女人发疯。毫不夸大地说，为他失眠的男人太多了。能把他的影子描下来的女人也不会少的。可他竟奇迹般地爱上了你的妹妹，并结了婚。当妹妹第一次在信上提到这件事，你愣住了。你怎么也找不出更多的理由来证明妹妹作为女人、作为妻子的自豪和优秀。直到这个现实被法律肯定下来，你还是将信将疑……

"不是讲好了，你们结婚去北京么？"欧阳秋眨眨眼，说。

"本来是打算去的。"夏应波说道，"可调整班子，硬是把我送到这个位子上，在其位而不谋其政似乎说不过去。"

欧阳秋淡淡地笑了一下。同时他把香烟摸出来，先递到夏应波面前。"戒了。"夏应波说，并把双手摊开给欧阳秋看。"这回是真的。"

"你戒烟的理由和吸烟的理由一样的多。"欧阳秋自个儿点上香烟。

夏应波替欧阳秋把香烟缸翻过来。他说："看来还是戒烟的理由要多点。据说，对爱人和小孩都是直接影响的。"

这句话讲得极有水平，欧阳秋想，好像他夏应波戒烟纯粹是为了妹妹的健康。这的确像做丈夫的说的，充满着没有柔情的体贴。他审视着夏应波前倾的肩。这是副成人的肩，丈夫的肩，能给妻子以安全感和依靠的肩。这宽厚的肩给他一个有力的撞击，他发现自己的心绪坏了。他又一次体会到了孤独。该结束这种讨厌的乞丐生活了！他低沉地想，我得有自己的女人，不，自己的爱人。接着他眼前出现了一个很不错的姑娘，亚娟。他吸着烟，身体向后靠去。亚娟，他想着，亚娟一直在细心地关注着我，亚娟的美，亚娟的温柔，亚娟的稳重的确时常打动着我，但始终没有占有我。你这家伙真狂！他在心里责备自己。我总觉得，亚娟身上少了点什么，又多了点什么。她身上人为的痕迹似乎重了点，像是被许多手捏出来的……我对她的思念是断断续续的。甚至有时我感到她的来信是一种负担。可我的确是想去为一个女人发狂的，至少是失眠。我曾经有过这种经历……他吸着烟。烟雾在车内扩散，朦朦胧胧的。他半眯着眼睛，企图在这烟霭中寻找丢失的记忆。忽然他的眼前的光线暗淡下去，他睁开眼，原来车已进入了市中心的林荫大道。他拉开咖啡色的窗幔，从茂盛的法国梧桐的枝叶缝隙间筛落下来的光线，掠过他贴窗的脸。街上的行人不多，车开得很快。一团团、一块块的色彩在他眼前飘过，灰蓝的，墨绿的，紫红的……看得他两眼发酸。这个城市不能激起我的兴奋，他揉揉眼睛，打了个哈欠。

"等忙过了这几天，我再为你洗尘。"夏应波说道，并用胳膊碰碰欧阳秋。

"房子怎样？"

"可以，三十六个平方。"

"没来点特殊化？"

"我满足了。"

"我们总编够可以的，"司机这时插上嘴，"他把中户让了……够可以的！"

"好啦。"夏应波打断司机的话。"喏，红灯——"

车刹住了。

欧阳秋打心眼里羡慕这种和谐的上下级之间的关系。调换房子这件事，他已在妹妹的信中知道。妹妹个性强，脾气坏，为此同应波翻了脸，但并没有改变应波的意图。这也许就是男人与女人的区别，丈夫与妻子的区别。男人在实现自己的意图的整个过程中是不大考虑女人的情绪的，而女人尽管跳得很厉害，嘴不饶人，但终究会就范。东方式的夫妇生活大致如此。

绿灯。

车继续向前行驶。街上的人渐渐多起来。现在正是卖菜、送孩子、上班的前奏。车不得不放慢速度。这会儿欧阳秋又注视着车窗外的景致，当车向右拐弯的时候，他的视线被不远处一条幽暗的小巷紧紧拽住，他的心像蓦地被一只有力的手揪住，以致他几乎想站立起来。这种短暂的失态使他非常的窘迫，他怀疑身边的夏应波是否注意到这一点。等他发现夏应波在若无其事地摸着发青的下巴时，才轻轻吁了口气……哦，小巷已转瞬即逝，而留在小巷里的记忆却越来越清晰。这条巷子真短，他想，很快就走过去了，走到了尽头，走完了。三年前就已经完了……

三

　　市文联宿舍坐落在江滨公园的背面，一律米黄色的五层楼，造型和布局都相当考究。楼与楼之间全部由平整的水泥道相连接。经过剪修的冬青树镶在路边。再靠后是一排细长的白杨树，彼此似乎是孪生的。清晨的露水打湿了树叶，绿得鲜嫩，透明，可爱。偶尔传来几声蝉鸣，更显得这个环境的静谧。轿车一上水泥路就开始了凭借惯性滑行，缓缓地在最后一幢楼的第三个单元门洞前停住。到了。

　　他们下车。欧阳秋向司机致谢。司机憨厚地笑笑，然后问夏应波什么时候来接他上班？"不用，你去送刘总编上医院。我走。"夏应波说完，便拎起皮箱同欧阳秋一道走进了光线暗淡的门洞。他们拾级而上，最后在写着308的淡绿色的门前站住。欧阳秋抬手正欲揿门铃，但被夏应波制止了。"爸爸可能还没起床，这几天正在赶稿子。"说着他从屁股后面摸出一串钥匙，熟悉地找出其中一把，开了门。立即就有一股霉气扑面而来，好像这屋子已经很久很久没有住人了。这一瞬间，欧阳秋内心产生了强烈的负疚感。我太自私了。我给老头儿的太少了。他的视线从客厅里越过，看见父亲卧室的门虚掩着，露出一缕昏黄无力的灯光。他想父亲准是又熬夜了，这老头……他提着身子走到卧室门前，轻轻地把门推开了些。他倚在门框上注视着仰卧在床上的父亲，听着这个年近花甲的老人发出的沉闷的呼吸声。……老了，的确像个老人了。母亲去世那年，您还不到四十五。您就这样一个人挺过来了。作为男人，这该需要多么大的勇气和毅力！我和妹妹都不止一次地诚恳地建议您找个伴，尽管我们是使了很大的劲才这么做的。您拒绝了。您太爱母亲了，我们知道，知道……母亲的音容笑貌还留在这个空间。但您太苦了，您并不比母亲苦得少！如今妹妹已出嫁了。她曾要求应波搬过来，可您反对这么做；应波要您与他们住到一块，您又没点头。古怪的老头儿。其实，您的安排我做儿子的是知道的。这里还空着一间屋子……欧阳秋的视线离开了父亲那张刻着皱纹的似乎略有浮肿的脸。他弯下腰，把床前两只分得很开的拖鞋并在一起，然后关上台灯，将门轻轻地带上。

　　他看见夏应波已在厨房里忙乎开了，液化气灶上支起了铝锅，先烧水，后下面。现在做女婿的都这么能干，轻而易举地就颠倒了宾主的位置,他苦笑着。他索性让自己置身事外,走到窗前点上香烟,深吸了几口。还是回来吧,把同亚娟的事明确下来,我的责任要表现在很多的方面。这种伦理感情上的挫伤是受不了的。我不忍心让我的不安分来搅乱这个家庭的宁静。我也不能再让别人等待了。一切都该有个结果,无论这个果子是什么滋味……

夏应波已经把早餐做好,是鸡蛋面条。他自己也弄了一小碗,显然是陪着欧阳秋吃。

"我倒成了客人。"欧阳秋笑着说,"应波,我得感谢你代替了我。"

"别这么说。"夏应波宽容地笑笑。他说自己如今杂事缠身,很难腾出时间来照顾这边。目前妻子又处于妊娠期,就更是手忙脚乱了。"不过,星期天差不多是与爸爸一起过的。可我毕竟是女婿,难以满足老人的天伦之乐……欧阳,你看有必要离开北京么?"

怎么没有必要呢?我难道就那么珍惜北京户口?笑话!每顿吃面食我都得发几句牢骚哩!还有,三十出头的人还同另外三条汉子挤在旅社的一间屋子里,女同胞凭这点就得倒吸一口凉气!哼,记者!这牌子能值几个子儿?欧阳秋放下筷子,说:"我在考虑。看来主要在于我和亚娟的关系的定性……"

"你好像有些无病呻吟?"

"我没有表演才能,况且精力不够。"

"其实,生活本身是简单的,只不过人为地把它弄复杂了,不是么?"夏应波轻松地说。他的表情反映出他对这个结论是满意的。

两人对视了一会,都觉得对方很好笑。看来就这个题目扯下去,不是很快就有结果的。于是他们都笑着摇摇头,都用手指指对方,表示可以告一段落。

父亲欧阳仲文这时候从里面走出来。这是个尽管保养得不够但看上去还很健旺的老人。他的头发谢顶得厉害,天庭饱满,花白的鬓角和眉毛,两眼却十分有神。他一边扣着米色的衬衫,一边平淡地对儿子说:"才到吗?"

"是的,"欧阳秋说,"应波去接的。"

欧阳仲文嗯了声,打算进盥洗间。夏应波递给他一瓶热水,说上了年纪的人不宜多用凉水,尽管天气还很热。接着他又告诉老人,早餐盛在锅里。办完这些，夏应波抬手看看表，说要到报社去，只剩下十七分钟就到七点半了，他得赶紧走。

欧阳秋觉得很有意思，面前这位当初闻名全系的"旷课大王"如今竟这么老实！因为父亲在场，所以他把溜到嘴边的想必是挖苦的言辞咽了下去，只是对夏应波善意地讪笑着。他送夏应波出门，在楼梯拐弯处，他问纪念演出的筹备处设在哪里，他得去点个卯，但不用安排住宿。

"这些由我来办，你先休整一下。"夏应波说。他这次是作为舆论界代表抽出来为纪念演出服务的，还挂了个委员的衔。"哦，报社研究了，准备配合纪念演出给两个专版。也约你一篇。"夏应波郑重地交代着："不带框框，不过要尽快拿出来。"

"恐怕很吃力。"欧阳秋说，"我一直找不到一个较好的角度。"

"同爸爸商量一下吧。"夏应波说完，下楼去了，步子很快。欧阳秋再次注意到他那副宽厚的肩……

欧阳仲文还在用早餐。趁这工夫，欧阳秋走进父亲的卧室。靠窗的写字台上堆着摊开的、折叠的书刊，还有正在修改的文稿。欧阳秋把稿子拿过来，看看标题：

常月蓉的艺术道路和舞台实践
——纪念常月蓉逝世十五周年

一个很大又很一般的题目。欧阳秋对这个题目没有多大兴趣。现在的老头儿都这味，颠三倒四地说些浅显的道理，却硬是要大家信服。他翻了几页，觉得没有什么精辟之处，便置于一旁。他又翻了几个桌上的书刊，发现做了标记的都是这些年来父亲所发表的关于母亲表演艺术的总结，现在这些又成了他写这篇文章的素材和资料。"老头儿在母亲身上做的文章似乎多了点……"他怏怏离开了这间屋子。

父亲反背着双手在客厅里踱步，表情像一位法庭上的律师，正在筹划着给公诉人以沉重打击以致对方败诉的方案。这表情让儿子感到敬畏，他悄悄坐在凳子上。刚才内心的慌乱还没有完全平息下来。忽然他又觉得牙缝里塞进了什么东西，他便从口袋里拿出了火柴棒。

"这次纪念演出，是好几家联合发起的；省委、市委都很重视……"欧阳仲文认真地说，"这在 S 剧历史上是空前的。是具有……"他突然中断了说话，旋即脸上表现出少见的严肃。

欧阳秋感到疑惑。"您往下说……"

"你先把牙齿捣够！"欧阳仲文冷冷地说。

欧阳秋也觉得父亲的责备是合乎情理的，尽管捣牙齿并非能扰乱视听。他想起有本外国小说中提到一件有趣的事：如果你说"我在祈祷的时候抽烟"，那你就会受到呵斥；但你把这句话词的位置挪动一下，说成"我在抽烟的时候祈祷"，结果你被尊为模范的教徒而得到奖励……蛮有意思的，他想，可我的烟瘾特大，抽烟是不分场合的。但他还是悄悄地把火柴棒扔了，并把架在左膝上的右腿放下来。

几分钟后，欧阳仲文才继续他的发言："作为儿子，你有责任来为你的母亲……应波同你谈了吗？"

"他希望先听听您的意见。您看该从哪里入手？我心里，乱得很……"

欧阳仲文想了片刻，然后说："你母亲生前为人诚实，作风朴素，品格受人尊重。她之所以能在艺术上有所成就，是离不开这些的。"他停顿了一下，正欲往下说，可是儿子的话插上了前。

"我觉得这些似乎并不能够或者不完全能够作为母亲是杰出的表演艺术家的注脚。"这句话脱口而出像是出于本能。欧阳秋有些不安。他意识到，自己和老头儿一点也不合拍，这会导致他们父子间一场持久的不愉快的。但他说出这句话似乎又不是偶然。他相信只是偶然的。他担心父亲的脸会又一次沉下来。

欧阳仲文尽管面部表情没有多大的变化，但他已经着实地感到痛苦正向他的内心深处袭来。他也不以为儿子这句话是出于偶然。即使是偶然的，在它后面也隐藏着必然。他希望是出于偶然的。他历来认为自己的儿子应该和自己一样，性格内向、性情温和，安分，知足。这个结论在儿子还处于儿童时代就形成了。可是，儿子越长大，这个结论就越显得苍白。这几年，他时刻关注着儿子的生活道路上的每一个脚印。这位颇有点名望的戏剧理论家时常收到一些接触过儿子的同辈人的书信。这些人好像私下碰过头的，信的行文、措辞、角度大致差不多。他们首先以泼墨尽情渲染儿子的才华，最后才十分妥帖地在这个令人欣慰的背景上轻轻地勾勒出儿子的不足，不拘小节啦，锋芒毕露啦，说话随便啦，思想激进啦，等等。起先，他将信将疑；后来，那是不久前他去首都参加一个学术会议期间,他亲眼看见儿子在公共场所,在众目睽睽之下,大谈"第三次浪潮"之兴起,改革之势在必行,社会节奏之缓慢。儿子说:"一种陈腐的道德观依然在将社会死死捆住,一种落后于时代要求的价值标准还在展现出巨大的力量,抑制着社会生产力的发展和历史的进程……"儿子的口若悬河使做父亲的忧心忡忡,以至于痛心疾首。那晚他同儿子谈了个通宵。他殷切地希望儿子要收敛些,沉稳些。儿子并没有与他争辩,只是默默地吸着烟。……

他默默地走进了自己的卧室。

也许这就是老人吧。欧阳秋苦苦一笑。伦理感情是架在脖子上的一把软刀子,这刀子杀出来的血只能往心里流。他感到有一种可怕的征兆正在向他匍匐而来……

传来了门铃声。

四

"回来啦?"

"哦,亚娟!"

吕亚娟的不期而至,使欧阳秋一时感到局促。刚才一刹那两人目光相碰,亚娟的脸上并未显出应有的惊讶,似乎这之前他们已经在哪里打过照面了。奇怪。哦,我有数了。应波这家伙在为我使劲呢!他对亚娟素来赞不绝口,连亚娟不爱吃零嘴都算作构成美的因素。可你夏应波怎么就不娶她呢?不是对不起妹妹,亚娟作为女人的条件是妹妹远远所不能及的。这个夏应波!你该知道,即使当初你去向亚娟求婚,对我并没有什么刺激嘛!这倒不是我的清高和傲慢。况且,你夏应波作为男人的条件又比我优越,我至今还有点嫉妒你。当然,亚娟对我的确是一往情深的,这不是吹牛!可就是这种情怀不仅无声地折磨着她,也无声地折磨着我……

"是应波告诉你的?"欧阳秋一边给亚娟泡茶一边有把握地说,"是这样吗?小娟子可是从来不说谎的。"他向她挤挤眼,亚娟的脸上显出默认的表情后,他开心地笑了。

这家伙真厉害,什么也瞒他不过!亚娟也微笑着。她说夏应波刚才给她去了电话。"不过我可不是专程来看你这个大记者的!"她认真地说,"我是来向伯伯借唱片的。"我可不让你这家伙捡便宜呢!瞧你美的!亚娟脸上绽出了两个小的但很深的酒窝儿。她轻盈地调过身子,到晾台上去欣赏那几盆诱人的花去了。

好像美人都得有酒窝儿,他暗自笑了,笑得很舒服。他蛮有滋味地点上香烟吸着。小娟子……娟子……亚娟,这便构成了从一个可爱、胆小、哭哭啼啼的小丫头到一个美丽、温柔、亭亭玉立的大姑娘的历史。不是吹牛,我是看着你从丑小鸭变成美天鹅的呢!你倒是挺乖的。你很听话。只有一次,你坏了。我偷偷摸摸地到江边去戏水,叫你不要告诉我爸爸;结果你还是告密了,结果我的屁股遭殃了,结果我不再要你跟着我了,结果我又把买点心的零钱省下来去给你买了只漂亮的皮球,结果我们……都长大了,所以麻烦也就来了……

欧阳秋侧过脸来看亚娟伏在晾台上的背影。南来的风使她的衣服贴身,显出动人的线条。可是,这尊维纳斯身上却系上了草绳——那讨厌的辫子!"亚娟,你过来!"他喊了起来。

还像小时候一样,欧阳秋一吆喝,亚娟就得照办。亚娟回到自己的位子上,好奇地看着他。这家伙在拿我当模特儿呢,那鬼目光真叫人不自在。有什么可看的。讨厌。你这家伙在信上就一本正经地给人上课,一副公事公办的样子。"近来忙吗?""注意二号病!""有机会到北京来玩。"……废话!我不爱听!这两年来就一直说着这类的废话,算什么呀!别人在背后指手画脚,我连解释的权利都没有。这都是因为你。你这坏蛋!现在你用这种目光弄得我喘不过气来。我干吗要紧张呢?"别发神经。"她忍不住地轻声说。

欧阳秋很快活地笑了。亚娟真还是个丫头,冷不得也热不得。那只好不冷不热。温吞水洗澡当然舒服。可我不喜欢。我要的是冷得像冰一样,或者热得像火一样。温,我不喜欢。他停在离亚娟一米多点的地方,轻松而认真地说:"你的脸型属于蛋型,不,与瓜子脸更接近些。这种脸型不适宜梳辫子,因为这让人在视觉上感到脸的下部尖削,不美。你听我说,我不是胡诌,有本杂志上谈到过的。这种脸型应该烫成大波浪,发卷不要太零碎;而且上面一定要用发带拘起,或者两侧使用发夹,朝上别。还有,额前得留下刘海,因为你的发际线的弧度不明显……得把辫子剪掉,尽快!"他有力地做了个剪的手势。

看不出，这家伙蛮在行哩！上次讲我的衣服也是一套一套的。其实我知道的不比你少。我难道忘记了自己是个女人？可我想的比你要复杂得多。你不要埋怨我。你只要把这些与我这个具体的人联系起来，你就不会再埋怨我了。我知道，这样的女人不讨男人喜欢，可我总不至于去为一个男人的欢心而改变一切吧？我希望你能体谅我一点点，就够了。她的眼神渐渐暗淡下来，但欧阳秋没有发觉。男人的粗心有时会导致错误和困难的。但女人的细心又会带来烦恼和忧伤。

"你一天梳几回辫子？"欧阳秋神经质地问道。

"不忙的话，两次。"

"一次要多少时间？"

"半个小时左右。别老唠叨个没完。"亚娟不耐烦地调过脸去，拿起桌上的一本杂志当扇子使。

中国的时间真不值钱。欧阳秋暗想着，可这辫子的价格却相当昂贵。那次，亚娟到首都出席"妇代会"，他到住地去看她。在宾馆的大厅里，他看见有不少人在围着亚娟，拿出精致的纪念册要这位剧坛新秀签名，以示留念。忽然，其中有个模样像食品公司抑或饮食服务公司经理的胖女人惊叫道："哟！这么好的辫子……真不简单，现在的新秀有几个像这样朴实的？"胖女人的话立刻得到响应，于是大家对辫子赞不绝口。边上有两位穿着稍稍好点的女同志，显得很不自在，下意识地朝后面挪了几步，把身体严严实实地藏在阴影里……莫名其妙！现在他想起那个场面不感到好笑了，却有一种沉重感。也许因此亚娟才舍不得把辫子给剪了，他想，也许把辫子剪掉就不成其为亚娟了。他回头注视着亚娟，发现她长长的睫毛上沾着细小的泪珠，不禁一怔。他又疑惑又不安。我伤害了她？他把刚才自己的言谈举止迅速回想了一遍，觉得处理得都还算得体。奇怪。他走过去给亚娟杯子里添水，并用口哨吹起了《卖汤圆》……

幸好欧阳仲文出来了，否则这气氛不知该糟到什么程度。老头儿慈爱地对亚娟笑着，手里在用手绢拭着老花镜片。

亚娟站起身，说自己是来借唱片的。"我那张，放久了，影响效果。"她说。

"哪张？《兰桥会》还是《盗仙草》？"

"《贵妃醉酒》。我这次就演这一折。"

欧阳仲文准备去拿。"我去吧。"欧阳秋说，就朝里屋走，刚到门前，他又停住，问父亲唱片放在哪里。

"还能在哪？"欧阳仲文的声音抬高了一度。儿子这副漫不经心的样子不能让他满意。妻子的原版唱片一直安置在书柜里那个镶着紫红天鹅绒的匣子里，而儿子竟忘记了！

唱片很快就取来了。欧阳仲文打开匣子，准备查找，但又将匣子合上。"这唱片，我已经保存几十年了。"他说，"它没有一点损害，没有。'文革'时，我把它藏在天花板里……亚娟，就送你吧。"

"不，不不，"亚娟慌张地说，"您需要的。我知道您离不开它……"

"能让你保管，我，我是高兴的。"欧阳仲文像给将军授衔似的郑重地把唱片匣交给了吕亚娟。

"我……不配的……"亚娟倏然眼红了，声音也略有颤抖。

"应该说你是唯一合适的人选。"一直没有说话的欧阳秋这时插言道，"你不是'小常月蓉'么？"这口气不知怎的听起来有点别扭。接着他把视线放到客厅里悬挂着的母亲的一幅剧照上。母亲在微笑着。这也是永恒的微笑。欧阳秋经受不起这种微笑，他默默地向自己的卧室走去，但父亲叫住了他。"你去买点菜，"父亲说，"亚娟在这吃午饭。"

亚娟解释说，她还得赶到排练场去。十点，导演要来。这导演蛮厉害的。说完，亚娟把唱片匣小心翼翼地放到提包里，再次向欧阳仲文表示感谢。

欧阳仲文满意地点着头，并叫欧阳秋去送送亚娟。欧阳秋知道这"送送"意味着什么。亚娟从小就招他的父母喜欢，而妹妹也不吃醋。母亲早就断言，邻家老吕的丫头是当演员的好料。这不，兑现了。这两年，"小常月蓉"的名声是大大的。欧阳秋没有看过亚娟的演出。他对戏曲的兴趣渐渐淡了，偶尔在北京看一场京剧或评剧，也是耐着性子的。这都是戏曲本身节奏缓慢的缘故。慢，总是叫人难受的。眼下他得慢慢地跟在亚娟后面。送到哪里为止呢？出门时他就这样想。同时他又觉得这样想起码是不够礼貌。那就跟着吧，也该听听她的。她听我的太多了。其实我倒希望自己有时也能听听别人的摆布。如果这个人能指挥得了我，这个人就够可以了。他很自然地想到了那条小巷和遗忘在小巷里的短暂的记忆。他想到了那个叫他辗转反侧的女人，叫他急不可耐的女人，叫他垂头丧气的女人，叫他歇斯底里的女人。她能指挥得了我，他想，问题是她把指挥棒冷冷地折断了。她真够狠的！没有给我一点讨价还价的余地。她……我怎么就不能把她给忘了呢？她忘记我倒是像吹灯那么容易……真贱！

他跟在亚娟的后面，一路上很少说话。强烈的阳光烤着地面，柏油味极呛人。他们擦着路边走，好让树荫遮在身上。他注意着面前这个色彩平淡的背影。这是个小心谨慎的，像寻找丢失的钱包或钥匙串似的背影。这也是个谦恭的背影。而那个女人的背影却是骄傲的。那个背影并不比这个背影漂亮，但使他激动。那个女人的确没有亚娟漂亮。作女人的，除掉这点剩下的还有多少呢？漂亮的女人把男人弄得神魂颠倒不算奇怪，但长相平常的女人能把男人的生活搞得乱七八糟确实够功夫的。那个消逝了的背影还在折磨着他。我真是孬种！我必须抹掉这个影子，出于男人的尊严我也得这样。"得这样！"他失口说。

亚娟回过头，用眼睛询问着。

他干咳两声，低头点上香烟。等他抬起头时，亚娟已走到面前。"别送了。你够累的，好好睡一觉。"亚娟轻柔地说，并做了个灵巧的手势，然后，转身向不远处的公共汽车站走去。

欧阳秋倚在路边的阅报栏上，目送亚娟上了车。在车开动的那一刻，他忽然有了一种被掏空的感觉，脚下软绵绵的。他用力吸了口烟，却还是改变不了口腔里的苦味。现在他相信自己的确是累了。

第二章

五

经过精心筹备的"纪念演出"第二天便开始了。来自全国部分省市的S剧的优秀演员云集这座城市。这中间大都是常月蓉生前的嫡传高足。他们自愿结合，互相搭档，各显神通，以缅怀这位不幸早逝的表演艺术家。他们把"常派"的代表剧目分解成精彩的折子戏，再合成一台。演出实况将由电台和电视台进行转播。专家们认为，这次演出不仅有助于"常派"艺术的研究，也有助于艺术交流，有助于促进S剧事业的发展，为全国戏剧界所注目。

演出地点安排在全市规模最大的，设备最齐全的，也是历史最悠久的"大江戏院"。在现代建筑迅猛发展的今天，这座宫殿般的剧场依然雄踞全市影剧场建筑之巅。朱红的脊，翡翠般的琉璃瓦，汉白玉的蹲兽，重新描金填彩的雕梁画栋和藻井，使人叹为观止。三十年前，这个舞台上站起了豆蔻年华、青春焕发的常月蓉。她就是从这里走出了这个省，走出了这个国家，走出了亚细亚。三十年后，人们在这里纪念这位杰出的艺术家，不禁顿生哀思和景仰。这个古老的国度和民族，以她的传统美德和善良品质规定着她的儿女和子孙对传统的敬重。

……盘桓在这庄严肃穆的大厅里，欧阳秋的心灵深处产生了空旷而遥远的感觉。他仿佛置身在另一个世界——那是个充满童话色彩的、被神圣的母爱紧紧裹住的世界。那也是个晶莹得像甘露一样的世界。那个世界里没有虚伪，没有欺骗，没有讹诈。有的是爱。只是爱。当年母亲在这里演出的情景他记忆犹新。母亲的芳姿倩影、音容笑貌朦胧地出现在他的视野中。"妈妈……"他轻轻地喊着。没有回答。他骤然感到喉咙里被一团东西塞住，胸腔发闷，心律不齐。直到夏应波用胳膊碰碰他的身体，他才敛住目光，沉重地走到自己的位子上。刚落座，就有一个穿着入时、体态美好的年轻女子给他们送来了设计别致、印刷考究的节目单。他本想只浏览一下就塞进口袋。可就在节目单划过眼前的一刹那，他的视线被上面不大的两个字死死拽住——肖溪！记者的耳边又发出了嗡鸣，他听得清，这是昨天的回声……

"欧阳，不要再来找我了。这不是笑话……你不要问为什么，不要。……"

"肖溪！"

"哦，别这样……以后，你会知道的，会的。我并不是个好女人。回去吧，别送了。你看，小巷已经走完了……"

她就这么果决地从你的生活里消逝了。你就这么不明不白地被她搁到一边。认识她是一个偶然的机会，在江边。四年的大学生活使你在大山里绷紧的肌肉松弛了。像你这样鲜鲜亮亮的、肚皮已成弧度的男人怎么能经受得起长江的浪头的撞击？你不是在游泳，是在洗澡。而那个像江鸥一样的穿着黑色游泳衣的姑娘才是真正的游泳。从她射进水面的一刻起，你就坚信这是个能用蝶泳游过大江的女人。你被这个女人的力量所征服。你，噤若寒蝉。你脸发烫。你应该尽快离开这里。但你还是爬上了过江的机帆船到了对岸，在蒲柳丛中等待着她。你在这方面胆子倒不算小。你丢开了羞耻，几乎是死皮赖脸地接近了她。她扶着树干喘着气，胸脯剧烈地起伏着。你讨好似的把一瓶事先准备好的桔子汁递给她，并用一见如故的眼睛看着她。随后你同她攀谈起来。当你知道她就在你母亲生前那个团里当演员时，你便自豪地提到了你的母亲。你以为她会用惊羡的目光盯着你，可是，她只笑了笑……后来你们乘轮渡返回，在江心，你热情地对她说："你游得很美。和你比，我不像个男人。"而她爽朗地说："男人比女人多的只是胡子。反之如此。"你的话一下完了。你那时才承认，自己的口才的确很差劲。第二天，你去找她。你约她出来走走，她痛快地答应了。你们先是一前一后地，后是并肩地从那条小巷中穿过。但是，不等你感受到得意，小巷便走完了……

"完了。"他喃喃自语道。他还没有完全从记忆里拔出来，电铃响了。随即灯光转暗了……

台上，市委分管书记正在振振有词地念着由人代写的类似开幕词的东西。欧阳秋一句也没听进，只是跟着别人鼓掌。对这种冗长而空泛的讲话，他有一种职业性的反感。每次轮到他写会议新闻，他都想把钢笔折断！他耐着性子等待着这个花白头发的小老头下台。直到演出开始，乐队奏出幕前曲时，他的心绪才渐渐好起来。他等待着亚娟的出场。作为"小常月蓉"的亚娟自然要摆在第一位。这并非完全在于节目安排人的独出心裁。

看来老头儿的眼力蛮厉害的，这时候他想。在一次文艺界的茶话会上，青年演员吕亚娟表演S剧清唱。歌毕，欧阳仲文站起来，细致地对亚娟的唱腔和表演作了精辟的分析，第一次把吕亚娟与常月蓉联系起来演绎，找出了令人信服的因果关系。"S剧后继有人，"他兴奋地说，"吕亚娟简直可以称为'小常月蓉'！"他的话音刚落，掌声立即响起。与会者无不对这位德高望重、学识渊博的戏剧理论家的见解和结论叹服。第二天，这条"独家新闻"被刚分配到《大江报》当记者的夏应波披露出去，引起舆论界哗然和文艺界的关注。这样，"小常月蓉"的桂冠落在吕亚娟头上，被社会所承认。

他目不转睛地追随着舞台上的杨贵妃。他完全木了。这分明就是三十年前的母亲，他想。这无论是从圆润婉转的唱腔上，还是从优美俏丽的身段上，都不难得出这个结论。那动人的眉目，那飘洒的水袖，那娴熟的"卧鱼"……哦，亚娟，你不愧是"小常月蓉"。亚娟，我得感谢你！你让我看到了母亲。你给我找回了母爱。亚娟，我得感谢你！他的心律与旋律合拍。他的身体由后靠换成了前倾。他想站起来，想奔上舞台……

掌声像暴雨般袭来，紫红色的绒幕徐徐闭上。欧阳秋这才使自己平静下来。渐渐地，他觉得心里被什么东西碰了一下。与此同时，他脑子里闪过一个奇怪的念头。他为这个念头的进出忐忑不安。"小常月蓉……小常月蓉？小……常……月……蓉……"他紧紧地合上发酸的眼皮，一摸胡子，有汗。

六

散场时已是夜里十一点了。这是个最狂热的季节。时令虽已是秋，但苦夏似乎还在作最后的挣扎。直到现在，城市还被热浪包围着。从长江上空袭来的暖风叫人心烦意乱。一离开装有空调设备的剧场，他就遭到热浪的追逐。但他的心是凉的。他没有与夏应波和妹妹结伴，独自来到了街上。大街倒是冷清的，只有一辆洒水车慢悠悠地行驶着。城市结束了一整天的忙碌，此时已是疲惫不堪，昏昏欲睡。只有天空上的星星是精力充沛的。

他在小巷里徘徊着。淡青色的灯光把他的影子时而拉长，时而缩短，甩在铺满褐色的光滑的麻石条上。我不是来寻找丢失的记忆的，他想着，不是的。他竭力这样警告自己。我抓住这个影子不是来填补我的空虚。我今天才认识到这个影子的价值。这影子就是我要找的支点——我也要用这个支点来撬动地球，使它转速增快……

掌声使他如梦初醒。小常月蓉？多么诱人的称号。这称号本身就是荣誉，就是金牌。他惊讶地意识到，在亚娟身上看到的是母亲的影子，是常月蓉的影子。掌声和镁光灯就是冲着这个影子来的。而后来，他看到了一个幽灵。是已死去几千年的楚霸王的宠妃虞姬的幽灵。他被这个幽灵所征服。那时，他把母亲遗忘了……肖溪的表演无疑是大胆的。她突破了程式的行当的界限，把别的剧种的表演特点，甚至是芭蕾的动作糅进了自己的表演中，而这些，既不属于常月蓉，也不属于肖溪，只属于虞姬。属于那个对风雨飘摇的半壁江山即将崩溃的惶恐，对自己红颜薄命的无限感伤，对楚霸王项羽的交织着爱与怨的虞姬。他的心弦被这个幽灵拨动了……

在公共汽车上，他听见坐在他前面的两位教师或医生模样的人在低声议论着刚才的演出：

"你不觉得，"左边那位戴着琇琅眼镜的中年男子对右边的胖妇说，"这个肖溪会导致一场革命吗？S剧的革命。"

"革谁的命？"女人说，"常月蓉？笑话。"

"从辩证法的角度看，并非笑话。"男人说，"如果没有人从常月蓉身上跨过去，这倒是真正的笑话了。"

"轻点。你不怕别人拿你当精神病人看？"女人用滚圆的胳膊碰了男人一下。

欧阳秋的心猛地紧缩了，同时感到了一阵痛楚。……

石板地上多出了一条影子。是她，她就在我的身后，离我很近。我得回过头去，得大胆地迎着她骄矜而清高的目光。别装熊了！你把那个只属于你私人的念头赶走，你的腿就不会僵硬了。

"你在等我？"她轻声问道。

"哦，是的……"他回过头。他有意把视线的角度偏移了些，但他还是能够看清她。面前这张略带倦意的脸是宁静的。眼睛很亮。眉毛却是淡淡的，很长，稍稍向下弯着。她的双颊没有以前那样的饱满，耳朵下面的油彩还没有洗尽。鼻子的线条比嘴的线条要清晰些，但嘴角依然留着适度的嘲笑。"我想你会从这儿走过。"他拿出香烟，先递给她。在北京他见过不少搞艺术的年轻女人嗜好抽烟。但她把头朝右一歪，披在后面的长发抖动了一下，有一缕滑到她尖削的肩前，她用女人特有的姿势理了一下，接着把左腿挪开了些。

欧阳秋吸着烟，刚才理好的头绪已经乱了。"你演得很好。"这句话很蠢。他接着说："这些天，让你辛苦了，天这么热……都是为了母亲……"

"好像不仅仅是为了你母亲。"她说。

真蠢！这个空子让她钻得冤枉。他悄悄用手指把剩下的半截香烟掐灭。"走走吧。"他说。他想走走就可以冷静些，就会堵住她的嘴，以后的话由他一个人说。她只需要表个态或者点个头什么的就够了。

"小巷很快就会到头的。"她低声说。但她还是跟在他后面。

他站住了，等他转过身时，他的脸上已经换上了冷峻。他努力地抑制着自己的冲动，使蒙受的侮辱慢慢地褪下去。

"的确，这巷子太短了。但我并不希望它再长些。我不希望在这里逗留。外面就是大街。"他压低嗓门却又很威严地说。

"你真……刻薄。"她说。

刻薄的是你，女人！你忘记了三年前你是怎样把我扔到一边的。你忘了！我现在不需要报复你，我只是在提醒你，叫你注意我身上的每一块肌肉都像石头。"对不起，我很冒失……"他说，"我等你，是想约你抽个时间谈谈……是谈你的艺术见解。只有这一个题目。"

她不做声。

"你的演出，虽然没有激烈的掌声，但打动了我。我要解释这种打动，向社会。"他有点激动地说。他想从肖溪的眼神中得到信赖和支持，但她的目光浑浊了。他茫然不知所措。

"谢谢。"肖溪慢慢地从牙缝里挤出这两个字，然后沉着地从欧阳秋面前越过去，径直走出小巷……

骄傲的女人。你错了。你不懂得我的解释。所以说你只不过是个女人。你能游过长江，但你没有觉察出这条江的流速是那样的缓慢。你能在舞台上翩翩起舞，但你感觉不到这个舞台的三维空间的尺度都是不够的。毕竟是女人。他轻轻地摇摇头。当他抬头扫视着星罗棋布的天空时，他又感到心舒了。天空是宽广的，他遐想着，世界上还有比天空更宽广的东西。维克多·雨果先生首先知道了这点。这时，他心里发出了轰鸣——我要让人相信，男人比女人多的不仅仅是胡子！

七

天刚蒙蒙亮，他醒了。回来这两天，气候都很古怪，阴不阴晴不晴的，变化无常。更令人惊奇的是，梅雨季节早已过去，空气中还是有一股霉酸味，但又十分干燥。这真不可思议。他原以为季节总是彼此谦让着主宰大自然的权力，现在他灰心了。这个夏天太霸道了，真正的秋天却姗姗来迟，见鬼。昨夜热得厉害，他不得不把台扇搬到床前，开到最高档，吹了个通宵。可是现在他又感到浑身像散了架似的，软弱无力。特别是膝关节的酸痛叫他差点想骂娘。这都是广阔天地里那间低矮潮湿的破茅舍造的孽！那简直就是狗窝！他像是又一次看见了石灰驳落的和麻风病人脸差不多的土墙，狭窄的蒙着塑料尿素袋的窗户，没有烟囱的灶台。他讨厌天麻亮就响起的队长的出工哨子。他尤其讨厌公社书记那公鸭般的嗓子，一开口就是"最近有股思潮……"但巍峨的山脉，急湍的山泉，还有敦厚的像铜铸出来似的山里人的形象却时常牵起他的思念和神往。那里的老乡真可以，偷了他们的菜竟一声不吭，他想着，笑着。刻板枯燥的都市生活不得不激起他想粗鲁地拥抱大山的欲望。"再钻到山沟里住上一阵子，怕是蛮有意思的！"八〇年春节，他们当时一个小组的"插兄"聚在一起喝酒，他兴致勃勃地提起了这个话头。"那——当然！"哥们儿一致认为。只有当年的"组长"夏应波缄默不语，甚至从他清癯的脸上找不出一点表示附和的情绪。他独自离开餐桌，走到了晾台上。欧阳秋有点茫然，便悄悄地跟在后面。他知道这一年的春节无论如何也不可能叫夏应波愉快的——他在北京实习期间惹了麻烦，至今还微波轻泛。夏应波伏在晾台上，喃喃自语道："有意思？多大的意思？哥们儿还会为该谁做饭，该谁担水，该谁先招工上调来磨牙、红眼、捣妈日娘、摔盆摜碗吗？不会的。如今有的只是你客气，他礼貌，敬烟，让茶……妈妈的，天性何在？"这梦呓般的独白使欧阳秋震惊。他悟出了自己的浅薄。……

在这家伙面前，他想，我甘拜下风。真有点"既生瑜，何生亮"的味道。如今的夏应波颇具"卧龙"之风。我不相信这家伙内心是安分的，沉稳的。不过也很难说，人到了这个年纪，到了这个地步，兴许就自然而然地成熟起来了吧？至少是像葡萄一样，看上去是沉甸甸的，晶莹的，一咬却是酸的。如果这就是成熟，那么花的功夫倒也不深。可我不行。我的秉性决定着我这辈子只能成为看上去是酸，吃起来同样是酸的葡萄。这并不遗憾。现在他感到精力正逐渐地在体内集合。这季节穿衣倒蛮利索的，只须套上条西装短裤。今年西装短裤是时髦的夏令品，北京的小伙子和姑娘几乎是清一色的。他为自己还可以划分在小伙子范围内而有几分得意。但膝关节还是有些酸痛。他在膝盖上重重擂了一拳。眼下这座城市还未苏醒，这正是跑步的时机。他草草洗了把脸，套上旅游鞋，溜出了门。

现在是一天中最美妙的时刻。四周是寂静的，风是温柔的，路是平坦的。天空的颜色正处于青灰和浅蓝的交替中，显得空旷而清爽。空气中挤尽了沥青味，清新得叫人飘飘然。他轻快地沿着通向江滨公园后墙的小径跑着，小腿腓肠肌有节律地扩张收缩，他觉得韧带的弹性还不坏，跟腱也蛮有力的。于是他愉快地打起了无标题口哨，可是，从公园里面传出一个嘹亮的嗓音立即将他吞没了。

"啊……咿……啊……"

这声音控制了他。是她，和以前一样每天清早到这儿来吊嗓。据说第一次她翻墙过来被值勤老头儿揪住，罚款两元。后来老头儿信赖地给她配了把后门钥匙。老头儿挺明智的。那时他想老头儿最好能把钥匙交给他。……他微笑着。他想这老头儿的确不错，能给人方便。也许她就这么点方便。前任的那个营教导员出身的剧团支部书记，只晓得在塑料蓝皮小本上记下谁在政治学习时迟到了或者缺席了。演员们被他弄得精疲力尽，却还要对他笑脸相迎。这位老兄最看不惯女演员穿些使奶子突出的衣服，却总是悄悄地寻找合适的角度欣赏她们的大腿。他对徐九经脸上的白豆腐干大为不满，认为既然是好人就不应该装扮成小丑；而对李慧娘，他认为完全没有必要搞得那么漂亮——李慧娘虽然敢于刺刀见红但毕竟是鬼，况且她还做过贾似道的小老婆……对这样的领导，肖溪不买账似乎不算过分。所以每次拍片，上戏，录音或者录像，肖溪就被"研究"了。若不是机构改革把那家伙拿了，恐怕昨夜的舞台上就找不到肖溪了。这些事实很好解释。然而还有些现象解释起来就困难了。使我激动的却让别人失望，使少数人兴奋的却让多数人沮丧；昨天的自行车依然畅销，而今天的摩托却滞销；孩子们不喜欢只晓得呱呱叫的布娃娃，而大人们又害怕会眨眼睛、会走路、会舞蹈的电动娃娃把自己的孩子吓出病来，青年人对老头儿光亮的秃顶报以嘲笑，而老头儿对青年人挺帅的鬓角又深感忧虑；大锅饭固然该砸，而小锅饭又让人担心是否吃得长久；悲剧让人笑逐颜开，而喜剧却让人长吁短叹；合情的不一定合理，合理的又不一定合法……该怎样解释呢？他的思绪乱得像一团麻。

应该去同夏应波谈谈，他想着，我还是服他的。至少，我要听听他对这篇文章——当然不是他要的那篇——的构思有何高见。说实在的，我还吃不准。我也在怀疑自己的支点是否找对了；冲动过去了，接踵而至的是思考。冲动只能造成一种情势，而思考则是奠基的。如果这个基础不牢靠，那么我企图建筑的大厦就会顷刻崩溃……

他发现自己的掌心湿漉漉的。

等他坐到大江报社某个编辑室的唯一的那张新藤椅上，他觉得，人还是要点身份和名气的。在这个空间里他有点像总统。一自报家门，他就引起了重视，几个编辑忙得团团转，十分殷勤。这里的最高待遇都给他，包括这把藤椅。这是那位年过半百但精神还十分饱满的老编辑出让的。这使他过意不去，可老编辑却死死按住他。"这藤椅，原是配给夏总编的。"老编辑解释道，"他硬是要……其实我还不老。"

"应该的，应该的。"欧阳秋附和道。他不明白老编辑为一把藤椅竟把眼搞红了。"当领导的嘛……"他只能这么说。

"难得呀！"老编辑无限感慨地说，"谦虚，朴素，平易近人，作风民主……的确是四化干部，第三梯队……"他像数萝卜下窖似的说了一通，说他们的夏总编每天是第一个上班，最后一个下班；关心群众生活；吃苦在前享乐在后；很少小车；还有，一次发电影票，夏总编把前排正座换给了别的同志，自己却坐到后排边座上。老编辑高度概括了这一行为的实质，说这是一叶知秋，一滴水能反映出太阳的光辉……

接着靠在文件柜上的一位戴眼镜的小伙子发起了牢骚："哼！像夏总编这样的人只能当个副职，我看他当宣传部长也不冤枉！"

在座的皆以沉默表示赞许。后来还是那位老编辑用一种高瞻远瞩的口气说："慢慢来嘛！他年轻，自然大有希望……"

此刻欧阳秋已经坐不住了。他隐约感到有一种无形的压力伏在身上，以致造成呼吸的困难。他有点后悔不该穿这条西装短裤闯进这家报社，更不应该戴上这只琥珀色大边框的变色镜。而兜里的"三五牌"香烟简直就像是浅薄和轻浮的广告。做人真难哪，他沉思着，夏应波做人做到这步田地委实让人羡慕。大学出来才三年，大概就只有这个夏应波是如鱼得水了！很多同学在信中流露出来的都是压抑、沮丧。这些在高等学府里泡酥了的书生们，面对纷纭的世界一筹莫展。只有夏应波能掌握住社会之门的钥匙。他不明白，究竟是夏应波适应了社会，还是社会容纳了他夏应波……

他听见夏应波在门口招呼他。第一眼，他没有看见夏应波，却注意到了他每只大手上抓着三个保温瓶。几个编辑几乎同时迎上前去接保温瓶，又同时做出十分过意不去的表情。

"我年轻，能跑。"夏应波宽厚地笑着，然后领着欧阳秋走进了"总编办公室"。

倘若不是办公桌上放着两部电话，欧阳秋绝对不相信这就是所谓的"总编办公室"。这里的一切都是简陋的。没有一件木器不是油漆剥落的。幸亏有两扇高大的窗户，否则这屋子真有点像小亚细亚建筑中的石墓室。他觉得有一丝丝凉气通过了喉管，逐渐在体内扩散开来。不知夏应波整天陷在这里可曾感到寂寞，他想着，办公室是坐不得的。年轻人尤其坐不得。夏应波发亮的胳膊和微微凸出的小腹都能说明这点。他怀疑夏应波这辈子能否再游得过长江，尽管他的技巧很好。

夏应波给他泡上茶，然后把椅子从办公桌当中抽出来，朝他边上挪近一点，双膝放平地坐下，便用略带责备的口气说："昨晚你溜得好快，我们等你很长时间。上哪啦？神出鬼没的。"

"你是个聪明人，该知道的。"欧阳秋微笑着说。

夏应波也微笑着。他的判断便从这微笑中表达出来。停了一小会儿，他又说："难道'除却巫山不是云'？"他正视着欧阳秋的眼睛。

欧阳秋对迎面射过来的明显地含着嘲讽的目光感到本能的不满，虽然这嘲讽的性质是朋友式的。但他又不得不佩服面前这个男人的先见之明。三年前，他把夏应波邀到家里，激动地把他在江边结识那个女人的情景添油加醋地对夏应波倾吐出来。他希望自己的激动能传染给夏应波，并允许对方产生适度的妒意。可是，夏应波竟像个木头似的，一个劲儿地望着天花板上新装的吊扇。"你看有把握么？"他使劲碰了夏应波一下，期待着老同学的眼神里能反映出肯定。可是，夏应波仅仅是报以淡然一笑。欧阳秋从这一笑中预感到有一种不测在身边潜伏着，他的自尊和自信在这一刹那间出现了轻微的摇摆。果然，两个月后竟全面崩溃……"抹掉这个影子将是困难的。"他坦率地说，"不过，我大概也不至于因为困难就不去抹掉她。"现在觉得自己赢得了一分。

"为什么偏要抹掉呢?"夏应波笑着说,"'过去的一切都会成为亲切的怀念',你不是对普希金这句诗极为欣赏吗?"

欧阳秋又觉得失去了一分。没有必要在这个题目上做文章,他想,我本来就没带上这个题目。实际上这个题目也不存在。"应波,我来是想同你讨论……关于那篇文章,我有另外的打算……"他把自己思考了一宿的想法和盘托出。他的音量逐渐抬高,脸颊逐渐转红,汗珠逐渐增多。最后,他说:"打个比方吧,这棵树昨天量它,高度正好与尺子是一致的,于是我们就说它符合标准;今天这棵树长高了,而尺子依然是昨天的尺子,难道可以为了就尺子而将树截断吗?"

夏应波离开了椅子,双手环抱着,踱着步。欧阳秋的话显然触动了他,虽然这些道理在他看来未必是精辟高深的,但他还是觉得内心波动得厉害。像这样的撞击是他近年来从未有过的。昨夜看肖溪的演出,他鼓了掌。他鼓掌不是纯属于礼貌。当时他的手放得很低,拍得却很响,直到贴在身边的妻子欧阳芳用胳膊肘碰了一下他的肋骨,他才打了个哈欠。但是,现在欧阳秋居然从这场演出中悟出一番道理却是他始料未及的。欧阳秋日益强盛的辨析力叫他暗暗吃惊,尤其是欧阳秋那雄性的胸怀和胆识更让他折服。尽管他深知的欧阳秋还是那么性情焦躁,爱冲动,可他仍然相信面前这个曾经被他治服过多少次的男人的力量已经积蓄起来了。他不怀疑这个男人有一天会把他打翻在地,当然,这一天还很遥远。他感到肺尖产生了一阵剧痛,旋即流遍全身。他竭力克制着,抵抗着,这种痛楚是由多种因素造成的。然而这痛楚又提醒着他,让他意识到自己的肌体还没有麻木。他希望这痛楚能在体内持续一段时间,可是,很快就消失了。他在窗边停下来,沉吟道:"感情用事的人往往相信事在人为,好像一位美国作家这么说过……"

八

天已经完全黑了。

欧阳秋和衣倒在床上,整个身体都在抽搐。他使劲将眼皮闭住,但似乎还是能看到有一只黑色的蝙蝠在头顶上盘旋。他被这蝙蝠吓得魂不附体。脑子里像一锅粥,稀里糊涂。他的耳朵在轰鸣:沙哑的,尖锐的,挑逗的,淫荡的,这些乌七八糟的声音搅在一起,后来又插进一个最强烈的声音——"啊……咿……啊……",他毛骨悚然。现在他才明白,蝙蝠的声音就是这样的。他替自己曾经为这个声音所激动而感到羞耻和难过。原来那个在大江里翻腾的黑色的精灵不是江鸥,他痛苦地想,是蝙蝠!他用双手紧紧地抱住了头……

　　两小时前,他内心是平静的。他原打算在饭桌上和夏应波把中断的讨论继续下去。上午在"总编办公室",他已经觉察到夏应波的眉宇间凝聚着一种复杂的难以言喻的情愫,这使他对夏应波已逐渐淡忘的敬畏心理又重新抬起了头。但他从中感受到了一种力量,这力量消除了他的孤独,增强了他的自信心。他觉得他和夏应波的距离一下拉近了,产生了和声效果。可是,这感觉刚刚出现雏形,又被夏应波破坏了。最后那句美国作家的格言,像一只硕大的磨盘压在他的背上。他不再吱声。他想听夏应波接着说下去,但夏应波已经从沉思中摆脱出来,很自然地把话题岔开了,轻松地向他询问起深圳的市容和物价来。他被夏应波这种淡然处之和机智急转的功夫所折服。但他并没想由此甘休。后来,黄昏时分,他应邀去赴夏应波的家宴时,他又把自己拧了一把。他觉得有必要同夏应波推心置腹地谈谈,把一切沉在心底层的东西全倒出来。他要找到那个被浪头吞噬了的夏应波,而不是像油一样漂在水面上的夏应波。

　　家宴布置得很玲巧,也很实惠,六菜一汤。妹妹欧阳芳怀有身孕,行动不便,这一切都是由夏应波一手操办的。夏应波如此娴熟的烹调技术,叫欧阳秋惊叹不已。他想起无论是在农村还是在大学,每逢刷碗,哪怕是一个碗,夏应波都得皱起眉头说几句粗话的情景,不禁哑然失笑。这家伙真是个精灵,他想,什么都对付得了,菜做得像工艺品。"小芳算是掉进福窝了,"他说,"将来哪个女人嫁我,先得自认倒霉。我可是个好吃懒做的家伙。"

　　"你是有福不会享嘛!"妹妹说。

　　"此话怎讲?"

　　"亚娟可是个心灵手巧的人,哪点配不上你?不就是个破记者吗?神气活现的……"妹妹摇着身子,到厨房去找酸萝卜头去了。

　　欧阳秋笑着摇摇头。

　　"老兄,门堵死了,还有窗户。"夏应波一边给欧阳秋斟着啤酒一边压低嗓门说,"我看,亚娟是不错的。"

"可我……总觉得少了点什么……"

"少了点什么？"夏应波淡然一笑，说，"这鸡汤里少了点味精，你敢说它不鲜？我说的是正经的。来，干了！"

欧阳秋吃力地一饮而尽。当啤酒灌过喉管时，他一下来劲了。他重重地放下空杯子说："这啤酒里少了啤酒花可就不成其为啤酒了。"

他们的目光短暂地碰在一起，可欧阳秋还是从夏应波那似笑非笑的眼睛里捕捉到了掩饰不住的窘迫。好家伙，我看你还有什么说的？这种胜利后的兴奋使他面颊发热。他相信夏应波已到了挂白旗的时刻了。这正是我反攻的时机，他想，同时在桌子底下把手掌搓出了汗。"应波，我们上午的讨论不能不了了之。我想对肖溪这样的人应该有一个公允的评价，从历史的角度去看。这涉及到一种崭新的道德观念和价值标准的建立，甚至可以说涉及到整个意识形态……我不认为我这是想入非非。你看呢？"他用略微发抖的手抓起酒瓶，先给夏应波斟上。

夏应波端起酒杯慢慢地把酒喝光。他过了会才用一种深沉的口气说："欧阳，你我都是搞新闻的。新闻学中的五个W①，也就是所谓的'新闻五要素'，对我们来说，是浅而又浅的常识。可是你想过没有，这五个W中哪一个最叫人棘手？是who！因为对这个who的态度，并非由你我所能确定得了的……"

夏应波这番语重心长的独白使欧阳秋内心失去了平衡。他像抓住一根枯藤在陡峭的崖壁上向上攀援，但这根藤眼看就要断了！他摇摇欲坠……

"小芳——"夏应波赶紧缓冲气氛，"你把鸡汤拿去热一下。"他又用筷子敲敲欧阳秋面前的碟子边缘，说："吃菜！"

但欧阳秋恶劣的心绪是不可能一下就恢复过来的。他的眼珠已经见红了。

出于女人特有的敏感，欧阳芳一进来就意识到刚才这里曾有过不愉快，但她的判断却错了。"你呀，"她推了一下兄长的肩膀娇嗔地说，"自作自受！三十出头打光棍，活该！大学生，记者，不就这么两块金牌

---

① 五个w即英文的when（什么时候）、where（什么地方）、what（什么）、why（为什么）和who（谁），称为"新闻五要素"，是十九世纪八十年代首先由美联社提出来的。

吗？人家亚娟可是……"

"是党员，而且是优秀党员！是劳模！是标兵！是新秀！是新长征突击手！是这个代表那个委员！还有她老头是部长！全拿来，称称！你还算是有大专文凭的人，我都替你害臊！"欧阳秋把火全喷到妹妹身上。

"害臊的是你！"出于一种自尊心受到损害而产生的本能的防御，欧阳芳毫不示弱，也粗着嗓门喊道。

"小芳！"夏应波厉声制止道。

但欧阳芳丝毫不收敛，相反更加暴跳如雷："肖溪是什么东西？是破鞋！她打过胎！拿热脸去就婊子的冷屁股，贱种！"

"啪！"——这一记耳光不是欧阳秋打的，是夏应波！他恶狠狠地喊道："太过分了！"

欧阳芳先是一怔，继而冲到卧室号啕大哭起来……

一场噩梦。不，一切都是真的。他不知道自己是用什么力气走回来的。当时夏应波要送他，他执意不肯。后来夏应波也觉得这个时候不便离开家，他为自己刚才的过失也很内疚。"我太粗暴了，"他道歉道，"她已经五个月了……别跟爸爸说，唉……"他用拳头轻敲着发热的脑袋。对此，欧阳秋倒没有多大的看法，却更加认为今晚的一切恶果都是因为他造成的，从这个意义上，他觉得自己欺负了妹妹，也给夏应波带来了难堪。但这不是真正的病苦！他不敢相信妹妹的话是真的，他经受不起这个"真"！"我并不是个好女人……"他突然联想到三年前与肖溪在那条黑魆魆的巷子里分手的情景，蓦然意识到，他树立在心中的偶像这一刻已经彻底地粉碎了，倒塌了！他着实地感到那颗活泼的心脏的血已被挤干了。他一头扎进了茫茫的黑夜，拖着沉重的身体跌跌撞撞地往回走。啤酒在胃里翻腾着，他不断地张着嘴，想嗝出气来。可是他的努力却使他吐出了一摊稠糊糊的酸液，他的气管和鼻腔全被酸液呛得火辣辣的。后来他一头栽倒在床上。他想起影片《牛虻》中似乎有这样的镜头，亚瑟挨了琼玛的耳光后就是这样栽倒下去的。可我挨的是刀，他痛苦地想，是从背后捅过来的一刀！他浑身战栗着，汗流浃背。他想跑到深山野洼里像饿狼一样歇斯底里地嗥叫几天几夜，直至喉管里滴出血来！他当年插队的那个地方，几乎每夜都能听到狼嗥。第一次听见这声音，他不禁动了恻隐之心——那狼嗥声像刚断奶的娃娃的哭声。接着他感到恐惧，吓得魂不附体，后来他又在这狼嗥声中获得了只属于男人能够占有的骄傲。"如果有一夜听不到狼嗥，我必定失眠！"——回城之后他时常对人炫耀起这段不平凡的历史。这不是在吹牛。这代人什么没有经历过！这代人不会睁着好奇的眼睛去窥视着大千世界。他们的目光是犀利的，冷峻的。"老油子"啦！——他们自信地认为能游过任何一条河，包括面前这条大江！非凡而奇特的经历就是这种自信的基石。可是他们毕竟是从小被惯坏了的孩子，他们没有经受过共和国诞生前的凄风苦雨。他们只知道尽情尽兴地享受着青春的魅力，却没有意识到青春也会有一天抛弃他们的。他们就依仗着自己短暂的色彩斑斓的历史和短暂的青春魅力横冲直撞。然而，在人生莫大的水系中，他们或许能在某个支流上展现出自己的荣耀，但在干流上势必会沉浮不定，顽固的自信心将被冲天而起的浪头砸得粉碎，青春的魅力也将被急湍的漩涡撕成八瓣——他们少的是力量，一种持久的坚定的力量。这力量要经得起等待，经得起思考，经得起煎熬，经得起沉浮。这力量不是一个很短的时间里就能积蓄起来的。不具备这种力量的人最好是别碰水！

"完了……"欧阳秋喃喃地说。

第三章

九

这觉他睡得很沉。像这样惬意的睡眠对他来说极为罕见。神经质的记者生活把他这个壮汉子拖垮了。我终于在广漠的戈壁滩上找到了一块绿洲，发现了泉眼。泉水不像江水，泉水是甜丝丝的。他下意识地用湿润的舌头舔舔皲巴巴的嘴唇，觉得这一觉非常之珍贵。他甚至埋怨父亲在盥洗间里手脚太重了，否则他还会把睡眠再延长些。现在他只好斜靠在床上，闭着眼睛，体会着睡眠时的滋味。他觉得自己的姿态多少有点佛教徒涅槃的味道。直到他听见父亲的脚步声靠近他的门槛时，他才欠起身，费劲地打了个哈欠。使他的五官扭得很难看。

昨夜欧阳仲文回来很迟。他去宾馆看望了来自外地的同行故交，并约他们今天去游玩坐落在市郊的玉琅山，那山上有古人留下的诗文碑刻和一个别致的溶洞,宛如仙女的钟乳石十分吸引人。他顺便在那里吃了晚饭,接着又赶到大江报社看了自己那篇文章的清样。他的文章位置自然放得恰当。可是儿子至今没有动笔。儿子的无动于衷欧阳仲文是不满意的,但他又担心儿子会在文章中炮制出荒诞不经的意思,这在儿子回家的第一天的父子谈话中就露出了端倪。若果真如此,还是不写的好,回来的路上他这样想着。他总觉得儿子身上潜伏着一种危险的病灶。回到家,他看见儿子合衣平躺在床上,脸色苍白,浑身散发着恶心的馊味。他本想立即把睡死的儿子唤起来,去盥洗间好好洗洗,可儿子那疲惫不堪的面容又使他不忍心这么做。儿子累了,他想,还是不惊动他的好。现在的年轻人能睡上一个安稳觉实在难得,他们的脑子简直像台永动机,一刻也没停止运转。欧阳仲文也曾领略过这种滋味,那会儿他连做梦也是充满传奇色彩的。想起自己年轻时那种罗曼蒂克的骑士风度,真是啼笑皆非!可奇怪的是,最完整的记忆恰恰是那些日子……欧阳仲文蹑手蹑脚地将儿子的外衣脱去,然后用温水将儿子整个身体轻轻揩了一遍,才关灯离开。

"昨晚,酒喝够了?"欧阳仲文微笑着,轻松地说,"和应波谈了些什么呢?"

"老婆,孩子。"欧阳秋说完又打了个哈欠,准备起床。

"你以为谈老婆孩子是一种庸俗?"

"'不孝有三,无后为大'。"欧阳秋无精打采地说,"我还不至于去做柏拉图的门生。这不是扯淡。"

从儿子迷离的眼神里,欧阳仲文相信儿子不是在扯淡。儿子已经三十出头了,至今形影相吊,这不能不说是遗憾。这一点,欧阳仲文深有感触。妻子中道而别,他一直是咬紧牙关挺过来的。如今虽然已是年近花甲,但他依然觉得孤寂时常向他袭来,以致他多次萌发过续弦的念头。男人的字典里最不幸的字是鳏。他默默注视着儿子,不禁心头一阵酸楚。儿子像害过一场大病似的,脸色蜡黄蜡黄的,难看极了。他竭力想把炽热的目光传递给儿子,使儿子能在父爱的羽翼之下复苏,可是他眼睛已渐渐浑浊了。对待这么壮实的儿子,他觉得,已力不从心了。儿子不可能再需要求他去买一只漂亮的文具盒或者望远镜什么的了。可他实在想能为儿子做点什么。欧阳仲文用手指轻轻揉着太阳穴。如果儿子现在能提出来，和那个叫肖溪的北京姑娘建立恋爱乃至夫妻关系，也许他不会像三年前那样一声不吭了。当然这已不可能。肖溪主动地和儿子分了手，这真给了他莫大的安慰。倘若当初这段短暂的罗曼史的结束是因为他这个做父亲的干预，现在他倒真够难堪的。当初他对此表示沉默，并非出于狭隘的门阀观念，瞧不起这个工人的女儿，不是的。他现在敦促儿子和亚娟拍板也并非因为他想得到一位部长阶层的亲家。我还不至于这般庸俗，他想，我指望的是亚娟的德行能潜移默化地影响我的儿子，我就这么点指望。唉，儿子，你长得太快，否则我一根细柳条也就解决问题了……

"今儿是星期天，"欧阳仲文在临出门的时候，对儿子说，"去看看你吕伯伯吧，还有亚娟她妈，他们常念叨你。"

欧阳秋"嗯"了一声，耷拉着脑袋走进了盥洗间。

哦，我竟成了这个样子？镜子里那张毛孔明显的呆滞的脸使他惊慌失措，以致差点碰翻了肥皂盒。这么老气？我到年底才满三十一，可能还只能算作虚岁……这讨厌的胡子！他立即拿起保险刀，连肥皂也顾不得抹就把这乱七八糟的胡子给刮了。等洗好脸，他又端详着镜子里自己的面容，发现这张脸应该安装在相声演员的脖子上才合适。他苦笑着。这一笑使眼角边的鱼尾纹彻底地暴露出来，他的心绪一落千丈。他意识到，青春已经爬过了坡……

"亚娟吗？"不等对方把话说完他马上接茬："你在家等我，就到！"他搁下话筒，离开了楼下的公共电话间。他又返回家里，笨拙地把带回的皮箱打开，从底层翻出了那年在广州买的米色的款式新颖的夏装。他仅仅把衬衫的领扣解开，而后像足球运动员那样套上身。裤子上安着尼纶拉链，所以穿起来也极方便。他像一阵风似的出了门。

从公共汽车上往下看，熙熙攘攘的人样像一条色彩斑斓的河。喏，这就是生活。生活就是从这些诸如买米啦，拉液化气罐啦，给孩子揩屁股啦之类的事儿累积起来的。生活就是这样叫人诚惶诚恐，尴尴尬尬。他想到自己有一天也会和这些从眼底掠过的人一样，去为一截黄瓜或几根葱和卖主讨价还价，差点想笑。原来我的生活至今还是一块没有色彩的布。难怪我总喜欢把别人的娃娃要过来抱一阵子，而我像这样跌跌撞撞地走，孩子必定不好受。"吱——"又到了一站。他不自觉地跟着边上人往车门口挤。"西苑旅社到了,先下后上。"女售票员毫无表情地说。哦,到市委宿舍还有两站哩!他提起身子让别人从面前通过。这时候他的烟瘾勃发,口水充满了腮帮,他的上牙紧紧咬着下唇。过了一站。又过了一站。这个黑不溜秋的司机大概想多捞点节油奖,离站牌足有一百米就关了电门,车便像一个苟延残喘的老人缓缓向前挪动。想捞票子,你他妈的开卡车当个体户去!他打心眼里对这个司机反感。

"喂!戴眼镜的!"他听见身后传来一个响亮的胶东口音,便刹住脚。持枪值勤的卫兵大步走过来,用职业性的目光严肃地打量着他的整个身体。

他出示了记者证。

看来记者不是任何场合都能吃得开的。卫兵仔细地观察着他的脸,对照记者证上的照片,却一时不表态。

"我把胡子刮了。"他不耐烦地提示着,同时在心里骂道:"蠢货!"

"找啥银(人)?"卫兵公事公办地说。

"吕部长,宣传部的。要不要挂电话叫他出来接我?"他说。他觉得最后发挥出来的那句话很起作用。这不,卫兵的脸松弛了……

十

这就是你么?亚娟?你是刚刚从百货大楼玻璃橱窗里走下来的?mo-den。翻译过来叫"摩登"。这个词的意思是:现代的;榜样。这个词造得真棒!亚娟,我就喜欢你这模样,这味儿。你这件雪青色的印着牡丹图案的真丝衬衫挑得挺不错,质地好,款式也好。我特别欣赏束在胸前的那个蝴蝶结。这衣服恰如其分地勾勒出了你柔美的曲线,所以说裁缝是一位天才的画师。谢天谢地,你松开的头发没有扎成辫子,挽成了美妙的如意髻,你真可以。亚娟,你就该是这个样子。你就该这么美。人就该从里美到外。人就应该整个都是美的。哦,亚娟,别把脸扭过去,你要知道,你简直代表了一个时代……

这家伙有点神经质。亚娟把视线放虚了些,暗自想着,这两天他的魂不知丢到哪了。拿架子呢!"欧阳来过了?"妈妈真烦人,一回来就这么唠叨。我不在乎。可我干吗总是抢着去接电话呢?我就刚才这么一个电话接对了。妈妈神秘地对我笑着。接着她对正在观赏盆景的爸爸说:

"老头子，我们去看场电影吧！要不陪我上街买条毛毯什么的……"老头子就这样被她拖走了。好妈妈。临出门，妈妈低声对我说，要我留他吃顿饺子，阿姨已把馅子剁好了。妈妈真好……

"进来，"她说，"把门关好。"她又觉得后一句不该说，好像暴露了什么。这家伙才鬼呢！

他一进门就注意到这屋子和自己家用的是同一张图纸，屋内布置得也有些相似。墙壁涂料和地板漆，还有颇有点气派的三人沙发、落地电扇、盆景、窗幔都和家里差不多。这里也有母亲的照片，是剧照。也许这里就多了台电话，但这是作为身份标志的。似乎是暗示，他想着，暗示……老两口都不在，这蛮好。于是他大大咧咧地坐到沙发上，满不在乎地把合成革中跟凉鞋脱下，再把脚搬上沙发，将裤腿卷到膝盖上，露出一腿乱糟糟的汗毛。

"把电扇弄开，"他嚷着，"热得要死！"他打量着亚娟的背影。他兴致勃勃地盯着她头上高耸起来的如意髻，有点少妇的味道，而我这个姿态的确颇具大丈夫的风度。毛病。他觉得这一刻心绪特别好。

这家伙坐都没有个坐相。亚娟把电扇对着他，固定好。那道貌岸然的派头呢？现在倒像个小丑。不过，这小丑怪可爱的。哟，不能把电扇总对着她吹，会感冒的。亚娟把电扇调成摇头，并悄悄减了一档。"不给抽。"她把欧阳秋手中的香烟夺过来。我怎么这样？他抽烟关我屁事！我还得请他抽烟，人家是客人呢！亚娟陡然觉得心绪不像刚才那么好了。"抽吧，"她把香烟又还给了他，"给你火柴。"

欧阳秋没有抽烟。亚娟脸上一瞬间掠过的阴郁没有逃过他的眼睛。都是我的不是，亚娟。这两年来我一直把你夹在胳肢窝里。我把宽阔的胸脯腾出来留给那个女人，而她……我不想再提起她。我恶心极了！亚娟，你得宽恕我。我欠你的太多了……

"坐这儿来。"他拍拍沙发。

亚娟犹豫了一下，还是照办了。和他在一起，她差不多是听他的。很小的时候，她就多次受他怂恿大胆地从爸爸口袋里掏出了漂亮的香烟盒。但是现在她的胆子小了。她的神情像一个看杂技表演的孩子，担心随时会发生什么可怕的事儿。这个男人，她想着，这个男人的影子伴着我整整二十五年哪！这个影子给我带来愉快也带来了忧郁，带来了欢乐也带来了烦恼，带来了笑声也带来了泪水……二十五年，二十五年对你来说是空白，实际上对我也是空白。我怎么偏要在这棵歪脖子树上吊死！我严严实实地在自己生活的门槛上垒起一堵墙，不让半个异性的影子闯进来，包括夏应波——他刚毕业那阵子总是在路上碰到我，他多次采访过我，可女人的直觉告诉我，他不仅仅是为了工作……我稳住了自己，但有点悔……这些都是为了你呀！只为了你！我一直认为你才是我栖息的树。这观念在我成为姑娘的那一天起就悄悄地形成了。而你，连一点礼节性的表示都没有，却把魂牵到另一个女人身上，我嫉妒！我想狠狠地咬她一口！可我又……我得谢谢她，是她把你送回了我的生活中。我也替她难过，她流的泪水比我要多得多。女人的心是相通的。女人的痛苦男人是绝对领会不到的。我默默地为她祈祷着……"见到肖溪了吗？"她突然说。

欧阳秋心里咯噔一声，但很快就平息了。"别提了。那是过去的事。早过去了。"他说。

"你应该去看看她。"

"什么意思？"

"哦，我随便说的。你抽烟吧。"

"亚娟，你怎么责备都可以。但最好别……玩我！"

"不不，你想到哪儿去了。……你出汗了，我给你拿毛巾去。"

欧阳秋一把拉住亚娟，正视着她的脸。他们都觉得彼此的自尊心刚才都扭伤了。亚娟躲过那两束炽热的目光，重新坐下。真不知道他下一步会干些什么，她想，他不像以前那么安分了，越来越凶，越狂，叫人害怕。可别那样，门开着，阿姨就在厨房里。她已经感到背后有一股压过来的热气，听到粗粗的节奏紊乱的呼吸声，甚至闻到了浓烈的烟草味和汗味……我承受不了！她想起小时候天下雨的情景，刚落点时，她站在屋檐底下伸出小手去接水珠，可雨真的下大了，她就像兔子似的躲在家里不敢伸头。亚娟屏住呼吸，感到胸腔闷得慌。她本能地朝边上挪了一点。

但是欧阳秋的手还是从她的颈后伸过，落在她的肩上，接着他像一只牛犊似的紧紧拥抱了亚娟。他两只壮实的手臂明显地感受到了她肩膀的弹性和腰部的柔软。亚娟闭着眼睛，脸色由红转白。等她觉得那般浓烈的烟草味离面孔愈来愈近时,她突然把头埋下。"别……阿姨在……"她的头发被触动了一下。渐渐地,她感到刚才钳住自己的手臂松开了。但她还是把头埋着。这该不会伤害他的自尊心吧?她想,这一切来得这么突然,尽管我心理的防线已经解除了,可事到临头我就乱了方寸,我……她慢慢地从眉毛底下往边上看了一眼:他不在了!她猛一抬头,哦,他在晾台上抽烟呢。她轻轻吁了口气。

是否头脑有些发热?是否有些荒唐?是感情的大堤溃口了还是理智的闸门没有关好?事实是严肃的,语言解释不了,我倒不想去解释这个事实,我得承认,应波的话不错,我是在无病呻吟,我是在人为地把生活弄复杂。我必须牢固地树立起接受这个事实的信心……

"生我气了?"亚娟在他身后轻声说。

"哦,没有,没。"他转过身,竭力做出若无其事的样子,他说:"我,很野么?"他吃力地笑了一下。

亚娟扬起手想打他,但又悬在半空中。要是在屋子里我会使劲擂他的背,她想。她把手慢慢放了下来。

"出去走会儿?"他说,"我还要跟你说正经的。"

难道刚才是儿戏?坏蛋!不过我当然也想出去走走,这个阿姨的耳朵可尖呢!"好的,"她愉快地说,"我去一下,你等我。"她像只小鸟似的跑进了自己的卧室。

欧阳秋也跟着回来。亚娟卧室的门关上了,他就在客厅里荡着,观赏着正壁上那幅经过精心装裱的中国画《兰竹》。他不喜欢这幅画。在首都,他曾看过几位青年人的书画展览,凭他的鉴赏能力,他深信这些人的作品绝对不在国内某些大师之下。至少比面前这幅强。从压角的大篆白文连珠印上,他认出这幅画出自一位赫赫有名的大师的手笔,章法笔墨颇为讲究。可是这幅画简直就是郑板桥的翻版,连题款也是运用郑氏那种隶书参入行楷,结构左右倚斜抱合的写法!而那个展览中也有一幅兰竹,是把印象派绘画中的光色技巧糅进中国画的笔墨神韵之中的。他曾为它撰一小文叫好,结果未能见报。咄咄怪事。这怪事并非一桩两桩。凡作学术报告,差不多都是那些一句话中包含两个咳嗽的白头人;凡给著作作序题跋的差不多都是连笔都拿不稳的白头人……应该让这些人去打球,去击剑,去玩鞍马或者高低杠!也许那时他们才懂得,金牌对于他们来说只是梦中为一个黄苹果。他又想起有一次与夏应波去看一部引起舆论界广泛关注的影片，他被银幕上那两个都已经是生活中的爷爷和外婆的"少男少女"的打情骂俏折磨得喘不过气来。"化妆师的手艺能欺骗青春吗？"散场时，他愤愤地说，"年轻人死绝了？"夏应波却用漫不经心的口吻说："难道他们是靠贿赂钻进摄影棚的？"他沉默了。是啊，不靠贿赂，靠什么呢？牌子？问题是这牌子值钱。但我坚信这牌子必定是要跌价的！蓦然，他的视线在母亲的照片上凝固了。他的心一下沉重起来。他想到了那个舞台，觉得三维空间都很不够……

"走吧，"亚娟轻柔的声音割断了欧阳秋的思绪，他费劲地转过身体——辫子。蓝衬衫。人造革中跟鞋。亚娟，你个子并不高！

十一

他们一前一后地走着。环城公路浓荫蔽日，很干净，很凉爽。狭窄而清澈的小河挨着公路延伸，河面上漂着几片柳树叶，更多的是墨绿的幽暗的树影，像爬满青苔的珊瑚。小河里找不到一条鱼影子，显得异常安宁寂静。路与河之间是断断续续的修理得十分工整的花圃，该开的花都开了，却压根儿嗅不到香味。有一瞬欧阳秋怀疑这些花是塑料的。星期天这儿的石凳不会是空的。他们从几双情侣面前走过，时而惊醒了一个甜蜜的梦。欧阳秋似乎觉得自己的背上粘着许多埋怨的目光。真不该上这儿来，他有些悔，我像是到这儿来值勤的退休老头，看见哪个家伙乱折花木就罚他的款！不该上这儿来，这空间是专门腾出来让给情侣们的。而我们，喏，这一前一后的，像么？我倒像被她盯梢着……他看见前面有一对青年男女从石凳上站起来，懒洋洋地走了，便赶上几步，占下了。

真有点难为人，偏偏要钻到这儿来。亚娟用手理着辫梢，想着，我当然不能和这些姑娘比，她们是用时髦零件装配起来的。我承认我是老土。你埋怨我，挖苦我，可你并不理解我。一点点都不！她在欧阳秋身边坐下来，从这个位置，她只能看到他的侧面。她的心弦被他眼梢的鱼尾纹和后脑勺上几根白发拨动了。他累了，她想，我真想哄着他好好地睡上一觉……结婚吧。结了婚什么都会好的。结婚？就是说该有个自己的家了。我将把户口从爸爸妈妈那里迁走。领一个新的户口簿，在户主一栏填上他的名字。他就是我的依靠了。可是，他靠得住么？我怎么觉得和他在一起就失去了女人天性要求的安全感？而这个感觉似乎越来越明显……

"欧阳……"她失口喊道。

欧阳秋回过头，诧异地看着她。"怎么？想什么呢？"

"你……"亚娟掩饰着慌乱，说，"你太凶了。"她说刚才出门时他太凶了，皮笑肉不笑的。

"你连女人也做不好。"他说。

"女人就是要花花哨哨的？"她争辩道。

"花花哨哨未必影响到心灵美吧。"欧阳秋站起来，把双手插到裤袋里，沉吟道："新三年，旧三年，缝缝补补再三年。都这么干，恐怕化纤织品再降价也难卖得出去。是这个理么？"

亚娟想说什么，却没说出来。欧阳秋发现她的眼眶里滚动着晶莹的泪珠儿，这使他十分懊悔。亚娟未必不爱打扮，他想，刚才在家里她简直就像个皇后。她知道怎么体现自己的美。但她只能把美锁在家里。不，不不，她的美在……在别人眼里。记者又想起了那次"妇代会"的场面。无疑，至今在不少人眼里，这个亚娟，是美的。亚娟就是按照这些人的审美标准来塑造自己的。痛苦的塑造。

这时候他们听见公路上有人在喊他们。

公路上停着三辆轿车。欧阳仲文和几位名流立在车边对他们微笑着。既然称之为名流，自然大都是老头儿和老太太。欧阳秋落在亚娟后面，他看见亚娟正在笑盈盈地给诸位先生"请安"，头低得厉害。天！谦虚就这味？我宁愿骄傲到死！等那些人的目光从亚娟身上移到他脸上时，他有意识地把下颌抬高了些，漫不经心地和他们拉拉手。

这些人接着转过脸对欧阳仲文夸赞起来，说令郎是如何如何风度翩翩，如何如何才气过人，如何如何……这场合他们说些好听的是自然的，会说得流畅。而欧阳仲文却竭力摆出若无其事的姿态，说儿子是如何如何少不更事，如何如何才疏学浅，如何如何……这场合他说些难听的也是自然的，也会说得流畅。欧阳秋觉得自己正在被人把玩着，拍卖着。逢场作戏！他故意把视线越过这些人的头顶，看着天上流动的云朵，同时神气地抽着香烟。他意识到父亲责备的目光和亚娟埋怨的目光同时落在自己身上。后来他又发现,一位戴着宽框眼镜的老太太像鸽子似的眼睛在他和亚娟身上往返了两次。

"你们,在谈恋爱吧?"老太太的口气是稳操胜券的。她把亚娟拉到跟前。亚娟脸红了。

老太太的话和亚娟的表情立刻引起重视,人家的情绪又增高了一度。被尊称为"凌老先生"的长者走至欧阳秋跟前,笑眯眯地说:"好,蛮好。一个是月蓉的长子,一个是'小常月蓉',真乃珠联璧合!"

"珠联璧合!"众人高声附和道。

又是小常月蓉!欧阳秋心里激动起来,他突然严肃地说:"历史上已经有了位常月蓉,为何还要人为地仿造一个'小常月蓉'呢?又不是唐三彩!"

一个停顿。

"恕我直言,S剧发展到今天,依然是以常月蓉作为骄傲,这意味着什么呢?我想只能意味着S剧的没落和悲哀。"欧阳秋仿佛是出于本能地说出这些。他自己也暗暗惊讶。现在他才意识到,当一种观念形成之后,并非能轻而易举地把它推翻。它已在头脑中站住了,因为它不是偶然得到的。忘却那只是暂时的,只要在恰当的氛围中,它就会像火花那样一迸而出,想制止也来不及。

众人面面相觑,但都显得沉着。凌老先生扬扬眉毛,一板一眼她说:"想法很大胆,好,蛮好。但对待遗产,恐怕还是要继承的。……仲文,你这个儿子颇有气魄,好,蛮好。"

欧阳仲文努力克制住内心的冲动,强打着笑容。儿子终于亮底了,而且是在这个场合!但他还是用平静的口吻对儿子说:"你母亲是民族文化的财富……继承是为了发展,怎么能说是没落呢?"

"要多研究怎样发展,而不是以昨天的东西来代替今天的东西,更不是把今天的东西置于昨天的模子里。推陈才能出新,历史就是在不断地挑剔以致否定昨天才得到今天的。难道我们还可以用祖先的'四大发明'去炫耀于世?"欧阳秋严肃地阐述道。

"你讲得差不多了!"亚娟拉了一下欧阳秋的衣袖。此刻她已经脸色苍白,汗珠已从她的发际线出现。

欧阳秋对亚娟苦笑着。他说:"亚娟,作为母亲的儿子,我得感谢你。你延长了母亲的生命,延长了我的母爱,这难道就是你的全部价值?……"他看见亚娟的眼眶里已沁满了泪水,才把后面更重的话咽了下去。亚娟,我知道你也有你的难处,你……怪可怜……欧阳秋转过身去,用颤抖的手划着火柴,想把熄灭了的半截纸烟点上。可是火柴皮已被汗弄潮了。他把半截纸烟丢在地上,用脚踏碎了。

　　气氛又慢慢地活跃起来。众人继续对欧阳仲文夸赞着,说令郎颇有胆识,思维敏捷云云。欧阳仲文没有吱声,有分寸地笑着。凌老先生像欣赏一件国宝似的看着欧阳秋,微笑地捋着下巴底下为白须。"年轻人,出口不凡,血气方刚,好,蛮好……"他摇头晃脑地说:"和我们结伴而行,去看看玉琅山?"

　　欧阳秋婉言谢绝了,说还有点事要办。他又对亚娟看一眼,亚娟躲开了他的目光。欧阳秋爽朗地笑着对众人说了声"再见",便利索地转过身去,大步流星地朝前走去。汽车的发动声在他身后响起,他总觉得这声音有点摇篮曲的味道。他想起有一次从国外回来,当飞机在国内机场一降落,他蓦地发现偌大的旋转的地球似乎在这块土地上减速了,而他体内的节奏也慢了。这感觉非常明显,非常强烈。他一出舱口。一眼就注意到候机厅的一隅,有几个保养得极好的男女正在兴致勃勃地把一个又白又胖的娃娃像传球似的传着,你亲过来,他亲过去。中国怎么有这么多悠闲人士?他想,外国人可是把自己拧得像螺母一样的!后来他上了出租汽车,司机愉快地打开车内半导体收音机,立刻响起了优雅美妙的小提琴协奏曲《梁祝》。奇怪的是,车倒与这旋律蛮合拍。他觉得坐在这车里和坐在八抬大轿里的滋味恐怕差不了多少。要是把这曲子拿到国外高速公路上播放,必定翻车无疑!他苦笑着,心在隐隐作痛。节奏,他想,什么时候中国才能拧紧发条?

　　就在汽车开动的时刻,坐在欧阳仲文和那位老太太之间的吕亚娟,才想到她把留欧阳秋吃饺子的事给忘了。

十二

　　黄昏。夕阳的余晖涂满了江面,像一摊殷红的泛着泡沫的血。江面上几叶舟子顺水漂荡着。江天一片橙色,几行白鹭穿梭自如。对岸蒲柳丛中时而传来野鸭的叫声。在柳林后面是酱色的大堤,这根粗犷的线条限制了人的视野。倘若不站在这个高坡上是看不到那广袤的金黄的田野的。再往后是连绵起伏的群山,几缕炊烟自山脚袅袅升起,与暮霭融成一片,而天际在默默地燃烧着……

他终于在这里找到了她。他又一次看到了那个在长江的怀抱里撒娇的黑色的精灵。像第一次见面时一样,他把事先准备好的桔子汁,等她上岸后,递给了她。但她这次没有伸出手来。她只是对他淡淡地笑了一下,就到不远处的一个厕所里换衣去了。

"我等你。"他对她的背影说。他把桔子汁塞到裤袋里,这时他觉得这做法是非常的蠢。但他并不为自己的过去感到不自在,他想他的自尊心再也不会受到损害了。这个女人与他个人的生活完全没有联系,但这个女人却和整个生活联系得很密切。就是因为这种联系使他坚定地站到了这个地方。我现在心绪挺好,他想,我完全解脱了。我完全可以公事公办地同她聊个够,问题是她那张嘴很不容易撬开。这是个奇怪的女人。也许就因为这个奇怪拴住了我,当然,我可以把这个奇怪分解出来。他的掌心又出汗了。他有点跃跃欲试……

"有什么话,讲吧。"肖溪已回到了原来的位置上。

他侧过脸注视着她。她一动不动地站着,从江面吹过来的热风费劲地撩动着她沾有水迹的头发。有几缕头发贴在她的额前。她那冷峻的目光凝视着江面。这使他联想到香港著名摄影家钱万里的一幅叫做《逆风》的肖像作品。他多次被这幅作品所打动,现在他也觉得心里空虚得很,仿佛有一股凉气淤塞了喉管,但他还是努力地把自己调节好了。得绷紧一根弦,他命令自己,这女人和我的生活毫无联系,记住!

"肖溪同志,我是来采访你的。"他说。他发现这个"同志"塞在中间很别扭,但他认为必须这样。接着,他把准备充分的提纲说出来,从那天晚上的演出谈起,讲到她在唱法和程式上的突破,讲到对角色的理解,讲到形象的塑造。他还讲了他在公共汽车上听到的对她的议论,讲了他在公园后面听到她在吊嗓……最后,他有些激动地说:"你把S剧引到了一个崭新的阶段,甚至可以说是划时代的,至少,我这么认为。我有责任把这些解释出来。肖溪同志,希望你能支持我。"他觉得自己陈述得很流畅,也很有条理。他认为自己当个记者是称职的。他点上烟,很有滋味地吸了一口。

她突然格格地笑了起来。"采访我？"她说，"这本身就是新闻。我看，你还是去采访你母亲的好，你别以为我是在捉弄你，你可以从吕亚娟身上找到你母亲的影子，你不这么认为？"

他严肃地注视着肖溪，他发现肖溪的脸也是严肃的，只是那抿成一线的嘴角骄矜地牵挂着嘲讽的微笑，这使他的心情一下凝重起来。"肖溪同志，我是以记者的名义……"他真不知该怎么来对付面前这个怪物。

"记者？"肖溪抬起手将额前的头发朝后分去，像小鸟似的偏着头看他一眼，说："就是习惯于把真的说成假的，或者把假的弄成真的人么？有人说，报纸可以倒过来看。"

"那是昨天的报纸！"

"如果以今天的《大江报》为例，你还敢这么说吗？"

欧阳秋霎时觉得脑子里嗡了一下，肖溪这一脚踢得太厉害了！今天的《大江报》几小时前他在街头报栏里看过了，四版是"纪念演出"专版，全载的是赞颂"常派"为文章。他最反感的是父亲那篇，洋洋洒洒，却全是老话。现在他不得不埋怨起夏应波来，这个总编辑是怎么当的？难道他的全部工作就是扫地、打开水、出让藤椅或者电影票吗？欧阳秋深叹一声，他现在的心绪糟透了。我不能在这个女人面前丢脸，他想。他用力咬了一下牙关，强迫地把自己体内分散的力量集合起来。

"我再说一遍，我是以记者的名义来同你谈话的。"他阴沉地说。

肖溪转过脸，冷冷地吐出一句话："请你滚开！"不等欧阳秋反应过来，她接着说："我讨厌你这副天生高贵相！不错，你是比我高大，但我得提醒你，你是站在坡上！"

这迎头重重一击使欧阳秋心里产生了强烈的酸楚。这酸楚淹没了他的懊恼和激动。他凝视着肖溪的背影。他似乎是第一次才发现，面前这个女人并不强实，相反非常懦弱。这是个外强中干的女人。她是在硬撑着过日子。她强打着精神，其实她已是疲惫不堪了。难怪她现在只能在浅水里玩玩而已，她不可能再游得过去了。她像一秆在风中摇曳的芦苇。现在，她还敢说，男人比女人多的仅仅是胡子吗？……欧阳秋不自觉地从坡上走下来。站在肖溪身后。暮色苍茫，夜气已开始游动，大自然仿佛出现了一个短暂的停顿，唯见江水在悠悠东流。渐渐地，风大了，而且变凉了，带着潮湿。肖溪突然打了冷寒噤，欧阳秋不禁扶住了她的肩膀。她多单薄！他把抓住她肩胛骨的手指放松了些。但是肖溪还是把他的手从自己身上拿下来了，旋即抽泣起来。这举动证实了欧阳秋刚才的推测，可是他手脚无措；他为自己失去应对能力而感到狼狈。他几乎是惊喊道："肖溪！你说话！"他使劲摇晃着她。但他知道，自己这股救世主的腔调是绝对改变不了这个集坚强和柔弱于一身的女人的心境的。我是多么苍白无力，他想着，我顶多只能空喊几句响亮的口号罢了！记者，这是个只能对情窦初开的少女产生吸引力的职业，而在虽人情尚未练达世事却已洞明的二十七岁的女人面前，这牌子是毫无光泽的，不值钱的！欧阳秋双手像握住烧红的烙铁似的，猛地拿开了。现在他才真正意识到，原来自己是相当悲哀和可笑的。他觉得凄凉已悄悄盘踞在自己的心头。我没有能力来让这个女人好好歇息会儿，他黯然地想，她累了，累够了，只剩下一副骨架。她应该得到一个男人宽厚的背。

"肖溪，"他低声说，"你应该……嫁人。"

这用得着提醒么？她阴沉地想。你以为我是那种只有在拙劣的文人笔下才会出现的"干面包"？荒唐！爱是属于女人的。这世界的幸福是女人创造的。男人只知道挥霍，但他们仅仅能占有爱的边缘……她迎着风，默默向江边走去。江水不时舔着她的脚。只有你才懂得爱的价值，她凝视着江面，我只能在你的怀抱里撒娇，只有你才能整个地占有我。只有你！她的目光紧紧咬住向东滚去的浪头，直至完全被夜色所容纳。这是一条蕴蓄着炽热而深沉的爱的大江，她想。

"肖溪，不要人为地制造孤独。"欧阳秋紧跟在她后面，说道，"别忘了，你是女人……"

"你也应该记住，你是个男人。你得像个男人。男人是顶天立地的，是块石头。"肖溪停住脚，说："天黑了，该回去了。如果不愿意空着手回去，那么，你敢同意我从你母亲身上跨过去吗？记者，敢这么写吗？你的手会发抖的。这个地球上也许找不到一个男子汉……"

"你很自信。"欧阳秋严厉地说，"自信得可怜。"

"我暂时还不需要你来怜悯我。"

"你硬在嘴上！"

"……"

"眼泪别朝肚子里咽，要流就流出来，流个痛快！然后去笑，从心里往外笑!"欧阳秋激动地说,"这种赶时髦的孤独感应该甩掉。你难道没有感觉到,……"

"够了!"肖溪厉声打断他的话。

欧阳秋沉默了。他觉得有点累。他想抽烟,可是烟盒已瘪了。他沉思着,该怎样把这场谈话延续下去。肖溪的情绪起伏不定,变化无常,并没有使他的信念倒塌。这个女人,他想着,像她的服装颜色一样,冷暖相间,对比鲜明。他想女人的色彩可能就是这么回事。

"那把钥匙呢?"他突然问道。

肖溪回过头用眼睛询问他。

"就是那把钥匙,公园后门的。"他说,"不打算还给老门卫?"

肖溪不吭声。

欧阳秋冷峻地说:"留着它就要对得住它。在舞台上,要不站住;要不滚下来,趁早!如果既站不住又不肯滚下来,最好的办法就是捆上磨盘跳江!"

"我……想到过……"她轻声说。

"但你还活着!活就要活得像个样子。不死不活的算什么名堂?"欧阳秋严厉地说道。慢慢地,他发觉她的呼吸平稳了。

……

过了很久,他们离开了江边。他坚持要送她回去。记住,没有别的意思,他同时这样提醒自己。他们又一次并肩走过了这条幽静的小巷,谁也没有注意谁。他们静听着节拍一致的脚步声。这声音愈来愈弱,最终消逝了。在小巷的尽头,他们不约而同地停住了脚。

"别送了。我乘车。"她说,"谢谢。"他把自己的身体放到路灯投下的阴影里,注视着肖溪的背影。他发觉,和边上那些候车的男女相比,肖溪是显得多么的瘦弱和苍白!公共汽车到站了。门一打开,人们蜂拥而上,乱作一团。肖溪落在后面,她把刚下车的一位跌倒在地上的老太太搀起来,等她的脚刚跨上车门的时候,"吱——"的一声,车摇摇晃晃地开走了。那个留着"幸子头"的售票员对她扬扬手:"等下班吧!"站牌下只剩下肖溪和永远伴着她的细长细长的影子……"

如果刚才上车的一刹那,有一只有力的手拉她一把或者顶她一把,她肯定能搭上这班车的。肯定会……欧阳秋这么想着。

十三

子夜天色骤变，碎片般的乌云逐渐汇成一体，像一床又脏又厚的棉絮压下来，捂得大地气喘吁吁，温度回升，这是最难熬的一刻！几分钟后，天际出现了青色的光带，沉闷的远雷慢慢滚过，紧接着，南风乍起，闪电把苍穹撕成几大块。雨，一开始就摆出咄咄逼人的架势斜泼过来，像无数根钢鞭朝着一个方向抽打，窗户玻璃噼噼啪啪地响着。好狂的家伙！他伫立窗前，从这个画框里他看到了一幅幅粗犷、洒脱、气势磅礴的泼墨画。

他又想起了十五年前的那个风雨夜。母亲忍受不了人间最大的侮辱，饮恨长江。黑色的沙滩上，只剩下那只在她脖子上悬挂过的破鞋……欧阳秋慢慢地转过身体，借着闪电的光，凝视着墙上母亲的照片。尽管闪电的光转瞬即逝，但他还是能够把照片看得仔细。这张照片是母亲生他满月后拍的。他觉得这是母亲生前拍得最美的一张。蓬松的齐耳短发，大方的列宁装，恬静而慈爱的面容，哦，母亲！今夜您还会替我压好蚊帐么？

你的记忆里闪烁着母爱的光辉，你的躯体里凝聚着母爱的力量，你就是凭借着这力量去翻山，去涉河，去跨沟壑的。你就是依仗这力量去征服彷徨、气馁和沉沦的。你用这力量雕塑了自己，所以你还算得上拿得出去的男子汉。可是你绝对没有想到，今夜你会用这力量去对付神圣的母爱……

黑暗中他抽动了一下。我这么干意味着什么？他感伤地想，我分明是在圣洁的母亲形象上重重地涂上一笔冷色，第一笔！他颓然跌坐在椅子上，两条腿在颤抖着。这代价太大了……他再次把视线送到窗外，间断的闪电把他的脸照得惨白。透过雨幕，他注视着远处的长江——那是一条冬眠的蛇。可是，就在他打算叹息时，一道强烈的闪电把天空割断，紧跟着落下一个惊天动地的霹雳，他惊吓得从椅子上站起，心扑通扑通响。他睁大眼睛，等待着又一道闪电划过……啊，我看清你了，大江！原来你是一条巨龙！你在翻腾！你在咆哮！好样的，我就喜欢你这股野性和狂劲！我也看到了您，母亲！我总算找到您了，您整个地融化在大江里。您就是大江！那雄浑的涛声就是您的歌喉，那奔腾的水势就是您的舞姿。我能嗅到您身上散发的只有生长在江边的孩子才喜欢的泥腥味!然而母亲,您可知道您被人玩弄了?他的心像铅一样的沉重。他用发颤的手点上香烟,深吸着。

这是多么可怕的一幕!他深思着,母亲被当做只有人类处于低级阶段才有的图腾。母亲是无辜的。她像一只被挤瘪乳房的羊,像一头被锯尽茸的鹿。但是,终究会有一天,这个善良的女人会被送到历史法庭的被告席上。辩证法是不讲情面的。母亲,您要知道这些会再死一次的。这不仅仅是母亲的悲剧,而是民族的悲剧!这悲剧该收场了!

隔壁传来挂钟的一响:十二点半。欧阳秋掐灭烟蒂,拧亮台灯,蘸饱墨水,将稿纸铺平——他将去向一种精神挑战。他觉得自己的精力充沛到了极点,每个关节都咬得很紧。我不会失败的。大江作证。我之所以这么自信,是因为我看到你还在向东流淌,而且愈来愈快。大江,请高举起酒杯预祝我成功吧!

渐渐地,雨小了。在昨天和今天交替的时刻,他的笔沉稳地落下了。

第四章

十四

当曙光爬上窗棂的时候,他拉完了初稿。他相信这是他舞文弄墨以来写得最累也是最舒畅的稿子。他的字迹时工时草,时浓时淡。这像是我的心电图,他想,这就是我的心脏波动的记录。他觉得自己手里捏的不是笔,而是一把雕刻刀,在一下一下地凿着一块顽固的汉白玉。每凿一下,他都闪过了想退却的念头。他咬紧牙关,稳定好姿势。他感觉到有一只大手始终在撑着他的腰。我知道是您,母亲。原来是母爱的力量使我一气呵成地完成了作业。母爱又一次支持了我。他将稿子浏览了一遍。在字里行间,他觉得,有一条爱的潜流。他的感情再次产生了激动。从我笔端里流泻出来的不是蓝色的墨水,他想着,是红色的血!这不是我的血,也不仅仅是那个女人的。这是一代人甚至是几代人的血,年轻的滚烫的血。这是一份用血写成的宣言,对大江的宣言。对地球的宣言!他从这血写的宣言中领受到了一种前所未有的崇高感。我没有一点倦意,我的精力依然充沛，这很好。我还要用这股来势凶猛同时又具有坚毅和柔韧的力量去做最后的冲刺。他离开了写字台，到晾台上活动一下身体。曙光整个地罩住了他。他发觉自己的手掌似乎是透明的，血液饱满，脉络清晰。他把拇指和中指碰在一起，打了个响亮的"榧子"。

他隐约听到了父亲的鼾声，像是从很远很远的地方传来的。父亲还在沉睡。昨夜，他从江边回来，父亲就已经关灯就寝了。父亲未必睡着了，当时他想，上午在环城公路上的舌战不可能让这个老人安睡的。不过现在他是真的睡了。这鼾声可真叫人羡慕。老人家，惊扰您了。我大概就这次惊扰您了，最后一次。您可以把我骂个狗血喷头。但您最好来得痛快点，别唠叨个没完。人老话多，这是个毛病。如果有一天我到了您这个年纪，我会装聋作哑的。我相信后来人腻透了老腔老调。我更不会以"听话"和"不听话"来裁判我的孩子之优劣。我做不了一个听话的孩子，但我会当一个明智的老头儿。他快活地咧咧嘴，回到室内。他重新拿起稿子。得先请老人家看看，他想，我无须偷偷摸摸的。他轻轻推开父亲卧室的门——老头儿睡得正香哩！但他很快会惊醒，之后是拍案或者叹息，或者像狮子一样对我咆哮如雷，或者用叫人无法忍受的"政委语言"来逮住我补课，或者，像有些小说尤其是故事片中描绘的那样，突然捂住胸口昏厥过去……这些，我都能对付。我希望您最好别这样，这伤身体。您应该让脑子多损耗些。他把稿子端正地放在书案上，用镇纸压好。然后，他离开了。

他躺在床上，继续作着"如果父亲怎么的，我就怎么的"的设想。他觉得自己完全有把握唱好下一场戏的主角。可这时疲劳已爬满了周身，他的眼球又酸又涩，四肢松散，举止极不灵便。我得歇会儿，不过得记住：切切不可睡死！客厅里的挂钟摆声十分清脆，睡神开始叩门了。他拥着毛毯沉沉睡去。等太阳升高了，室内温度达到叫人烦躁的时候，他醒了。他从枕头底下摸出表：哟，九点出头了！我还是控制不了自己，他想。于是他努力去寻找梦中的踪迹，结果一无所获。所以说，这才叫货真价实的休息，连大脑中枢神经都麻木了。"蠢货！"他气恼地骂自己，你简直在摊尸！他靠在床上点着香烟，吸着。昨夜烟抽多了，舌头现在还是迟钝的。可他还是舍不得把烟掐了。他又想到了父亲。醒了吗？老头儿肯定醒了。可是没有一点动静，奇怪。有点反常。莫非老头儿真的昏过去了？他赶紧把腿从床上搬下来，走出门，胆怯地向父亲卧室看去。门开着。他放心了些。他又到盥洗间刷牙洗脸，然后端着身架走向父亲的卧室。

他的脚刚踏上门槛，就感到了惊讶和疑惑：父亲是平静的。这个老人像往日心情好的时候一样，纹丝不动地坐在藤椅上，眯着眼睛在欣赏着窗外的景致，手里轻摇着那把仿牙骨绫面折扇。我的推测等于零，他懊恼地想。我过于天真了。他比我还镇静，但这并不意味着我如释重负，相反成倍地增加了我心理的负荷。这如同一场激烈的短兵相接的巷战，可怕的倒不是枪林弹雨和刀光剑影，而是这之后出现的死一般的沉寂……

他用手紧紧抓住了门框。

欧阳仲文的余光已准确地捕捉到了刚才儿子一瞬间表现的神情。这神情是极为罕见的。好像这之前只有过一次，那就是儿子九岁那年斗着胆子第一回跳到长江里去戏水被他逮住的时候。那次他用柳条狠狠地抽了儿子的屁股，儿子疼得几夜未合眼。为此，妻子同他发生了口角。"凭什么这样狠？"妻子冷冷地责问他，"就凭你是当父亲的吗？"他没有作任何解释，也并不后悔自己的手重了些。我非得这么做不可，那时他想，我得制止。我制止就得赶在这个时候，儿子还不会水，"河里淹死会水人"这句古朴的话确实蕴含着很多东西。不过你没有成功！你的儿子并没有在你高高扬起的柳条下屈服。也许就是因为你的手太狠了，你的儿子才会了水，并且能潇洒地游过这条撒野的大江！那时你就该认真地总结一下。今天，你该清楚了，你儿子的血管里奔驰的不是你的血液，而是他母亲的，是你妻子的！……是的，我承认，承认……"坐吧。"他招呼儿子。

欧阳秋在门边的一只方凳上坐下，但他浑身依旧是绷得紧紧的。父亲越是从容不迫，他就越是感到惶恐不安。父亲，您……

我该怎样解释呢？欧阳仲文仍然面对着窗外，但辨不清到底是什么色彩使他眼花缭乱。原来，他想着，我不想解释什么的。后来，我想等到快咽气的时候。我想人到弥留之际是容易得到宽恕的。然而现在我等不及了，我怕自己明天抑或今天会猝然死去，甚至就在这个时候……坐在我面前的是我的儿子，三十出头的儿子。盯着我的是一双晶莹的闪动着青春光焰的眼睛，我经受不起这种目光的胁迫。摊在我面前的是只有在热血的年轻人手中才能诞生的文章。它不需要做任何加工润色。它的惊人之处不在于散发出来的才气，而在于渗透其中的逻辑的力量——这力量撞击着传统，撕碎了昨天的精神，折断了以前的尺子……昨夜他失眠了，一种苦涩和甜蜜的混合液注射进了他的肌体。儿子的话在他心灵深处产生了强烈的震动，他无言以对。但儿子的话唤醒了他的意识，使他从记忆的沉渣里找出了隐痛，也找出了罪孽。现在，他觉得是到了解脱和忏悔的时候了。欧阳仲文费劲地转过身体，又把藤椅朝后挪了挪，他想整个地看到儿子。他先对儿子适度地笑了一下，然后心平气和地说："你的文章我看过了。看了三遍。我，钦佩你的胸怀和胆识，这不是嘲笑。……我知道，你很痛苦。你在你母亲和你至今还爱着的人之间做了选择，这选择一直在折磨着你……"

"不。"欧阳秋说，"这与我个人的感情没有干系。我认为没有必要将她们割断，她们是连贯的。历史是连贯的。"

欧阳仲文将手中的折扇收拢，说："从理论上看，似乎没有什么可挑剔的，至少我无能为力。不过，我提醒你注意这样一个事实：为什么在你看来是些不合理的、不公平的现象能够存在？不仅能够存在，而且还正在显示出无与伦比的力量呢？正如你母亲十五年前的声音至今还具有惊人的号召力……"

欧阳秋有些激动地说："父亲，您不觉得您在母亲身上做的文章多了点吗？"

欧阳仲文的脸色骤然变得苍白，额头出现了细小的汗珠。他沉默了。等到他内心的波动平息后，他才用一种低沉的声音说："我写腻了！……别这么看着我，你听我把话……说完……"他摘下眼镜，用手揉揉眼皮，继续说：

"在你母亲去世之前，我们的感情就已经有了分歧，而且不是一般的分歧……你坐下，坐下。起先，是在精神领域里发生危机的，以后，这种不和谐又渗透到我们生活的每个环节里……如果不是那场'革命'来临，我们打算……离婚。我们都觉得有这个必要……后来，她惨死了。那时我在干校改造，加上你和小芳还没成人，自然我考虑不到下一步该怎么走……没料到'四人帮'会很快就垮台了。你母亲恢复了名誉和地位，我也如此。说实话，那时我动了找个老伴的念头，可是，这念头很快被打消了。这念头不是我自动打消的，而是靠一种无形的又是巨大的力量打消的。不是同情的力量。我觉得这力量一下把我推到了她的跟前，我连挣扎的余地都没有。奇怪吗？……随着时间的推移，你母亲的声誉日益增高，我不仅没有了离开她的勇气，甚至连离开她的愿望也赶跑了。显然，常月蓉不再是个普通女人，而是个女神，离开她等于是亵渎她，会两败俱伤的。我承认，作为戏剧理论家我顶多是个蹩脚的，但我却德高望重，名气竟也还不小。单凭我没有离开常月蓉的亡灵，我就得到了莫大的荣誉。和她联系在一起才会显示出我的存在，尽管我付出了作为男人的最高代价，但我并不因之而遗憾。好了，我说够了……"

欧阳秋像是被电击中了。他两眼直勾勾地望着父亲。这是做梦也想不到的。这个老人白皙的皮肤下面原来是如此的龌龊！可是，恻隐之心淹没了愤怒之火，他竭力忍受着来自心底的绞痛，湿润的眼睛默默地注视着面前这个仿佛缩小了一圈的白头人。可怜的老头儿，说了大半辈子假话。说假话并非任何人都不花气力的，……可我不能饶恕你，不能！你太毒了。你肆意践踏我的母亲，她的骨髓被你吸干了。看看你凸出的小腹吧，你靠什么养肥了自己？欧阳秋觉得理智的弦就要绷断了，他用手支撑着门框站立起来，痛楚淤塞了他的每一个细胞。他有气无力地从牙缝里挤出一句话："可怜的高利贷者。"

十五

当天下午，欧阳秋离开了家。他把家中所有的母亲的照片全摘下来，放进了自己的箱子里。欧阳仲文在一旁默默注视着儿子这一举动，一语不发。可他那颗衰竭的一贯心律不齐的心脏在经过剧烈的战栗之后却意外地恢复正常了，他现在感到脉搏很沉稳。儿子这次走了，也许不再回来了，即使回来也纯属礼节。今后欧阳氏父子之间的全部内容都会涂上象征的色彩，这是毫无疑义的。是报应。他不认为儿子残酷，甚至他觉得儿子对他可以再狠点。儿子在帮我偿还一笔血债，他这样想着，儿子在帮我超度。我想我在行将就木时会闭得上眼睛的……

"您……多保重……"儿子留下这句话，将门带上了。在门合上的一刻，欧阳仲文突然扑在门上，不禁老泪纵横……

欧阳秋住进了临江的一家规模不大的旅社。他企图以连绵不断的涛声提示自己保持住活力。他严厉地命令自己：把所有纷纭的头绪统统斩断。他要求自己把整个身心全搁在这篇文章上。在黄昏到来之前，他将稿子粗粗改了一遍。他准备先给夏应波看看，然后再找肖溪作些补充。对夏应波，他依旧是敬畏的。虽然这次回来，他觉得夏应波与以前判若两人，浑身上下找不到一丝才气，但每次接触都使他意识到那种心理在悄悄抬头。他认定夏应波卓越的才华和超群的辨析力还潜伏在那略显臃肿的身躯里。在大学，不，可以说从夏应波这个名字与他的生活发生联系的那一天起，他就觉得自己相形见绌。可他不服这个比自己矮半头的男子，他嫉妒，但又无法满足这种男性固有的好胜心。后来，那是在大学三年级的时候，欧阳秋突然感到，那些原属于夏应波的桂冠逐渐移到了他的头上，这使他茫然不知所措。这仿佛是个谜。他始终觉得不踏实。直到今天，他还是朦朦胧胧的。但有一点他相信，夏应波是一条卧龙而不是一条蚯蚓……

吃过晚饭，他打算给夏应波挂电话，约他来谈谈。就在这时，夏应波神奇地出现在他面前，表情似笑非笑。

他们面对面地坐下了。

短暂的沉默之后，欧阳秋从抽屉里拿出那篇文章，递给夏应波。

"哦，不看了吧，"夏应波用手挡住稿子，说，"我知道你会怎么写。"

这就对头了，欧阳秋暗暗地想，这就是那个叫我眼红的夏应波。他把稿子甩到桌上，又把椅子朝夏应波面前挪了点。"你是怎么想的，应波？"他迫切地说。

夏应波慢条斯理地喝着茶。他说："我想你应该搬回去。"

"你是来当说客的？"

"不，我没受人委托。我想，没有必要人为地把生活弄得支离破碎吧？"

"真理似乎也不应该人为地弄得支离破碎的。"

"真理？"夏应波从容地笑了一下，说："你说红的和绿的哪一种颜色好看？"

这张巧嘴！欧阳秋也坦然一笑，说："你这算是雄辩还算是诡辩？"

"雄辩也好，诡辩也罢，这无关紧要。最好的方法是把这个'辩'字给抠了。"夏应波说道。

"最好把这个地球给炸了，你干脆这么说。"欧阳秋受不了这种黏乎，他口气有点火。他把夏应波整个的打量了一遍。这家伙从什么时候开始发福的？他吃惊地想，通体发亮，油都从毛孔里溢出来了，肚子的弧度越来越明显，好家伙！难道大山里的石头会变成富强粉面包？这真不可思议。欧阳秋划着火柴，点上烟。这支烟太松了，吸一口就去了半截。他突然觉得自己就和这支烟差不多，很容易松弛，并且一点燃就很快受到损耗。我的确还是个毛小子，太嫩了！他为自己的脆弱感到羞愧。发火是一种无能，他想，我不能在这家伙面前认输，不能再败在他的手里！欧阳秋慢慢地把烟吸完，等待着力量的汇集。在他感到力量已经完全凝聚起来的时候，他抬起了头，准确地把目光投到夏应波的脸上——他已经在打瞌睡了，鼻翼在有节奏地翕动着。这使欧阳秋疑惑不解，同时引起了慌乱。原来人睡着了这么可怕！夏应波的脑袋歪搭肩上，嘴半开着，稠乎乎的唾液从嘴角流淌到下巴……"你也累了。"欧阳秋自语道。可你以前是那么的有劲！你能轻松地游过长江。你能挑起一百六十斤的松毛。你能一气打几百锤！你的胆子够大的，每次都是你先下水，每次都是你点炮眼。你敢夜间一个人看守林子，你敢把镜头对准"红旗牌"——大概是七九年的初秋吧，你和我，还有另外几个同学，到首都几家新闻单位去实习。你分在一家大报。你一上阵就表现出你的不凡：在王府井，你抓拍了一张照片——两位时髦的窈窕淑女捧着从东风市场采购的衣物食品，正得意地朝一辆"红旗牌"里钻哩！当时反对不正之风的浪潮正在形成，你的这张新闻照片立刻引起了轰动！它被国内外很多报刊转载了。港澳的一家报纸居然还为此写了评论，题目就叫《大陆记者胆大包天，镜头竟敢对准"红旗牌"》。应波，那时你是多么的神气！我真嫉妒……然而，不久事态发生了根本性的变化。那辆"红旗牌"的主人，一位老太太，亲自给报社挂了电话，据说只讲了六个字：谁拍的？查一查！报社保不了驾，只好把你给抛出去了。于是你开始像写论文一样地写检查；于是有关方面找你谈话；于是你两眼失去了光泽……直到中央负责同志关于搞好党风问题的讲话传达后，这场官司才不了了之。奇怪的是，这以后你沉默了。你好像从这个地球上消失了。我对你设下的防线也不知不觉地撤除了。毕业前，你无声地入了党。据说支部大会一致通过，大伙列举了许多你的动人事迹，说你每次大扫除都没缺席；说你破费买来字画把教室重新布置了；说你主动要求把助学金从甲级降到乙级，因为你戒烟了。尽管你的成绩从前茅落到居中，但你不再旷课了。尤为可贵的是，你变得谦虚，理由是这后两年来没有发觉你和老师或同学就某一个命题争得面红耳赤了……应波，这是怎么回事？我不明白。可我也同样觉得你挺好的，你入党似乎也是入情入理的。我甚至觉得你那时就可以成为模范党员，成为第三梯队。应波，也许就是从那时候起，你的肌肉开始松弛了，直至发展到现在这般模样……应波，我可以告诉你，这模样叫人难受，不美。我喜欢你以前那种"少校"风度，"少校"——这是你自封的。我们第一次跳到江里去，你就拍胸脯："我是少校！海军少校！"世界上有九岁的少校吗？如果有，现在你至少该是个少帅了！可是，现在你这模样倒像个司务长什么的……

"应波，"欧阳秋情不自禁地摇晃着夏应波的肩膀，喊道，"当心着凉！"

夏应波吃力地睁开惺忪的眼睛，略带诧异地看了欧阳秋一会。"哦，我睡着了？"他不好意思地笑笑。他接过欧阳秋递上来的热茶，连喝了几口。

欧阳秋觉得夏应波刚才醒来的表情很可笑，有点傻乎乎的。"少校何在？"他笑着说。

"少校？什么少校？"夏应波迷惑地问道。

"连衔也忘了？"欧阳秋逗趣地说。可他的笑容还没有完全展开就凝滞了，他又一次抓住了夏应波眉宇间蕴藏着的那种深不可测的表情。我好像触动了他什么，他想。

夏应波以淡淡一笑掩饰了一瞬的失态，没有吱声。海军少校？他想着，海军少校并非是在风浪中诞生的，甚至不知道什么叫海！我终于悟出了这个理儿。其实，这道理相当简单。可我为什么还是时常感到空虚呢？我双脚平放在陆地上不是很踏实吗？我还是向往着风浪的撞击和颠簸……然而，当我面临着少校和风浪的选择的时候，风浪对我就失去了魅力……青春的梦已做完了，风浪的梦已做完了……我不想让青春和风浪再来勾勒我……夏应波轻轻吁了一口气。"老兄，你的记忆力叫我羡慕，"他轻松地说，"童年，是一册美妙的童话。妙就妙在它创造了荒诞不经的理想。有意思……"他说完就仰脸笑了起来。

"理想最初也许是荒诞不经的，可一旦成为现实却是不可战胜的。"欧阳秋说。

夏应波脸上的笑容逐渐散开了。他惊羡地端详着面前这个不断挥动着结实的手臂的男子，这是个怀着强盛的自信心的男子汉，他深有感触，这个人完整地体现了男人的风格……难道我只能眼巴巴地望着？不，我的底气绝不在他之下！夏应波的手颤抖了一下，茶溢出了点。他赶紧喝了几口。这茶的味道太淡了。我要浓的！最好能来杯烈性威士忌！哦，不，不不，还是淡点好。淡而有味。一杯白水也可以。白水的优越就在于它没有色彩，没有味道，更没有度数。可他还是想起了当年在大山里喝酒的情景。那是个深秋的夜晚，我俩在看林子。白天落到我枪口上的野兔，被篝火烤得香喷喷的。我们各撕了一只野兔的后腿，用大碗倒上酒。"你……行么？"他挤眉弄眼地说。是多了点，我也知道。城里的学生伢敢闻酒的就不多。"几滴猫尿就小死一场"——山里人这么笑话我们。这种侮辱男人是忍受不了的。我得报复！我要叫那些乡巴佬直挺挺地躺在我的脚下。可是，这复仇的快感首先让欧阳秋抢去了。他竟一次喝倒了三条汉子，成了全村的"酒司令"。从那一天起，我的准星转移了……那两大碗酒是平倒的，每碗一斤二两五。我是有意这么干的。我不允许这家伙占我一点便宜！我相信，即使我倒了，这家伙也会摇晃不止的。这家伙也是不肯装孬种的。每次下棋，他都不准我除车。"酒倒下了，难道再灌回壶里？"我说，"来，干！"我首先端起碗。"你倒了，我可懒得背你。"他笑着说。"那就让我喂狼吧。"我几乎喊了起来。"那么……五口下去？"他说，也端起了碗。"三口！"我说。我想今儿就是死了，身子也是笔直朝上的。就这样，我们都三口把酒喝光了。结果，都醉了……半夜里，冷风刺骨，惊醒了我们。我们偎在篝火边，昏沉沉地听着猫头鹰的啼哭和饿狼的哀嗥……哦，过去了，全都过去了……夏应波放下茶杯，目光暗淡下来。他抬手看看表。

"应波，"欧阳秋说，"谈正经的吧。时间还早。这稿子，还需要你助一臂之力。要我给你拎点酒什么的吗？"他笑了。

"只怕我们庙小，供不起你这尊大菩萨。"

"你不想多沾点仙气？"

他们几乎同时站立起来，彼此注视着，然后同时发出了响亮的笑声。他们都觉得对方很可笑，也都觉得自己是赢家，至少没有输掉一个子儿。笑声过后，夏应波又提出要离开，郑重地说他还要赶回报社去看清样。他对夜班校对工作一直感到头痛。欧阳秋也觉得没有必要再这样漫无边际地扯下去，他不可能从夏应波嘴里得到什么。这家伙在和我躲猫子，他想，绕来绕去总绕不出什么名堂。可他还是希望夏应波能多待会。他觉得有夏应波在边上站着，心里似乎要踏实些。等他把夏应波送下门口的台阶时，他说："应波，我还是希望你能看看它……说实话，我羡慕你的功力……"

"哪里哪里，"夏应波连忙说，"我已是江郎才尽了……"

"你似乎谦虚过头了。"欧阳秋说，"是韬光养晦还是以曲求伸？"

夏应波沉默了。他不自觉地紧紧握住了欧阳秋的手，过了一会，他才低声说："还是……夹着尾巴……做人吧……"

"夹着尾巴是否意味着没有尾巴？若有，我看还是露出来的好。夹着难受！"欧阳秋的声音也压低了。他明显地感觉到夏应波的手越来越凉，并且在微微发颤。"应波！"他有点难受地喊了声。

夏应波吃力地抬起头，看了欧阳秋一眼，两片失去血色的嘴唇张动了几下，好像要说点什么。但他还是以淡然一笑画了个句号。他松开对方的手，转身走进了夜幕……

十六

直到夏应波完全被夜色吞噬，欧阳秋才敛住目光。刚才夏应波留下的最后的表情还在记者眼前活动。这是个扭曲了的男人的表情，他思忖着，这个男人的心境并非完全被笑声占据着。原来男人的心思只有男人才摸得着，男人的心思比女人要凝重得多！他很想追上去陪夏应波往前走一截子。可这时他已听见身后有人在轻唤着他的名字。他立刻转过身——亚娟？！……怎么连她的声音我都没有辨出？他顿时觉得浑身发躁，像躺在棕毛堆里似的。自那天在环城公路上分手后，他就再没有想到过亚娟。我真他妈的该打！他起劲在心头诅咒自己，我原来是个冒牌的男子汉！到关键时刻就装孬种了！敢做不敢当，姑娘就这么好搂的吗？你这见了女人腿就发软的轻骨头！你简直就是下流胚！你还敢这么骗下去吗？他努力地把视线固定在亚娟脸上，尴尬地笑着。"亚娟，"他佯作镇静地说，"你怎么找到这儿的？进去吧。"不过亚娟你可千万别误会，我搬到这儿并不是为了躲你，实在是……我又把你……忘了……

亚娟倒显得十分平静，像一潭水。她没动。她说："屋子里太热，走走吧。"说着自个儿领先走上了一条铺满石板的小路。

这很反常。欧阳秋跟在亚娟后面，惊慌地想着，亚娟不是这号女人。她深居简出，很怕同男人在一起走走。难道她果真热乎起来了？我们拥抱过了，这个事实是铁铸的，不是写在黑板上的粉笔字，错了就抹掉。看来亚娟是接受了这个事实。这……亚娟，你真的就不觉得我们在一起很别扭吗，我们就像两个语言不通的人在一起，只能靠打手势交流着想法，而这想法只能是极其简单的，比如说，"你吃饭了吗？""你刷牙吗？"或者"给我买包烟。"亚娟，我得把这些告诉你。无须再绕弯子了。我欺负了你，我得接受你的谴责，我愿意得到道德法庭的裁决……亚娟，等我忙完了这阵子，就向你赎罪……欧阳秋觉得两条腿像捆上了沙袋，提起来相当吃力。还没走上一截子，他的汗已挤出了毛孔。

他们顺着这条小路走上了临江的一条小街。小街本身是简陋的，人却很多。据老人们说，打明朝起就有了这条街。可以说这是全市最古老的一条街。人们可以从被踏得光光溜溜的但又是凹凹凸凸的麻石条上，从残缺驳落的马头墙上，或者从保留下来的某个古色古香的店号上，能觅出旧时的痕迹。然而，当你注意到路灯下有人捧着阿尔温·托夫勒的《第三次浪潮》或者约翰·奈斯比特的《大趋势》时，当你倾听到街两侧某个人家传出的夏威夷电吉他弹奏时，当你闻到空气中散发着的赖氨酸面包的味道时，你又觉得这条街是非常的年轻……这令人振奋的感觉使欧阳秋暂时忘却了烦恼，他竟跟着电吉他的旋律哼起了《龙的传人》……

"喝点冷饮吧，"在一家日夜冷饮店前，亚娟停下来说，"怪热的……"

完全有必要。欧阳秋点点头。

于是俩人并肩走了进去。

这是一家私人开办的冷饮店。淡杏色的灯光柔和而雅致，给人以朦胧美。从迎门的那幅笔触粗糙但调子却很洋气的油画《冰山》上，欧阳秋断定主人是个精明能干的家伙。那《冰山》画得十分逼真，谁只要盯它一眼就得喝他的饮料。店内陈设也很考究，用具全都是时髦货，从柜台上四喇叭立体声收录机里传来的流行轻音乐的旋律在悠悠游荡着。欧阳秋一踏上门槛就感到非常舒畅。他们挑了个不起眼的角落坐下来，立即就有一个穿着体面的胖乎乎的小伙子笑脸迎了上来，把单子放到欧阳秋面前。

好家伙，好几排呢！我在北京也难得见到这些花样。欧阳秋感兴趣地看了胖小伙子一眼，准备做选择。但是亚娟已把事先捏在手里的两张毛票递上了前。"就来两杯酸梅汤。"她说。

胖小伙子脸上迅速掠过一丝失望。

"再加上两杯冰可可和两块小冰砖，不，两杯刨冰。"欧阳秋立刻接上茬，并把钱按在胖小伙子掌上。

"用完结账。"胖小伙子愉快地说，转身去取饮料，很快就来了。可他还是忍不住地嘟哝了一句："中国人嘛，大概只有喝白酒大方。"

"你呢？你不也是中国人么？"欧阳秋笑着问道，他觉得这胖小伙子很机智，也很幽默。

"我才不装孬种哩！"胖小伙一见受到重视，便神吹起来。他说自己三次高考都名落孙山，便拉了几个待业青年办起了这个冷饮店，并说生意一直很不错，每个月人均收入一般不下二百五。"不过，我花起来可是大手大脚的。"他骄傲地说，"搞钱是为'四化'，花钱同样是为'四化'。是这么回事吗？"他有意瞥了亚娟一眼。

"你难道不怕别人讲闲话？"欧阳秋故意问道。

"笑话！共产党革命就是要让人民越吃越好，越穿越好！否则算什么共产党！"胖小伙子有力地做了个手势。见又有人进店了，他便迎了过去。

欧阳秋完全被胖小伙子的言谈吸引住了，真看不出，他兴奋地想，这小伙子大概不过二十出点头，比我那时强多了！他扭过头看看亚娟，希望能从她的眼睛里得到同样的反应。可是亚娟依旧低着头，文静地用小食勺搅着刨冰。欧阳秋微微叹息了一声，这声音被头顶上的吊扇的风声淹没了。他手中的小勺子碰到玻璃杯口上，发出了清脆的响声，他遇上了亚娟的目光，但他躲开了。他慢慢端起杯子，喝光了酸梅汤。真凉。

真酸。我不能再哄自己了!他把身体重重往后一靠,沉重地说:"亚娟,我打算过几天就回北京去……这次走了,兴许就不复返了……"说完,他埋下了头。他怕经受不住亚娟的泪水,他焦躁地等待着一场灾难的降临。可是,他分明听见亚娟平静地说:"船票订好了吗?"这使他非常疑惑。他抬起头,看亚娟正在欣赏着那把玲珑的小食勺。她这副神态是他难以理解的,他怀疑亚娟没有听懂他的话。

亚娟放下小食勺,又喝了口冰可可。然后她对他微笑着说:"该结束了。其实连开始都不存在。至少对你是这样的。"

"亚娟,我不是个像样的男人……"

"不。"亚娟说,"我们的悲剧根源,就在于你越来越像个男子汉,而我呢,却又不是个称职的女人。这就闹出了一连串的笑话。……不过你还是去做一个纯粹的男子汉吧。"

"亚娟!"欧阳秋一把捉住了她的小手。

亚娟慢慢地把手抽了回来,放进口袋,摸出了一封沉甸甸的信。"本来,我是打算寄给你的,可还是觉得早点让你知道的好。"说完,她认真地把信放到欧阳秋面前。

欧阳秋迫不及待地想拆开,但亚娟按住了他的手。她说:"回去看吧。我先走了,哦,我不打算去码头送你了,请你原谅。我走了。"

"亚娟!"欧阳秋也站起来。

他们默默地注视着,谁也没有回避对方的眼光。他们都明白彼此目光后面蕴藏着什么。他们就这样看了很久……

亚娟把滑至额前的头发撩开,对欧阳秋微笑着,绽出的酒窝被阴影填住了,像两颗对称而生的痣。她像是自语般地轻声说:"那天,在家里……真不该……躲你……"话音刚落,两颗晶莹的泪珠从她的眼角无声地滚下来。她立刻转过身,匆匆向门口走去,很快就消失在夜色中……

欧阳秋怔怔地立在原地。最后,他那被泪水弄模糊的视线凝固在那幅油画《冰山》上。

十七

欧阳:

夜已深了,窗外是一片乱糟糟的,风雨把树扭得不成样子,雷电出其不意地袭来，真够吓人的。我睡不着，思来想去，还是决定给你写下这封信……

其实，给你写信历来是件容易的事。因为我们之间的信似乎还不曾给对方带来过惶惑、紧张和恼怒，也没有带来过期待、轻松和兴奋。我们的信大概和公函差不多，既有格式又有礼节……可是，现在我却感到手中的笔拿不稳了……欧阳，我必须坦白地告诉你，这是我给你的最后一封信。也许，对于你，这"最后"的字眼并没有什么分量，而之于我，则意味着一个从少女时代就开始精心编织的玫瑰色的梦宣告惊醒了……

我不得不承认，你是我的初恋，宗教般的初恋。我的生活里仅仅保存着你这么一个男人的影子，尽管我是懊悔过的。在我的记忆里，至今完整无缺地珍藏着就像西方文学作品里所描绘的那种牧歌式的印象，青梅竹马时的情景时常打动着我。也不知从哪天起，我突然觉得你应该是我纳凉的浓荫大树，我为有了这种感觉而在镜子面前傻笑过，也在被窝里痛哭过。这种感觉愈来愈强烈，高峰是在你初进大学的那阵子。你别以为我是为将来得到一个拥有大学文凭的丈夫而得意，我大概不至于那般俗气。我感兴趣的是，那时你刚刚摆脱了山里养成的野性子，脾气好多了。每次放假回来，听你慢条斯理地谈论着学校的生活，有板有眼地介绍着都市的习尚，真是一种享受。尽管你讲的不完全是新奇的事儿，但还是能够吸引我。你知道么，我所满足的并不在于你对某个问题分析的深浅与否，我喜欢你那副像传统戏曲中的一些温文尔雅的近乎迂腐的"扇子生"般的风度。我特别喜欢你"这个，这个……"的口头禅。我还有个奇怪的念头，希望你能是个近视眼，戴上一副很秀气的眼镜，并时常把它朝鼻梁上推一下。假期过去了，但你的印象却留下了。我就是依靠这些断断续续的印象，苦苦地度着我的青春……

然而突然有一天，这印象逝去了。我努力在你身上寻找，但一无所获。你身上呈现的竟是让我时刻提心吊胆的印象。这印象逐渐被现实所证明。我开始感到失望的种子在心里埋下了。但我不甘心，我不甘心有生以来树立起来的自信心轻易地倒塌掉，我企图不遗余力地改变这个现实，我挣扎着……大概，从那时起，我们都觉得对方是如此的陌生和悬殊。用你的话来说，好像不是一代人。我们彼此都用狐疑的目光久久地注视着，直到今天。也许就在那时，肖溪占领了你的心，尽管她离开了你，但你至今并没有把她的影子抹掉。后来，你的勇气似乎丧失了，是为了维护你的自尊么？现在，你对肖溪感到绝望，大概是出于另一个原因……不过，请你听我一句话，肖溪是令人尊敬的。我尊敬她，但只能放在心里……你从她身边又走回到我的身边，这自然叫我激动。可是伴随这种激动的却还是惶恐，惶恐，惶恐！我越来越矛盾，越来越沉重。我不知偷偷流了多少眼泪。我经受不起这种幸福和痛苦搅拌在一起的无休止的折磨。我的自信心已经摇摇欲坠了，终于在今天彻底地崩溃了。欧阳，你上午在环城公路上同几位老先生展开的激烈的争论，就是对我的自信心踢下的最后的一脚。我不怀疑，你的见解是独到的，崭新的，但正是因为它独到、崭新，所以我不得不作些考虑……欧阳，我是个自私的女人。我不希望得到一个天才的丈夫。天才只属于上帝。我宁可自己的丈夫是个凡夫俗子，庸常之辈，这种丈夫能创造女人天性所要求的安全感……欧阳，望你能体谅我……

也许，你会问我，你不是时代的宠儿吗？不，我不是！我只是个可笑的模特儿，昨天的模特儿。就是这样，我也还是付出了至高无上的代价……你以为我是那样的蠢笨，连打扮都不会？能找到这样的姑娘吗？至少地球上找不到！爱打扮是姑娘的天性，差别只不过在于时间和空间上。每次走到街上，我都恨不得戴副墨镜或者口罩。我憎恨那些用嘲笑的目光打量着我的衣着和辫子的人，我嫉妒那些被男人用羡慕而贪婪的目光咬住的姑娘！我相信自己绝对不比她们丑！可是美和丑并不体现在被欣赏者的身上，而存在于欣赏者的眼中。你说得不错，我的辫子之于我是不美的，可是为什么有那么多的人夸赞它呢？我的衣着是过于土气了，可为什么被肯定为朴素大方呢？而这一点总被当做我是这个代表那个模范的有力的条件和注脚！我是个演员，我的价值应该体现在舞台上。这与辫子和衣着有什么相干？难道留大辫子的穿差点衣服的就是优秀的表演艺术家吗？

欧阳，你讲得不错，我的全部价值就在于我成了你母亲的影子。称我作"小常月蓉"，就说明了这点。可我，打心眼里讨厌这个响当当的称号！请原谅我这么说。我不笨呀，在我刚刚有点小名气的时候，我就觉得，你母亲的表演艺术中有一些值得推敲的地方，比如说，程式满足不了塑造角色的需要，甚至有的缺少应有的生活依据；唱腔道白过于俚语化。于是有一次排戏时，我同导演把这些想法谈了，并想能取得导演的帮助大胆地试一试。可是导演仰面大笑，连声说："'常派'的味道恰恰在于此！"我争辩道："为什么Ｓ剧只要一个'常派'呢？多一点不更好吗？"导演立刻摘下宽容的笑，严厉地说："要谦虚！不要刚学会走就想跑！"我不再吭声了。为这事团领导还私下找我谈话，告诫我要在荣誉面前保持住清醒的头脑，更不能异想天开！我流泪了。这是委屈的泪呀！……这以后，我只尽力在你母亲身上下功夫，果然成功了。我之所以"成功"就在于我把自己变成了一只可爱的鹦鹉。可是每次演出为什么有那么多的掌声呢？我简直弄糊涂了……

欧阳，这些该怎么解释？

我是个胆小的女孩子，这你知道。还记得吗，你第一次跳到江里去戏水，我在岸上吓哭了，便跑去喊来了你爸爸，结果你挨了揍。但你还是原谅了我。今天，我还得求你原谅我，最后一次原谅！我虽然得到了许多女人得不到的东西。但是我同时也失去了许多女人都能得到的东西。你不要以为我为浑身上下明晃晃的叮当作响的金牌而满足，而陶醉。其实，你哪里知道，每当我身上增加一块金牌，就相应地增加了一条绳索。我被这绳索捆得喘不过气来，但我又无力挣脱。挣不脱，那也就只好默默地承受着……

信读完，烧掉！

亚娟

第五章

十八

这一天的确有点秋之风度了。一场细雨过后，天空呈现出湛蓝色，仿佛是大海；而朵朵白云就是浪花。远山是黛色的，轮廓十分清晰；炊烟袅袅而上，像是悬挂在半天的瀑布。眼前的大江依然是土黄色，但是浪头比往常凝重了，一排排地庄严地向东挺进。

南来的江风把欧阳秋从沉甸甸的梦中摇醒。蒙眬中，他觉得自己像一条鱼，已经从泥淖里跃了出来，重新投进了大江的怀抱，尽情地享受着浪涛温柔的爱抚。我潜在她的腹部，原来水下的世界是这般的神奇，这般的美丽！那婀娜多姿的水草，那变幻莫测的礁石，那活泼的水族，哦，这真让我目不暇接，眼花缭乱。后来我又看到了锈烂的锚链、樯橹的残骸，还有灰色的骷髅，我惊恐地挣扎着，呼喊着……蓦然，我感到浑身的凉气被背后涌来的暖流所驱散，我赶紧回过头，啊！是母亲——她充满慈爱的目光温暖了我的身体。我高声叫喊着"妈妈——"，奋力扑向母亲的胸怀。在母亲温柔的双臂下，他领受到了肌体的结实和活跃。"妈妈……"他喃喃地喊着。他就这样枕着母亲的手臂睡着了，脸上形成了一个只属于儿子的微笑……

他终于完成了这件痛苦的雕塑。亚娟那蘸着泪水写的信不仅给记者以剧烈的痛楚，也给了他珍贵的启迪。他深深地为自己的过失而羞愧，同时为自己那么肤浅地认识亚娟而羞愧。亚娟是个聪明的姑娘，他想，遗憾的是她太懦弱了，也太胆怯了。遗憾，这个生长在江边的姑娘至今不会水……他后悔自己当初没能把她扎到江中，以致铸成了今天的悲哀。他发誓要解释那些亚娟认为不明白、弄糊涂了的地方。后来他又找到肖溪，同她就文章的补充和修改作了很长时间的洽商切磋。肖溪的想法无疑是大胆的，她认为舞台的革命贵在于对过去的包括今天看来似乎是美的东西的重新认识和评价。"难道前人留下的东西，比如说起霸、云手、走边、圆场，等等吧，就这么凝固了？"她说，"程式是为表达生活存在的。而生活总是在发展的。生活不会凝固。美也不会凝固。昨天的美只属于昨天，代替不了今天。我们不能去做昨天的美的炮制者，要制造今天的美，时代的美！"肖溪的话又一次拨动了记者的心弦，他崇敬地望着这个瘦弱的女人。她不是在吹牛，他想，她在用血汗努力地实践着自己的设计。她也在艰难地完成一件痛苦的雕塑，把什么都垫上了……他受到了深深的感动，当夜，他完成了作业。

第二天，他去大江报社找夏应波，打算把文章交给这位主持工作的副总编辑。可是夏应波出去开会了。于是他把文章认真地放到夏应波的桌上，并留下一张条子，要求夏应波尽快把对待它的态度和处理意见告诉他。他走出报社时有了一种新浴后的感觉。

可是两天过去了，夏应波没有一点反应。这使欧阳秋略有不安。他反复琢磨着这次回来夏应波给他的印象，想从中获得一点慰藉。他觉得夏应波身上神秘的色彩愈来愈浓重，深不可测。他尤其担心夏应波对这篇文章的态度。从几次接触看，夏应波对这篇文章似乎没有多大的兴趣，或者说兴趣时浓时淡。当他想起那天晚上夏应波分手时说的"小庙供不起大菩萨"的话时，立刻预感到有一种不祥之兆埋在身边。现在夏应波不做反应，就更证明了这种预感。欧阳秋有点不耐烦了。我倒不是硬要在《大江报》上占个地盘，他想，我觉得这篇文章首先在这张报纸发表出来，是别有一番意义的……

这时，服务员喊他接电话。

"应波吗？"他抓起话筒就说。

话筒里传来一个较长的吸气声，然后响起一个低沉的声音："我是肖溪。请你上我这儿来一趟。"

欧阳秋正欲答话，但话筒里传来了"嘟——"。

她的电话？路上，欧阳秋思忖着。她还从未和我通过电话……她的声音涩得很，像一个重感冒患者。三年前，我最后一次去敲她的房门，敲了很长的时间，但是门没有开……现在她要敲开门请我进去，奇怪。不过我并不希望这样，不……我重申，这个女人与我个人的生活毫无联系……阳光突然被宰割了。他猛一抬头，我已经走到这里了！这小巷日照的时间太短，阴暗潮湿，寒气逼人。他小心翼翼地走着，生怕踩上了什么脏东西。一片枯烂的梧桐树叶从他眼前飘过，他为之一怔。我以为遇上了那只在梦中见到的蝙蝠……他轻轻吐了口凉气。他走出了小巷，阳光从背后投射过来。他发现地上自己的影子一下萎缩了许多，像个侏儒。……

他敲门，轻轻地敲了两下。

门开了，迎着他的是一双缺乏睡眠的眼睛。他从这双眼睛里窥测到了这个女人的孤寂和阴郁。但现在他的脉搏没有紊乱，只是稍稍弱了点。他倚在门框上，魁伟的身躯塞满了狭窄的门，挡住了外面的光线。室内霎时转暗了。

"请进。"她说。

他沉着地走进屋，像来做客似的；他的目光扫视着室内的陈设布置，觉得几乎还是三年前那个样子，简单而又井然有序。所不同的是，在玲珑的床头柜上的玻璃板下面多了一张女人的照片——他一眼就认出这是苏联影片《莫斯科不相信眼泪》的女主角卡捷琳娜。"哦，这个女人……"他脱口说。等他看到肖溪在注视着他时，他又说："这个女人，很美。"

　　"男人应该说这个女人长得很漂亮。"肖溪漫不经心地说。她的头微微向右歪了一下，散披的头发滑落到肩前。

　　欧阳秋感受到两束轻蔑的目光落在自己脸上。他躲闪不及，只好吃力地笑着。该死！我怎么牵起了这个话题？你难道不知道卡捷琳娜弄出了个私生子吗？你这混蛋！他狠狠地在心里责骂自己，同时又想以此尽快摆脱窘境。

　　"可以抽烟吗？"他说。

　　她点点头。

　　他开始抽烟。狭小的空间里弥漫着乳白色的雾霭，像在两人之间拉起了一道薄绡帷幔。他的头不知不觉地埋下了。说穿了我不是个男子汉，他沉重地想着，我是个什么都经不起的家伙！我顶多只能吹吹牛……

　　你不要同自己过不去。肖溪默默地咬着嘴唇，我本来就不是个好女人。我已经发誓不去和男人多啰嗦了。我也看透了什么叫男人。别看他们一个个天生一副天塌下来都不在乎的派头，但那是装给女人看的。我不是在笑话你。对于男人，还有什么比失去女人的贞操更可怕的呢？眼泪干了，但眼睛没有瞎；爱人离去了，但爱还在。人类的爱是永远不会泯灭的。人类就是靠爱维持着生存。爱是一根藤，是一根拽不断的藤，要看你把它攀附在哪棵树上。我已经找到了一棵根深叶茂的参天大树，我将终生攀附在她的身上。……你不要把头埋着，我得感谢你。感谢你这个一米七六的胸大肌发达的小伙子。你让我坚定不移地相信这棵树是常青的树；你让我更加大胆地能在大江的怀抱里撒娇了！可是，我今天请你来……肖溪的手无意之中碰翻了茶杯。她连忙站起来收拾。

　　欧阳秋诧异地抬起头。她怎么啦？她今天叫我来到底是为什么？他把长长的烟灰弹落下来。

　　肖溪看着欧阳秋，平静地说："你送到《大江报》的那篇文章，我拿回来了。烧了。"

欧阳秋如雷击顶！

肖溪扭过脸去，看着窗外。我不能让你这么做，小伙子，她痛苦地想着，你付出的代价……太大了。一切我都知道了。你的父亲，你的妹妹，还有你母亲的亡灵，还有亚娟……你不能伤害他们……我不忍心你去把一个和睦的家庭分裂开，我也不忍心看着你像一个无家可归的乞丐，我懂得失去家的苦处……她的眼泪溢出眼眶，她用手背偷偷抹去了。

沉默……

欧阳秋竭力抑制着内心的激动。他慢慢地站起身来，走到肖溪面前，用一种低沉的但又是威严的声音说："你以为，我这么做是来讨你的喜欢吗？……"他把烟蒂扔到地上，再用脚踏灭，然后转身跨出了门。可他怎能知道，在他背后的这个女人已把嘴唇咬出了血……

十九

他在江岸徘徊着，看着那江水发亮，发黄，变红，再渐渐地黑下去。暮色苍茫，江面上行驶的船只的轮廓已经模糊了，航标灯则愈来愈亮，愈红。浪拍江岸，涌起灰色的泡沫，而后又慢吞吞地缩回去，带走了砂子和碎石。他凝视着由远而近的浪头。这浪头越近就越大，越叫人心虚……他陷入了沉思。我那么早就有了在江里戏水的历史，并且，在我刚刚有点像小伙子的时候，我就能在她身上游过去。他仔细地寻找着当年下水的地方……

那时你正抽条，却单薄得像块板。你在壮得像牛犊似的夏应波面前，你觉得自己失去了，成了他身上的某个零件。虽然你们这些毛小伙子都有了在大人或者女孩子面前炫耀的本钱——你们都可以骑到这条卧龙身上。但你们的本钱少得可怜，你们只能红着眼看着那些游过江的大小伙子们，私下咬牙切齿地骂他们是狗。他们习惯用不屑的眼光抚摸你们。下水前，他们把摘下的手表或者眼镜和脱下的衣服、鞋子，全扔给你们。"给我们看着，我们过去玩会。回来给你们烟抽。"他们总爱这么嚷嚷。你们气得肚皮发胀，可又不敢说什么。"我们才像狗呢！"你们只好这么感叹。……终于有一天，你们自己罢免了给他们当差的职务，把大小伙子们扔过来的衣物统统扔了回去。你们拍着奶头发胀的胸脯，对他们喊道:"没空!我们也要过去玩会!"这话叫那些大小伙子们目瞪口呆。"得了,这可不是闹着玩的!"他们说,"还是到边上遛遛,这就够可以的了。"你们没睬他们。你和夏应波都同时把自己几乎扒得精光赤条……

其实,当时我的腿真有点发软呢!我侧过脸看着应波,他正用手捞起水在胸脯上拍打着。他的牙齿咬得死紧,眼睛里喷出像鹰一样的凶狠的光焰。他浑身隆起的肌肉一块块的,像石头垒起来似的。那时我真想喊他一声"少校"。我什么也顾及不得,照着他的样子去做。可我的腿还是使不上劲……

大小伙子们甩给了你们一只充足气的大车胎。他们到了关键的时刻就是热烘烘的。他们看你们不睬,便派了一位干将陪着你们游。"弟兄们。没劲了就朝这儿扒一会。"那家伙拍着套在身上的车胎说。你突然觉得自己的腿来劲了。你不自觉地和车胎挨近了点。这时应波回过脸狠狠瞪了你一眼,你立刻感到脸上火辣辣的。你挥动着双臂追上应波,离车胎远了。你抖落脸上的水珠,看见应波在对你做着鬼脸。你也对他皱了一下鼻子……

那天的浪和今天差不了多少。我的胸脯被撞得发痛,头震得发晕,耳朵里嗡声大作。我一开始用力过猛,而且又不均匀。结果游到江心,我就觉得胳膊和小腿肚在发酸了。我下意识地看了看不远处的大车胎……

你慌乱了。事先准备好的措施都没用上。浪头劈过来的时候,你应该沉下去,游潜泳。你应该用不断地变换姿势来调节自己。你的左肩始终放在水下,而右肩又总是扛着浪头。你的力量还没有达到爆发点的时候就使出去了。你忘记了应该抓住身体被浪峰托起的时机向前划,并且要逆浪成45度角才行,否则你不能沿着"Y轴"的正极上升,只能渐趋"X轴"的负极……这一切在你一秒钟的慌乱中忘却了。你只知道拼命挥动双臂,但越这样就越糟糕。你喊道:"应波——"过个"波"字刚完,你连喝了几口水。应波回过头,用力踩着水,把肩膀晃出了水面,向你边上移动。这以后你们一直并肩向前划。有他在身边,你觉得踏实多了。你的心里感激这个同龄人。这时你为时常在背后讲他的坏话而内疚。你的眼睛除了江水还有泪水。你们就这样紧挨着继续向前游去……

我第一次领受到了中流击水的快感。当时我的身体被急湍的江水时而托起，时而放下。我觉得自己的身体很轻巧，像鱼一样。江水不停地从我的腹下、背上、腿弯和胳膊中通过，像一只温柔的手抚摸着我。后来我能看清对岸的柳枝了。我几乎想大叫起来。彼岸不远了，再使把劲！然而，就在我得意之时，一个浪头重重地砸在我身上，我霎时感到身体仿佛被肢解开，我又一次想起了大车胎……

你的眼睛被水呛得充满了血丝，鼻腔又酸又辣。你觉得对岸的柳枝全被砍断了，只剩下一排排树干。后来你竟连树干也辨不出了。你的手臂和小腿肚像注满了水银，怎么也抬不起来。你竟想到你马上会沉下去，会死！你吓得脸色苍白，便像只受惊的青蛙似的，猛地扑向那只大车胎。那个大小伙子也向你伸出了手。你刚刚扒住车胎，这时应波使劲对你的手背砍了一下。于是你又一次卷进了浪谷。应波时而腾出一只手推你一把。你看见他的双目也布满了血丝，目光像匕首一样的锋利；你感到了惶惧，但你的手臂和小腿肚渐渐轻松了，灵活了，胸膛也像是舒畅了。你把头半埋在水中，游着蛙泳。等你抬起脸时，你看见那个套在大车胎中间的大小伙子，对你们投来了钦佩的目光。你有节奏地挥着双臂，均匀地蹬着两腿，平稳地呼吸着。你已经能够看清对岸的柳树叶了，一种强烈的荣誉感鼓舞着你，可你被这即将来临的胜利激动得失去了平衡，一个浪头扑过来，把你冲回了几米。应波离你远了，你拼命喊着，你又喝到了江水，紧接着又是一浪砸在你的头部，你两眼一黑，只听见耳朵轰鸣着……等你慢慢睁开眼时，你看见一个像澡盆模样的东西向你漂来。是大车胎！你死死地抓住了它。你刚躺进大车胎时，你觉得有两股细细的缓流在脸上淌着，你难过地闭上了眼睛。突然你感到右肩头一阵剧痛。你"哎哟"一声，身体沉了下去，大车胎从你头顶上漂过了。很快，你被顶出了水面，接着你又看见边上冒出了一个头——是应波！但你们同时被迎面扑来的浪头推走了……

我们成功了！我和应波彼此搀扶着从浅水中站起来，摇摇晃晃地向岸边走去。等踏上还留有余热的沙滩时，我们都倒下了……后来，风惊醒了我，我费劲地抬起头，看见离我大约三米远的地方躺着应波，他已醒了。我们的目光交织在一起，几乎同时抽动身体，向对方慢慢爬过去……等四只滚烫的胳膊扭在一起的时候，等两双血红的眼睛凝视的时候，我们不禁失声号哭起来……这是胜利者占有的哭声！过了很久，应波才轻轻地摸着我的右肩头，说："还痛吗?"我这时才感到右肩头火辣辣的，扭过脸一看——两排深深的带着血痕的牙印清晰可辨。黄昏降临了。我们站起身，回头看着这条抛在身后的大江，同时哈哈大笑起来……这笑声也是只属于胜利者的。啊，人生的第一枚金牌就是大江授给我的，欧阳秋深深地吸了口烟。这是一篇宣言，从那一天起，我宣告成人了！这也是一个烙印。这个烙印曾经一度被我弄模糊了，直到今天也没有完全地显现出来……

他坐在一块硕大的礁石上，忽暗忽明的香烟火，映着他无比粗糙的脸。他吸着烟，往视着黑魆魆的大江，聆听着沉闷的涛声……

我还能游过这条江吗？他问自己，我的力量够吗？我怎么觉得自己像一支被挤瘪了的牙膏。我……太累了。说不定我就要垮了。……这真是件痛苦的雕塑！这痛苦属于历史。属于大江。雕塑是怎么诞生的？他想着，这应该去求教于米开朗基罗；他会轻松地告诉你：把一切不必要的地方去掉！但这位文艺复兴时期的意大利艺术大师怎能知道，历史的雕塑是多么的艰难！当你发现历史的不必要的地方，继而要去掉它的时候，一种庞大的力量将使你手中的雕刻刀变钝以致折断！这是一种不用红头文件，不以某个要人的指示所产生的力量。然而历史的雕塑又是在不断变化的；这就要求你不断地去发现这尊雕塑的不必要的地方，不断地把它去掉！几千年来，人类以自己无上的代价去努力完成着这尊雕塑……欧阳秋想到这里，不禁心头升腾起庄重的崇高感，他觉得心绪比刚才好多了。这是大江给我的力量，他有些兴奋地想，我又一次感受到了母爱的光辉。他站起身，跃到礁石上，举目扫视面前这条大江的面貌。这时候，月亮从云层中挤出，江渐渐变亮了。月光在浪尖上跳动着，然后形成一条银链。摇摆着向东延伸而去。他想起了一句古诗："星垂平野阔，月涌大江流。"但他觉得这个"流"字似乎用得不够理想。这个"流"字委屈了这条大江。这个"流"字只能描绘古代的大江，而今天的大江是奔腾的，是汹涌澎湃的，是一泻千里的……

他久久注视着江面。后来他发现身边又多了一条影子。那也是个男人。

二十

他们都保持着沉默，倾听着此起彼伏的深沉的涛声。当年他们从脚下这个地方扑下水，第一次领受了作为男人的滋味。这个少年时代诞生的火辣辣的记忆又泛到他们的脑面上。他们就这样站了很久，很久……

"应波，"沉默过后，欧阳秋低声说道，"我们……还敢……下水吗？"

夏应波的脸上扭成了一种痛楚的笑。

"还能……游过去吗？"

夏应波一语不发。

"你还会咬我一口吗？！"

夏应波长长地吁了口气，旋即脸上出现了罕见的严峻。他喃喃地说："应该去嘲笑那个遥远的记忆。"

欧阳秋震惊地望着夏应波的脸，他梦呓般地说："嘲笑？谁给了你这个权力？……"

"生活。"夏应波说道。他坐在礁石上。他的心正在剧烈地抽搐。等他竭力地抑制住后，他才用平缓的口气说："那篇文章，是我叫肖溪拿回去的，你不要感到意外，你坐下……"

欧阳秋像坠入云雾之中，茫茫然。

"我必须这么做。"夏应波继续说，"这么做也是最妥当的，只有她才能堵截你这种做法，彻底地。但我得告诉你，我之所以要这么做，并不是出于对你的嫉妒，也不是出于对你一家的同情，而是为了她，肖溪。只为了她。……我不忍心你把这个已经被生活和我摧残得只剩下一把骨头的女人树起来当众矢之的！我有责任保护她。我爱她。我这辈子只属于她……"

欧阳秋始而惊愕，继而一把揪住夏应波的领口，把他提起来。他的指关节紧紧地抵住了夏应波的喉管。这个被无比的惊诧和无比的愤恨激怒起来的男人，像一头饥饿的豹子，嗓子里发出呼啦啦的颤抖声。但他一句话也讲不出。他盯着月光下夏应波那张灰白而僵滞的脸，感到了阴森和恐怖。他的手不自觉地松开了。他觉得自己的心已经结冰了。

夏应波依然一动不动地站着。他以为欧阳秋会以拳头来表示态度，可欧阳秋没有这么干。夏应波是愿意做毫无反抗的承受的。这些年来，他被宠惯了；这并不能使他的灵魂得到满足和安慰，相反更加严重地折磨着他。欧阳秋身上表现的在他看来是可笑的正气，却在隐隐地撞击着他，终于撞开了他的心扉。他希望能受到一种灵魂的洗礼。但是，这个早已严格地把生活作过排列和组合的男人，又没有信心和勇气来保证自己愿望的实现。长时期来，他一直处在欢乐和痛苦参半的境地里。他从自己生活的甜蜜中提炼了辛酸，又从辛酸中淘汰出甜蜜……

秋天又来了，他想着，每到这个季节我就感到魂不守舍……五年过去了。五年前的那个秋天是个多事之秋，是个悲秋。夏应波的眼睛罩上了一层阴影。他的脑子里正在复制着那个秋天的印象——

可悲的"照片事件"使我从一头英姿勃勃的雄狮变成了一条染有瘟疫的狗——谁见了都得绕着走。然而狗也是害怕孤独的！那时，我的身后仅仅只有一双温暖的眼睛，那是我的爱人的。大学的第一个暑假，我在江边结识了这个刚从戏曲学校分配到这个城市的北京姑娘，她叫肖溪。她的人和名字一样地叫我激动。我被她的游泳的姿势所吸引，她简直就像一只美丽的江鸥。我紧跟着她，竟跟着她不声不响地游过了这条江！我从来还没有感到过这么轻松。然而我明白我的力量的源泉……我深信，我们目光第一次相遇就是爱的启示——大江可以作证。那天，能游过江的就只有我们。在彼岸，我们默默地站在一起，这似乎表白了一切……终于，这条江使我们相爱了！这只是属于我一个人能够占有的幸福，无须让别人去分享。我始终没有把这幸福流泄出一点点。让那些成天用贪婪的目光盯着我的姑娘见鬼去吧！我在心里庄严地宣告，我只属于她！可是，谁能料到我的才华会给我带来了一场毁灭性的灾难……

我没有错。但客观上我失败了。客观是可怕的。客观对我是板着脸的。短暂的实习结束了，但是惹起的风波却尚未平息。一贯对我十分器重的校长居然严肃地批评我是犯了"自由化"，勒令我在全校公开检讨；历来对我很赏识的教授也耐心地开导我要迷途知返；平时和我称兄道弟的同学也习惯用含蓄的幸灾乐祸的眼光打量着我……这就是人生！这就是人！天哪，这是怎么回事？我看透了。我发现自己少了一双会翻云覆雨的手，少了一对会察言观色的眼睛，少了一张会把方说成圆的嘴，少了一副会不动声色地咬人的牙齿，也少了一条会在桌子底下踢人的脚！

这是人的零件？……我就这样夹着尾巴灰溜溜地回来了。我没有家。我的父母早死了。但我那时才感到，我已经成了真正的孤儿……

回来的第二天，她像往常一样，约我去江边游泳。我说秋天到了，水太凉了。她并没有觉察到什么，先下了水。见我愣愣地站在岸上，她便笑嘻嘻地朝我身上推水，把我浑身全弄潮了。我真的感到了凉飕飕的。但我的脸上却有什么热的东西在滚动，我扭过了脸。"怎么啦你？"她从水中爬起来，问我。"这浪，怪吓人的……"我笑着说。为了解除她的顾虑，我连忙扒了衣服，连准备活动都没来得及做，便跳入了水中。我的胸口重重地碰了一下，很痛。可是真正的痛楚是从我心里发出的……我们一开始是并排向前游去。我暗自庆幸，江水掩饰了我的泪水。但是，慢慢地我觉得浑身每一个螺帽都松动了，我的身体失去了平衡，眼前灰蒙蒙的一片，肖溪上前了。"加把劲！"她不时扭过头喊道，"落在我后头不害臊吗？"同时她放慢了速度，等我。突然，我意识到小腿开始抽筋了。其实对付它并不难。我只需潜下去，抱住腿使劲地扭动肌肉就能治服它。但是，这一瞬间我觉得自己已经完成了最后的抉择——地狱之门已向我徐徐打开了，死神冷冰冰的手已按在我的肩头。我很乐意离开这个可笑的世界。不过，我得在离开之前，最后看我的爱人一眼。这个念头迫使我急起直追，可我还是只能看到她闪着水珠的乌黑的头发和光洁的双臂。她像江鸥那样在浪中翻飞自如。这姿态像一束激光穿透了我的心脏，生的欲望又萌动了。……实际上，我还是死去了，苟活着的是一具丧失灵魂的躯体……

后来我还是支持不住了，肖溪紧托着我。我们爬上了一条过江的帆船，返回了。这时天快黑了。我回到她的宿舍，闷闷地吸着烟，一支接着一支。她买来了我爱吃的火腿面包和番茄酱，但我几乎是粗野地推开了她的手。

"应波，你……"她焦急地望着我，声音有些颤抖地说，"你遇到……不顺利了？"

"哦，我的胃……不很舒服。"

"这不是真话。"

不是真话？可是真话能值几个子儿？我的失败就在于我对"真"的理解太浅薄了……我只好笑笑，顺手搂住她，吻着她还沾有水珠的睫毛。

当时我想，该怎么向这个二十二岁的姑娘解释呢？她也许会笑着认为我在小题大做，拿着芝麻当西瓜。她不可能明白，在我面前升起了一颗红色的危险的信号弹。她不懂。她还是个孩子，只知道相信大人说的一切都是真的……

"应波，"她在我怀里轻声地说，"这次见到你……让我陌生，也让我……害怕。你的眼睛告诉我你在受着折磨。你应该把什么都对我说。也许，我能分担点。至少，两个人在一起，胆子会大些的……"

"别说了！"我厉声说，一把推开了她。可是，当我抬起头时，我看到她的眼睛失神了，像死鱼一样，这是一个姑娘充满绝望的眼睛。我心里不禁发出了阵痛。我紧紧抱住了她。"原谅我……"我说，我也落泪了。我们就这样依偎了很久。夜已深了，要是以前，她会不客气地把我撵走的。可是这次，她却默默地拉上了窗帘……第二天天刚亮，我醒了，顿时产生了强烈的内疚。我扭过脸去看她，她平静地躺着，脸上毫无表情。我轻轻唤着她，摇晃着她玉一样的肩膀。我说我对不住她，欺侮了她。她侧过身，用手捂住我的嘴，用充满希冀的眼光注视了我很长时间，最后，她轻轻地问我："能还给我以前那个夏应波吗？"这句话使我震动不已，我紧紧地抱住她，却没有回答她……我没有勇气来回答她。她怎能知道，我已经决定和以前的我诀别了……这是她无法挽回的。我意识到，我面临着一场抉择。这是力量的抉择。出现在我跟前的不仅是一块沼泽地，而是一连串的。我将凭借着什么样的力量去安然无事地从这连绵不断的沼泽地上踩过去？显然，两个人的力量是不够的。你搀我扶不仅不能向前挪动一步，相反会越陷越深，直至彻底覆没，同归于尽！我不甘心自己这么快地在这颗星球上消逝，我更不愿意这个献身于我的女人做我的殉葬品！我要让她像每个顺利的女人那样的顺利，像每个如意的女人那样如意！于是，回校不久，我给她写了一封长信，把自己的想法告诉了她，其中有一段是这么写的："我们应该意识到，现行的处世哲学未免过于理想化。我们应该摈弃斗着胆子去当一个精神胜利者的观念，这是可笑的。"可是，她只字未回……我明白，从那一天起，肖溪已经把我彻底地看穿了。从此，我的爱情全部埋葬了……但我万万没有想到，她怀孕了！她一个人默默地回到北京去做了手术，又一个人默默地走出了家——她被父母抛弃了。直到不久前，这个埋没了五年的事实又被挖了出来，是那个下了台的剧团团长酒后说出来的，说当初肖溪向他这个代表组织的人汇报了这件事。这条狗！但真正的狗是我！我只能破坏一个女人的身体，但她却摧毁了我的灵魂……夏应波结束了这段痛不欲生的回忆，抹去了脸上的泪痕，又恢复了原来的面目。他低声说："我不需要再解释什么了，你可以……怎么对待我都行。"

"敢把这些告诉你的妻子吗？"欧阳秋冷冷地问道。

"如果你保证她不跳楼，随时都可以。"夏应波说道，"我会尽到一个作为你妹婿的责任的，你相信。我只能做到这点。我想你要是和一个女人结婚，只是结婚而已，你大概也会这样。比如说，你和亚娟……哦，这事好像不存在了。不过我还是认为，亚娟是很不错的。刚分配回来，我也曾动了这个念头，但我很快把它打消了——她身上的金牌似乎太多了，更可怕的是她有一位当部长的爸爸。我不希望这个尊贵的影子进入我的生活。我的背景应该是毫无色彩的。我讨厌被人推敲！我也害怕。所以我几乎是果断地和你妹妹结了婚。也许正是欧阳芳身上的缺陷打动了我。你最好不要用这种眼光看我，你听我说，或许是给你的忠告：不要把婚姻这个概念弄得太玄乎。婚姻就是婚姻，老婆就是老婆！企图去寻找爱情，并使之成为生活的支点那未免太可笑了。如果你是个实在的人，我想你对此不视之为荒唐吧？"

"你的成功就在于你太实在了。"欧阳秋站起身说，"实在得滴水不漏！"

"我不以为你这是挖苦。"夏应波说道，"这几年，你简直像个探长，无时无刻不在关注着我运动的轨迹。你企图在我身上寻找阿谀逢迎，拉拉扯扯，吹吹拍拍，甚至行贿的迹象，但你只能空空如也。我还不至于那么蠢。"

夏应波这番话引起了欧阳秋严肃的思考，是啊，生活对待他夏应波，如同一盘残局让一名国手去收拾，稍稍动几个指头，一切皆活了。这个男人究竟凭什么去招摇撞骗的，并如此娴熟？这个男人是一条泥鳅，无论是在泥里还是在水里，都能行走自如。他审视着夏应波的脸，希望能从上面找到答案。"你……真是个天才！"他说。

夏应波沉默了片刻，才说道："我本来可以成为当之无愧的天才。老实说，现在我也不含糊你。你那支笔太拙劣了，我的笔如果舞起来，绝不会在你之下！不过，我觉得耍笔杆子太吃力了。如今好像依然是拿一把扫帚轻松愉快吧？"

欧阳秋感到自己的心在痉挛不已，夏应波的表白给他描绘了一幅阴森的图画！在这幅图画中，价值的天平在剧烈地摇摆着，倾斜着，他又一次审视着夏应波那张平板麻木的脸孔。他想，这个男人把自己的才华扼杀光了，把自己的意志出卖光了，但这个男人似乎比任何男人还得意！这是怎样的逻辑？

"你……甘心吗？"他冲动地一把揪住夏应波的膀子，使劲摇晃着。

夏应波的眼睛渐渐湿润了。少顷，他慢慢地说道："我何尝不想……我记得，高尔基有过这样一句格言：谁跟不上生活，谁就会孤零零地落在后面。不错。可是这位大文豪只说出一层意思。其实，走在生活前头的人，也是孤零零的……我战胜不了这种孤独和寂寞。我只好强迫自己倒退几步，和大班人马站在一条线上，你挨着我的肩，我挽着你的胳膊，齐步走。虽然拥挤，但至少……要热闹些……"他突然失声哭泣起来。……

希望被宰割的人恰恰有希望，真奇怪。悲哀的奇怪。欧阳秋沉思着，这个男人不可能再游过这条苍茫的大江了。他没有资格。青春已经宣判了他的死刑。不要看他眼下平步青云，但彼岸他是永远也达不到的。彼岸只属于我。彼岸只属于心脏活泼、四肢发达的人。可是，我是多么希望他再能狠狠地咬我一口啊……欧阳秋点上香烟，他把这一支递给了夏应波，然后自己又点了一支。

夏应波很快又恢复了平静，接过香烟默默地吸着。过了一会，他才低沉地问道："你企图解释历史。有气魄。但是，你知道历史是按照什么样的逻辑发展的？"

"历史自身的逻辑。"

"不，是人的逻辑……"

"你敢说这条江会往西去吗？"

"……"

他们的目光碰在一起，谁也不想避开……

二十一

两天后。

这是一个十分幽丽的早晨。月隐星疏，天空旷阔而高远。江面上弥漫着乳白色的晨雾，景物显得虚幻莫测。暗淡的晨光在波浪中闪现着。大地似乎还处在酣睡中……

欧阳秋伫立在码头的一隅，眼睛严肃地注视着东方。他想得到一个完整的日出印象。渐渐地，江天上出现了淡淡的晨曦。等他看到第一缕朝霞时，他感到自己的心绪已经好起来了。他决定追随着大江的足迹，然后取道北上回首都。一切都会在那里得到解答的，包括已知的和未知的，他愉快地想着。他想已知的和未知的都需要认识，而认识是不断的，就像这条江一样。我就是为了认识这个世界并且改造这个世界，才到这个世界上来的，他自豪地在心里对自己说。我是个聪明的小伙子，我也是个有劲的男人。而这些都是这条展现着母性光辉的大江赋予我的……

汽笛响了。旅客们有条不紊地上船。他们仿佛都是船长似的，以主人的目光扫视着轮船的身体，大大咧咧地评论着，交谈着。只有乘警的目光与这个气氛格格不入。欧阳秋拎起地上的皮箱，沉稳地踏上栈桥。这时，他听见身后传来了一个响亮的声音。他知道谁在他的身后。他放下皮箱，转身迎向前去。首先映入他的眼帘的，是一条洁白的纱巾。等风把纱巾撩开时，他看到了肖溪由于奔跑而出现绯红的脸庞。

他们走近了，站住了。然而时间不允许他们把这个尽在不言中的情绪持续下去。肖溪从口袋里拿出了一样东西，交给了欧阳秋。凭直觉，记者知道握在手中的就是那篇并没有被烧掉的文章。她会这样的，他想，她懂得我远远超过我懂得她……可是，这篇未发表的文章已经不是原来的分量了，要沉重得多……

我想我应该这样，她想，这不是我的塑像，是历史的。我有责任去协助这个能把一切软弱统统打垮的男子汉。我服了。我应该向他纠正，男人比女人多的不仅仅是胡子。但我也要让他彻底地明白，女人比男人长的不仅仅是头发……

他们彼此凝视着，心潮和这浪潮合为一拍，起伏着……

汽笛又一次响起。

肖溪对欧阳秋递了个眼色：上船吧。欧阳秋突然握住她的手，握得紧紧的……

他登上了舷梯。巨大的铁锚吃力地升起。船，起航了。欧阳秋挺立在甲板上，注视着那条愈来愈模糊，最终完全从他的视野中消逝的白纱巾。他的心无比凝重。他手中的文章沉甸甸的。他深知，一场新的残酷的选择已在他面前摊开。这文章是一堵隔住两颗心的墙，他沉重地想，这篇文章公诸于世的一天，也就是他同这个使他沸腾的女人彻底地决裂的一天。这一天可能是重合的……记者慢慢地离开了原来的位置，向船首走去。他的整个身体受到了朝霞的沐浴。他双手扶着栏杆，眺望着波光粼粼的江面……

哦，这就是你么，长江！你就是这个样子？你应该记住，你胸腔里盛满的是这个拥有几千年文明史的古老国度的汗水、泪水和血水。你应该自豪，因为从你形成的那一天起，你就不屈不挠地沿着一个方向挺进，没有一秒钟的停歇。你有一颗年轻的心脏，你具有惊人的力量。但是，你不能再固执了！你更应该清醒地意识到，在你头上还有亚马逊河和密西西比河，还有海，还有太平洋！你的胸膛要再开阔些，你的脚步要再快些，你的手臂要举得再高些……

啊，大江！

1984 年 6 月 27 日　一稿
1985 年 11 月 14 日　改毕
（原载《华人世界》1987 年第 6 期）

潘军文集

第柒卷

长篇小说

日 晕

一

　　长江自汉口下来遂宽阔了许多，也流动得缓慢起来，很像一个老者的步子，持重且微带着三分醉意。出鄱阳，不久即可望见江上奇景小孤山了。再往下，拐一道弯子便是雷阳码头。这码头虽不很大但历史是极久远的。据县志载，这里是东晋江防要地雷池的遗址。那棵古槐下的一个尺把长的石脚印就是当年庾亮留下的。顺码头走，是条旧时的官道。行约十六里即到达雷阳镇。

　　雷阳镇不大，却很热闹。何时成了镇的规模？老人说是闹"长毛"那会子。这个事实可以从残存于镇街上的古建筑中得到印证。所谓古建筑不过是几面断壁而已，倒还可辨出马头墙的形状。这是典型的徽派建筑风格。这一带出产螃蟹。于是，便有猫也似的江南徽商搭四川佬的竹排来行交易。然而，商人们盘算的并非仅限如此。这块水土营养了一代代鲜活女子，惹人疼爱。她们卖蟹也卖笑，开价总是出言不改的。待商人踌躇不定时，她们就抿唇飞眼，脸膛飘起两团胭脂云；商人见了，腿就打软，明知交易沾不了多少便宜，但还是认了。他们跑过许多码头还不曾遇见过这等迷人的婆娘哩！这些商人白日行交易，一断黑便揣着铜板各自索找门路寻欢去了。不过，这地方的女子又不如水那般的柔顺。她们极泼。她们对商人的友好是有限度的。可以陪他们调逗一番，而后就用这几块铜板去沽酒，夜半时摸到江边排上与排老大同饮，接下来是陪他们过夜。这种"倒贴"现象对于今天的民俗社会学家仍然是具有吸引力的。那些商人，为了表示心诚意专，有的居然休妻弃子，到此大兴土木，明媒正娶。可还是不能如愿。他们的婆娘即使生儿育女，心也难收拢，料不定哪个夜晚会钻到竹排上去，甚者一走了之，永不复还！

雷阳镇背后是雷阳堤。雷阳堤是 M 大堤的一段，是江堤。这段堤有二十三米高，看上去是极伟岸的。堤面有两丈宽，可行驶九吨卡车。顺堤朝东行八华里是雷阳闸，三孔闸门虎视眈眈地瞟着大江。每年汛期，江水上涨，江面陡然开阔，其时景象是颇为壮观的。

与雷阳闸连接的有一条水，由南向北逶迤几十里，这便是雷水。它的发源大概是堪称"南岳"的天柱山了。雷水不同于江水，极清澈且冬暖夏凉。汛时，河面最阔的地方有两百米。河两岸是青青的芦苇和青青的竹，间或有几株杞柳，撩人得很。一河所隔，对立着两个村子。河西的叫杨树湾，河东的叫桃花寨。就这么一条河隔着，语言却不尽相同。比如说"妈"，河西叫娘，河东叫爱；再比如"爸"，河西唤作伯而河东唤作大。河西人称丈夫作男人，河东人则叫老板。对妻的称谓却又是一致，都叫堂客或者堂客奶奶。细心人会发觉，河东桃花寨似乎更奇些。这不错。

桃花寨的奇自然不尽是方言的别致。桃花寨坐落在桃花岭脚下。桃花岭尖上有座安平塔。此塔始建于唐天宝五载，后会昌间唐武宗灭佛被毁，直至明嘉靖四十三年重建。塔，楼阁式样，飞檐斗拱，七层八方，高十余丈。塔顶八角系铃，风摇铃声如磬。只是塔心不空，断了游人登高极目一览大江之念。然而游人还是络绎不绝。吸引游人的是关于塔的传说。这传说很丰富也很优美。据传当年朝廷拨皇银以建此塔，旨在镇水，自然纯属迷信。可是民国二十二年和一九五四年雷阳堤溃口，杨树湾整个地剃光，桃花寨却未丢一片瓦，这又是事实。还听说那安平塔下压着一对生不同床死同穴的鸳鸯人儿，这就更邪。然而有一天居然有人在塔边上刨着了两件奇物：玛瑙扇坠和赤金凤钗！这真不可思议。

桃花寨的女子赛桃花，此言不是虚的。雷阳镇上有眉有眼的媳妇都是桃花寨寻来的。娶了这里媳妇的男人得多生几个心眼，换一副脾胃，由着原有的性子怕是不中。有几家肝火旺的主儿就见识过。夫妻间撞翻了毛，女的就回了桃花寨，直到男的来接。所谓接，实际上是背。从娘家背到婆家还不准歇脚。十好几里路，是何滋味便可想而知了。这还是轻微的。厉害的就黑夜摸到江边随排淌了。但是这些女子做了本村的堂客奶奶,情形便大不相同,皆似面团随老板搓揉而无怨言。所以说,桃花寨的女子欺生。其实这种评价也有失偏颇。要说生,排老大当是生得不能再生了,为何桃花寨的媳妇愿随他们去闯荡呢?据说安平塔下压着的那个男的就是排上人,本是个进京赶考的相公,过鄱阳湖时遭了劫,丢了盘缠就沦作纤夫。一日,排行至此,见岭上一坡桃花,触景生情,就不想再动。果然桃花丛中有一妙龄女郎,唱得一口好歌子。两人一见倾心,当下便私订了终身。那女子就叫桃花。至于这两人如何被镇于安平塔下的,说法不一。有的说,桃花是员外之女,其父嫌贫爱富不允婚姻,于是桃花与相公双双撞死于安平塔下。有的说,那桃花本是托塔天王李靖长女、哪吒的姐姐,私自下凡与相公结配。两人正欲行风流事,恰被李靖巡天察见,就抛塔遮丑了。

这一说最初是由对岸杨树湾传出的。

杨树湾也是小村,但比桃花寨稍大些,有两百余户。是个杂姓的村子。早先这里是河滩。那些外来的汉子到桃花寨求媳妇,苦于渡不过雷水,就落脚生根了。这些汉子夜里勾着堂客的颈困觉,梦中却低唤着对岸某个女子的姓名。堂客心酸酸的,又自知不如河东"狐狸"的颜色好,就一心把雪耻的理想寄托在儿辈身上;从小对他们讲河东的短,说桃花寨的女人个个赛妖,专勾男人家的魂魄,生女不生男,娶了是要绝户的!可是儿辈中又有几个争气的呢?这些男儿常常是黑夜里摸过河去找打,脸上火辣辣的心里却蜜一般的甘甜。桃花寨的姑娘骂他们是天生的贱种。事物的发展好像都有个"生态平衡",偏偏杨树湾的男儿个个会混,把这块小小的天地收拾得极体面:省里、地区和县里的什么现场会都到这儿开过。这里红火的事多。出模范出代表。还出官。远的不说,这雷阳区委副书记兼雷阳镇镇长就是杨树湾人。还有,去年到职的县委副书记白洛宁不也是曾经在杨树湾当过知青吗?但是尽管如此,杨树湾人抬头一见立于桃花岭上的安平塔,心里就顿生了三分敬畏。这种心理倒是有些奇怪。

二

吉普车颠上龙韵关时白洛宁看见了一只白色的大鸟。开始他发现左侧山壁上有一块移来移去的影子,很潇洒。他还从未见过这么大的白鸟。这鸟不像是大山里的鸟。它白得透明,有一个部位仿佛是红的。这时车停下了,司机小马跳下来给车找水,白洛宁就问:"见到那只大鸟了吗?"

小马木了一下,说:"什么大鸟?"

白洛宁抬头对天上看看,可是再也没见到那鸟。奇怪,明明在眼前盘旋怎么就突然不见了呢?

岭上蛮凉快。风过时松针沙沙地响。加好水,他们朝路边移了几步岔开腿小解。一辆载着毛竹的卡车老牛似的哼着从他们背后走过。接着响了一声尖厉的口哨。小马猛地调过身体把裤子褪到膝盖大叫:"没见过吗?"

白洛宁不禁笑了一下,然后点了烟。

俗话说,来得早不如赶得巧。白洛宁到地委工作不久便碰上了地委书记的秘书换人。当时的地委书记就是现任省委副书记杨子东。一次车祸,酿成了杨子东原配秘书严重的脑震荡。一笔娟秀的小楷,杨子东发现了白洛宁这个"文革"后第一批考上大学的青年。杨子东本人也是个知识分子,又颇爱书法,懂得颜筋柳骨魏碑汉简。"白洛宁?"杨子东说,"你父亲是洛阳人母亲是南京人?"白洛宁本想说母亲是洛阳人父亲才是南京人,一看边上有许多人,书记说得又是那么自信,就认可了。一周后,白洛宁随杨子东出了趟差,去的地方就是雷阳镇。这次下去主要是考察如何因地制宜开发旅游业。转了一圈,杨子东有意识地问白洛宁有什么想法。白洛宁说可以在雷阳码头增设旅游航班,以雷池遗址为中心,一条线由西向东到小孤山并且抵南岸至九江口,送游人去庐山;另一条线逆雷水而上,途经安平塔再去天柱山。这使杨子东很吃惊。他想不到这位其时只有二十七岁的小伙子对这里了如指掌,当然他更想不到这小伙子曾在这地方住过四年。于是回去不久,白洛宁做了杨子东的秘书。三年后,杨子东被提拔到省里,临走前例行公事似的吩咐组织部门对小白作点安排。小白的前任,姓齐,人称齐大头,跟了杨子东七年结果"大头"毁于脑震荡。相比之下,白洛宁是当然的幸运儿了。然而白洛宁是知道自己处境的,他完全可以料到杨子东走后人们会堆着微笑来数落他的进步。他决心离开地委大院，到基层去。组织部门征求他意见，是任团地委副书记还是去县里？他毫不犹豫地选择了后者。

那车毛竹是去雷阳堤的，这不会错。从水文资料提供的规律看，六月中旬便进入汛期，将有一场不可避免的天灾。气象部门说今年的降雨量集中在长江中下游地区，目前只是小打小闹。其实对于这些我只需了解一个大概。按说分工这不属于我的业务范围。我分管的是意识形态，一个无形的又是无边无际的东西。我到职时间不长，对全县的情况，特别是农业方面，我的脑子里仅有几个数字……

吉普车过坎时颠了一下。白洛宁把烟头扔出窗外。

没想到事情会这么变化，很突然。上次书记办公会议上一切都安排得不错。是他老宋自己提出全县防汛工作由他抓。我的工作仍然是抓整党。可是前天的会议上他说他的肝区不舒服，打算住院。"至于防汛，我看就由小白先抓一阵子吧。"他说，"这也是个锻炼的机会嘛！"说完他提了提领子。他那么爱提领子？

下岭时太阳已埋进了山洼。天空上有几道宽大的光带。西边的山脊正燃烧着并且看上去有什么东西被熔化了在往下滴。不久有炊烟在远山胸前袅袅升起，笔直的一排如白桦林子。汗味的空气愈来愈浓，而山里的回声明显地削弱了。吉普车走完山路的全部拐上柏油公路时，白洛宁见到了朦胧的大江。

据说肝病可以通过皮肤接触来传染。会吗？我抽回手时似乎劲用大了点。他的身体随着手稍摆了一下。其实我利索地抽回手是嫌他的手汗大，发黏。后来他又提醒我手电带了没有，接着开始提领子。每次与他杀棋，赢了他都会提提领子。他知道我是故意输给他的吗？

白洛宁从反光镜里发现自己竟也在提领子，就笑了。这一刻他觉得心绪蛮好，像生过一场大病刚钻出湿漉漉的被窝那么轻松。至少一个月可以不开会了。不作报告。不会有文件送来画圈。电话铃会少响。最自在的是无须陪上面大员吃饭也用不着下面小员陪自己吃饭。这种饭我几乎没饱吃过一顿。捏着饭票进食堂排队未必不是一种乐趣。中文系的家伙似乎出于专业原因爱敲瓷缸瓷盆，敲出节奏，发毛了会把一盆菜汤浇到别人脑门上。日子过得好快，五年过去了。一溜而过。都说我进步快。《南征北战》里那位漂亮的老太太也会这么说。你享受什么待遇？换算一下。

"哗——"吉普车冲上一道坡，白洛宁看到左边有一条反光带。什么时候路面泡在水里了？他做了个停车的手势。下车，他站在坡上顺着水的来势望过去。这一段是畈区，稻田里只露出刚灌饱浆的穗子。他估计有近五百亩。此刻天已发蓝。

"赶到雷阳镇吃晚饭。"白洛宁说。

吉普车滑下坡，这边的路面也泡在水里。白洛宁贴着车窗望着掠过眼前的在暮色中幽幽发光的田野。公路上来往的车辆少了许多，四野没见一个村落。好静。白洛宁又点了支烟。他吸烟时脸部有巴掌大的一块是紫红色的。他鼻子生得很漂亮，两眼表现出一种醉意。这醉意包含着压抑着的骚动和刚萌生的慌乱。他闭上眼，揉了揉正在微微颤动的太阳穴。天色越发暗了。不久有嗡嗡声自前方传来，远处现出一片灯火。雷阳镇近了，白洛宁向前倾了倾身体。

到达雷阳镇时天落起了小雨。

三

安平塔下刨得两件宝物的人还在，叫龙水，姓雷。桃花寨一百七十余户人家有一大半姓雷。雷龙水属龙字辈分，按谱上排法不算大。先前村上有个哑子，是宗字辈，论辈分是龙水的叔伯。哑子比龙水小十二岁，整整一属。文化革命期间，哑子碰碎了石膏宝像，被当做现行反革命投入班房，腊月里便用布条结成带，悬了梁。哑子的尸首也被送给城里的医学院做解剖标本去了。如今雷氏门中能尊为长的就只剩了龙水。他年纪也最大，今年七十二了。虽是古稀，腰板倒还结实。他是个半职业的船佬，那河边系于杞柳上的一条舢板渡船，便是他管理的。几十里雷水上就这么一处渡口。别的段上有桥。早就说镇上想在这儿架座桥，好让游人直接去参观安平塔，不知何故喊了几阵就歇火了。龙水那颗心也随之浮沉了几回。有了桥，船作何派场？塞到堂客×里去了！龙水一生就痛他的船。

船来得不易。民国二十五年龙水被广西佬抓了丁。说是一个团长看中了龙水的扮相和身坯，就点他做了马弁。龙水没吃过苦头，团长很宠他。可是三个月后的一天夜里，龙水又摸回了桃花寨，腰里别着一把盒子炮和一把七轮子，屁股后面吊着一袋袁大头。龙水一回来就先除了村上独一无二的财主孙二先生，把死鬼留下的田地和女人一并接收了。田地分给了大家，女人剩给了自己。这桩事惊动了县保安大队，遂来抄桃花寨。一时间整个雷阳鸡飞狗跳。结果龙水一枪不放就带着夺来的女人跑了。过了江，把两支枪丢到江里沉了，用袁大头买下了四川佬的船，从此在江上跑了十几年。到了一九四九年，他送朱毛的队伍过江去撵走了老蒋，成了县里大名鼎鼎的支前模范。那时的县政委就是杨子东。杨政委安排龙水去土产公司做股长，但他只上了一个月的班便把那份工作辞了。他说他舍不得那条船。杨子东动员他把船送给县城实验小学，作为革命文物以示后人。龙水摇头说："船好比堂客，男人不摆弄就守了活寡。"当下就回了桃花寨。

　　这真是条好船哪！龙水总看不够。清一色的楮树，不要舵也不要帆，撑起来畅快得很，哪条水都去得的。那年送大军过江，飞机大炮都躲过了，船上的人未擦破一块皮。大家就一连称奇。每回想到这里，龙水就十分地豪迈了。他年年要在三伏天油一回船，久了，船就如那玛瑙扇坠般地亮，天晴能照见人影，又似乎有变幻无穷的山山水水在其中暗暗地动。龙水摆弄它走江闯湖，撒网扳罾；闲时将它泊在雷水边上，顶着暖烘烘的日头，靠着杞柳咕咕噜噜地吸着水烟，眯眼去看那对岸白白的芦花，听过渡者用借钱般的口气来喊，龙水就觉得有一眼温温的泉滴在心尖上。

　　如今掌管这船的，是苇子。苇子是龙水唯一的骨血。龙水四十三岁那年才有了苇子。虽是女子却被看得万分的金贵。这姑娘出落得越发像她妈了。龙水的女人叫玉枝，原是安庆一个戏班子里的角儿，是孙二先生花大价钱买来的。她比孙二先生小二十六岁，到桃花寨那年仅十七。孙二先生极宠这小妾，怎料由此招了杀身之祸。这玉枝生性风流，被龙水拢走竟很服帖，江湖上浪迹几十载也就过来了。可是一直不曾开怀生养。到了一九五七年，有一天人们突然发现龙水女人肚皮凸出了，私下便说这妇道是偷了野汉才见了成果。第二年玉枝在芦苇窝里产出了一个雪白干净的女伢，就是苇子。大家兴致和桃花岭上的炼铁炉一样火旺，正欲把关于那安庆婊子的事儿续下去，就听到安平塔下嚷了起来：

"龙水伯得宝了！"

沾着泥腥的扇坠与凤钗在红红的日头下闪着金光，围观者全木了。龙水摸出纸烟散了，不说也不笑，拿着两件宝回家去看那也是刚刚才得的第三件宝。大家陡然想到，那安平塔下镇着的一对鸳鸯把活宝托生了！

苇子长得标致，腰细细的，胸鼓鼓的，眼黑黑的，皮白白的，两条辫子长长的，甩起来叫人醉醉的。苇子还生着一副好喉咙，唱起来绝不孬似严凤英。可是苇子有好些年不唱了。

一九五四年老天发泼，雷水上淌来一个男伢，被龙水夫妻救下，收养了。这伢子刚晓得走路，不过岁半的样子。龙水那时不指望女人肚子会大，想养儿防老。龙水把男伢取名叫运生。五年后苇子冒出来了，于是桃花寨人就以为苇子是替运生养的。这本也是顺理成章的事。又怎料到了他们该圆房的时候事情起了变化呢？这中间的缘故桃花寨人个个都晓，个个也不敢提。哪个多嘴苇子会同他拼性命的。桃花寨的女子有几个不野？

四

雷阳镇过去的街道由于一九五四年江堤溃口已不复存在。新街是沿横贯东西的柏油公路建立的，相对立着一色两层红砖青瓦楼房，有近两百米长。房前是法国梧桐，已有海碗粗。雷阳镇水土不错，生长出的粮棉在省里都挂得上号，且交通便利，商品交易搞得十分的红火。街上的店铺一个挨着一个，以卖山货土产的居多。城里紧俏的玩意儿，如彩电、名牌自行车与缝纫机之类，偶尔也在私人经营的店铺里出现。做这样生意的十有八九是杨树湾人。他们的祖先就有不少是做生意的行家。杨树湾由于出官，门道自然要粗些。不过也有凭手艺高低吃饭的。镇西卖徽州的毛豆腐，镇东则供应安庆的鸡汤馄饨。潜山的舒席、望江的蜡染、怀宁的贡面，镇上都能见到。还有银匠、扎匠、镶牙的、割鸡眼的、跌打整伤的，也有耍猴的。早先这地方有测字的和卖淫的，如今明里看不见了。

镇中心靠街北面是迎宾旅社。县委副书记白洛宁就住在这里。这家旅社共有两幢楼房和两排平房,围合成一个院落。白洛宁住在后面的楼上。这幢楼无论是式样还是摆设都极考究,是专门接待首长和贵宾的。这幢楼才盖不久,据镇长李松茂介绍,白洛宁是第一批客人。"怎么样,白书记当初决心下对了吧。"李松茂说。去年白洛宁刚到职,李松茂就找上了门,说为了发展旅游事业和第三产业,镇里投资兴建了一幢贵宾楼,还差几万块钱收尾,想请县财政帮助解决。白洛宁犹豫不决,心想自己不管财政,又是刚刚到职,陡然一步跨到政府那边,怕不合适。可是李松茂的态度又极坚决,于是白洛宁就在报告上作了模棱两可的批示,请分管财政的副县长酌情解决。果然就解决了。

白洛宁和李松茂是老熟人了。白洛宁到杨树湾插队时,李松茂是大队书记。李松茂长白洛宁三岁,今年三十六。都说三十六是道坎,李松茂却交了红运。他原是雷阳镇副镇长,开年就将那"副"字丢掉了。李松茂小学毕业那年,他娘瞒着人去天柱山找瞎子朱半仙替他算了命。瞎子说他到了三十六岁要脱掉蓝衫换紫袍。

白洛宁住的是个套间,卧室在里,客厅在外。卧室里有彩电、电话和台灯台扇,客厅里有盆景、沙发和吊灯吊扇。这种规格,纵使在县城里也属一流。白洛宁对这些兴趣不大,他想的是另个意义上的事。当时他在报告上作批示的时候,就想到会被政府方面拒绝,甚至担心有人会在常委会上就这个问题委婉地对他提出批评,也想到日子一长有人会在背后说他手伸得太长。但他还是批了。批过了又有点儿后悔。可是这批示很快见了效,毫无风吹草动。几个月过去,证明他的担心是多余的。白洛宁突然感觉到自己血液里奔腾着一种难以意会的兴奋。这感觉是他第一次随杨子东出差第一次坐上"伏尔加"的感觉的延伸和扩张。然而这种感觉半年后就日趋淡漠了。

他又想到了那位爱提领子的老宋,县委书记宋尚志。白洛宁初到县委工作时,老宋给他的印象极好。老宋像个兄长,对白洛宁是宽厚的。有时在常委会上他们为某项决策发生争执,老宋总给他一个台阶。据说也有人私下议论白洛宁是靠杨子东上来的,宋尚志一旦发现便严加批评,同时赞扬了白洛宁的思维敏捷和知识面宽。白洛宁觉得自己能在县里站稳,与老宋的支持是分不开的。可是近几个月来,白洛宁凭直觉也能感到宋尚志对他拉开了距离。后来的事实也印证了这一点。但他很疑惑。他仔细反省过,弄不清自己究竟在哪件事上冒犯了宋尚志。同时他努力忍耐着,克制着。结果前天的常委会上,老宋突然来了这么一下!不过到了晚上,看完新闻联播,老宋又捧着棋盘去白洛宁那里。这回,白洛宁决心赢了。奇怪的是他越是想赢越败得惨,几盘下来,宋尚志便提提领子说:"怎么样,我把车除了?"白洛宁似笑非笑地回答:"士可杀而不可辱。"最后他连赢三盘,扳成了平局……

窗外的雨有响了。

白洛宁用温水擦了把澡,换了拖鞋,然后躺在沙发上点了支烟。他注意着窗外的雨。刚才他听了镇长李松茂关于雷阳堤防汛情况的简单汇报,记下了几个数字。看来目前这里的情况还正常。江水来势不猛。只损失了几个小圩和不足千亩的庄稼。白洛宁打算明天去堤段上看看,如果没什么问题一周后就撤。他准备去省里看看老首长杨子东。最近一个时期社会上关于杨子东的传闻不少,有的说他经济上不大干净,有的说他与省委主要负责同志关系紧张,有的说杨子东要免职或者进顾问委员会,有的则说他要调到中央一个部里工作。还有说杨子东得了绝症,活不久了。每种传闻似乎都有可靠的依据,白洛宁只是听听而已。但有一个事实毋庸置疑,杨子东今年已是五十九周岁了。这是个对于官场来说非常敏感的数字。白洛宁心里也像被什么东西碰了一下。窗外雨的规模未见增大,只是有了闪。打闪时远处的桃花岭呈幽蓝色,很美,很诱人。那地方的女子可真俊,他想,如果不是考大学的时机有了我没准儿要娶一个。都说桃花寨的女子不嫁杨树湾的汉,我不信。其实杨树湾也还是有桃花寨的媳妇,巧凤就是。巧凤是孤儿,从小被松茂的伯抱来的,刚成人就给了松茂。松茂好福气。松茂还是那么神,只是那一口的夹生官话叫人听了难受,还乱用词。他简直像条鱼,不,像泥鳅,水里泥里都能行动自如。这松茂……

白洛宁准备等工作结束了去杨树湾看看。来县里九个月还不曾去,大伙会指背的。

五

那天中午日头极毒,地皮仿佛被烤得冒烟。刚偏西,那日头陡然亮了许多且作了橘色。不到一筒烟工夫,日头毛了边,周围涌来了彩,好迷人。接着那彩圈又转为青色,给日头打了一道箍。

"日晕!"

"是日晕!"

桃花寨所有在家的人都出来了,立在树阴和屋檐下,用手盖着眉毛去看那天上不多见的景象。

龙水倚在自家的门框上,看完天便叹道:

"日晕长江水,月晕扫地风。这回杨树湾怕是要唱大戏了!"

龙水十八岁那年头回见到日晕。也是这一年头回见到了玉枝。听人说,雷阳镇上来了安庆的戏班子,正唱着连本的《孟丽君》。扮孟丽君的那个女子就是红透半条江的"赛珍珠",大号玉枝,姓罗。这女子九岁登台,十四岁扮《小辞店》里的卖饭女,把整个安庆城险些轰翻。这样的角儿脸模子不会孬。龙水正是有血的年纪,觉得能见上"赛珍珠"一面,纵死也值。那时他在孙二先生家打短工。孙二先生本是省里的参议,官场失意就归了田园,做了一方之主。桃花寨全部的田都姓孙。孙二先生从省里带回了两个老婆。大老婆是原配,姓陈,是本县陈家镇财神陈胖子的女。小老婆是由孙二先生的秘书转过来的,姓马,洋学堂里念过书,能抽烟会打麻将。这两个老婆长相都是平平,得宠也平平,所以平日里处得还和顺。听说当家的要去镇上会女戏子,又不肯带着她们,两人就哼哼唧唧了半天。可是她们不敢对当家的耍态度,孙二先生脸沉下来就不会客气。

孙二先生那天是坐"篮子"① 去雷阳镇的。也是日头刚偏西的时辰,刚过杨树湾龙水仰脸抹汗时突然发现日头打了彩箍。

"这叫日晕。"孙二先生说,也用牙骨折扇遮阳对天上看了会,"今

---

① 即滑竿。

年水怕不会小……"

这一年古历五月尾，果然江水陡涨，雷阳堤破了口子！

这一年是民国二十二年。

龙水的话叫边上人好不快活。这几年，河西杨树湾简直是尼姑庵里的一根鸡巴，吃香得很！杨树湾的杂种凭着偷鸡摸狗的本事发了财，盖了屋，买了城里人家用的洋器，势派得厉害。可是他们讨不到好堂客。他们的堂客不是麻子便必定是疤子，皮黑肉粗像驴的卵袋。他们的房好东西好能抗得过大水吗？老天长着眼哩！

大家就这样围着龙水磨嘴，一直磨到日头落山。这才想起该回家去填肚子了。锅盖一揭，那刚才还浮着的心就咚地沉了下去，像石头落进一眼枯井里似的。细伢子围着锅台站着，趁大人不备便掏出一块锅巴，又往酱油里蘸蘸，往嘴里塞。这些细伢子时常瞒着大人，搭苇子姑的船去河西，说是去捉知了、网蜻蜓，其实是去蹭墙角、靠门框。那里人就从锅里盛一碗饭、从碗柜里夹两块咸鱼，倒在门口细伢子的塑料袋里。也有人拿着一把水果糖，对细伢子挤眼说："叫我声大。"细伢子便不假思索地叫了声大，接过糖果鼠也似的溜了。同伙跟在这细伢子后面嚷着要分糖，那伢就对同伙说："叫我声大！"同伙全都大大大地叫了，各得了一粒糖，含于嘴中；含到觉出了甜味又吐出来，留到半夜里起来屙尿时再含。就这样学会了做梦，而梦中的糖含在嘴是永远化不尽的。

细伢子不希望大水把杨树湾冲走。

说来好玄妙，杨树湾在雷水之西，地势同江一样，要比桃花寨高些。可是大水却绕着走，上了桃花岭脚便调了头奔西去了。见过大水的人都记得，大水一来，四野白白汪汪的，桃花岭好像海里的岛，也像小孤山。其实就让人觉得地整个塌陷了，就剩了脚下这么一块。桃花寨这份福亏了安平塔，也亏了死鬼孙二先生。民国二十一年孙二先生叶落归根，便用大把的银钱在寨前筑了一道石坝，城墙般高大。这坝有两样用处，能挡水也可防盗。其实就是城墙，护城河便是雷水。这坝就叫孙家坝，遂唤至今。一九五四年孙家坝险些破了，于是桃花寨人年年冬天便朝石坝上堆土。他们是不甘在杨树湾人面前丢丑的。杨树湾人本也想沿着雷水打一道圩，可是被政府否了。政府考虑这样容易造成更大的水土流失，抬高了雷水的河床。这些年，雷水的河床委实高了不少。杨树湾人也没硬抗，等承包搞起来后，不到两年便竖起了崭新的楼房。那楼房的式样绝不在雷阳镇上国家楼房之下，小巧玲珑，有晾台也有院子。楼的门面都用水泥墁了，有的还嵌了些彩色的瓷板，组合成好看的图案。也有几家因袭了祖辈的传统，建了徽派的小楼，马头昂扬，檐牙高啄；山墙的四角皆请画匠用锅烟与墨汁饰以龙凤呈祥一类的图景；门的上方还嵌了一块砖雕匾额，镂有五层的空，同样是大吉大利的内容。去年腊月，仿佛一夜间，几乎所有的楼房顶上都竖起了蛇形电视接收天线。杨树湾人好不洋火！

　　龙水竟把这一切没搁在心上，话一出嘴就觉得失了分量。"杨树湾如今是楼房了，水再大也漫不过楼顶。"屋里的运生在老人回到门里后这么说。龙水装聋，到灶间去了。毕竟是上了年纪的人，田里生活又不多，龙水就不大出门。他把船交给了苇子，换过了锅瓢碗盏。要是玉枝还在，这事不用操心。眼下家中三口人，看起来倒很和气，日子过得也还算顺。只是运生和苇子的事无法拢起来，成了老人的一桩心病。运生至少有三十四了，苇子二十八。桃花寨还见不到三十出头的寡汉条子和二十八的黄花闺女哩！一想到这里，龙水就手脚冰凉。当初倘不是他出面作梗，这门亲事八百代就圆成了。后来他自动转了弯，可是运生和苇子都把颈硬着，先是苇子不认，后来是运生。这一对人，性子都烈，不吃的食就是用老虎钳撬开嘴，也不会嚼。撇开这个名堂，两人就哥长妹短地好不火热。你们本不是兄妹嘛！龙水原先是想把船交到运生手上的，可运生不接。运生说："大，我不想吃这碗饭。"就把脸磨开了。依脾气，龙水会跳过去甩儿子一嘴巴。可是运生毕竟不是他生的，就忍了。他抽了好一阵子水烟，末了把铜烟筒重重地放到桌上，又抹掉沾在花白胡须上的口水，说：

　　"看不起这船？没它你还能吃得到油盐？"

　　"当初死了才好呢，免得……"

　　免得么子？是免得做寡汉还是免得住这种丑屋？这屋是够年纪了，得重盖。桁条椽子都有了，还差砖瓦……龙水望着灶膛里跳跳的火，心里似暖了些。都晓得他龙水身上有两件宝贝，值大价钱。前年县文物管理所来了两位，想看看货色。那个戴眼镜的细高个说，如果历史久、成色好，愿意出四位数。龙水只是笑笑，没有搭腔。那两位拉长脸走了，到了坝上还回头看了许久。龙水的宝贝勾过好多人的魂。龙水是不卖的。兴致好的时候，他愿意拿出来让别人看。对着日头，那玛瑙扇坠就像颗鸡蛋黄，似乎有云在里面游动，每次看都不大一样。那赤金凤钗亮得叫人直眨眼皮，凤头简直像活的！大家都屏着气，保持着姿势，直到龙水用红缎子裹起宝贝，才哇地一声叫开。这时的龙水，下巴上的胡须就慢慢地卷起了。

运生明日要去安庆，想早点歇下，于是便到灶间问大可有么子带的。大不做声。

这时候天落了雨。

运生想起苇子去镇上卖鱼还没回来，就抓起伞出门了。

六

半夜里响起了电话铃。

白洛宁掀掉被单，开了灯。他拿出话筒，就听到里面说："是白书记吗？"白洛宁说是，里面又说："边书记请你听电话。"

边书记，即地委书记边达。一听这个名字，白洛宁便换了个手拿话筒。

"小白吗？我是边达。"

"哦，边书记……"

"你什么时候到雷阳的？"

"昨天夜里。"

"那里情况怎么样？"

"还……还好……"

"什么叫还好？我告诉你，江水已越过设防水位，离警戒水位也近了，按着省防总①指示，地委决定成立雷阳堤防汛指挥部，由你任指挥长。"

"我任指挥长？"

---

① 省防总即省防汛总指挥部。

"老宋身体不好,我已同他通过电话了。"

"边书记,我对防汛……缺乏经验。"

"经验是人摸出来的。你听着,这个指挥部由地、县有关人员组成,地区的同志明天乘早班轮到雷阳码头。县里的人你自己调。三天以内把工作计划给我报上来!"

白洛宁还想说几句,但对方已把电话挂了。

始料未及!白洛宁对着话筒足足看了一分钟才搁下。他用昨晚没喝尽的茶水漱了口,披上衬衣,从口袋里摸出烟来抽。口涩得很。已是凌晨三点一刻,外面漆黑一团,雨还在淅淅沥沥地下且有了风。白洛宁踱着步,觉得一种大战临头的寂静正在漫漫雨幕中穿行。几个钟头前李松茂兴高采烈地谈到这地方出现的日晕,说今年的水兆头恐怕不好。这种近乎迷信的解释自然不会引起白洛宁的兴趣。当时他想尽快结束这里的工作然后去省里看望杨子东。现在他的心绪完全乱了,他意识到这件事的性质非同小可。他后悔没有留李松茂住下。这时候若神聊些山民的习俗或者某个新闻人物的风流韵事,缓冲一下内心的空间,是极快活的。白洛宁用凉水洗了把脸,想使自己放松一些。但是一走到门边他就猛地将门拉开,接着去敲睡在隔壁的小马的房门。

小马当过兵,觉睡得浅。不等白洛宁喊第二声他便一个鲤鱼打挺坐直了,随手开了灯。

"去雷阳堤!"白洛宁说。

白洛宁知道边达这个名字是在五年前的一个夏夜。那时他正面临着毕业分配。他想进省委办公厅。可是只有一个名额,又未规定性别,就成了众矢之的。白洛宁深知毕业分配与学业挂钩只是一个堂皇的骗局。如果论学业,他信心十足。他是学习委员同时又担任了三门课代表。他在报刊上发表过不少文章。然而这些是不起任何作用的。在这个世界上有什么事情不是靠关系办成的呢?而关系的多少又是与权势的大小成正比的。这个方面,白洛宁发现自己还是个乞丐。但是命运似乎在有意替他使劲。白洛宁在阅览室翻画报排遣烦恼的时候,有人主动向他伸出了手。一只纤细的手。

"你就是白洛宁吗?来,认识一下。我叫边小素,哲学系的。"

她给白洛宁的第一印象是大方，第二印象还是大方。白洛宁还从未见过这么大方的姑娘。除了巧凤。不，巧凤早已不是姑娘……白洛宁倒显得有那么一点窘迫，他和她握了手。她的手蛮凉。

"我读过你的文章。比如《浅谈宗教的社会基础》。为什么要称'浅谈'呢？我倒觉得理论色彩蛮浓，也蛮尖锐，只是……只是有的地方套用了沙利·安什林的观点。我不喜欢沙利的东西。我偏爱罗素。当然，他们本来就不在一个档次上。哦，我讲得太多，请原谅。"边小素说完，把头像小鸟似的偏了一下。

白洛宁感到耳根有点热。这位边小素的话蛮厉害，他几乎到了无言以对的境地。不错，那篇论文就是那么回事。白洛宁多少有点儿后悔。本来他是想写一些诸如此类的文字在同学中标新立异。一篇小说、一首诗或者一篇评论，在中文系是没人愿意去读的。远香近臭是生活的哲理。他悟出了这一层。那几年他写的文章有相当一大部分是脱离文学本体的，所涉及的领域很宽。不是曾有人说白洛宁是白朗宁吗？一支漂亮的老枪。无论在什么地方都能打响的老枪。这不是绰号而是昵称，白洛宁倒蛮珍惜。他甚至觉得"老枪"是"男子汉"的同义语。但他根本没有想到"老枪"会在面前这位看上去能一把撂到窗外的女人面前走火……

"你是哲学系的？那我可就班门弄斧了。"

"想不到你还善于谦虚。"

善于谦虚？她真会措辞。白洛宁淡淡地笑了一下。他知道自己这种表情很能打动异性。然而他自己却先给她打动了。边小素？这个名字蛮不错。小家碧玉。她看来不过二十三四，也许还不到。头发有点自来卷，散披着，头一歪就滑向一边。她的脸形和桃花寨那个撑船姑娘很相似，典型的瓜子脸。眉毛可能是经过处理的，那么细！她的眼睛长得蛮怪，一只是双眼皮一只不是，但很黑、很亮。她笑起来像个小孩，有意思。哲学系还有这样的人物？以前怎么没见过？

"出去走走好吗？认识你很高兴。"他说，站起来。

边小素又歪了一下头，就先转身出去了。

那天晚上他们谈得很随便。谈的范围也很广阔。最后，他们谈到了各自家庭的情况。这时白洛宁才知道，边小素有位当官的父亲，而且官级还不小，是省委宣传部的副部长，叫边达。

吉普车的灯光切开严实的夜幕野牛似的冲上雷阳堤。白洛宁告诉小马开慢点。车减了速，像一条船随风飘荡着。堤上每隔一公里有一座三棱体的草棚，里面亮着马灯。民工们正拥着被子在打呼噜。江面比以前宽了些，水刚刚爬上堤脚。江水是黑色的，只有浪尖上有点儿亮。有一条拖轮在缓缓移动，桅杆上有一盏红灯。船上的人好像朝这边喊着什么，白洛宁没有听清。现在他脑子里只有一个枣红色皮肤、发型近乎毛泽东的面孔。那张面孔上永远布置着神秘的微笑，而当你以为他在微笑时便即刻意识到在笑容的后面似乎藏着冷峻。这就是边达！

与边达初次接触，白洛宁便感到一种难以名状的压迫负在身上。那是他同边小素相识的两个月后，他想约她去公园走走。自从认识边小素，白洛宁仿佛觉得自己踏上了一块无垠的草甸，浑身富有弹性。大学如清水豆腐般的日子将熬过，再有几个月他就解放了。这几年他成了书的囚徒，千百年的名人压得他像只癫虱。他无心顾及个人的生活色彩，再说每天从他鼻尖底下走过的女同胞无一能转移他的注意力。他对女人有一种天生的淡漠。这淡漠时常给他带来些莫名其妙同时也令他孤芳自赏的得意。他觉得一个男人能把女人搁在心的投影之外委实是不凡。历史上不凡的男人都是把女人看得比鸿毛还轻的，那时他这么想。但是边小素的出现，使白洛宁不知不觉地把这份矜持流放到不毛之地。他发现自己爱上了她。白洛宁走到那个被称作"红门"的省委宿舍边上，突然意识到荒唐。我同她究竟是什么关系？她并没说她爱我，甚至连一点儿暗示也没有……

这太莫名其妙了，我算老几？他想，如果边小素不在家，我怎么说？胡找一个理由混了就走，但她家里人会问我姓什么然后告诉她。那她会怎么样呢？她可能会像从别人腋下抽过一本书似的说："噢，见过。"如果她在家，那……那就更糟！她肯定会感到意外。等平静后肯定会在心里说："嚇，竟闯上门来了！别看他装模作样的像座冰山，可一支火柴便化了。"

白洛宁迟疑地停下来，而这时一辆黑色的"伏尔加"在他边上停下了，接着走下一位身材魁梧、神采飞扬的大约年过半百的男人。他看了白洛宁一眼然后微笑着说：

"是小素的同学？我是她爸爸。"

"哦，边部长……"白洛宁双手接着边达伸出的手，"小边在家吗?"

边达看了看白洛宁，说："你们刚认识吧？"

"是的。我和小边不是一个系。我在中文系。"

"怪不得，你连她住哪都不清楚？她在外面住三年了。年轻人，总觉得老家伙在边上碍事，其实到了关键时刻又离不开老家伙……到屋里谈吧。"

"不了。我本来是想找她……借本书的。"

"借书？有意思。以前几位男同学来也说是借书……"

一想到这一幕，白洛宁就觉得自己太嫩。边达的微笑在他脑中刻下了很深的痕迹。边达仿佛是从神龛上走下来的如来，他白洛宁每根神经是怎么动作的都了如指掌。这老头真是个可敬可畏的角色……

沿雷阳堤巡了一个来回，白洛宁的心绪稍平稳了些。这条长达63公里的江堤此刻正宛如一条卧龙，静静地匍匐着，似乎那江的势态之于它是无所谓的。吉普车经过雷阳闸时，天开始显白了。水天之间的界限逐渐清晰起来。那界限一开始是乳白色的，不久便转为玫瑰色，等这颜色润开，天整个地透明了。

七

苇子那天去雷阳镇卖鱼一肚子不快活。她不喜欢到镇上去。镇上的人都认得她。她一露头便听到背后有人说："这不是老龙水的女吗？还没讲人①？"这话苇子听得耳都结胼了。镇上的女人穿得花哨，也穿得越来越大胆了。杨树湾人就跟着学，连松茂家的巧凤三十好几了也穿玻璃纱连衣裙，两个坠奶子用布条兜着，印得清亮。巧凤这狐狸真把桃花寨人脸丢尽了！可哥还老是在背后夸她如何如何，大要是听见非得掌他的嘴！苇子每回过杨树湾，巧凤在屋里一伸头就喊她进去喝茶。苇子总装作没

---

① 即说亲。

听见，一低头就过去了。巧凤是冤鬼哑子的侄女，按辈分苇子要叫她姑呢！

镇上的女人穿穿戴戴得倒还真的嫩生了许多。她们混在江上漂来的城里卷毛鸡中一时还难分得清。城里人说："哟，这地方蛮热闹嘛！"镇上人就接道："可不是嘛！"城里人说："哟，还能买到大彩电，"镇上人说："这玩意儿咱们这多的是咧！"南腔夹北调，不要脸不要脸！苇子看不惯城里人，男的女的都看不惯。城里人都是鲇鱼，要多滑有多滑。城里人的心都是墨汁腌的！苇子心烦了鱼就不卖给城里人。有一回城里的一个司机愿出五块钱一斤的价买她的鳜鱼，她理也不理，转眼以三块五的价卖给了陈家镇的人。那司机待了好久，说苇子发了神经。苇子两眼一瞪回了句："你家爱发了神经！"司机不明白"爱"的所指，竟哈哈地笑了。苇子也背过身笑了。她笑城里人蠢得赛猪，连自家从哪里冒出来的也不晓得。

苇子总是天阴落雨到镇上来卖鱼。她手里有把黄油伞，好大，撑起来只看得到两条小腿。雨住了她也不拢。她不愿看见镇上那些爱俏的妖精。这几天大的心口痛，苇子晓得是大的酒瘾发了。大一发酒瘾心口就痛。大有好些日子没沾酒了。哥前些日子从安庆带来一瓶酒，瓶子实在好看。听是三块多的酒，大就舍不得喝。大说要留到生日那天喝。可大的生日还有个把月呢！苇子就提着网下了河。如今的鱼不晓得飞到哪块去了，苇子网了一上昼只网到两三斤。苇子不网了，这鱼给大换酒够了。

日头好凶。油伞遮阳会叫人笑话。苇子从口袋里摸出小圆镜子，在树阴下照着照着脸上就飞起了两团胭脂云。这脸模子实在是生得好。镇上有吗？杨树湾有吗？苇子抿抿嘴，把两根辫子抖散又重新勒了。辫子紧绷绷的甩起来好神气。这一路上就有许多人死着眼看她，苇子下巴扬着，嘴抿得好紧。刚进镇东口，苇子便听到一个声音从脑后甩出。苇子晓得又是杨树湾的货色，叫毛狗。

这毛狗是孤儿也是寡汉，却生得很有几分人样。一套银灰色的派力司穿着，鼻梁上架着变色镜子，不听他的喉咙谁都以为他是城里人，起码是个司机。前年因犯了赌博，精光赤条地被公安带走。先是一顿好打，然后端来一盘包子。毛狗就扑通跪下。他听人说国家杀人总是先让死囚吃顿包子。公安人员不知所措，明白过来便哈哈大笑，说你小子还晓得怕，那倒不错。接着来了一番教育，间或拿出手枪用红绸子擦来揩去。毛狗被关了四个月，穿着一身发给的服装，黑夜绕回了杨树湾。第二天副镇长李松茂把他叫来，点着鼻子训了一通，说他给杨树湾抹了大黑，否则就有可能进入全县文明村评比行列了。众人闻之无不跺脚。不过这文明村在毛狗心里并没占上多大场子，他只觉得这么作践自己，愧吃了二十好几年的油盐。当下心里便推磨似的推了几番，不承认自己脑子比别人孬，不承认自己力气比别人小，就决心实在地干一场，将耻雪尽。于是就回了一趟徽州老家，学会了制毛豆腐的手艺。回到家，便租了雷阳镇的一爿店面，经营起毛豆腐来。这毛豆腐的味道介于豆腐与腐乳之间，用油煎着下酒，是极好的一道菜。于是生意就日胜一日地红火起来。两年一过，不仅另建了式样考究的店面，还雇了两个帮手，自己以大师傅大老板居之。毛狗二十九了，早该讨亲了。有人推荐了几个，他都掂不出分量。其实他心下早住了一个人。就是苇子。他知道苇子性烈，但他也晓得烈女怕缠夫。于是在挨过苇子一次嘴巴之后，信心竟加倍地树立起来。他无事就在路口转悠，看见道上走来了苇子，心里便滚了一下，然后摸出烟抽，作思考状。他晓得苇子看重文化人。

"苇子，又来卖鱼？"

"要你管！"

"我当然是管不了啰……我跟着玩玩总可以吧？"

"你不嫌脚贵？"

"哪里话！这是我毛狗的福气嘛！"

苇子看了毛狗一眼，把胸前的一根辫往后一送，背过身偷偷笑了。

镇上人说今年水势必定猛。日晕起了呢！大老早就讲过有日晕就有大水。那日晕可真好看，像个五彩项圈。杨树湾人又得烧香了。如今他们有楼，还怕水吗？楼是新的，脚基松，一泡尿就冲走了。苇子就觉得心下好舒坦。又一想，咒人总是缺德。杨树湾对我一家都看得起，这还不都是大在塔下刨得了宝？大早不刨迟不刨，偏偏等我落地刨着了。都讲我是富贵命，好得太凶便克死了我的爱。我的命有么子好？苇子眼珠儿便暗了许多，有人问鱼卖么价，她懒得开口，磨过脸去把眼角上的一点湿抹了。

毛狗又跟了过来，手里端着一只塑料盆，装着水。毛狗蹲下来把地上的五寸长的鲫阔子扔到盆里，不过鱼都翻了白肚。

"哎，可惜！早就对你说过嘛，活鱼值钱。"

苇子没心思听这些，望着别处。

"城里人来卖鱼都不用篮子，用桶，不就是想图个鲜活？同样是鲫阔子，死活价就差了近一倍。城里人……"

"你嘴么子不生疔疮？"苇子把鱼捞起，又将那盆连着水一块摔到边上。水溅湿了毛狗的裤脚，他连蹦了几下。

苇子就又咧了咧嘴。这毛狗也真是好性子，这么作践他都还耐得住。要是轮到哥，早就一巴掌扇来了。哥没打过我。他打过巧凤，打得好凶。那一回，李松茂脸都气白了，要是手里有枪肯定就开了。我这脾气也孬。毛狗上回也并没碰过，只说喜欢我，话没说完我就动了手……

"毛狗，上回……"

"上回么子？"

"上回的错你还没认哩！"

"我……我错么子了？"

"还不错？青天白日拦着姑娘家讲那种缺德话！"

"青天白日讲才叫光明正大嘛！那话怎么就缺德呢？电影片子里不都是……"

"你滚！"

苇子提起篮子走了。她要换个场子。她晓得毛狗在受气。这才好呢，省得像魂一样缠着脚跟。苇子本不忍心这么作践毛狗，她心里晓得该认错的是自己。不过这错一认毛狗必定会加码……毛狗也好可怜。可我不能做他的堂客。我不是嫌他叫公安关过。我哪个的堂客也不做！

"喂，这鱼怎么卖？"听口音是汉口下来的。

苇子头也没抬地说："两块。"

"两块？贵了，一块五怎么样？全称了。"

"称吧！"

要是平时，苇子会还价的，至少要还到一块七。今天她心里霉得很，不想磨。过了秤，两斤七两二算两斤七两，两斤三块七两一块零五一共是四块零五。

"对不起，实在没零钱了。"那人把四块钱扔到苇子面前，打算拎鱼就走。不料毛狗又过来了，说："已经让了你二钱了，怎么又扣下五分呢？"

那人正视了一下毛狗，说："没零钱。"

"如果你真没零钱，倒还说得过去。可你忘了刚才在那面吃毛豆腐的时候，我找给你不少毛票角子呀！"毛狗摘下变色镜用衣角揩着，两眼直眨。

那人认出毛狗脸便陡地红了一端架子叫道："你少管闲事！"

"还想来武的？像你这号，就是来一打儿，我照朝江里甩！"毛狗说着就逼了过去。苇子直眨眼他也不顾。这时候上来看热闹的多起来。那人悄悄地把手放在屁股后面抠了一阵，果然就抠出一枚五分的硬币，朝地上一砸，转身想走。但是毛狗抢先一步拦住他的路，脸猛地一沉，说："捡起来！"那人不捡，毛狗就一把封住他的领子，那人顿时就高了一截，围观者笑得东倒西歪，对着那人指手画脚。忽然听到一声："怎么回事？"

来了镇长李松茂，大家便闪开了一条道。李松茂左右看看，见毛狗还提着那人，便厉声说："毛狗，你讲不讲礼貌？五讲四美是怎么学的？"

"是他先不讲礼貌的！"毛狗说。

边上人也七嘴八舌地说起来。李松茂知道缘由，就说："为了五分值得这么做？修养哪里去了！"接着拨开毛狗的手，对那人表示了道歉。那人的元气得到恢复，提提领子，对着地上的五分钱踩了一脚，就打算挤出人缝。这时苇子竟上前一把夺过那人手中的鱼狠狠地摔在地上，又将那揉皱的四块钱抛下，对地上响响地吐了一口口水，拨开李松茂走了。走得好快。

八

巡完雷阳堤，白洛宁在宿舍里召集了区、镇负责人会议，传达了地委书记边达的指示。大家听了就松动开来，谈及昨天的日晕现象，又联系了历史的经验和目前的水情,认为今年的水势怕有过于历年。接着又议了成立指挥部的具体事宜。会议整整开了一上午,最后白洛宁说:"目前要尽快搭起架子,以便形成一个指挥中心,把各堤段的工作统起来。区、镇、乡的其他工作统统让路,全力以赴,确保江堤安全渡汛!"

白洛宁接着把这次会议情况与县委书记宋尚志作了通报,他提出了抽调人员名单,希望宋尚志代办一下。可宋尚志说这事得经常委集体研究才能决定。白洛宁正想解释,老宋已把电话挂了。

"都什么时候了?!还研究!研究!"白洛宁很不耐烦,看了看表,已是十一点四十,心想开往雷阳码头的早班轮快到了,就准备去接地区的来人。正要出门,李松茂来了,脸上笑眯眯的。白洛宁很觉奇怪,就问他笑什么。李松茂笑而不答。"松茂,"白洛宁说,"通知旅社负责人把这幢楼全腾空,由指挥部统包了,地区的同志一会儿就到。还备一桌饭,随便些。"李松茂说没问题。白洛宁拍了拍他的肩膀,就叫小马准备出车去雷阳码头。

吉普车在院里打了个圈,一溜烟地出了大门。

剩在院子里的李松茂对着那小车冒烟的屁股,看了好久。

刚才白洛宁在会上一番讲话,李松茂并没有听进去多少。他被白洛宁那一口流利的普通音和讲话的派头吸引住了。那派头煞是抓人,不时把手绕一下又不时把滑落在额头的头发往上一推,海得很。人要衣装马要鞍,这是旧话。如今是人要"帽子"马要鞍了。帽子越大嘴越大,嘴大理大,理大气粗。这小白如今往台上一站就像那么回事了,上面一撇嘴下面跑断腿。那老王胡子,当了六年的区委书记,论年纪至少做小白的老子,眼下倒规矩得像孙子。会一散,老家伙便忙着贯彻去了。李松茂觉得好笑,笑过了又感到有什么东西横在心里。他靠在一棵白杨身上,摸出烟来抽。可是烟盒早瘪了。这还是包带过滤嘴的牡丹牌呢!是上上个月家门口的德荣出席地区灭鼠表彰会回来,塞给他的。会议凭票供应,一人五包,德荣给了他三包。他吃了两包,这一包本来打算给朱半仙——这瞎子一听说李松茂升成了镇长,就从天柱山下来讨酒讨烟。昨天在路上拦住了松茂,瞎子就自命不凡起来,说自己半仙之体不是虚,当下就讨烟吃。松茂便在路边小杂货铺里买了一包佛子岭,给了半仙。可这瞎子并不十分的瞎,实际是白内障,左眼还余有一丝亮。瞎子拿过烟，对着太阳照了，就说："李镇长，这等的烟只能支应收尸起坟的货色，我朱半仙可抽不起哟！"李松茂晓得这瞎子的脾胃，是个顺摸的怪物，惹翻了会有三日三夜的好咒，于是便笑哈哈地拍拍瞎子肩说："铺里就数这烟高级，你要不嫌烦，等我从杨树湾回来，给你牡丹牌如何？"瞎子就咧开了嘴，连说"担当不起"。李松茂虽是唯物论者，但也忌讳半个不吉利的字眼与他发生关系。可是下午县里来了电话，说白书记要到。李松茂便揣着这牡丹牌上迎宾旅社了。昨夜同白洛宁谈了一会儿，全是李松茂敬烟。一包烟两人抽，能有几回？剩下几支刚才开会时吸光了。李松茂把空烟盒揉作一团，扔到边上泥水里，人却还倚着那棵白杨。

真是三十年河东转河西呀！哪有三十年呢？十多年罢了。小白是七三年春上来的？不错，是七三年。正闹批林批孔嘛！来的时候十九岁，细细的个条，上身是黄军装。那回一共分到雷阳区的下放学生有三十好几。有上海的也有南京的，还有芜湖安庆的。各村——那会子叫队——摊一个。小白分到杨树湾。桃花寨也分去一个戴眼镜的，姓庄。原先分到杨树湾的是个女的，可是巧凤死活不许。"那女学生日后要是肚子鼓了就是你狗日的作的怪！"巧凤就这个德行不好。其实城里的女人不都是电影上的嘛！巧凤要是上电影也会成明星的。我就找了王胡子。那会子他是公社书记，我是大队支书。王胡子说："巧凤这么凶，该叫到批林批孔去！"就把小白领到我面前来了。小白虽然长相斯文，人事却还顶会支应，喊了"李书记"就递上一支烟——也是牡丹！也是带嘴的！我挑着他的行李，带他回杨树湾。一路上他烟递个不止，他自己还不会吸。我说你不吃烟就别买烟了，人家不会怪的。他抓抓头，笑笑。他后来一直买烟给人家吃。队上一些懒货摸到了这个窍门，饭后一抹嘴就往小白屋里钻。小白就又散烟。日子久了，小白把烟放在烟囱台上，哪个来了就自动去抠。为这事巧凤骂过我，叫我在社员会上讲讲，不要揩下放学生的油。"下放学生一天只抓六分五厘工，还不值一包烟钱呢！"她倒好通情。我说这是周瑜打黄盖的交易。小白是个精明人，要是我封住会断了他的人缘。巧凤就说："下放学生也好可怜，放着城里好好的书不念跑到山沟里来扒泥巴，还说是接受'再教育'！"我说这是形势发展的需要。"这形势越发展越叫人脚跟软乎。"她这张嘴迟早要给我招祸。那回在田埂上竟哼了一段《小辞店》，王胡子晓得了撵上门臭刮了我一顿。

原先想把小白安排在队屋里蹲。可队屋里堆的东西太满，腾不出一张床的场子。就做了研究，在我家屋后接两步水①，做了个披。巧凤倒也欢喜，说等伢子大了可以靠着小白学文化。她说小白一笔字像模子拓的。倒也是。以后我家里请裁缝还是请木匠，都叫小白过来陪客。逢年过节自然不例外。小白也客气，每次由南京回来，总要意思意思。外人说我们处得同兄弟。这么说的多了，我倒生了疑，一怕别人背后议我暗得了下放学生的不少好处，二怕……

李松茂回想起那个秋天的晚上，心里便起了慌张。他四下看了看。那夜，他从公社开会回来，已是很晚了。月亮惨白，杨树湾连狗都困死了。全村只有小白屋里的灯还亮着。李松茂本想进去坐会儿，谈谈近来的国家形势。可是在王胡子那里多喝了几盅，又走了十来里的路，头重脚轻得厉害，就没打招呼。他开了自家的门锁——夜里他出远门，都得上锁。一家人都困下了。巧凤的脸和一只胳膊在月光下像面粉揉出似的，松茂见了，不觉又动了新婚时的荒唐。他挨着女人边上坐下，把女人那滚圆的膀子摸了一遍，又捏了捏脸腮，而后自个儿脱光了衣伏下了。正想去解女人怀，女人却翻了个身，把被子夹在两腿间，嘴里叽咕一声："小白……"松茂一惊，酒彻底地醒了，直觉得血由脚跟涌到了耳根。他一把将堂客提起，接着一巴掌扇过去：

"草狗！"

巧凤醒了，嗅到一股酒气，以为是男人发酒疯，便还了一巴掌：

"几滴猫尿就拿老娘开心！滚！"

"你这草狗！你……老实交代！"

"我交代么子！猪货！"

"你老实交代！怪不得小白挨着家边上住你那么开心哪！你交代！"

这下巧凤明白了，便由床上跳到地下，坐倒像陀螺似的转，大吼："天哪——你这黑心猪哪——"

伢子吓哭了。左邻右舍也醒了，弄不清支书家出了何事，半夜如杀猪似的，就一下涌了进来。小白也来了。松茂身上只剩了条裤衩，一时

---

① 农村建房，一只椽子的长度为"一步水"。

冷一时热，见小白露脸便横着眼一掌挥了过去，小白顿时呆了。

"李书记，你……"

"你心里清楚！畜生！"

大家这才晓得了点岔子，却不敢出声。可是小白捂着脸说："李书记，我白洛宁还不至于这么下作！你讲话得有根据，不能乱咬！"说着，就一头跑走了。

巧凤又是大吼："冤枉哪——"

粗了些！李松茂叹了口气。这场风波弄得不好收拾，小白要求调队，堂客要打离婚。结果还是王胡子出面调解才压住台。这以后，小白同他疏远了，巧凤也对他淡漠了……唉！李松茂觉得，这件事很对不住白洛宁。幸好第二年他考大学走了。原想临行前同他谈谈，赔个小心①，可细一想，这小白走就走了，日后也不再打交道，觉得又没这个必要，就算了。怎知后来的事会这么奇巧呢？前几年听说白洛宁当了地委杨书记的秘书，李松茂就犯了后悔。那回白洛宁随杨子东到雷阳来，李松茂是知道的。他想来会会小白，可一到区委门口脚跟就发了软。与白洛宁失了联系，对于他李松茂自然是个损失。他想作些努力，挽回挽回。他多次给白洛宁写信，但每次不等贴上邮票就揉了。

而今白洛宁成了白书记！成了县委领导人！消息一传出，李松茂心里作麻作冷。他想这下自己的八字捏在人家手里了！其时他是副镇长，依然是个乡级干部。镇长才算副区级，平调到县直机关也摊得上个副局长，或者科长。这一档很不好爬。如今又讲究文凭，论文凭他只能勉强填个初中。科局级干部要经县委常委讨论，白洛宁只须来一句"文化不够"就把他勾销了。他又不熟悉常委班子里别的人物，谁会替自己讲话呢？李松茂为此一连几天地失眠，常常夜半靠在床上吃烟。事到如今躲不如迎了，反正是黄瓜打锣一锤子的交易，不妨主动些。于是他就寻了个由头，带着关于请求县财政支援解决迎宾旅社贵宾楼收尾工程的报告，去县委了。他直接找了白书记。两人一见面，多少有点儿局促。白洛宁叫秘书泡了茶，问了杨树湾这些年的发展情况。李松茂都作了简明扼要

---

① 即赔礼。

的汇报，同时又暗示了自己现在的职务。

"雷阳的基础不坏，自然条件也蛮可以，应该要干出些名堂来，步子不妨大些嘛！现在是改革的年代。"白洛宁轻慢地说。

"欢迎白书记多去指导！"李松茂说。

"要去的。如果常委分区包点，我倒可以考虑选雷阳。"白洛宁说。

"白书记对雷阳熟，能去抓点那是最合适不过了！"李松茂说着又递上一支烟。

谈过这些，白洛宁大概要出门，就问李松茂可有什么事。李松茂不大好意思地笑笑，从提包里拿出了那份报告。白洛宁浏览了一下，也笑了，说："我初来乍到，情况不熟，批倒是可以，灵不灵就难说了。"当下作了批示。

果然就蛮灵。

李松茂喜出望外。他并不在乎款子可否得手，关键是这个事实证明白洛宁对他李松茂并没有什么异心。他如释重负。更说明问题的是后来，县委常委通过了由李松茂出任雷阳区委副书记兼雷阳镇镇长的决定，组织部专门下了文。至此，李松茂那颗缩了好久的心终于舒展了一下……

白杨的影子朝西移了，李松茂才想起，该去厨房检查检查。这个阶段是丝毫不能有所讹错的。

九

昨夜运生把船撑到对岸时天地已混沌了，雨在匀匀细细地落。这雨最能湿东西。杨树湾的灯火越发亮堂，便把船上这颗湿透了的心温暖了许多。这一水之隔，却有着天地差别，运生的气就喘得粗了。

灯火间，笑语夹着《新闻联播》开始的音乐，娓娓地送过来。隔得这么一截子，而那曲子竟听得分明，必定是许多家的机子一齐开动了。桃花寨一台都没有。有也白搭，无电。夜一到，除了去摸那油巴巴的扑克和到麻子扎匠屋里听他谈古，就无从打发了。有堂客的，夜饭吃过就拖堂客上床去偎。偎过便起惊慌，数着日子等堂客来经。若迟了几日，做老板的就整日地叹气，怕政府上门罚款，怕堂客被拖去阉割。又怕堂客"小月子"坐多了会失去往日的鲜活，也怕从黄土里抠出的几张票子让"小月子"舔尽。运生把脸仰起，好让细雨凉凉热烘烘的两腮。运生从小不把自己当桃花寨人。他本来就不是桃花寨的种。到底是哪里的种谁都不知晓。反正不是桃花寨的！这霉场子！他想走，走得远远的。可是努力几次都没走得动。你到底想不想走？！

雨由颈口灌下，下到心口。运生又一次被杨树湾的灯火吸住，竟痴迷了。这片灯火好势派呀！而最亮的，是路边顶东头的那家。是的。这家的灯火好狂！

这是镇长李松茂家。

松茂这东西活脱是泥鳅，是螃蟹。眨眼工夫，就成镇长了！如今这等货色最好混。

雷运生与李松茂是同年入党的。也是同时担任大队书记的。到此为止，两人就分手了。一个越混越红，一个越混越霉。而这两种结果又同出一辙。

是好几年前的事了。当时的公社划小，原雷阳公社分为两个公社，于是区委就想从基层大队物色一名公社副书记，作为正式国家干部入编。挑来选去，圈子越缩越小，最后落在杨树湾的李松茂和桃花寨的雷运生身上。区委书记王胡子公开放出口风，说二者择一。这王胡子虽生相鲁莽，却粗中见细。他这么做是想听听百姓的反映。果然就极灵验，不到几天工夫，找上门向王胡子谈那两个人选的实在不少。也有写信的。从反映看，站在雷运生那边的要重得多。王胡子很高兴，觉得这种方法测定干部是一大发明。如果笔头子好用，他想写篇体会送到地区报纸上露露。谁料这当儿雷运生闯了祸——打了人。而被打的又恰恰是竞争对手的堂客巧凤！王胡子觉得好奇怪，当下便骑车子去了现场。王胡子到的时辰，巧凤还瘫在河滩上乱滚，运生站在一边用脚蹬着卵石。围了许多的人，嗡嗡一片。

"怎么回事？啊！"王胡子直奔运生，板着脸厉声说。

运生头不抬，腔不搭，嘴角却还在微微地颤。

巧凤见区委书记来了，便连滚带爬地赶过来，双手抱住王胡子的小腿，哭嚎着："王书记呀，青天白日打一个堂客，算什么共产党哪！王书记呀……"

王胡子拉巧凤起来，竟没有拉动，拉了两下胡子里就渗出了汗，大气吁吁。忽听得背后一声"松茂哥来了"，王胡子心下又紧了一分，他晓得松茂极疼这堂客，且也是条火性汉，生怕事端会扩大，正考虑如何发话，可是松茂的脚步放稳了，又从怀里摸出一支烟递了过来。接着松茂猛一把将堂客拎起，眼一虎说："家去！"

巧凤被男人这副凶相看实吓住，竟咽了哭泣。边上的几个年长一点的妇女就趁势架住巧凤，往回拖了。巧凤这才又哭："不讲理呀——"

河滩上渐渐就剩下了三个男人，都不做声。

"怎么回事好好给我写出来；要犟，我就通你的报，叫你在整个雷阳丢丑！党性都哪里去了？"王胡子气尚未消，把半截烟扔了。

运生还是不响。

这时松茂说："王书记，一个巴掌拍不响，巧凤也要扛点担子。巧凤的德行我晓得，一张嘴前世没修得好。"又走到运生边上，说："运生兄弟，你我都是喝一条河水的，抬头不见低头见嘛！巧凤有么子不通晓的，你还得海量些……"

"哪有党员打社员的？亏你还吃过两年兵粮！还像个支书吗？一定得查！"王胡子说。

"算了算了！王书记，看人不能尽看枝节……运生这几年在桃花寨搞得很不错……"松茂说。

"桥归桥，路归路！"王胡子说。说完就甩手走了。一路说着"太不像话"。松茂也随后走了。日头刚到头顶了，他留王胡子到家吃个便饭。

运生还站在那里。他不想写检查。手剁掉也不写！关于这件事的起因至今无人知晓。不过，雷运生的确被全区通报了。不久，要求撤销雷运生大队书记职务的来信又鸽子回窝似的飞到王胡子手上。王胡子心里的秤自然就不往松茂那边歪了，无可奈何。直到如今，王胡子碰到运生心里还在说："这犟种，活作！"

天越发暗了。河边有了风，运生这才觉得冷。苇子怎么还不回来？该不会出什么事吧……运生用手挡着雨，朝路口张望着。这个小他一截的妹妹仿佛是他的手足，他痛惜得厉害。为了苇子，他骂过人、打过人，甚至还想杀人！他也因此挨过骂、挨过批、挨过打，且打得不轻。那条条的鞭痕落在背脊上，天一回潮就出奇地痒。他先前是想同苇子圆房，现在不想了。但他希望苇子早日嫁人，嫁得远远的。近的也行，这杨树湾不是蛮好？可苇子不许任何人在她面前提亲。苇子越发地痴了！运生心里不禁酸了，旋即牙齿又咬出了响。这过后，他又替自己酸了一回。三十四了，即使在城里也算是正经八百的大男。城里还有婚姻介绍所。眼下这块场子能有几条这样的光棍？又有哪个女子愿嫁到桃花寨呢？有支歌子叫《桃花盛开的地方》，极好听；可那里的桃花绝不是桃花岭上的桃花！那里的桃花必定同脂胭一般的鲜艳，这里的倒像血，死人的血！

无论如何得离开这鬼气森森的场子！

这时候，飘来了一个脆脆的嗓音，唱的是黄梅老腔的《山伯访友》——

隔竹帘施一礼梁兄请坐，
细听你祝九妹表表杭学。
妹自幼在家中挑花绣朵，
描的龙绣的凤牡丹芍药。
莲蓬花绣得好未把叶破，
凤凰头少挑眼一时之讹。
……

是巧凤的喉咙。这狐狸，竟天生了一副好嗓。巧凤若不是与松茂早早地成婚，怕八百代叫剧团挑去了。苇子的喉咙也不孬的，可苇子好久不开口了。运生叹了口气，猛见雨帘中一个人影急急地闯来，就问："可是苇子？"

"是我，哥。"

"怎么磨到这会儿？大急狠了呢！伞拿去。"

"不打了，反正淋透了。你么子早不打？"

"掌篙如何好打？也就懒得打了。上船吧，我掌篙子。"

"我掌吧。"

"不，我掌。"

两人就上了船。运生一点篙子，船便悠悠地滑开了。雨点密了些，落在水里似一捧豆子在筛里转滚。那岸上的喉咙便断断续续起来：

……
在东楼与大嫂三掌击过，
从腰间解下了七尺绫罗。
我若是在外头有个差错，
这绫罗一见奴面就沾满泥沱；
我若是在外头无差无错，
这绫罗一见奴面就赛过花朵。
……

十

太阳的白光在似乎是固体的浪脊上颤动。浪努力地保持着严肃，极阔气地走着。江面上弥漫着薄薄的蒸汽，使那本来很蓝的天有一截成了浅灰色。轮船如同沉浸水里好久的大鲸，正显露出半个脑袋浮于白浪间，且在微细的暖风中做贪婪的呼吸。扯着旗子的桅杆，此刻正在把自己被风揉皱的影子专致地往脚跟拢。旗子已恢复了原有的面貌，像蒲扇似的招来招去。然而昨夜一场雨，却使那立在岸边的杞柳和那卧在堤后面的山绿了许多许多，都已不再作憔悴。

舱里依然是热。旅人差不多都伏在栏杆上，眯眼去看往后躲去的景色，又去看顶上的白日。

昨天便是这时分起了日晕。

这一路上旅人谈论最多的，便是日晕。见过日晕者，皆以曾经沧海难为水的气派，又以江湖人轻慢的神色与手势，去吊正半张着嘴听他说话人的胃口。讲完了似觉还不够，便生发出大水之年个人奇特经历来，作为补充。那种大难不死必有后福的现身说法，总是极富诱惑力且让人痴迷的。不过这些谈论，对于水利工程师庄雨迟却毫无吸引力。他不止一次地在大水里泡过。又在大学水利系泡过四年，自觉全身的骨头均已泡酥。流量、落差、坡面这些味同嚼蜡的玩意儿霸占了他的大脑，把往日库存的文学与艺术的细胞刺配到古陌荒阡去了。庄雨迟做梦也没料到自己会操这号手艺。他明明报考的是文科,可数学恰恰又考了满分,全省第一。那年刚恢复高考,不论文科理科或者医农,语文、数学和政治,都是共同的试卷。那年的试题由各省出,庄雨迟自觉门门都考得可以。只是在作文上犯了难。作文题叫《紧跟华主席,永唱东方红》。他不知该怎么写好,笔悬了许久不能落下。索性不写也好,但他竟下意识地在试卷上方斜写了一句话:我好久不唱《东方红》了。这是他心里想的,可他写出来了。交卷时他还没意识到有这么回事。两个月后,等所有的录取通知书发完,他才被叫到省高考办公室。是谈话。同他谈话的是省高考领导小组组长,也就是省委宣传部副部长边达。面对面地坐着。中间是办公桌。庄雨迟第一个感觉是边达的块头很大,每条皱纹都含着严肃。可是这时他还不知道自己凭什么值得受这种级别干部的接见。他有点不安了。他看着边达从公文包里拿出一张纸,从后面能映出那张纸上有一个用红笔画的极大的"?"和"!"。

"这是你的试卷吧?"边达把试卷推到庄雨迟面前,"你自己看看。"

庄雨迟凑近看看,心一惊。我他妈的发昏了!他没吱声。

这时,边达划了火柴,抽烟;站起来,一只手解开上衣纽扣,然后又走到窗前、走到沙发前。两分钟后他转过身严厉地说:"胡来!"

庄雨迟还是没吱声。

以后边达又说了些什么,庄雨迟不记得了。最后边达对他看了一会儿,突然问:"住宿有问题吗?"

"还要……住几天?"

"明天就回去吧。你们这些年轻人哪!"边达摇了摇头,又按了按庄雨迟的肩,按得很重。就这么完了。

没让写检查,庄雨迟觉得还算走运。联系到家庭出身与父亲的历史,他当然不再等什么录取通知书了。可是一周后他的通知书来了!是工学院水利系。庄雨迟在进校第二年才知道,他是补缺补到工学院来的,因为他虽然犯了政治错误但又是全省的数学王子,于是就这么对立统一了。

但从入学的第一天起他就想改行。至今还想。

庄雨迟自然没想到当年的边副部长会成为现在的边书记。据说当初在对待庄雨迟的问题上,省高考领导小组有截然不同的两种意见:一是要考生作深刻检查并内部通报,当然就取消录取资格;二是要考生写检查但不作通报,可以考虑作为补缺名额录取,因为考生的成绩是拔尖的。持后一种意见的是少数。问题到了边达这儿就不再上交。边达的意见是对考生进行批评帮助,提高认识。他同意作为补缺名额录取。这事就了结了。又据说后来有人向省委负责同志反映了边达的问题,说他政治头脑不够清醒。省委负责同志便对边达进行了批评帮助。第二年,边达不再担任高考领导小组组长。不管传闻是否属实,庄雨迟对边达是感激的。毕业后,庄雨迟经过省城去看望边副部长,可是门岗不让进。后来他打听到了边副部长家的电话,就决定与边达通一次电话。他想如果边副部长记不清他是谁,他就把电话挂了。

"喂,边达同志家吗?"

"是的,哪位?"是个年轻的女声。

"我叫庄雨迟。请问……"话没说尽就被对方咯咯咯的笑声打断了。接着是:"我爸爸出差了。"

"哦,那请代问候……"

"我倒想见见你。你现在有空吗?你在哪?"

"我在四牌楼公共电话亭……"

"那么劳驾你站着别动,我马上到。"

电话挂断,庄雨迟觉得挺滑稽。他想这边达的丫头倒蛮有趣,素昧平生却一见如故,不,应该说一听如故。他开始揣度她的形象。他想她不至于像她爸爸那样高大得略嫌笨拙。她的皮肤自然应该白一些也细一些。她多大了?庄雨迟触及这个问题便笑了,莫非是想同我谈恋爱吧?就这么开心地想了一会儿。身后传来"嘟嘟嘟"的大响,他扭过脸,面前那个骑摩托的穿大红羽绒服的女子正对他看,然后她一掀头盔,问:"阁下就是庄雨迟吗?"

"是的。你就是……"

"边小素。请上来吧,去看看我的沙龙。"

庄雨迟犹豫了一下。女的骑摩托带男的,够窝囊。但是别无选择。他坐上去了。很长时间过去后,庄雨迟梦到这回坐摩托车的情景,还是觉得委屈到了极点。"我像是当了一回太监。"他说,"我几次想跳下来!""为什么不跳?""因为你的背影蛮漂亮。""那么我永远给你一个背影如何?""这未免太残酷了。"

——然而是梦。

"旅客同志们,前方停靠港口是雷阳港。轮船正点到达雷阳港的时间是十二点四十分。……"

庄雨迟从衬衣口袋里掏出了香烟。来时太匆忙,把气体打火机忘了。他把烟收了回去。在甲板上徘徊了一会儿,他看见不远处的一个旋涡。那旋涡越旋越近,正在把一片竖起的芦苇叶子旋沉下去。庄雨迟的身体向前倾了一下。一股酸透了的液体迅速顺着他的食道朝上爬,他忍不住地把它吐到水里,牙齿一碰,发出森森的响。

和以往一样,庄雨迟只要是逆江而行心绪就乱了。这是一条怎样的江哪!水早已不再是清澈的,浑浊,像放久了的和酱油差不多的血!长江与黄河丝毫没有差别,却都忘乎所以、不可一世地从地球东边的表层神逛,年复一年……

庄雨迟不止一次地求过边达:要求改行。边达说:不行。

"我干这行纯粹是历史的误会!"

"误会也是历史的一部分。"

庄雨迟是昨天上午被边达叫去的。"你去雷阳堤主持工程技术工作。那儿你熟。"边达劈头就说,"一定要确保江堤安全渡汛!出了问题我不可能再那么轻巧地放过你的!"

当晚他没合眼。他靠在床上久望着窗外黑的夜和细的雨。那雨滴在遮阳的油毛毡上嘭嘭地响。这节奏与他的心律始终达到默契。心的活泼业已失去,像老化了的沙发堆在阴冷的角落里。天一亮他就得走。去的地方却是他多年来决心埋葬的一个灰色的空间。那是个桃花如未弥合的伤口般红的地方,是一块由蝙蝠的翅膀编织黄昏的地方,是冥冥发出绿色的骨髓榨出磷火的地方……

庄雨迟一直在追随着那个越来越大的旋涡,心底纳满了苍凉。

汽笛长鸣三声,太阳不再那么白了。庄雨迟这才转过身子并且朝前方走了几步。

他看见了那棵歪脖子古槐硬大的树冠。它下面有一个脚印。那不是庚亮的,他想,那是我的!

十一

  雨作大响时，龙水还未睡。夜饭吃得迟，一家三口吃饭不谈笑已好些日子了。运生吃得快，又响。苇子本该也吃得麻利的，但是今夜却数着饭粒吃，只一碗。龙水便晓得姑娘心里搁了东西，并不去问。姑娘大了，老人的话不中听了。运生也不去问，吃罢就进屋打点行当。明朝要去安庆，搭一个江西老表的拖驳去，三两日就回。运生问大可有么子要带的。龙水没搭腔，摇了摇头。运生又问了苇子。她笑了一下，就收拾碗筷到灶间去了。洗过碗，用皂角打了打手，洗净；掩门再洗了脚。出来不再招呼，进自己的房睡去了。屋很老了，但面积还不小。三间一披。中间是堂，两侧为厢。龙水和运生睡在左厢，右厢睡的是苇子。各有一张床。龙水这张，是孙二先生留下的。土改时判给了龙水。本来判给龙水的是一件衣柜，龙水没要。他只要床。他是替玉枝要的。玉枝说这床有福。这床叫"大苏州"。很似一个巨大的匣子，四面皆有花板，雕的是龙凤与桃李，用彩描过。靠里的一面还镶有一块大圆镜，但业已缺了半边。漆也是极好的，是山漆。枣红色，酒一抹便十分地亮。

  龙水头回上这床，是很久的事了。

  自孙二先生进雷阳镇看了赛珍珠的《孟丽君》，就决计留住这娇娥儿。孙二先生在长江一带名声极响，要求一经提出，戏班班主便不敢多嘴。问了赛珍珠，她先皱皱眉，竟也就点头。她觉得江湖上的饭碗好捡也好丢，不如寻个靠山的好。于是全本的戏唱完，就随孙二先生的"篮子"进了桃花寨，一时间四乡大噪。

  那天给赛珍珠抬"篮子"的有龙水，他个头高，抬后边。赛珍珠其时芳龄十七，浓妆淡抹，穿的是桃红的苏州绣花绸旗袍，玻璃丝袜子网到膝盖，高跟皮鞋，手里摇着一柄檀木绢扇。她坐在"篮子"上，居高临下地望着沿路等着一睹她妙曼姿容的人，并无一毫的羞涩，且报以友好的微笑。

  这草狗！龙水心下早已窝火，又被焦焦的日头蒸得汗如雨洗，裤裆发黏，于是过一道坎时，他故意两胛一耸，把坐在上头的戏子吓得一声小叫。龙水正想笑,却如被雷击中似的木了——他看到一只粉捏油抹的大腿和一圈红的裤兜沿。旋即心里那块肉像被细猫的嫩爪抓了几回。

以后龙水天天寻由头去和玉枝说话,瞟那白腿。一日不见一夜就难得合眼。可是热天终有个尽头,秋一来玉枝便不再露腿了。那年秋天极凉,秋分一过河水竟有些麻牙。孙二先生这时见外面形势有了变化,遂生出山之意,进省城运动去了。他这一走,家里原先的两个老婆便结成一体,把几个月来堆积的怨愤啪啪啪地朝玉枝大泄,却又不敢真搞,只是指桑骂槐一番。玉枝倒好自在,心想这正说明了自己的分量,就把笑脸保持得完完整整,无事便去踏那孙家坝,看下面的水活活地流。然而一出门,就生了笼中雀的感叹。想宠自己的是一个黄黄胡须坠坠眼的老头儿,便觉得难为了这一身的活血,于是一丝凉气由那颗嫩嫩的心秒扩散到了全体。这天,玉枝刚到坝脚就听到坝那边嚯嚯地响,心紧了一下。登上坝才知是一伙人在打赌,有人高举着一枚洋钱,说想丢到河里,谁摸着了算谁的。于是就听见一声:"我摸!"是打短工的龙水,一个孤子。举钱的便显出一脸汗,问可是真的?龙水却已在脱衣了,脱得精光!那块块的肉麻石般地在日头下发亮。玉枝忙磨过脸急急地下了坝,心猛地跳快,脸也变得热了。这现世宝!为个把洋钱犯得着这样?她暗笑了一下。坝那边又哄起来,龙水果然就捞着了。黄昏时龙水回来挑水,毛发还不见干。玉枝见了又避了过去。她觉得他还是精光赤条的。那身坯像是紫檀木雕的。而另一个却像是霜打的茄子……

夜里,听见玉枝在窗边低唱——

奴好比鲜花开未曾结果,
奴好比金丝鲤自投网罗。
奴好比离群鸟各自分飞,
奴好比顺风船江心失舵。
……

第二天,龙水一早又去河边挑水,见那美人儿已立在埠头上,对着绿水在唱《山伯访友》——

> 顺水漂来二娇鹅,
> 两只鹅儿一样色。
> 公鹅前面点头叫,
> 母鹅后头叫哥哥。
> ……

龙水便叫了一声好。玉枝回过头,板着脸说:"去把我的茶壶儿拿来。"把自己房门钥匙交过去。

龙水就点点头,但接过钥匙心下便是一顿。他晓得江湖上的红角儿什么都可以叫旁人碰,就是这茶壶碰不得——若有异人在壶里下了倒嗓的药物,就毁了角儿的性命哪!戏园子里给角儿捧茶壶的不是角儿的老板便是戏班的班主。龙水把钥匙捏在手心,望着玉枝。她嘴角咧出一丝笑,又磨过脸去唱道:

> 隔河坡施一礼弟把话讲,
> 九弟有言兄听端详:
> 我家有个小九妹,
> 年方二八与弟相当。
> ……

龙水就是这天半夜头回爬上"大苏州"的。

煤油灯其实烧的是柴油,一夜下来罩子便黑了半截。好几年前公社安电,安到杨树湾就止了。碍于这条雷水。眼下要集资安了,也不知是哪年月的事。龙水无心去想,反正是土埋到喉咙的人了。可这屋子还住着运生和苇子,最终剩哪个还讲不定。龙水自然想留苇子,但养女终归是要给人的。苇子的事耽搁久了,不能再耽搁了。二十八岁的姑娘不当堂客人家会怎么议?那"四只眼"就这么拍拍屁股走了……龙水下了床,见运生已在呼噜,就掌灯去苇子屋里,他要和她议议。父女俩总还是可以议议的。

门虚掩着。苇子放了帐子面对里睡。龙水站在床沿前,低叫了声:

"困了吗?"不见答。龙水就把灯放在衣箱上,站在原地去看女儿的背。苇子一只胳膊枕着头,一只随便弯在心口。这咿困相都像玉枝。可玉枝的头总是枕着我胳膊上的。头回我问她可嫌硬?她说她就是冲着我一身硬肉才叫我捧茶壶儿的。她还在我肩膀头上咬了一口,留了血印。"做个记号,烧成灰我都识得出……"她是这么说的吗?

一粒扣子惹了大祸。孙二先生回来就在玉枝屋里洗了澡,眼镜落在地上,弯腰拾时竟发现了床脚下的一粒扣子。是男人的扣子!不是他的,是谁的?谁进了这房?!孙二先生毕竟是有涵养的,并不声张也不动火。他暗地里挨个在自家长工短工中查对——龙水裤子上第三粒扣子掉了!然后他又回到玉枝屋里,叫来玉枝,关了门再亮出扣子。笑着问:

"是龙水的吗?"

玉枝脸便惨白了,不做声。

"他哪来这大的胆呢?"孙二先生在屋里转了两圈,自语道:"杀了他我还嫌手腥哩!"

"不,不,不怪他……我情愿的……"玉枝就跪下了。

孙二先生平平静静地扇了玉枝两嘴巴,又平平静静地说:"孙某人待你薄吗?"

"是我命薄……我作贱……我死。"玉枝也平平静静地回答,站起来。

孙二先生再没怎么的,叹了口气就离开了。

十来天后,龙水给广西佬提走了。

是夜,桃花岭上有凄凄喉咙在唱——

听谯楼打过了三更时分,
奴的心好比那断油残灯。
实指望同心结配百年好,
怎料想棒打鸳鸯两离分。
……

灯苗蹦了几下光便暗了几分。油将尽。雨还落着,檐下像有一伙牛在堆着小解。一道霍闪过后是一个浑雷。嗡声却荡了好久。苇子屈着的腿伸了一下，面照对着里。龙水希望女儿能翻个边。可是苇子没翻，并把原先弯在心口的胳膊移到腮帮上，龙水连女儿的头形也看不见了。于是眼皮陡地重了，他离开了。

他刚躺倒便从雨缝中听见了头声鸡啼。

十二

白洛宁绝没有料到会在这里碰见庄雨迟。是庄雨迟先认出他的，但没有喊。当时庄雨迟站在那棵歪脖子古枫下去看石脚印，一片浓荫很叫人愉快。后来他看见一辆吉普车从江堤上开下来，在码头栈桥口打了个转然后停住。他估计是来接自己的车，就准备走出树阴。这时他看见了白洛宁。尽管已有好几年没见面，但只要从看表的姿势，庄雨迟就不会错认。白洛宁看表总是先把小臂竖起，旋几下手腕——他爱穿比自己大一号的军装因此手袖很长，再看表盘。第一次在公社集会庄雨迟就发现了白洛宁这个特征。"你这不是看表，"当时他走过去打趣说，"倒像是在掏枪。"也就是这次，庄雨迟决定以后喊白洛宁作"老枪"。那时他们很合得来。他们是乘一条船来这地方的。在船上他们就认识并熟悉了。现在他还这么看表？

司机在喊了。

庄雨迟便提起行李走过去。他走得很慢。白洛宁什么时候来的？哦，老边达说县委白书记会来码头接的，白书记就是白洛宁。庄雨迟扶扶眼镜，他看见这个动作把白洛宁的注意力转移过来了。接着白洛宁嘴张了一下，朝这边赶了几步。

"是你！小庄……"

"他们都叫我老庄。"

两人握手。抽烟。一个问午饭可吃了，一个说在船上吃过了。一个说你瘦了，也变了；一个说你倒胖了不过没变。庄雨迟一面说一面把介绍信递过去。白洛宁扫了一眼然后说："嗬，庄工程师！"

"助理的。你就是白书记啰？"

"白副书记。"

庄雨迟就笑笑，说中国人讲话不是用减法就是用加法。但是这句话刚完，他觉察到白洛宁脸上正在舒展开来的笑容有了一秒钟的凝固。庄雨迟心里也挫了一下。

小马把车发动起来了。

那条旧时的官道如今成了柏油公路的路基，车压过路面吱吱地响。太阳好毒。两边的白杨间距过疏，据说这样要好看些。树的投影均匀地把路切成一段段的，像城里的斑马线。路贴着雷阳堤走了约两公里便朝右拐，从无垠的略有起伏的田野中直裁过去。稻已初发出香味。再有几阵暖风吹过，金色的故事就有人收割了。一个漫长的季节。一个古老的故事。

"没想到会'二进宫'吧？"白洛宁说。

"梦到过。醒来就后悔。"庄雨迟说。

"是场误会。大误会。"白洛宁说。

"好像是这么回事。历史的误会。误会的历史。"庄雨迟说。可是时常想起的就是它。炫耀的、诅咒的、留恋的、遗失的都是它。"插过队？"人家问。你说是的。问话的人立刻就提起了精神或者说："噢，原来如此！"知青俨然是地球那半边家族中的"堂"或者"冯"。贵族。精神贵族。这种似乎是约定俗成的身价最初是由年轻的骚人墨客们哄抬起来的。他们作品中的知青都是奇人。是卢梭或者伏尔泰。英雄是起码的。不知道凭什么这么自信，这么认为。居然就有许多人信了。几乎五体投地。其实这好比拉着别人来看自己身体某一部位上的伤疤。你看，它多亮！于是有人就说它是太阳。以灾难作本钱来混肉吃的人也蛮多。真不知将来可会有人拉着老婆这么演讲：看看吧！她与人通奸了！我是她丈夫！庄雨迟觉得，这地方的一草一木都令他厌恶到了极点。然而又不仅仅是厌恶……

他们没再说话。他们抽烟。

白洛宁在划火柴时看了一下庄雨迟的眉弓。这个部位很挺括。从侧面看似乎更好，总像在思索什么。男人的深沉具有博大的魅力。男人之间也喜欢深沉的男人。但是他上当了。庄雨迟并不深沉而只是像深沉。"老枪"最早就是他喊起的。那之前他们认识不到二十四小时。他们还不了解。了解是很长时间以后的事。一河之隔，见面不难。他们来往频繁。不过有一天他们的交往终止了。突然终止了！白洛宁至今记得，那是秋末的一个早晨，雷水极窄。他去雷水边洗衣，不久庄雨迟来担水。他们互相看了一眼，没有像以往那样喊一声："今天有雨嘛，杂种？"有雨不会出工。不出工就去掏蟹去吹牛去江边闲逛或者去镇上看一场重拍的《平原游击队》和《渡江侦察记》什么的。然而只是看了一眼。仅仅一眼，够了！

　　加法？减法？这是什么意思？白洛宁想，这有所指。究竟指什么呢？难道指那件事？是"五·七"办公室来检查知青生活，召开座谈会。问可有什么困难！我说一切都不错。贫下中农对我们很关怀。很多人也随后这么说了。他没说。他上厕所去了。他是故意推托这能看得出来。后来他说："你倒会省略，也会夸张。"这可算是加减混算？不会是这件事。那以后我们还说话。要不，是那件事。陈家镇一位女知青投江了，尸首漂到了雷阳闸，已肿得吓人。他要求解剖尸体，公安部门却没采纳，只宣布死者处女膜是完整的。调查没有结果。他找到我，说要串通全公社知青进城请愿。我制止了他。我说未必就是谋杀。他说肯定是的。我说这得有证据。"谋杀往往是没有证据的！"他大叫道，顺手砸了我的热水瓶。是这件事吗？不，我们似乎还在交往。那么，究竟是因为什么呢？白洛宁想不起来了。那天早晨他本来打算喊庄雨迟的，可是庄雨迟已经移开了视线。这极明显。几天后又在河边碰上，庄雨迟就干脆侧着身体对着这边了。再往后，就是在一起到公社开知青会，庄雨迟总是坐在最后一排的墙拐上，对着窗外抽烟……一切都是那么突然，又是静悄悄地完成的。白洛宁不想再去追忆什么。现在是合作，他想，得靠紧点。或许他刚才那句话是随口答的或者是泛指而已。

　　田野很美。

　　一切都是过去的重复。庄雨迟觉得自己又将去涉过那条清澈的水，回到那间鬼气森森的茅屋里去。那屋是雷哑子留下的。庄雨迟住进去的时候哑子已死了五年。就两小间，外面有灶，里面有床。窗户上钉着尿素袋，只露光而不见一切。地潮湿得厉害。屋后的高坡上是雷家祠堂，那会子做了队屋。那屋极高极大，格式叫明三暗五。两厢堆着稻子、棉花、化肥、水车和牛用的家伙。氨水味满屋都是。中间是天井。正墙上挂着领袖像。领袖像下面原是供祖宗灵牌的条案，已改做了宝书台。后来宝书台也撤了。什么会都在这儿开。最多的是追悼会，其实是请瞎子说书。瞎子上半夜说素的，下半夜说荤的。下半夜还派民兵撤了岗。民兵都不想得那补贴的几分工。只好抓阄。男女的事不教都懂。懂了也还想听。那年头只有样板戏，荤书就更显金贵。下半夜听书的自然多些，姑娘家也来。桃花寨的姑娘就这脾胃，你越认为沾不得的她们就偏生奇，就偏要沾。可是苇子不。她从不听荤书。她唱歌也不野。苇子站有站相坐有坐相。那会子她还小。十五还是十六？

庄雨迟产生了一种错觉，仿佛现在不是坐在车上而是在船上，苇子的船上。

那会子苇子还没有正儿八经地从大手里接过篙子。不过是给大换换手。运生到公社接下放学生那天，摆渡的便是苇子。

王胡子把我介绍给雷运生。我说："添麻烦了。"运生就笑笑："多一张嘴就是。我锅里有你碗里就有。"说实话，我竟有些感动。我是不大受感动的。运生个头与我差不多，但比我壮。他走起路来像个训练有素的军人。后来我知道他真的当过两年兵，是工兵。他说这是最没起色的兵。他还说是给人捣回来的。指导员同地方上一个小护士搞鬼，他发觉了并在党的会议上揭发了。年底宣布他复员。"老子最见不得男人钻女人裤裆，"他说，"比杀人还跌架子。"我突然有了一种幸运感。我喜欢他。我想不到这个偏僻的地方能碰到我喜欢的人。

到了雷水边上太阳刚刚偏西。我第一眼见到它就发现这是条女人河。那时桃花汛刚过，水面宽阔而且平缓。水极绿。河滩雪白，硅粉在阳光下跳跃。水波轻泛于徐风下，留下了淡淡的曲曲的足迹。这分明就是条女人河！

运生捧水喝。"来一口吧，"他回头招呼我，"活的，甜着哩！"

我自然要喝。我喝了不少，但觉不出甜。

运生立起来，用草帽朝对岸挥动。很快就见一叶舟子从嫩嫩的芦苇丛中悠悠地荡出。站在船头上的是一个少女，穿了一件桃红衬衫。两条辫子极长极亮。

"是我妹，叫苇子。芦苇的苇。"运生说。

"这名字像小说里叫的。"我说。

"她人长得像电影片子里的咧。不信?"运生说。

我信。

……

庄雨迟一辈子也忘不了那张脸。他见到那张脸时心里就这么想过。他觉得是这么回事。这不会错。当时苇子把船拢过来,从眉毛下面看了看他。运生不介绍她也晓得他是下放学生,是城里人。城里人就是城里人。

那分明就是条女人河,庄雨迟想,她的河。很长时间过去了,岁月洗尽了心底的泥泞,并将那浑身的坎坷一一熨平。然后这条河却始终在他血液里流淌,静静地曲曲地……

"嘀嘀!"

庄雨迟眨了眨眼——

吉普车已驶进镇街。

十三

那天夜里龙水掌灯来看苇子,其实苇子并没困着。她听见大的脚步声就把脸对墙去了。大问了声,她没理。大在床面前立了好一会子。大走后鸡就啼了。最先啼的是麻子扎匠家的那只鸡斤把重的东西就晓得赶骚!这剁颈的!

苇子披起衣,坐着,听檐下的雨响。没点灯,一扯霍①屋就好大好空。

白天那口气还没消。城里人连五分钱也不值!城里人都不……她本想说城里人都不得好死。她没说。城里人哪……

"苇子,"运生说,"喏,这是小庄。小庄哥。"

苇子还是头回看见这样年纪的人戴眼镜。戴得却还端正。运生常说戴眼镜的人是墨水喂大的,学问深。学问是么子?她想,写写画画吧?

---

① 扯霍:打闪。

可写写画画不抵工分。苇子没进过学堂，不识字但晓得算账。算账是大教的。大说晓得算账出门就不会吃亏。

那学生上船时险些落水。苇子磨过脸笑了。她笑学问深的人竟不晓得如何上船。她笑得不出响。他也笑了。两个一般大的男人对着面坐在船帮上。壮的说这场子如何如何的穷，穷得狗连自己的屎也吞。瘦的一直在望着绿绿活活的水。又看看掌篙的粉粉的她。看水看她。看她看水。然后就叹一声："好美！"

好美就是好看。苇子想这城里人脸皮实在是厚些。她又听到他说："我倒蛮喜欢这地方。"

"喜欢？"运生说，"那就落窝盘底怎样？在桃花寨寻一个堂客，保你一胎生两个胖儿！"

这话好硬，城里人可经得起？苇子调篙子时瞟了那学生一眼——他脸红了。他脸一红就像细伢。苇子觉得自己的腮帮也烈烘烘的。哥也真粗！当我面讲这些名堂……

"哎哎！"运生叫起来，"船怎么横了？"

又是一道霍闪。

苇子朝床里面挪了挪。她晓得今夜是困不着的。她一想到他就困不着。我怎么老想到他呢？我就不能不想吗？这样问自己不晓得有几多回了。她曾半夜揪过自己的辫子，还在墙上撞过脑壳。但这些都没有用。她想他。苇子最怕天黑。白日里她有事做，做不完的事。她希望天天累，倒到床上就像挺尸一样是最好不过。可是魂又跑到他那里去了。魂是管不住的。

那船还横着。苇子记得是哥用篙子顺过来的。

"都十六了，还认生？"运生接过篙子，在船头左边下了，用肩扛了扛，船就打正了。后来他就一直往下撑。

苇子挨着运生脚边坐。那学生坐到船尾去了。苇子没有话讲，侧着身子用手戏水。水波滑过便丝丝地痒。那学生还是像兔子似的左瞟右瞟，还不时把头毛往边上推推。他看见她在戏水于是也跟着学了。戏着戏着她猛地把一捧水往天上一掀。风一吹水珠子尽落到他身上去了。他开心地笑起来，摘下眼镜子用衣角揩揩。苇子发现，他不戴眼镜就显得很丑，多少还有点吓人。这真怪，苇子想，不戴眼镜子就成了两个人。慢慢地苇子就觉出了新鲜。她想等以后熟了，非要把他的眼镜子借来戴一回，看看哪一个苇子好看些。要是戴眼镜好看些呢？也配一副？听哥说，画上那个戴帽子戴眼镜的女人是毛主席家堂客。学问怕也深，可是不大招人看。毛主席该讨个好看的堂客。女的戴眼镜就丑。……

那学生又把眼镜戴上了，显得比刚才还端正些。他姓庄。还有姓庄的？我要叫他小庄哥。日子久了我就叫小庄。我不喜欢叫人哥。

"小庄，"哥说，"你这一来，就成了桃花寨的文化杪子。往后写大字报的问题算解决了。"

"写谁？"

"林彪孔老二嘛！头等大事呢！"

"噢，你吩咐就是。"

"杨树湾早动手了，专栏出了几期，还组织了批判队……王胡子刮我鼻子了。你就专门做这事可中？"

"专门做这事？"

"余下的时间就帮着教教伢鬼念书。要不就编编戏文，逢年过节闹闹。我当兵那会，团里有个姓丁的干事，做这事在行得很。反正你还摇你的笔。"

"我是来接受再教育的哩！"

"扯蛋。国家总哄孬子烧冰冻……苇子，过几天我到镇上给你备些纸笔，夜里叫小庄哥教你识几个字。我也要学。我就佩服通文墨的人，讲话都顺耳些。"

苇子还是没做声。哥只念了四年级就歇了。大叫歇的。苇子还隐隐地记得，歇书那天，哥坐在灶前哭了。那是苇子头回看到哥哭。她原来以为哥不晓得哭。哥当兵时，学堂的吴校长送他一支自来水笔和一本字典。哥都随身带去了，又随身带回来。可是有一天字典掉了，把家翻了个遍也没寻到。后来哥就一直没搞到字典了。小庄肯定有。哥要学。哥是支书，要念报纸，学是划算的。我学做么子用呢？田里水里的生活我能做在人先，针头线脑我也不在人后。我还要做么子用？再说，哥学就够了。一家人都通文墨，饭都划不进嘴哩！

不过苇子倒想夜里去小庄屋里耍耍。城里人像猴一样，一举一动都古怪得很，好玩得很！

远远地滚来一声闷雷。苇子把披在肩上的褂子抄紧了些。刚才的雷响好像那屋子塌掉一样的。那屋子是旧年①腊月一天夜里塌的。那夜风好大哟！起初还以为是雷。大就笑了。大说有冬天打雷的吗？第二天才晓得是那屋子塌了。麻子扎匠与村长贵林伙养的一头黄牯险些压死。那屋子好些年不蹲人了。鬼都怕蹲。唉，也亏着他，前后蹲了四年……

"哥，么子不能让下放学生蹲到队屋去？"

"么子？你问大去。"

苇子不做声了。队屋是祠堂，大不准外人碰。原先连寨子里外姓的人都不准踏雷家祠堂门槛哩！就是雷姓里，不干不净的人都不准进。死了也不准。哑子要不是犯法，到祠堂停尸总是照的。哑子死了，大就是辈分最高的了。大伙都听大的。哥这个支书也只是聋子耳朵。大不准就是不准。这一带人都怯大。可是哑子那屋，怪瘆人的……

运生挑了一上昼的黄土，把两间屋都垫了一层。又请了瓦匠把里外都用石灰粉了一遍，再垒了个"香瓜墩"②。哑子留下的东西，运生都一把火烧了。床、桌子、灯和做生活的家伙都是新置的。只是配不到玻璃，就用尿素袋钉到窗上去了。运生还买了一块小黑板和一盒粉笔。他寻思着，既然是城里的下放学生，在桃花寨做文化秒子，是当然。忙完这些，运生就去公社接人了。临走把苇子叫来，让她把新垫的土平平，拍拍。那时苇子就在猜，来的下放学生是怎样的脸模子。

她当然没猜到是个戴眼镜的。日头落到那两小块白玻璃上像银子一样亮。亮得看不见后面的一对眼珠子。眼镜框的颜色苇子是熟悉的，跟大在安平塔下挖到的扇坠的颜色一模一样。莫非也是宝？

苇子戴眼镜是几个月以后的事。那天有雨，不开工。她起早到河边扳罾，扳到不少虾子。她就给小庄送去一碗。小庄刚起来，眼眯眯的正

---

① 旧年：去年。

② 香瓜墩：一种简易的灶。

蹲在檐下刷牙，一嘴的白沫子像个寿星佬。苇子把虾子放在香瓜墩上，回头看见了桌子上的眼镜子，便摸过来架到鼻梁骨上，猛地就觉得头变得好大好重，眼珠子好酸好胀，面前的东西都毛毛地退得老远。苇子试着移了移腿，一开步就给香瓜墩绊倒，那碗虾也撒了一地。苇子呀了声，接着是笑。

小庄连忙进来把苇子扶起来，又弯腰去摸地上的眼镜子。苇子先捡起，一看，眼镜子腿断了一根。

"我赔你。"苇子有点儿怯，脸红红的。

"瞎讲。"小庄把眼镜子凑到鼻子边够着看了看，说："不碍，线捆捆就中。"

小庄学着当地的口腔，把苇子逗笑了。

黑暗中苇子的牙白了一下。只白了一下，后来她眼角也白了一下。不久天也白了一下。

十四

县委大院内的知了比以往任何一年都叫得早也叫得响些。这个大院的位置选得十分理想，在县城北边一块丘陵上，整个地朝着南。门面很高很大。门是楠木制的，涂着鲜红的漆。通常是三年一漆。因此始终保持着光泽。门两旁，原先安置着两尊石狮子，也很高大，"文革"期间被造反的组织用几十把大锤砸成了残疾。如今那位置摆着两口比一人还高出一手的均瓷花瓶，紫蓝色，正面雕有松鹤延年的图景。门的上方是比门高出三倍的墙，两侧均匀地收上去，成"凸"字形状。米黄色。这墙中间一大块最不成样子，漆涂得过厚，热天一到就卷起了许许多多的漆屑子，好似一件反穿的细羊皮袄。且米黄色油漆下又渗出影影绰绰的红来。这墙曾经是红过的。开始写过"为人民服务"，后来改成"毛主席万岁"，后来又换为"革命委员会好"，再后来变作党的基本路线，墙就整个地红了。大门下面是九九八十一级水泥磨石的台阶。与台阶相接的是一条笔直的柏油路，并不很长。这路的另一端与县城中心街道会合。路两侧不再有别的机关了，对称竖立着两排形状类似的塔松。从喧闹的街市折进这条路，立刻就觉出了静寂，对比是十分强烈的。

县委办公室设在院内最后面一幢两层小楼上。是去年盖的。这楼不像是办公的地点，有点沿海一带度假村的味道。据专家云，它属于北欧的建筑风格。楼的周围又打了一道苏州园林式的墙，开着扇形的窗和圆形的门。门头镶有一块深灰色大理石的匾额，题有烫金的字：北苑。是前任地委书记杨子东的手笔，很苍劲。

县委书记宋尚志的办公室在最东头。是套间。外面为客厅，摆着两对单人沙发和一只三人沙发。一般性质的常委会通常在这里举行。里间是办公室。一张两头沉的写字台、一把藤椅、两个文件柜。还有一张床。有时忙很了他便在这里午休。

现在他就躺在这张床上，十指相交于胸前，两个拇指轮番转动。枕头下面压着一张显旧的报纸，是六月六日的《人民日报》。头版头条是关于撤销国家林业部长职务的决定。这位部长硬是让一场大火将帽子烧掉了。

一小时前，宋尚志接到了地委书记边达的电话。

"老宋吗？我是边达。"

"边书记……"

"你去医院检查了没有？"

"哦，这几天脱不开身，打算下星期一去。"

"有病不能拖。雷阳堤那边怎么样？架子搭起来没有？"

"小白……待会儿我再问问，给您回话。"

"老宋哇，小白这方面不及你熟练，得帮助他。听地区去的同志说，县里的工作人员还没配，有这回事吗？"

"边书记，是这样……"

"我没时间听你解释了，必须立刻配齐！有什么意见等这场大水过去再交换不迟。明天你去看病。"

边达的语气是严厉的。这种严厉不是只在非常时期才表现出来。宋尚志每次同边老头接触，都能感受到这一点，尽管被微笑包裹着。他问过邻县的几位书记对边达的印象，他们也皆有同感。这与前任地委书记杨子东留下的印象完全相反。杨子东言谈举止都明显地带有士大夫的气味,即使批评什么也不乏幽默感。

但是宋尚志心里并不乱。他觉得自己给边达的印象至少是良好的。不久前的一次县书会①上,边达肯定了这个县在调整产业结构、发展乡镇企业方面的基本做法。在宋尚志的记忆中,自边达到职以来,公开表扬个别的县似乎还不多。他原以为这位宣传部长出身的上级必定会把事情干得洋洋洒洒。然而边达是谨严的。他的同僚都有点儿意外。

窗外的知了叫得极烈。好像知了都凑到中午时刻来叫。宋尚志今天又不打算回招待所了。他在想边达的电话。对待上级的指示,宋尚志都要作反复领会。他觉得边达的电话似乎隐藏着别的东西。为什么要提到小白?他寻思着,难道是小白告刁状了?要我帮助他,是不是批评我故意作什么梗呢?我只说要研究一下,随便说的,并没存什么心嘛!不让解释,这分明是有气。有什么意见……对谁的意见?是我对他边达的还是对白洛宁?或者是我同白洛宁之间的意见……边达会怎么看?

宋尚志翻了个身。他想白洛宁大概是感到了什么。年轻人,哪来这些敏感?我在你这个年纪,还在乡里当财粮呢!不要太自信嘛。老扛着杨子东的牌子混毕竟不是长远的事。杨子东能活多久还真不大好说。想到杨子东,宋尚志就觉得自己受到过玩弄。他在这个县前前后后干了六年。他原是地委组织部的科长。机构改革时,他是作为部长人选之一的。那时他四十七岁,曾在省委党校进修过两年,后来补发了一张大专文凭。这样的条件,地委大院内还很稀罕。后来情况变了,组织上决定把他放下去搞一个时期。这是杨子东的意思。杨子东同他谈了一次。这次谈话,宋尚志记得十分的牢。杨子东开头就说:"在地区干,不熟悉农业恐怕是鼠目寸光吧?"意思很明白,宋尚志的心绪陡然来了个极大的起伏,并且由衷地产生了感激之情。本来他想谈一点个人的具体困难,比如说老婆身体不好之类。现在他说:"我担心自己能力有限,辜负了领导的期望……"杨子东就鼓励了几句,又提出:"家就不要搬了。你只转一下组织关系和工资关系就行了。好好干,步子迈大一些……"那天晚上,宋尚志在床上折腾了好久。他很难相信白天的事是真的。他没料到自己这么一个极不起眼的角色会引起地委主要负责同志的高度重视。当然他

---

① 即县委书记会议。

更没料到地委主要负责同志对每一位到基层去的人都这么谈过。这叫工作方法。高明的先生总是让他的每一个弟子都觉得先生是最赏识自己的，正如伟大的情人是叫围在身边的所有异性都相信爱非自己莫属。

杨子东走了，连招呼也不打一声。

他关上窗，但还是能听到知了叫。室内逐渐闷热起来，他开了吊扇。先用最高速扫了几圈，再降到中速。可是还觉得闷。他干脆把藤椅搬到吊扇下面。他又开始琢磨起边达的电话来，越发觉得其中大有文章。边达反复提到看病的事，什么意思呢？是表示对下级的关怀还是表示……怀疑？白洛宁离开的那天下午，边达也给宋尚志来过电话。当时边达提出迅速组建雷阳堤防汛指挥部，宋尚志说明了自己的身体情况，同时表示如果小白抓起来有难度，他就亲自去接手。边达说："那就让小白先抓一阵子吧。你的病要抓紧看，肝病是拖不得的。"刚才边达又问了这事……

宋尚志站起来踱了几步，划火点烟。他按了按肝区，是有些发胀。他年轻时得过肝炎，后来好了，比原来的还好。以前他只能吃两块肥肉。以后竟能吃下一只蹄膀！但是现在肝区确实不大舒服。怎么回事？据说肝病难得断根。心情不理想会随时复发。又好像听人讲过，有病的人越想着那病的部位就越严重些，甚至无病都会变病的……看来是得去医院了，住些日子，仔细查查。这很必要。否则对边达和白洛宁都不大好说。那天在常委会上，我刚提出叫他下去，他就把眼磨到窗外去了。很显然，他认为我是在故意坑他。但他立刻就表了态，很痛快，顺杆爬。年轻人有年轻人的可爱嘛！可是这不同于写文章作报告哟。你小白文化高这是事实。你不让秘书写讲话稿，有时不带稿子能讲两个钟头，这都是事实。不过搞我们这行光晓得耍笔卖嘴，怕还不够吧？宋尚志吸了一口烟，见太阳过了屋顶，就走到晾台上去了。知了仍叫得烈，但他也不觉得烦了。从这里望，县城还是颇有派头的。新盖了不少房子，都是五层以上。旧街道全扒了，重新规划的新街已完成了百分之八十。自来水搞通了。电视转播台搞好了，能收三个频道哩！白洛宁还说市政投资规模过大。结果呢？挨骂了。居民骂他骂得好凶。有一天夜里，居然有人在白书记的房门上贴了一张标语：当官不为民做主，不如回家卖红薯！轰动了县委大院。但是他没去掉它,这倒很有些涵养……

太阳渐渐地由白转黄了。前天便是这时分,不,稍早些,刚吃过午饭,天上出现了日晕。很好看。可惜小白没能见到,他在屋子里收拾东西。我问他怎么不带个秘书,他说用不着。我叫他睡完午觉再动身。他说不,要赶到雷阳镇吃晚饭。他说过了龙韵关,路就好走了。上车时他好像说了句什么,我没听清。我脑子里还在想刚才的日晕。今年可真怪。年头西安上空出了五个太阳,现在又起了日晕。太阳多了火气就旺,结果大兴安给火剃光了。日晕起了水就猛,这是规律……日晕不是迷信,是科学。日晕、日晕……车开走了,我又看看天,日晕已偷偷地散了……

宋尚志觉得,眼下还是在和白洛宁杀棋。白洛宁的棋路很规矩,但没下几步方寸就乱了。他极少赢,输得大方。可是那天晚上,三盘输过他还想下。不许除车。那么就下吧。很快过去一盘,宋尚志输了。三比一。没关系的。第五盘,宋尚志下紧了些,但没想到白洛宁下手在先,老帅磨出,再跳马卧槽一逼,士相双全的宋尚志又输了。宋尚志看看表,快十一点了。这个动作是做给白洛宁看的,他希望白洛宁说:"算了吧,时候不早了。"但是白洛宁已帮他把棋子码好。第六盘拼得很苦。双方损失都极惨重,宋尚志仅剩一马一炮,白洛宁只有三个卒子。宋尚志一心瞭着对方的老帅,剑拔弩张。可是他没防着那三个小卒。它们偷过了河就开始逼宫。并且紧挨着,使宋尚志的马炮不敢妄动。情况紧急,破釜沉舟都已无济于事了。宋尚志举棋不定,棋子被两个指头搓得油亮。他静静地看了两分钟,把自家的棋划乱了。"输了输了!"他站起来,把半杯凉茶一口喝尽。"平了。三比三。"白洛宁说。宋尚志再没说什么,伸了个懒腰,又夸张地打了个哈欠,离开了。往常他离开时总要说一句:"早点休息吧。"这次没说。他几乎没认真地去看白洛宁一眼。出了门,他突然唱了一句:

军功章(哪)有你的一半也有我的一半。

见鬼!我他妈的要哼什么歌子呢?宋尚志现在觉得好不荒唐。白洛宁会怎么想?没准儿以为我这老家伙故作镇静呢!奇怪,怎么越下越不对路，以往绝没有过的嘛！这棋没完。正下着呢。

知了紧一阵慢一阵地叫着。

十五

向边达电话告状的是庄雨迟。"这到底是指挥部还是参观团？"他问白洛宁，"我看你这个书记也够有权威的了。"白洛宁便把初步研究的方案交给庄雨迟，并谈了与宋尚志通话的情况。"我们这号人，都是小娘养的。"白洛宁说，"能让你人前露脸已经是够'五讲四美'了。"说完，就进房间午休去了。庄雨迟也回到自己的屋子。他住在西头，也是一个套间，设备和白洛宁那面完全一样。他躺在床上，看过白洛宁拟的初步方案，还可以。这个方案还有待进一步细化，比如说，工程处除有懂水利的外，还需增加水文气象方面的人员。后勤处要增加能调拨物资的，还得增加交通工具，尤其是机动船，以便现场察看水情。办公室至少要设临时电话总机，必要时得请省里派人来架电台。还得与前来支援的部队取得联系。庄雨迟决定和边达通一次话。他估计电话接通，边达该在办公室了。但他还是对总机说："接地委边书记家。号码3056。请快一些……"

3056，这号码他记得，不会错。第一次去边达家他就记下了这个号码。当时边达才搬家，屋里很乱，电话塞在写字台下面。老两口正忙着，边达只负责理书。这也并不轻松。庄雨迟估计地上的书不少于两千册。庄雨迟很喜欢理书，就帮忙了。边达有不少拿得出去的书，比如"庚辰本"《脂砚斋重评石头记》、金陵书局刊行的《史记集解索隐正义合刻本》、摩尔根的《古代社会》、汤因比的《历史研究》等。所以庄雨迟的帮忙纯粹是象征性的，他甚至在想哪些书是在借之列。这时电话铃响了。庄雨迟离它最近，就拿起了，听到一个女声——是她！

"边达家吗？喂，怎么不说话？"

庄雨迟捂住话筒，递给了边达，没说什么。边达问："哪里——哦，是你。"

"很抱歉，我不能帮你们搬家。"

"你倒蛮客气。没什么。别人撵你了吗？"

"我也搬了。报社给了一个单间。"

"还是一个人?"

"大概永远如此。这您别操心。我大概下个月底回去,出差顺便……到时再谈吧,拜拜!"

电话性能不错,她的话庄雨迟听得极分明。她下个月底回来?庄雨迟记下了电话号码:3056。

但是月底她没回来。庄雨迟接连几天给3056去过电话,传过来的是个老太太的声音。"小素回家了吗?""没有。喂,你哪位呀?""我是她的同学。"……

这件事她家里不清楚。这是件普通的事。一个男的和一个女的认识了,就这么简单。

那间小屋布置得好雅致。床、桌、椅都是那么小巧。床单是白色的,质地看上去很厚实,平平整整。床上放着一把吉他,西班牙式的。三只藤书架全被书填满。书全用过期画报包着。墙上有一面几何图案的挂毯,是自制的。还有两个挂盘:一个少女的侧影和一条变形了的鱼。最醒目的是靠近窗边陈放着一尊石膏塑像:大卫。很大,足有一米高。这像是美术学院的教具,市面上不大见得到的。庄雨迟一眼就注意到大卫两腿间的部位,它侧面受光,因此立体感很强。用画家的行话来说,素描关系不错。

一切都极随便。天冷,她煮了咖啡。那把咖啡壶漂亮极了。她倒咖啡的时候头发全部滑到左肩,很柔软。她的侧面看起来比正面要美,从额部到鼻梁再到人中、嘴唇和下巴,被光线勾得很紧。进屋后她脱下了羽绒服,露出黑白相间的棒针衫,很宽松。但胸部的轮廓依然分明。"要放糖吗?"她回过头说。我说随便。我还说我这人什么都随便。干吗要这么说呢?表明清高还是故作潇洒?这大概就叫浅薄。男人的浅薄。喝完咖啡你得滚,杂种!你还装模作样干什么?引出一番高谈阔论借以展示一下自己的狗屁才华?然后等别人来找你约会,散步,突然停下来对视良久,再扑上去?蠢货!我决定不久坐,尽管我很喜欢这个空间和它的主人,但我还是得快点儿离开。可是谈话开始了。你属于"老三届"吧?是的。在农村干了几年?五年。很苦吧?当然。不过蛮自在。我很羡慕你有那么一段经历……我没吱声了，好像笑了笑。我不知道该怎样去评价那段历史。或许历史本来就是不好去评价的。后来我们谈了些别的。谈到叔本华和弗洛伊德。谈到萨特和卢那察尔斯基。谈到列宁和毛泽东。还谈到卡夫卡和亨利·摩尔。但是谈得非常浅，可以说是浮光掠影。我并不注重谈话的效果——这不妨也是一次吹牛。吹牛是不看重效果的。意义在于气氛。我好久没介入过这种气氛了……天便在这气氛中暗了。我说我该走了。她并没挽留。我发现我的心绪在她那副无动于衷的面孔下暗淡了许多。得赶快走！我站起来，向她伸出手。我们握手。"但愿再见到你。"她说，很随便的。我说再见……

但是我没想到我们会在两个月后就再见了。那时她已到报社记者部正式上班了。她来地区采访。她给我来了电话。那天晚上，我们去江边散步。月亮很好。江面上很静，也很冷。

"那天晚上你住哪了？"

"车站。"

"冷吗？"

"还行。"

"我以为……你会有信来。"

"想过。"

"但是没写。"

"这很蠢。"

"我弄不清你是在故作深沉还是在犯病。"

"你……太自信了。"

"哦，对不起……"

"哧啦——"庄雨迟点上烟。他觉得腰有点儿难受，就完全躺下了。那个江边的夜晚过去三年了。他没想到事情会弄得这么糟。如果不到江边去说那番话，也许效果会截然不同。那条江太静了，惨白惨白的。江心泊着一只小船，灰灰的，像一口棺材……他们再没说话。他送她回旅馆。他一直在梧桐树影里注视她的背影。后来这个背影在他梦境里出现过多次。他给她写了信，这是那年秋天的事了。信极简单——

小素：

很想见到你。

庄

八分钱八个字。但是没有回音。至今没有。

她会怎么想呢？庄雨迟吸了口烟。是烟灰落进颈窝才提醒他抽一口的。自然会来一番嘲弄。这蛮正常。接着她会拿起架子，不，她不像是那种女孩子，她也许就不打算考虑什么了，可能当初她就没朝这方面考虑……庄雨迟觉得自己好像对自己开了一次玩笑。

电话铃响了。

他竟有点儿紧张。3056……他抓起话筒等待对方传出来的声音。是边达！庄雨迟松了口气又叹了口气。结果他还是激动了，对着话筒喊了几分钟。他记得最后一句是：

"给我支枪！"

十六

雨是昨天烧早饭锅时止的。雨一止云便慢慢散开，不多会子头顶上就显出了一块蓝。这时候空气好鲜，也好凉爽。雷运生泡了两块锅巴吃过就上路了。他沿着雷水朝码头走，个把钟头工夫。讲好了的，拖驳八点开。是江西那面的几个老表承包的，跑运输。一个月赚的票子能翻省长三倍。运生是通过熟人介绍搭那条船的，当时对方还有点嘴歪，熟人赶紧谈起螃蟹来，说桃花寨产的蟹最鲜最嫩，不过要到中秋前后。老表就把嘴磨正了，叫运生一早来。运生嘴上道谢，心里却在骂："狗日的，耍条破拖驳就把鸡巴挺得像旗杆！"他憋了一夜的气。一夜没困落实，鸡啼一回尿脬就胀一回，生怕错过了时辰。运生步子撑得极紧，到了码头，听见高音喇叭里正播着中央台的新闻和报纸摘要节目，相信时间不过七点半。于是松了身子，去江边找老表的拖驳。那船好认，帮子上漆着黄条，黄条中间又夹了一道窄窄的蓝。可是巡了两遍不见踪影。运生就急了，去问边上的船佬。回答是刚开走一泡尿工夫，说是安庆那面货压得紧，票子要加码。运生拿眼去看江面，果然就撑着了那拖驳的屁股梢子。

"狗日的!"

骂过,坐到一边树桩上去,摸烟吃了。运生心口烧得厉害,嘴唇抿了又抿。忽然又觉得双眼发涩,却硬支着不让那可耻的水分渗出一点。为省几块钱白丢了一张脸皮,他悔死了。他想这江西老表好猖狂,前几年成批地来桃花寨讨饭,如今就洋火了。这世道就这么回事,有奶便是娘。这样一思谋,气就闷了。怪自己没有落到一方好土上,也怪自己枉为一条汉子。谁叫你是个穷鬼?穷就处处受气。运生把含在嘴里的半截纸烟连痰吐到地上,打算去买船票。他记得八点有一班去安庆的小轮。果然是这样,票不紧张。买了票,又到江边去看水。日头才升出,好大好圆,红得像猪血一般。江水如泥汤,黄黄稠稠的,今年这狗日的水好野。不一会儿喇叭就通知旅客上船。运生把票捏在手上,过去排队了。验过票,人就急急地往船上跑,想赶紧占个好点的座位。这小轮没有对号入座的规矩。运生跑得极飞,在二层靠近左前方的座位上落下。刚喘过气,就听见身后有人喊:"运生哥。"

运生一听喉咙就知道是哪个。他站起来转过身去,立刻觉得眼前扯过一面彩旗。这松茂家堂客委实晓得穿着,连衣裙不选红不挑绿,偏相中了这淡淡的雪青色,便衬着整个的身坯苗苗条条,面相也嫩生了许多,白是白黑是黑。哪个猜得出她生过两胎呢?城里的老姑娘怕也不都比得过她。

"运生哥,去安庆?"

"嗯。你呢?"

"也是。你去跑生意吧?"

"我能跑么子生意?去耍耍。老蹲家里,闷。"

巧凤就笑了一下。

两人正说着话,船便嘟嘟嘟地开了。见巧凤没个落座,运生就说:"你坐我的位吧。"转身一看,才发现位子上已坐了个戴着大黑眼镜的小分头。原先搁在位子上的帆布挎包已被塞到座位下面。运生拾起挎包,用手敲敲小分头的胳膊说:"同志,这是我的位子。"小分头仰脸看看运生,又把脸磨到一边,说:"你的位子?这上面可写了你名字?"运生就来了火,说:"你别发横。这本来就是我的位子,你问问边上人!"但是边上人并不证明,只说算了算了。小分头就更坦然,悠悠地吸着烟,又说:"你说是你的位子,你喊应了它我就起来。"边上就有人笑了。运生的脸涨得通红,正想把小分头提起来,可是巧凤的手已将他支开。"和这种人讲理不怕脏了舌头?走吧!"就拉着运生离开了。

两人由船头走到船尾,巧凤一直拉着运生的手腕。运生火还未消,颈照僵着。他们走过人前便引起了广泛的注意——"夫妻吵嘴不过夜。"听到有人在身后嘀咕。运生这才感到自己是给巧凤拖着走的,就猛地将她的手抖开。巧凤一惊,回头看了看,脸跟着就浅浅地红了。之后两人站在舷上,不再说话。

巧凤给杨树湾抱走的那天,运生还记得。是苇子出世后一年的冬天,北风刮得好紧。头年办了公社,跟着就吃大食堂,好不热火。只是碗里盛的越来越稀。到了年冬腊月,人便饿得赛狗,能吃的都吃了。杨树湾人作鸟兽散,四处去讨。桃花寨也有些乱了。龙水就发了急,他最见不得挎篮拄拐的花子相。于是连夜撵到县里找杨政委——那时改作杨书记了。杨子东思谋了许久,还是慈心批了条子,拨给了桃花寨两包大米和三百斤山芋干。杨子东再三说不要惊动四邻,又说下不为例。这么一说,龙水就发了虚,便暗地里卡下了一包米,余下的叫食堂派人摸黑拖回了。桃花寨饱了几天肚子,以为过些日子县委还会拨吃的来,感叹着共产的好。但是日子一天天过去,人脸也一天天亮了。后来整个身子都亮了,指头朝腿上一戳立刻就现出浅浅的窝儿,半天不得复原。食堂的大锅砸了,留着碗想出门做那丢人现眼的营生,可是腿竟迈不开了。出不了门,就只好在身边捡着塞嘴。听说背后桃花岭上有菇子,于是纷纷朝岭上爬,像蚕一样。遇到了,就直接用嘴去摘,等饱了肚子才塞到兜里带回家去哄伢鬼。然而一次上去,总得丢下几条尸——毒死的!巧凤的双亲便是这样同一日过去的。那年巧凤四岁。

哑子收养了侄女。但是他也寻不出别的活路,时常急得嗷嗷乱叫。不到一月,哑子就带巧凤去了河西。那河西李家的主人,叫宗祥,祖上是徽州的盐商,自己做银匠。这周围一带,人缘是极好的。荒年头上,宗祥捎着担子四方卖手艺,总能兑些萝卜、山芋回来。头天哑子上门,比画了半天,宗祥才明白了意思。心想一家三口能馁得过日子就不怕多添一只碗,又怜惜那没娘没老子的孤雏,就点了头;觉得可以日后留给儿子松茂做堂客。哑子连磕了三个响头，背着一袋萝卜回了桃花寨。当夜将萝卜煮了让巧凤吃了个饱，自己却下不了牙，避着那黄黄的灯把眼泪鼻涕朝屁股上抹。第二天麻亮，哑子就去敲龙水的门，又比画一阵，哇地哭了。龙水说："也罢，给巧凤寻条活路……"就提着篙子出了门。运生也跟去了。

到了船上，运生见到比自己可能小两岁的巧凤，穿着她家爱结婚时的红袄，小人儿整个地被包裹起来，腰上系着一条白布。运生觉得好玩，就说："细姑，你像新娘子哩！"巧凤两眼汪汪的，不看运生只看哑子大伯。哑子却把头缩到领里，半天叹一口气。运生就又唱了：

　　新娘子新，坐床汀，
　　一对奶子，十八斤。

"婊子生的！"龙水骂道，"再嚼舌根老子就一篙子！"

运生吓住了，把头也缩到领里去。

船横来横去，撑得好涩。龙水撑一把就换换手。河面上风呼呼叫，割脸得很。总算拢了岸，龙水扎住船，把巧凤抱下来，又从怀里摸出两根烤熟的红芋塞到她手里，说："细妹，到李家好好蹲。要想你大伯，就站在这场子喊，大哥我过来接……"巧凤就点点头，把红芋递一根给了运生……

那年头苦绝了啊！人死得如吹灯般容易，像粪坑里的蛆！巧凤若不去河西，怕早就失了性命。运生这辈子还不曾见到那般惨相，想起来心酸至极。他趁避风划火点烟的机会看了看她。他看见她头毛被风抖散了。后脑顶上显出一块白白的疤，像条细鱼秧子。巧凤委实活得不轻巧。松茂那狗日的娘心毒手辣，容不得童养媳。一日三骂三日一打。那回是巧凤洗碗打破了一只汤匙，狗日的婆就顺手操起一杆大秤迎脑门劈下来，秤杆一截飞出了门。巧凤的血淌了不下一碗……运生突然觉得，巧凤的脸还肿着并且印了五个粗大的指印。——这是他留下的！我下手太重了。我手都打木了……可我非得这么狠不可！巧凤，你或许不懂。你是堂客，是女人。你不懂。很多事你们都不懂的。他猛地吸了口烟，呛得嗓眼火辣火辣的，想咳，但他忍住了。

"运生哥，苇子可还好？"

"就那样吧。她脾气坏。"

"姑娘家有几个脾气温的？你得海量些。"

"巧凤，我不是早讲过，不要把我和她扯到一堆去。她的事，我不管的。"

"你是她哥呀！"

"我管不了。我连自己都管不了！"

"苇子……心眼也呆。城里人不都是树杪，乡下人也不尽是树根，未必就落不到高枝！"

"巧凤，你何不替她思谋思谋？女人家一起，言语顺些。"

"苇子连我家门槛都不踏，嫌着我呢！"

"她这事……真拖不起！"

"你的事就拖得起？"

"我有么子事？我早就通了。大不了上九华山。"

"只怕你脚软，上不了那山！"

巧凤你好毒的眼！你真是条狐狸！好了，我不说了。我说你不过。你那张嘴好薄。你喉咙好脆。你唱道什么"凤凰头少挑眼一时之讹"。我不晓得讹在哪里。苦尽甜来了，巧凤。松茂能混，夫贵妻荣。这场大水一过，松茂没准儿要窜到县里去当个什么局长呢！那时你巧凤就是正儿八经的城里人了。是局长夫人！唉，死鬼的哑子爹①倒做了一桩好事。巧凤要落在桃花寨，即使不丢性命也不会有这等福分。桃花寨……狗日的！

"运生哥，你……"

"我么子？"

"你昨夜没困足吧？眼好红。"

"我眼一向好红。"

"运生哥……"

你何必老叫我运生哥呢？依雷门的辈分，我得叫你姑。我没这么叫

---

① 此处指"爷爷"。

过。你小我两岁。我不好叫。我也不愿叫。我不姓雷！我不是雷龙水日出来的！唉，就叫我运生哥吧。我是个生锈的锅（哥）！

雷运生朝前面移了几步。太阳斜照过来，他半个身子红了，另半个身子还塞在阴影里。船嘟嘟嘟地大响着，运生觉得有一只脚照心尖上猛蹬了几下。

十七

太阳敛住最后一线光芒后，天显得极高。这种现象持续不久，团团涌来的暮色便涂满了空间，夜摇摇晃晃地来了。不知从何时起，边达对黄昏产生了一种难以名状的感觉，仿佛是眷恋，又仿佛是胆怯。每到黄昏，他喜欢一个人出门散步。这时候他不希望任何人来打扰。

他住的地方是极安静的，不紧挨着市区，也不接近郊区，在靠环城马路边上的一座山坡上。这里原是地委招待所的位置。后来换成了"一号院"——住着书记们和专员们。只能住他们。别人即使迁来也不觉得有多大的好处，仅上班一项就够劳神了，不可能有小车来接送的。一号院有史以来只住本城一号人物。一条曲曲弯弯的柏油马路直达坡顶。顶上是一片极空的场子，庄重地竖立着十几幢小楼。一律两层，尖顶，暗红色。除书记和专员外，党政副职或者相当于副职的干部皆两户平分一幢。楼前有花，楼后是树。整个山坡上覆盖着马尾松，间或有几株石榴和桂花①。植被是相当不错的。边达住的这幢楼是他的前任杨子东留下的。共有八间。这比他在省里工作时条件要优越得多。这房子蛮不错。楼前还有一个小院，墙头爬满了青藤。走出院门，便可见到一条麻石条铺成的小径，蜿蜒抵坡下。边达就是沿着这条小路散步的。置身于青青翠翠的植物中，他感受到内在的和谐和暂时的超脱。

很长一个时期以来，边达总觉得有一种软软的疲惫感附在越发变得笨拙的身体上。更恼的是，他发现记忆力衰退得厉害。他每天要安排一定的时间读点杂书，这已成了习惯。然而掩卷之后头脑中几乎是一片空

---

① 即木樨。

白。我可能是老了,他想,这么快,这么明显。我才五十六呀,应该说这个年纪是干事的极盛阶段,而不是开始走下坡路……在黄昏中迅速将自己的历史粗略地翻上一遍,对于他来说,已不是第一回了。他讨厌这种怀旧之情,但又常常"失控",仿佛是本能地要对过去的脚印发一番感叹。这实在是莫名其妙。

这地方他并不陌生。一九四八年初秋的一个深夜,一个年仅十八岁的大学二年级学生,便是从这里开始,由江南到了江北。他潜在一条商船的舵边,在扎骨的江水中泡了整整一夜。后来他成了人民军队的记者。这个城市回到人民怀抱后,二十岁的他出任《大江报》副总编辑。他本来叫边琼文。一九五二年春天,在声势浩大的"三反、五反"斗争中,《大江报》以头版头条的位置发表了署名边达的调查报告:《红旗下的罪恶》。这篇文章导致了红极一时的地委副书记李永庆的锒铛下狱——人民法院以贪污罪判处李犯二十年徒刑。这件事当时轰动了全省。以后人们常常在《大江报》和省报上看到署名边达的文章。或者说边达的署名吸引着人们。当然并非所有的人都知道边达与边琼文是同一个人。人们只记得边达,猜得出边达即是"鞭挞"。于是边琼文就悄悄消失了。不久,边达晋升为总编辑,发表了许多具有号召力的文章。但是到了一九五七年的秋天,《大江报》又以头版头条的位置发表了评论员文章:《必须彻底批判资产阶级右派分子边达的反动言行》。于是边达也消失了,但不是悄悄地。

这一切都过去了。似乎又是悄悄的。

从重新踏上这块土地的那一刻起,边达就意识到他与这片土地存在着剪不断理还乱的情分。到职的那天晚上,他沿着环城公路静静地走了好久。所有的灯光对他都具有强大的吸引力。仿佛每扇窗口都镶嵌着微笑。他甚至怀疑与自己摩肩而过的行人会出其不意地叫出一声:"老边!"但是没有。

一个在滚铁环的小男孩差点儿撞了他。他问孩子几岁了。孩子仰脸翻了翻眼反问道:"你是谁?"就把他的手从头上拿掉,滚着铁环跑了。这一刻他有了一种失落感。我是谁?应该说我是这座城市、这个拥有八县一市的地区的头脑。让人接受这个事实是极容易的。然而接受不等于承认。承认这个事实就太难了……

难！的确是难！他记得自己的一位老先生曾说过，在中国即使是搬动一张椅子都相当困难。一切都规定好了的牵一发而动全身。边达觉得自己是走在一片无垠的沼泽地上，每移一步都大汗淋淋。他感受到了累。然而又在这总也逃不脱的劳累感中体验到了一种久违的活力，一种内在的平衡。我还行。这就够了。可我怎么又时常想到老了呢？头发白得多了。皮下脂肪越发厚了。记忆力衰退了。生理现象是那样的可怕而又无法抗拒。但是另一个领域却富有弹性，倒可以讨价还价一阵子。

踩完最后一级台阶，他额头有了汗。面前已是万家灯火。这片灯火的尾部贴近长江。江是朦胧的，像一条灰色的绸带系住了这座城市。高高的防洪墙冷静地立着，那上面必定站满了观望水势的人。码头上的灯光极亮，不时传来绵绵的汽笛声。几天前出现日晕的时候，他就在码头上。他送走第一批奔赴M大堤各堤段的工作人员，准备驱车返回，突然听见周围的人嚷了起来，才发现天上那十分罕见的景象。他在树阴下停了好久，看来老天爷是要给我来个下马威啰？他觉得好笑。但是这以后他发现自己情绪容易波动。昨天回家，老伴又感叹起女儿的个人问题，说小素已是二十八岁的姑娘了，还是这么单出单入、独往独来。若是平常，他必定会用幽默的口吻将这个话题支应过去，再来点儿安慰。可这回他说："不管她！"声音又短又大，令老伴吃了一惊。老伴身体不好，提前离休了。他上楼去，在书房里踱了几步，然后坐到沙发上想翻翻当天的报纸，不过没看进去。等抽了几口烟，他才觉得听不见自己的呼吸声了。

这场水会大到何种程度？会打破一九五四年的纪录吗？现在还不能预料。但有一点可以肯定：是场灾难。是天灾。有天灾必有人祸。从全区的情况看，内湖和水库不是顶要紧的，关键是确保M大堤的安全。这条全长为196公里的江堤关乎到三省七县的安全。目前长江水位已越过设防界限，接近警戒水位，这迹象反常。防患于未然，地委的决定是必要的。问题是贯彻落实，会不会有什么偏差？把M大堤分作三大段：广济、雷阳和同兴。各成立一个指挥部。要以县里同志为主，他们熟悉情况。看来雷阳堤是个薄弱环节。老宋病了，小白能抓得住吗？派庄雨迟去合适吗？他工作时间不长，可直觉告诉我，这是位精明强干的青年人。

直觉尽管不够严密、缺乏逻辑力量，但充满情感和活力。我是否太轻率了？

夜色浓重了。灌木丛中有蟋蟀在嚯嚯地叫。边达很想再沿这石阶小径走一个来回。今天的黄昏是那样的短暂，像是一鞭子抽过去的……

庄雨迟来了电话，发了一通牢骚。但他干吗要说"给我支枪"呢？罗曼蒂克！其实这种人往往脆弱，比如说我。从投身革命至今，我是几经浮沉，按理该算得上"曾经沧海难为水"吧？而我恰恰在水面前犯了难，竟把火喷到老太婆身上。五十多岁的人都难免浮躁，况三十几岁的人乎？

脖子上停滞着一丝凉意，他觉得。回去了。

似乎是头次发现屋子太大。老伴一个人在看"动物世界"，缩在沙发上像一只枕头。六岁的孙子蹲在一边玩魔方，嘴里含着半片橘子。这孩子明年得走了，回北京上学。前些日子他妈来信谈到这事。这么说明年这幢小楼里只剩下我们一双老家伙喽？还有保姆，她也有五十出头了，话少得可怜。那该多冷清！现在也不热闹嘛。我倒是喜欢安静的，可天天如此还真有点儿受不了。在省城，尽管女儿不在家住，但至少一周能在一起聚聚。女儿性情开朗但又怪癖。她一进大学就嚷着要离开家。当时女儿只是说想图个安静，因为上门来拜访边部长的人太多太多。女儿就住到她母亲单位的一个单间里去了。那原是给她母亲作为临时休息的场所。那屋子边达去过，布置得很活泼也很有味。边达只觉得那尊大卫塑像有点儿突出，但又不好讲。那次房间里面坐着四五个人，是女儿的同学，有男有女，正争论着叔本华。边达推门进去，全体的目光立即集中到他身上，又全体起立——似乎并不情愿。女儿作了介绍，大家就笑笑，招呼一声，接下去是沉默或者他问一句他们答一句。这使边达略显尴尬，他意识到自己在这个空间完全是多余的，一会儿便离开了。他刚走出门屋里又大响起来，一个男同学说："你爸爸可是'契卡'？"接下去是一片笑……女儿图的不仅仅是安静。他想，安静是次要的，重要的是自在。这可以理解。不过，他多次提醒过女儿要适可而止。女儿听惯了，便不以为然，甚至还耸耸肩。"这孩子……"他自语道。这孩子怎么呢？成绩不错。分配后工作干得可以说是蛮不错，居然被当做省报的一张小小的王牌！还有什么可埋怨的呢？有人说过女儿不够庄重。这可能是指她交多了男朋友。她交了几个男朋友？细想起来又觉得并不是多，而是少。几乎没有。

荧光屏上出现的是一对梅花鹿在湖边饮水的画面。倒影十分地美。起先看到的是两只影子，很快就融为一体，在随轻泛的涟漪悠悠地抖动……

他坐到老伴边上，老伴却往一边挪了挪。老伴怕闻烟味。他把烟按灭了。

边达突然想到雷阳堤上的两个年轻人都与女儿有过接触。虽然白洛宁以前女儿没提起过他，但"借书"是事实。他们认识，这很简单。庄雨迟，女儿是提起过的，还不止一次。她说庄雨迟这个人很逗，很有色彩，同时又狡猾狡猾的。不过庄雨迟一次也没提到过女儿。那次女儿的电话一开始是他接的。但他没说一句话就把话筒交给了我。他大概以为我不了解他们是熟人。可是，以后女儿就不再提到庄雨迟这三个字了。上次女儿回来，我还说庄雨迟在行署水电局干得不错。她只哦了声，就走了。她第二天一早就离开了家，回单位了。这孩子……

"边书记！"

是秘书长老胡，一位眉清目秀的中年人。边达走出来，顺手给老胡倒了杯凉开水。

老胡从公文包里拿出一份材料，递给书记，说："这是雷阳堤防汛指挥部的工作方案，刚派人送来的。"

边达浏览了一下，站起来说："上办公室。"

十八

那天早上运生刚出门，龙水就起来了。雨刚歇，外面爽气得很。龙水到屋后茅厕解了手，出来时瞥到晾在坝下的船，心便动了。好些日子没摸它了，不晓得这家伙脾气可倔。时辰还早，过渡的人不会马上来，苇子也没起身，趁这缝隙不妨溜它一圈。他脸上皱了一下，就到屋里取了撑篙，下河去了。黑狗疤子跟在他的脚后。

船用两根松树棍抵着肚子，屁股对着天。雨淋了一夜，亮晶晶的。

龙水蹲下来用肩扛着船帮，将船翻过来，然后顺着坡的斜势又用肩顶它下水。湿的河滩上犁出两道深痕，疤子点着步子在中间晃晃地走。龙水觉得力失了许多，以前他拖这条船比屙尿还麻利，如今却累得赛牛，气又短又粗。

"是该进土了……"他叹道。

但是一迈上船他就相信自己离进土还远！船悠悠地晃着，像堂客的怀那么酥软的感觉便游遍了全身。龙水故意摆了几下，船便晃得厉害，立在船头的疤子直打转，喉管里噢噢乱响。

"你这孬种！"龙水咧着嘴笑了，就一点篙子将船拨离了岸。河水清澈如玉。他不想往对岸撑。他喜欢迎着上水撑。每撑一下骨节就发出几响嘎吧声，这实在过瘾。不过丢久了，这么撑涩得凶，船脚走得极乱。龙水用腋窝夹住篙子，照着手掌呸了口水，用劲一搓。突然他怔了一下。他看到手掌上尽是血，还腥腥的。这是昨夜打蚊子的结果。蚊烟充了假，不中用。狗日的蚊子！他骂了声。这都是老子的血！他没想到自己的血也这么腥……

广西佬团长的血比羊血还腥还膻。龙水没料到自己敢杀了那胖家伙。队伍开到江西，说是要进山去剿匪。一天夜里，团长领着他去一家酒店。酒家是个瘦老头，姓丁。老头有个女儿，不过二八的年纪，长相不及玉枝。队伍一扎下，团长就瞟上了丁家闺女。天天来喝酒，夜夜困不安稳。今夜是憋不住了。敲开门，丁老头双腿就中风似的抖，二话不说，"扑通"跪下了。团长很不好意思，把老头扶起来，同他面对面地坐着，又把一袋袁大头放在桌上。团长说他虽有三十六七，但还是个童子之身，从未沾过荤。团长要明媒正娶，等剿完匪就回来行大礼。龙水在门外站岗，听了这话就在心里骂团长是狗日的。屋里乱起来，团长说老头你可不要敬酒不吃吃罚酒，接着"啪"地把左轮子放到桌上。老头又哭又磕头，那闺女用力抵着房门噢噢地哼，不敢大叫。团长叫老头出去，老头就战战地出来了，坐在门槛上用头撞墙，呜呜地哭。龙水见了，心酸酸的，瞪着眼去看头顶上昏昏的月。突然屋里传来一声尖叫："爹呀——"老头便昏倒了。龙水拔枪蹬开门，大喊道："狗日的出来！"团长便慢慢地从姑娘房里走了出来，只穿着一条裤衩。龙水蹬开步，用盒子炮比着团长的脑壳。团长扬扬眉毛，说你小子不想活了？说着就朝桌子一扑来抓左轮子，龙水眼一闭就开了火，立刻觉得有一股又腥又膻的热烘烘的东西喷到自己脸上，用袖子一抹，知道是广西佬的血。这一枪开得好准，团长的脑壳掀掉小半边，一只像鸡蛋似的眼珠滚到耳朵上，血筋还未断。团长的脑浆晃出来，像拌了辣椒的没成型的豆腐。丁家父女吓得缩在门后直哆嗦。龙水也吓住了。这是他头回开火打活人。他想吐，背过身去打了几个干嗝。他抓过团长的钱和枪撒腿就跑。

疤子现在立稳了，将尾子夹在后腿间盘坐着，侧转脑袋用不再慌乱的眼珠子去看老人活动着的手。老人把手浸在活水里，搓了又搓，送到鼻子下面嗅嗅，还是腥。

"操他八百代祖宗！"

骂过就将横在喉管好久的痰呸到水里，很快有几尾鱼秧子来争夺。老人又撑了一把篙子，船蹿了一下。

老子得赶紧跑！丁老头把闺女牵到我手里，求我带她一起走。我抖脱了。跑几步又折回头，把袁大头匀出一些。我说："你们也跑吧！"老子两腿打软脚板都扒不住地皮。一出镇子就听到屁股后头响了枪……

走了三天三夜。第三日夜里过了江。摸回寨子里鸡啼头遍了，风好紧。狗都困死了。孙家院子黑漆漆的，像口棺材。爬上树就冷，冷得恨不得去钻牛×！吊到墙上，先把炮子顶上膛。狗杂种你莫想活到天亮了！你以为老子会做鬼，老子要你先见阎王！玉枝是老子的！我要先找玉枝。要是狗杂种在她床上，老子就先割下他的卵子去喂狗！我敲了玉枝的窗，仄着喉咙轻叫：

"玉枝，玉枝……"

"哪……哪个……"

"我，龙水。我是龙水！"

"啊！"

"莫叫！"

"哦……你是人……还是鬼……"

"是人。你男人。"

窗子开了,跳进去就一把将她拢到怀里,上下摸一遍,天哪,人瘦了一圈,奶子都瘪了!玉枝埋到我怀里呜呜地哭,咬我的肩膀。我晓得玉枝为我吃了不少苦头。我一走,狗杂种又来占她,她不从,狗杂种就设百法来磨她。我可怜的心哪!

我要除了狗杂种,玉枝却不许,她怕事情会捅大。她说跑,跑到安庆去找原来的戏班子。我说怎么跑也跑不出那狗杂种的手心。她说跑不脱就死,一起死。我不情愿!老子就要同狗杂种较个高低,有他无我有我无他。老子有盒子炮!

也算对得住那狗杂种了,给他留了整尸。是在这儿下水的吧?那家伙背着磨盘沉了底。听说三天后用网罩上来,肿得像猪尿脬。两片耳朵叫鳖啃残了。麻子扎匠至今记得,说好惨哪好惨!老子要是动盒子炮呢?那才叫惨哩!老子怕腥。老子一脚把狗杂种踹到水里,水翻了一下就平稳了。雷阳闹哄了,县里也惊了,说老子是共产党,是朱毛。老子就跑,领着玉枝跑,跑过江。玉枝一整天眼珠子不见转。过了江她竟落了泪。老子火了。

"哭么子?!"

"你……手好毒!"

"是狗杂种先毒的!"

"他并不想谋死你……"

"占你就是杀我!"

"都,都怪我……你让我死吧!天哪——"

"玉枝!"

我抱住她,她像大鱼一样摆。过了好久,天黑了。她不再哭。她说她怕。其实老子的心也悬在喉咙口上。她猛地跪到我面前,说:

"把枪丢掉!两支都丢!"

"好,我丢。"

"洗手!用沙搓着洗!你快洗!"

"我洗,我洗!"

……

这手……呸!操他八百代祖宗!唉,还不都是为了得个实心实意的堂客?玉枝跟我是吞了秤砣的,是天意!可怜,产下苇子她就撒手了。

她淌了血，好多好多……

龙水陡然觉得头重脚轻，险些栽倒。船剧烈地晃了几下，疤子吓得身子一直又一下趴倒。龙水慢慢坐下来，把头埋到裤裆间，闭着眼。他睁开眼时天大白了，东边已现了红晕。他想，该回去了。苇子还要摆渡，一天多少能进几张小票子。还亏了这船，他想，要不哪能常喝到酒？怕有个把月没端盅子了，心口痛着呢！运生那瓶么子大曲好大的香气，不启塞子还那么的浓。留着吧，留到七月初八，满七十二了。唉，这日子越过越摸不着底，形势风风雨雨的。土改分田，合作化又收，如今又分，可还再收？前几年到处捉做生意的，如今非但不捉，还登报宣传广播表扬。都跑买卖田作何排场？未必会兴鸦片？管他妈的！这船总是顺风顺水的，撑了几十年，从国民党撑到共产党，都过来了。亏了没在这里架桥。当初运生这小杂种还起劲得很呢！一听桥不架了就写状子往地区告，往省里告！小杂种你可晓得这雷水几深几浅哪？这条水淌了几多年？怕有几百年。说不定有几千年。它通江。江有几多寿它就有几多寿。这是条活命的水，没干过。鱼虾老鳖都蹲在里头，还有螃蟹。那蟹可真是鲜嫩。五〇年杨政委来领导土改，是我下河摸蟹让他尝鲜的，蟹黄有鸡蛋黄大。杨政委怕也近花甲子了。那会子他可标致，能说会道，枪也开得准。镇压陈家镇的陈胖子，就是他开的火。陈胖子人缘好，当兵的下不了手。杨政委自己就亲自来，站到老远的地方，端起枪瞄都不瞄地开了，掀掉了陈胖子半个脑壳，和广西佬团长一个样。杨政委刁伶，远远地嗅不到腥又显了本事。可是第二年政府又替陈胖子平了反，说他曾经掩护过八路，还为共产党跑过交通。陈胖子就做了烈士。杨政委也做了书记。到了"文革"，这笔账又算到杨书记头上了。一揭发，他倒成了地主分子，被学生伢挂牌子戴高帽子游大街，还打残了腿，下了大狱。以后又是平反，杨书记还是杨书记，要往省里调，五品升到了三品。这世道好奇巧，一时风一时雨一时晴一时阴，可有个完？

船调了头。龙水手下放松了些，让船顺水淌。他脑壳生病，太阳穴神神地蹦。这一早上想的事太多了，好像又重新活了一回。活得好累呀！

那船如一片柳叶在阔阔的河面上漂着，忽明忽暗。

十九

　　雷阳堤防汛指挥部的第一次会议是夜里举行的。县里派来的人员白天到了，有七名。这样连同庄雨迟在内，共有十人在指挥部工作。为了不妨碍当地党委政府安排内圩排涝保丰的正常工作秩序，白洛宁决定不随便抽调区乡干部。只将雷阳镇镇长李松茂留下，以便协调镇机关及有关镇直单位与指挥部的一些事务性工作。县官不如现管，白洛宁的考虑是周密的。他最担心的是不能确立权威性。权不等于威，有权不等于有威，权大不等于威大。

　　这次会议除正式建立组织联系与指挥系统外，还着重分析了目前的天气形势和江水、内圩、水库的情况。工程师庄雨迟就雷阳堤历史和现状作了全面介绍，认为正面抵抗江水的同时要警惕内水。因为今年的降雨量集中在长江中下游地区，这样势必导致内湖和水库的恶性上溯甚至山洪暴发。如果雷阳堤处于内外夹击的境地，溃口的可能性就不能排除。一九五四年的情形就是如此，这是值得注意的。他要求从现在起，各堤段每天必须向指挥部作三次水情通报，同时对水库、涵闸等设施作细致的检查。至于江堤，目前要加强的是日夜巡逻监视，暂不增加民工。这一点，与白洛宁的指示有分歧，因此他作了解释。他说这样有利于安定民心，这是极要紧的；人心一乱就前功尽弃。"失败往往源于此。"他以这句话结束了发言。白洛宁表示同意。

　　会议一直开到十一时才散。

　　白洛宁洗好澡，觉得几天来淤积的疲劳褪去了不少。窗外繁星满天，轻风不时拂过，很惬意。他看见对面庄雨迟的房间里还亮着灯，就趿着拖鞋捧着茶杯过去了。门虚掩着，庄雨迟正在看随身带来的万分之一"雷阳堤地形图"。白洛宁没进去，站在门口。庄雨迟穿着一件老头衫，背上破了两个拇指大的洞。这个背影使白洛宁仿佛又回到了插队的年代。那段悲哀的历史他似乎淡漠了，然而又恰恰是它给自己带来了痛苦后的欢乐。每次干部考核，他对这段历史的阐释是详细而有分寸的。于是他一直是被当做从基层上来的或者有过在基层工作经历的干部使用。不需要"补课"或者"镀金"。这显然加快了进取的节奏。组织部之所以把县委副书记作为安排白洛宁的职务之一，就得助于他的这段历史。据说考察材料上有这样的表述：白洛宁同志熟悉基层工作，具有较好的素质，云云。这倒蛮富有辩证法。白洛宁仿佛第一次觉出了那段历史悲哀掩盖下的光荣。他珍惜它，但是又容易忘却它。过去了的东西沉淀在记忆的深层，只有到了需要的时候才会泛起。他不知道庄雨迟也是这样的。庄雨迟来的那天，一路上久违的景致似乎未能勾起他的回忆。他的表情十分平淡。庄雨迟看上去还是那副一切都无所谓的样子，还是那么随随便便。这印象让白洛宁感到极不踏实。他担心庄雨迟能否胜任这次工作。现在看来自己有点儿多虑。庄雨迟的干练令他暗暗吃惊。他甚至从庄雨迟的老练中悟出了自己的浅薄。刚才的会议，最吸引人或者最宁静的时刻是庄雨迟的发言，这极明显。这个指挥部的头脑是我，但中枢神经是他。我是司令，他是参谋长。司令往往被大家形容为草包而参谋长却比作是智多星。刘备和诸葛亮。胡传魁和刁德一。他笑了。笑过又觉得有点儿恍惚，但是历史的丰碑上刻下的往往是华盛顿、拿破仑、列宁和毛泽东们，他们全是首脑而不是中枢神经，这是连历史本身也供认不讳的。白洛宁在一瞬间为心脏寻到了一个支点，他又笑了一下。他埋头喝水时听到庄雨迟的叹息。

"还没洗澡？"白洛宁进了门，"早点歇着吧。"

庄雨迟把红蓝铅笔架在耳轮上，扔给白洛宁一支烟，自己也换了支。"他妈的没劲透了！"他说。

"雨迟，"白洛宁抽了口烟说，"你一来，我踏实多了。"

"我顶个屁。你可别把宝押在我身上。"

"明天怎么安排？是不是去堤上走走？"

"随便吧，你是指挥长。"

"你别来这套。在这方面，我几乎可以说是目不识丁。"

"我看你蛮有魄力嘛！手一挥，千军万马就动将起来了。"

两人笑起来。白洛宁五指叉开理了理湿头发。他在回味庄雨迟刚才那句话。他记得在大学时曾与同学讨论过职业的乐趣。他直言不讳地宣布他崇尚政治，而他的对手们不约而同地歪在文学家一边。他们把文学看得比上帝还神圣，尽管他们也承认"一首诗轰不跑孙传芳，一炮就把孙传芳轰走了"。他们坚信能征服人类心灵的，唯有文学。面对这种浪漫无边的激情，白洛宁最后保持了缄默。多么幼稚！他想，由幼稚导致了不自觉的狭隘和盲目的乐观。历史是政治家生命的记录。列宁在一夜之间把沙俄改变成苏维埃，使人类走向新的阶段。希特勒却在一夜之间把半个地球烧焦。政治是英雄和奸雄的赌博。然而是伟大的。据说一九四九年十月一日，毛泽东在天安门城楼亲自升起第一面五星红旗后，背过身去用手捂住了面孔，滚烫的泪水渗出了他的指缝——这是怎样的心潮?! 白洛宁发现这一刻自己的心情也稍稍激动了。他想等这场大水完全被击溃后，站在雷阳堤上，眺望眼底东去的大江，他的泪水也会一涌而出……

他侧过脸来看庄雨迟。工程师抱着双膝坐着，正专心致志地用中指插在趾丫间使劲旋转，不时牙缝里发出"嘻嘻"声，一脸舒服无比的样子。白洛宁笑了，起身说："时候不早了，快洗澡吧。"

庄雨迟嗯嗯，继续抠他的趾丫。

这个举动提醒了庄雨迟。好自在，他边抠边想，自在得像条鱼。我好久没这么自在过了。他又续上一支烟，把毛巾搭在肩上，提着衣服要去江边洗澡。他出门时月亮正悬在头顶上。是弯残月，于乱云间穿行。地上朦胧一片，像落了层薄霜。这时候镇上的人差不多都睡了，街上极空荡，有两只大狗在梧桐树影下闲逛，分不清颜色也分不清性别，看样子是夫妻。庄雨迟趿着拖鞋吧嗒吧嗒地走着，微蓝的灯光把他的身影拉得又细又长。他漫不经心地走，很想打一声口哨。在电话里与边达发了一通牢骚后，他觉得心绪已稍稍调整好了。他等待着日子一天天地过去。他估计熬过一个月或者四十天就差不多了。下回就是枪毙老子也不会来了，这狗日的地方！

江堤上隔老长一截有一盏马灯，光黄黄的。有三三两两的人在堤上乘凉，用芭蕉扇拍打蚊虫又对着灰灰的江面指指划划。月亮浸在江心，连接着窄窄一条银亮的光带，随波浪作悠悠的颤抖，好诱人。庄雨迟选了一段暗淡并且少人的地方，活动了几下肢体，然后脱衣，挂在一棵柳树丫上，滑下了水。水有些凉，开始几分钟他感到肌肉绷得极紧，皮肤还有点儿麻。不过很快就适应了。他挥动大臂划了几下，发现裤衩很碍事，就在水里把它扒了，扔到堤上去。这以后他就觉得自己是躺在一块极大的缎子上翻滚，畅快无比。这样的洗澡已是好多年没有过的了。桃花寨的汉子下水洗澡从来都是一丝不挂的。他们总是黄昏下水。其时堂客奶奶们正排在埠头上淘米洗菜。汉子们下水时她们自觉地把头往怀里埋。扑通扑通大响过后，她们头便仰起，与汉子们调笑。汉子们遇到兴致好的时候，会一个猛子钻到埠头跟前去吓堂客一跳，再等堂客咒几句过后抛过来一截藕或者一根萝卜。忙过"双抢"，堂客们就立在埠头上与水里的汉子对歌，调子是极动听的。堂客唱：

么子水面三分白？
么子水面一点红？
么子水面倒悬挂？
么子水面金包龙？

汉子就答：

菱角开花三分白；
荷花出水一点红；
风吹荷叶倒悬挂；
莲蓬结子金包龙。

堂客性情一经撩起，胆子越发大了，就唱：

么子大姐三分白？
么子大姐一点红？
么子大姐倒悬挂？
么子大姐金包龙？

汉子照答不误：

脸搽水粉三分白；

口点胭脂一点红；

一对奶子倒悬挂；

红罗帐内金包龙。

唱毕就猛扎到水里，如躲闪不及光腔上必中了堂客砸过来的一把烂泥。

这情景宛如水中的月在庄雨迟眼前晃动着。他开始游仰泳——其实只作仰状，并不游，随微微的波浪推动。月光下他浮出水面的身体似一条大鲢子，极白。好舒服哦。那时就是这么舒服。白天的疲劳经水一泡就全化尽了。雷水好清好暖。汉子们游动起来便可见到浸在水里的下身有一截浅浅的白。水里的身体总比露出水面的身体更具诱惑力。是力的美化。奇怪的是我穿着三角裤混在他们中间反倒不自然。那红红的裤衩仿佛在提醒女人们的注意。"脱了吧！"运生说，"哪个在乎你那半斤肉？"于是就脱。但我总是躲在芦苇窝里脱，一射到水里便游得老远……

我干吗要游得老远呢？

天暗了。月亮几分钟后才颤巍巍地走出浮云。庄雨迟将身体竖直，踩了几把水，然后用自由式往回游。他的胸脯感觉到了浪，好似一只妇人的手在抚摩。那手有节奏地敲着他的肋排，发出极遥远极苍老的声响。他挥动大臂用肩撞开浪脊。爬上岸，竟大气吁吁。

月亮像只刺猬正默默地注视着这灰灰的夜。

二十

一连几夜李松茂没有困上好觉。直到现在，他才安稳些。昨天夜里白洛宁在会上宣布，整个雷阳区委和镇委只抽他李松茂到指挥部上班。白洛宁事先没同他通气，很突然。这很说明问题。白书记如此决定当然是经过周密考虑的。据说指挥部的事情一律要报地委备案，直送地委书记边达。李松茂不认识边达，但关于边达的情况他却掌握很多。他知道边达当过省委宣传部的副部长，曾担任《大江报》总编。他还知道经常在省报上发表文章的边小素是边达的女儿。听白洛宁说，边达这次亲自抓M大堤的防汛工作，会轮流到几个堤段检查。自然要来雷阳堤的。这就是说，这回地、县负责同志都在场了。这情形以往是极少有的。上级领导以往只来这儿打一转子，充其量是吃顿饭，就走了。去年秋天朱副省长来过，检查乡镇企业发展情况，是李松茂出面接待的。那时正值螃蟹上市，席上自然少不了这道菜。朱副省长边吃边叫好，认为是可以出口创汇的。临走，秘书拉他同朱副省长合了影，连拍三张。但是相片至今没寄来。大约过了二十来天，镇上有车进省，李松茂便托司机捎五斤螃蟹给朱副省长，还写了一封除了问好便没有其他内容的信。可是不巧，朱副省长到北京开会去了，螃蟹和信送到了他家里，以后就没个回话了。李松茂并没有多大的想不开。这大的省，像他这等的干部多如牛毛，省长何以都记得？就是这小小雷阳镇，他识得的人怕也是少数。不过那五斤螃蟹填得毫无意义，票子撂到水里响都不响。蟹虽来得便宜，但自己多少得往外掏点，还欠了一份人情。

　　看来感情是靠培养的。什么感情都靠培养。当初与巧凤圆房，巧凤一连三夜用麻绳系裤子，里外三道。后来不还是从了！第二年便开怀生养。第三年又下一胎。虽然以前为白洛宁，夫妻间有过一截的冷淡，但夫妻终归是夫妻。白洛宁不也是这样吗？过去的事就过去了。他多少还记得一点我李松茂待他的好吧？不是一年两年，前后达四五年呢！我姓李的待人处事凭良心。你白洛宁困到三更头上摸摸心口，我可作践过你？巧凤那事你要谅解。我那天喝了酒。不信可以去问老王胡子。我真是喝了酒。当然啰，你白书记还不错，记得我们五年工夫培养的感情。这倒真该好好谢谢这场天灾，叫坏事变成了好事，符合马列。

　　李松茂本想睡到九十点钟，又怕这么做影响不好，就按正常时间起床了。床板邦硬，远不及家里的棕绷舒服。他还是上个星期六回家的。自他到镇上任职，一般是星期六回来星期一走。若耽误了，巧凤免不了要敲一句："哪只野狐狸勾了你？"不过这么说说，他倒觉得心下好稳。这几年日子好得麻利，巧凤的水色竟比做姑娘时还撩拨人。虽说村里村外听不到巧凤半句碎话，但松茂总还存着几分戒心。那个秋夜的场面他忘不了。天晓得她同小白可有些名堂呢？这是天知地知的事情。一想到这点，松茂便背过身去叹一口气。好在小白离开了杨树湾，总算了却了一桩心事。李松茂回到家，打算把德荣给的牡丹烟拿去支应朱半仙。板凳还没坐热，镇里就派人传话来，说县里白书记马上到。他想也不想便随来人出了门，遇到刚下河沿洗衣的巧凤，就作了几句解释。他只说县里来了人，等着汇报工作。

"我就不往回赶了。明天若没别的安排，再回来。"

"你不回来碍我么事？死到镇上才好呢！"

她这张嘴呀！李松茂笑了笑，梳洗好就去厨房吃早饭。刚走到楼梯口便听见一声："李镇长。"

是本村的德荣，姓吴。他长松茂两岁，看上去觉得比松茂小。圆脸盘上盛着一脸的憨肉，两眼细眯眯的，很是和善。李松茂是他的入党介绍人，推荐他当过许多代表。德荣家里一扇正壁几乎挂满不同式样与不同规格的奖状。他还毁掉过一些。他头回得奖是他十八岁那年，举国上下掀起"活学活用毛主席著作"的高潮。他因为背诵两百零六条最高指示并且把一枚碗底大的领袖像章扎过奶头，受到了县里的表彰，命名为"积极分子"，赴四方传经送宝，一时传为佳话。不过如今瞧得起他的人就少了。通杨树湾的男人混得最没起色的便是他吴德荣，虽然他照样能当些代表。他没做过一回屋。现在的家是从作古的娘老子手里接过的。不过憨人有憨福，堂客翠娥虽相貌不算突出，贤惠却是一流。两口子拖着两女一男，日子过得清苦倒也还和顺，从未红过脸。李松茂当了镇长，原先打算把巧凤弄到镇机关食堂做合同工，可是一来怕这么做影响威信，二来巧凤又看不上眼，就把这份好处转让给了翠娥。德荣自然感激不尽。

"是德荣哪，几时来的？"松茂就腾出一只手摆过去给德荣握了。

德荣递上烟。还是余下的牡丹牌。他自己抽起"九华山"。"刚来刚来，"德荣说，"巧凤下安庆了……"

"几时？"

"昨日一早。她叫我带个口信给你，说是去整牙齿，两天就回头。"

"镇上不是有整牙的嘛！"

"我也这么讲了，她说信不过，就走了。叫你抽空家去看看。"

"唉，这个人……现在我抽在县指挥部抓防汛，哪有工夫回去看家呢？"

"抽到县里？怕是又要升吧，镇长？"

"临时的临时的。德荣你可莫乱宣传。好好，我得去吃早饭，碗一撂就得去指挥部,忙着哩!你可吃早饭了?"

"吃了来的。"

"可见到翠娥了?走,到食堂再添点。翠娥手艺还真不孬,时常翻些花样,比巧凤会搞。"

德荣就又憨憨地笑了,随镇长下了楼。镇机关只有一面楼,三层;两边是平房,食堂在右边。食堂不大,连同几家单位搭伙的不过二十人上下。两个炊事员,翠娥负责操作,另一个管采购与账目。两人一到,翠娥便端来一碗粥和两个花卷,一个碟子里拼着萝卜干、雪里红和花生米,小磨麻油淋在上头暗暗地亮着。

"翠娥,给德荣来一份。账记我头上。"

"不用不用,我吃过来的。"

"添一点就是。翠娥,你拿来。"

翠娥就照样端来一份,把筷子递到德荣手上,说:"你总是捡吃饭的时辰来!吃吧,账记我头上的。"

德荣看看堂客,咧了咧嘴,很有些不好意思。掐灭半截烟架到耳轮上。堂客站在边上他就一时下不了筷子。等堂客转背去收别人的碗筷,他便端起粥来喝,喉咙赛过车水响。

这场面李松茂见了竟生出几分羡慕。他慢慢地喝着粥,盘算着巧凤明天或者后天要回来。无论如何得回去一趟了。

下安庆整牙?整个上午李松茂都在想这事。巧凤牙有毛病他这个做丈夫的还是头回听说。她那一嘴牙生得好好的怎么就陡地犯了毛病呢?并且还非得下安庆不行。他越想越觉得蹊跷,一个人在院子里盘了好几圈。

"老李,"白洛宁在楼上喊,"你来一下。"

看到白洛宁的脸在窗口晃动的一刹那,李松茂似开了点窍。会不会还是那桩事呢?他想。那会儿公社组织宣传队,排《沙家浜》,说是要挑巧凤扮阿庆嫂。巧凤就好高兴,生鸡蛋喝掉有一小篮子,认为能养喉咙。可是后来起了变化,导演小白思来想去还是把巧凤除了。巧凤当场就翻脸,撵到小白屋里说:"小白你是拿我当猴耍还是当球踢?"小白怪不好意思,几次嘴唇翕翕想解释,终未启齿。不过巧凤是个爽快人,上昼与人红脸下昼便与人说话，这德行雷水两岸的人都晓得。雷运生打过她，没过几天工夫她就主动喊了"运生哥"，弄得对方脸不知往哪里搁，她却好坦然。排戏选角的事一风吹过，巧凤便不多想。只是看过演出心下还有些不服，说扮阿庆嫂的演员脸扁赛一面锣，喉咙发黏音窄得很。"小白，"她说，"未必我就是糊不上壁的烂泥巴？""不是因为别的，"小白说，"主要是……"他指指她的嘴。"我喉咙孬？"她高叫道。那意思似乎是让小白好好听听她的嗓子质量如何。小白摆摆手，说不是不是，蹭了半天，终于交了底，说："巧凤姐，主要是你那颗金牙碍事。"小白说台上灯光强烈，照得金牙闪闪发光，这会有损英雄形象。于是巧凤就回家去用电棒打着金牙照镜子，果然那颗牙奇亮无比，使镜里本该是端端正正粉扑扑的脸盘横生了几分妖气，连她自己也吃了一惊。做丈夫的却很高兴。本来他就反对小白挑堂客去抛头露面，碍着堂客火性子，便不好拦。没料到那颗金牙帮了忙。后来堂客提出要下安庆把金牙换掉，他就一副生气的样子，并不理会。他怕堂客还存着唱戏的心。不过渐渐地也觉出那金牙含在堂客嘴里的扎眼来。那金牙还是结婚时下安庆镶的，好费手脚，当时的情况是谁见了都道一声好。丈夫心里做了权衡，还是装了马虎，且私下与小白通了气，此后见巧凤莫再提牙。不久上面号召不仅要抓革命而且要促生产，公社宣传队便散了伙。巧凤整牙的事也如同水写的字，干了就没影了。

她怎么又想起了呢？这女人哪！现在正是节骨眼上你还来分我的心？为了颗牙专门下一趟安庆也不合算嘛！我何时嫌弃那牙了？

李松茂踩完楼梯，抬头见到了白洛宁的背影，便把脑子清了。可又隐隐觉得，巧凤整牙的事似乎与白洛宁有关。白洛宁来雷阳好几日了，杨树湾不会不晓得。白洛宁前天上午还与庄工程师出去了一趟，是走杨树湾那条路的。我家的门正对着路，会不会遇到巧凤？会不会又提到那牙？要是这样那说明什么问题呢？

我明天就回去。

二十一

知了仍是紧一阵慢一阵地叫着。宋尚志觉得脑子里震动着一根生锈了的粗弦，嗡嗡哑哑的，好不心烦意乱。前几天他来医院检查，肝功能、B超都做过。护士替他抽血的时候，他心下竟起了慌张。望着酱红色的血液吸入针管，他想自己是真的旧病复发了。而肝区的疼也明显起来。但是结果都令人满意。刚才院长亲自将检验单送来，看他满面春风的样子，宋尚志便知道自己肝脏无异常。可是肝区怎么还疼呢？虽不剧烈但总还是个症状哪！或许这小县的医疗水平有限，不易查出。那么也就是说需要转院。转院？这个词还真叫人有点毛骨悚然。

"宋书记，放心吧。"院长说，"要相信科学。"

院长是五十年代末期的医学院毕业生，专攻胸内科的主治医师，在省内小有名气。按理，这点小症结是查得出的。问题是肝区在疼，这个事实该怎么解释呢？宋尚志脸上放松了，但手又压上了肝区。他没吱声。

院长有了一瞬的尴尬，就说："宋书记，您看是不是先住下观察一个时期？"

"行。"宋尚志说，"其实也是多此一举。不过作为病人，我服从医生。"

于是他被安置到绿阴下一排平房中的一间里。这是县里的"高干病房"，一律单间，还配有彩电。平房外面是一个院子，花圃修理得极好。树阴下有石桌与石凳，桌上置有棋具。中间有阅览室。这也是个疗养的环境。

宋尚志住下后的第一件事，是通知办公室主任及时把他的情况告诉地委书记边达。"你告诉边书记，我住院了。目前正在按医生的要求进行观察，综合分析。如果没什么了不起的事，我就出院。"他说。他又指出关于全县防汛情况尤其是雷阳堤的情况必须每天向他汇报一次。

现在，他浑身放松了些。他在走廊上徘徊着，举目寻找树上的知了。搞"四清"的时候，小组的一个老佟天天去网知了，然后用油炸着吃，说滋补得很。他当然不敢去尝。他的口味极单调，山珍海味他多少也尝过一点，但绝对刺激不起胃液。那海参与猪肉皮味道差不多，而对虾远不及河虾的鲜。他也不好野味。不久前武装部长进山打到一只山鸡，邀他去吃，他也觉不出美在哪里。"我恐怕生来就是个穷命哪，"他说，"有个青菜萝卜就够了。"这一说，倒弄得席上人面面相觑。……知了自然是寻不到的，这棵槐树的冠不小，阴了大半个院子。那一大团绿在知了的叫声中飘动。宋尚志想起自己的故里屋前也有一棵老槐,是他祖父手上栽的。父亲没有在下面乘凉却从它身上锯了两枝粗丫,替自己的女人钉了口棺材。母亲是六〇年春天饿死的。死了却不敢早早往外抬,好多领上一份糠粑,托人带给在城里念师范的儿子。宋尚志放暑假回家母亲已下土三个月。他跪在母亲坟头前面整整一天不吃不喝,泪流干了,嗓子撕出了血。这情景他终生不会忘却。他想到这里不禁眼圈又红了。他点上烟,默吸着。老娘哪,儿也算对得起你了。宋家祖祖辈辈昏天黑地不成个人形,儿虽成就不了大事,但总还没有给宋门抹黑吧?宋尚志这么想不是头回。有一个时期他试图把以后的日子比较淡泊地过下去,不再关心来自上面的种种传闻。可是不行,他管不住自己,反而越发好奇、敏感起来。这使他极不明白。他觉得自己好似一匹脱了缰的马,一撒开蹄便不易收拢。尽管他无比清楚脚下的这条道是充满坎坷的。

这天下午,县委办公室主任老方来了。老方的年纪与宋尚志相仿,但比他高且瘦,一脸的络腮胡子让人觉得此人很邋遢。老方一进门,宋尚志便把手中的六月六日的《人民日报》塞到枕下。

"电话可挂了?"

"挂了,是边书记亲自接的。"

"他怎么说?"

"没怎么说,叫你安心检查。他还说雷阳堤工作方案已报给他了,还不错的。"

"哦,小白蛮可以嘛!他那边情况怎么样?"

"还正常吧。白书记说有空回来看你。"

宋尚志喝了口水,叫老方把电扇加大一档并且不要摇头。老方按要求做了,然后摸出烟来吸。"佛子岭的,可吸?"他偏过头去问书记。书记说:"来一支吧。多了不行,护士要讲的。"

两人点了烟,想接着谈些什么,却又一时找不到话头。吸了几口,老方把夹烟的手曲着朝边上一摆,五官紧了下说:"我听到个新闻哩!才听到的。"

宋尚志说:"又是老一套,无非是男女的事吧。"

"是老的又是新的。否则还叫什么新闻呢?"老方把衬衫扣子又解开一粒，手朝细颈上摸摸，说："白书记……"

"白书记？"

"白书记差点儿做了地委边书记的驸马爷哩！"

"哦？老方你可莫乱说哟。"

"哪能乱说。我是讲差一点又不是讲真的。白书记同边书记女儿搞过恋爱。我是听省报记者站老马说的。老马和边书记女儿是同事，他儿子又同她是大学同学，这还有错？"老方一脸的骄傲，尖着嘴把烟火吹得红红的。

"怎的没搞成呢？"宋尚志兴致被挑起来，下了床，眼珠子有节奏地亮着。"这是桩好事情嘛！"

"好事多磨嘛！"老方说，"当然现在是谈不上了。不过白书记的老婆也不孬，拍过好几部电视哩！"

宋尚志就点点头。白洛宁爱人他见过，姓郭，是市话剧团的主要演员，人称"小鸽子"。白洛宁到县里这么长时间，她仅来过一回，前后只住了三天。走的时候好像还吵了一架。白洛宁也不常回去。宋尚志还听到过小鸽子的一些闲话。演员嘛，可以理解。这方面他没多少兴趣。但是白洛宁与边达女儿的一段罗曼史，对他却具有很大的吸引力。他很想老方能就此再说几句。老方脸上的骄傲已在褪去，看来他知道的不过如此了。宋尚志说："老方，这事你可别再传了。"

"我就与你讲了。不过这种事未必就再没有人晓得的。其实也算不了什么嘛……"老方说完就离开了。

这么说他白洛宁与边达是老熟人了？这种关系有点不伦不类。在边达的心目中白洛宁究竟占了怎样的位置呢？以前的接触似乎觉不出什么特别来。但这一次有点例外。边达明知他白洛宁不熟悉这方面的情况却那么痛快地同意让白洛宁去主持雷阳堤防汛工作。他在电话里几乎没有反映出半点迟疑。我当时想先试试他的口风，我说"是不是先让小白抓起来呢？""可以嘛！"他态度极明朗。接着是来电话，明说是关心我的身体实际上是批评，意思很明白。现在他又对白洛宁的工作计划表示赞赏……

宋尚志走出了房间。

石桌上的棋具被太阳照得极亮。棋盘上镶着玻璃，棋子是牛角坯子，刀刻的魏碑体，填了金银两彩。宋尚志很喜爱摸它。他用中指与拇指把一粒子细细地捏着，像打麻将摸牌一样。他立刻知道捏着的是一粒"卒"。他很自然地想起那天晚上白洛宁便是用这个实力拿下最后一盘而扳成平局的。不可小看。这年代正是他们走红的时候。前些日子地委组织部来搞过一次小范围的民意测验。因为是"娘家"，所以来人事后把结果漏给了宋尚志一点。得信任票最多的是宋尚志，而其次就是白洛宁，仅少一票！如果白洛宁没有投自己一票的话，那么应该是与宋尚志同票。这个结果使宋尚志大为震惊。他不明白这个连县直机关各部门的主要负责人也认不全的白洛宁怎么会赢得这般的信任。他凭什么呢？凭他做过杨子东的秘书？不。这么理解是片面的。杨子东在这个地区经营达七年之久，但并没有留下什么好的印象。相反，他一走关于他的一些不够体面的事便一一出台了。有人说杨子东肝不够好，考察干部时他隐瞒了，于是进省不久就躺下了，据说有癌变的迹象！最近一个时期他没有公开露面，是不是真的癌上了？这叫报应。边达与杨子东是战友，以前关系是不错的。后来有消息说他们弄僵了，且程度不小。这当然在面子上是绝对看不出来的啰！可是，边达对于杨子东的"遗产"白洛宁怎么如此轻信呢？不错，白洛宁有他的长处。不过这长处只有让上级认可才成其为长处的。群众认可仅仅只能作为参考，民主过后还得集中。下级的斤两如何，上级一称便知道了。这是常识。这个边达，真叫人捉摸不透……

　　宋尚志觉得头有点儿晕，想走进树阴深处站一会儿。但是他又不想离开面前的棋具。他把每个棋子背过面来挨个摸了一遍，个个都猜得准确。这点小小的刺激对他刚才倾斜的心理起了一点平衡作用。他觉得自己玩棋还是可以的。白洛宁一回来，我得找他杀！平局虽不说是耻辱，但对于他这位沙场老手来说，那也绝算不上光彩。知了叫得弱了，面前的阳光逐渐软了，树阴也扩大开来。看来明天依然是个好天，不会有雨。江水的涨势远没有估计的那么凶。或许今年的汛情不会恶劣，也就是说那天上偶然一瞬的光环也不意味着什么天灾了……这也好嘛！地道战、地雷战或者麻雀战是战不出将军的。星球大战也出不了将军。宋尚志很诧异自己的思路会如此奇怪地发展。他打住了。不过他以为自己那夜的棋的确是失了着，让白洛宁借风过湖，顺手牵羊了。这是值得认真总结的。

他的目光又落到棋盘上，仿佛这才看清那四个篆字：

楚河汉界

二十二

雷阳堤防汛指挥部的建立，给小小雷阳镇带来了不大不小的骚动。本来日晕出现的那天，镇上就很是热闹了一会儿。上辈子饱吃过天灾的苦头，见那花花的光环箍住白日，脸也随之白了几分，就感叹起命运的捣蛋来。这两年日子刚过和顺了些，报应便踩着脚跟来了。有几家准备秋后做屋的，心下就犯了犹豫，决定暂时耽搁一下，看看年成如何。指挥部建立的消息一经传出，自然叫人心雪上加霜。县里书记坐镇，地区派人支援，据说地委书记还要来，这就说明形势的逼人。事情不到严重的时辰，这样的干部是不会涌来更不会久住的。或者说，他们往下一派就必然事情严重。六四年搞"社教"、抓"四清"，就是地委副书记杨子东带队来雷阳抓点的，结果许多人重新划了成分。光杨树湾就划了五个富农。陈家镇的大队会计账目对合不上，吓得连夜跳了江。当时的镇委也换了血。这事情几多严重？总而言之言而总之，今年这堤是有大事情的。五四年堤一决，大水便如旋风般把整个雷阳扫矮了半截，就只剩了个桃花寨。那水果真叫安平塔给镇住了！这迷信实在是无法破除的。于是一连几夜，方方面面就有人腋窝里夹着几刀草纸，去磕拜安平塔了，给摆渡的龙水家捎去了一缕财气。一来一往，五毛。

苇子本是不愿撑篙的。运生走的那夜开始，四方上桃花岭烧香的人就涌来了。苇子好作难。不去搭人一把，德行通不过。大也通不过。大总是讲，人生在世，修的就是个德行。你给人一口水，人会还你一眼井。你阳间给了人好，人阴间也会结草衔环来报你恩的。可是她不喜欢夜里下河，她怕。夜一来，雷水里就像泛满了一河的绿眼珠子，在那昏昏的月下，贼眨着。风裹着软软的鬼气，几多瘆人！幸好还有个疤子陪伴，心下这才松了些。疤子年纪怕也有十岁了。十岁的狗是老狗。老狗么子还这般的不安分呢？一听到寨子里的母狗叫，这畜生便如被人踩了尾子似的一抖……老骚货！苇子觉得一会子好开心，就用脚把它拨翻在舱里。疤子喉咙里拉起锯来，缩在黑暗里，两眼放着绿火，不再乱动。

这会子过渡的人稀了。好静。苇子觉得夜气浸得人身好软，就把篙子扎紧，坐下来，支起下巴拿眼去看头顶上半边的月儿。月依旧是昏昏的，且不时游进薄薄的云里，好似一尾刚收进网底的白鲢。苇子就又记起那天进镇子卖鱼的事。亏了毛狗在边上，那场面才算支应过去。听说李松茂过后又找毛狗刮了一通。这一想，苇子就觉得对不起毛狗，顿生了几分感激。男人就是男人。男人遇到再大的事都能挺得过去。要不姑娘么子非得送去给男人揉？嫁人不就是为了图个踏实？可是偷人呢？偷人图么子，偷人的堂客都有自己的老板，日子没有不踏实的，却偏偏要去做那不踏不实的勾当，图个么子呢？苇子感到两腮起了潮热，心也跳得乱起来。爱就是偷了大的。爱原先的老板票子哗哗响，爱一世也花消不尽。爱么子要偷大这个穷鬼呢？爱喜欢大。爱就是喜欢大。爱图的是个喜欢。喜欢的就得偷！男人女人都要图个喜欢。喜欢的人做夫妻才叫般配。

我喜欢哪个?!

那塔下的香火被风掀得黄黄的像开锅的玉米粥。他就喜欢吃这东西。说好香。给他送去一大碗，他却要作两顿吃。他说粗粮要细吃，才嚼得出味。我就给他做了玉米粑。让他细细地吃。让他嚼出味。头一回我用油煎了，送去他反嫌不好。他说油煎了就失了它的本味。他情愿吃清蒸的，不许掺任何作料。我就照他说的做了。只要合他味就行。他喜欢得不得了，乐得眼镜子都滑到鼻梁下，又说好香哪好香，实在是香。他拿它当早点也当夜宵。夜里看书嘴里就含了半块玉米粑。那样子好惹人笑。哥却叹起气来，说好可怜。下放学生都养得金贵，在城里是绝不吃这种粗粮的，没奈何的事。哥还说等过了两年就找机会把他推荐上去，当工人吃商品粮。哥是菩萨肚肠，我晓得。可是那天夜里我横直是困不着。鸡啼头回我还睁着眼睛。睁着睁着就淌了眼泪。我怕他走。我不想让他走。我不放他走……我晓得我是真的喜欢他了，是真的……

他头回上我的船我就喜欢上他了。那会子我还弄不清可是真的喜欢。

我只觉得他与寨子里所有的小伙子都不同。他穿得也普普通通，但无论么子衣穿到他身上都叫我看得顺眼。城里人就是城里人。学生就是学生。气味就是不同。我喜欢听他讲话。我本不喜欢听广播的，听了他的喉咙我就不再厌广播。起先觉得他讲话好快。听熟了就不以为了。他讲话平和得很，像雷水一样稳稳地淌。他喜欢讲笑话。听了叫人肚子转筋哩！他还会谈古。自他一来，麻子扎匠就自动歇了火。麻哥只晓得谈中国的古，翻来覆去不是周文王就是薛仁贵，要不就是程咬金。他却能谈外国的古。邪得很呢！谈一个人顺着地球跑最后又回到了原来的场子，所以才证明地球是个圆的。谈第一个人冒着死命吃了螃蟹才证明螃蟹可以吃。谈长江不是世界第一大河而是第三大河。第一大河在美国……他肚子里到底装了几多新鲜稀奇的事呀？有一回，听他谈着，我口水都淌出来了，他就哈哈大笑，用手指着我说："苇子傻了啰！"傻就是孬。和他在一起，能不孬吗？我情愿孬。哥说他一笔字写得实在是好。这我不晓得。我想总该是好吧。哥叫我跟他学文化，我动了心但写不拢字。我手太粗了吧，可我又能拿得稳针。我么子就写不拢字呢？我晓得，他心里瞧不起我。我晓得么子就不知趣呢？我早就该离他远远的。我么子就离不开他呀！

疤子腾地立起，喉咙里又开始拉锯。有人来了。苇子顺着撑篙站起来，就见路上晃着一柱雪亮的手电。这大约是最后一班子来烧香的了，她想。很快看清只有一个人影在走。个把人摆一渡好不合算。可又不能不摆。这种时候断了人家情分人家会记你一世的。那影子挺挺地移过来，不等苇子辨出就喊了声："是我，苇子。"

"你来做么子？"

"烧香嘛！"

"你烧香图个么子？"

"图讨个好堂客。"

"嚼蛆！不许你上我的船。"

"船也不许上？又不是床……"

"你这乱咬人的狗！你再咬我就是一篙子……"

"讲着玩的讲着玩的……"

"你到底来做么子?"

"来陪陪你,苇子。"

"我不要你陪。你滚。"

"好好,我不是来陪你的。我陪这河总是可以的吧?"

"你真是条狗。"

"狗有么子不好?狗最忠实。"

苇子不再回话了。她重新坐到船头上,把赤脚浸到水里。水好凉哪,热辣辣的脚心浸下去像化在水里一样舒服。她没有正眼去看毛狗,但完全能料到毛狗在正眼看她的脸模子。当年那个男人也曾这么看过她……苇子你蛮漂亮。乡下人有几多漂亮?莫耻我。你是蛮漂亮的,苇子。真的?当然是真的。那你就多看看吧——那时她想。又仿佛是那回,她才相信自己的脸模子是真的不丑。于是每夜上床,总要关上门照一回镜子,并且把刘海一根根地理齐,把乌亮饱满的发辫抖散又重新结起。她觉得这一切都是为了那双躲在玻璃片后面的眼睛珠子……

"苇子,你想么子?"

"不想么子。"

"我……碍了你吧?"

"你碍我么子?你是你,我是我。"

"苇子,我是实心地喜欢你的。"

"毛狗……这不可能的。"

"你……心里有人?"

"有了!毛狗,你莫白费工夫了。我不是嫌你么子。你走吧……"

"苇子……"

"你走。烧香的人要回头了,我得把渡摆过去……"

船便悠悠地离了岸。浸在水里的灰灰蒙蒙的月光随即晃荡起来,像盛了一池芦花。蛤蟆的喉咙大了且变得整齐,调门却始终如一。苇子的身体随篙子起伏着,渐渐被越来越浓的夜气所消融……

此刻,安平塔下的香火正如蝴蝶般随风飘舞着,于是塔的下半截身子仿佛镀了一层金,在灿灿地亮。

二十三

  天的颜色一直很纯正。每日的朝霞都是以诗的形式横亘于苍穹。白洛宁在大学时就养成了良好的作息习惯，食有定量寝有定时。有一个时期他被同学们称作少校，佩带老枪的少校。他很满意这个虽然含有几分揶揄的称号。他对自己缺少军旅生活的经历曾有过几次抱怨。军人是个永远诱人的职业。这大概是他为什么那样迷恋军装的缘由吧。去年，宋尚志以县人民武装部第一政治委员的身份出席军分区的会议，同时领了一套毛纺军服和一件呢料大衣。宋尚志是穿着回来的，因为是秋天，所以他只好把大衣挽在胳膊上。白洛宁一见到就觉得可惜。

  "怎么样，小白？"

  "蛮精神嘛！"

  "凑合了。明年就该你去领。"

  "我可没这个福分哪！"

  "后生可畏嘛！据说明年还得授衔呢！不给个中校，少校总是跑不掉的啰……"

  少校？现在看起来少校果然算不了什么。少校转业到地方上是绝对不可能被当做县级干部使用的。这就是说，我现在至少是个少校了……真他妈的俗，想这些！白洛宁做完早操，就小跑着下了楼。像每天一样，他得跑步，跑到雷阳堤上。那里的空气是极好的，吸一口觉得嗓子里好湿润，好清凉。回来的路上他听中央台新闻和报纸摘要节目。然后是夹着一本书上厕所。然后是洗脸、刷牙、用早餐。而这时，庄雨迟的房门才打开。

  庄雨迟的浪漫，白洛宁是早就领教过的。第一次去桃花寨，他就发现门后挂着一排衣服。全是脏的。庄雨迟说等所有的衣服全穿过再同时洗。他说这种方法是最科学的，既节省了时间又不厚此薄彼。那次他邀庄雨迟去陈家牌大队，那里有个女知青小组。他们去玩玩。庄雨迟就在门后挑了一件相比而言算得上干净的裤子换上，又换了双其时十分流行的高帮白球鞋——有一只鞋帮子被老鼠啃了个铜钱般大的洞，他便用风湿膏补上了。路过雷阳镇，庄雨迟买了一瓶白酒和一瓶红葡萄酒。后来他又钻到老乡菜园子里摘了两口袋西红柿和一小捆莴笋。一只大狗把他们撵了两里远。

白洛宁至今还怀疑庄雨迟与小戴的关系有点暧昧。他记不清小戴的名字了。小戴的死他记得。他没有看到她的遗容。庄雨迟是看到的。听说是他抱着她的尸体登上殡仪馆的车的。为了这件事他们几乎闹翻——这究竟为什么呢？既然当时组织上已经出面调查并且已有了倾向性的意见，庄雨迟干吗还要呼吁进城请愿？这事后来当然是平息了。以后又听说——不，不能算是听说，他庄雨迟和桃花寨那个摆渡的姑娘很要好。那姑娘长得蛮标致，但庄雨迟是不会同她结婚的，他当时就这么认为。事实证明他的结论是正确的。暂时填补一下空虚吧，还能怎么样呢？白洛宁看着似乎很平静的江水，又一次觉得了心虚。他感到自己总是处在相当被动的地位。我简直就像个请人代劳的赌棍，站在一边摩拳擦掌而唯一的作为是等着付钱什么的。窝囊！但是朝霞的如此绚丽又给白洛宁揉皱的心熨平了许多。倘若不是天天接触到什么水情通报，白洛宁很难相信这就是防汛！

早餐蛮不错。稀饭大馍、油炸花生米、松花皮蛋、玫瑰豆腐乳。这一桌，每天就只有白洛宁和庄雨迟。白洛宁用过早餐准备给庄雨迟带两个大馍夹点菜，又觉得这么做让边上人瞧见多少有点不太妥，就吩咐厨师，给庄工留一份。"庄工每晚干得很迟。"他说。其实他知道庄雨迟是躺在床上看书搞晚了。他看见庄工枕头下面有一册拉迪斯拉斯·法拉戈著的《巴顿将军》。这位随二次大战应运而生的四星将军专吃蒙哥马利的醋。他不喜欢这位骁将。他也不喜欢蒙哥马利。他喜欢拿破仑·波拿巴。这绝非是趋世媚俗。白洛宁从小就崇拜这位一米六五的法国佬。而滑铁卢只不过是一个英雄酒后留下的脚印。在他的笔记本里夹着一张出自俄罗斯画家伊·艾瓦佐夫斯基之手的油画印刷品：《拿破仑在圣海伦娜岛》。他惊讶画家的理解与自己的高度默契。画面上，拿破仑挺立于岛尖注视着脚下汹涌澎湃的大海。朝阳把大海与天空同时染得无比辉煌。一只黑色的海鹰正掠过白浪鼓翅振飞——这才是英雄的画卷啊！

他不明白庄雨迟为何痴迷于巴顿。

这时候蓬头垢面的工程师摇摇晃晃地下楼来了。见面就说："备只船，去江上逛逛。"

"上午就去？"

"当然。老待在屋里好闷。"

"那，好吧。"

庄雨迟进厨房用餐去了。白洛宁一转身突然发现李松茂在边上，脸上有点窘，但很快掩饰过去。他从李松茂的呼吸节拍中判断出镇长是才来的。这就是说刚才自己同庄雨迟的对话李松茂没听见。白洛宁很不情愿把这么一个事实亮出去：他是庄雨迟的提线木偶。他想努力做到让指挥部全体人员相信，他是个名副其实的指挥长。问题是这不同于耍笔杆子卖嘴皮，不可以联想也不可以发挥。每一句话每一项决定都来不得一点感情用事。这就不能不依赖于庄雨迟。可这位工程师又往往把这种依赖关系处理得粗糙并且表面化。这几天庄雨迟总是当众随意点划他，使他觉得仿佛中又倒退到给杨子东充当秘书的阶段。我也许太敏感了吧，他想，我干吗计较这些？

"白书记，"李松茂说，"上午的工作……"

"上午……哦，本来想各部门在一块碰碰。这几天情况大致差不多，就不碰了吧。天热围在一起也挺难受，不如去江上吹吹风。你看呢？"

"那当然有必要。"

"那你去安排船吧。"

"我看就坐部队带来的玻璃钢艇。那东西跑起来够劲。"

"好吧。你以我的名义给陈参谋长挂个电话，请他们支援一下。"

"嗯嗯，几个人去？"

"我和庄工。你也去吧。"

"嗯嗯。"

这也好。沿整个雷阳堤扫一遍。顺便可以去各堤段慰问一下民工。这一带的老百姓基本上都知道我是谁。这也是作风深入嘛。白洛宁似乎觉得自己已经是立在快艇上，一只腿绷直一只腿弓着。快艇像一把锋锐的铁犁剪开两排雪白的浪花。强劲的风吹着他的衣襟如旗帜一样飞扬。他凝视着江的尽头，纹丝不动……

然而后来的事实要令人难堪得多。所谓的兜风只不过是紧靠着堤脚慢慢地爬行。他们重点观察了几个历史上曾经犯过错误的堤段。后来又去看了所有与江堤成圈的小圩。就这样从太阳起山忙到太阳落山。午饭是在某一堤段指挥所临时凑合的。他们被太阳烤得浑身冒油，汗与尘土拌在一起涂在脸上和脖子上，像刚出土的陶俑。更不幸的是他们返回的时候天突然变脸，大雨迎头泼下，个个像褪了毛的公鸡。

"情况看来比我们预计的要乐观些。所有的成圈圩都还在……"

"迟早会破的。"

"这话可不吉利。"

"图吉利就不上这儿来了。"

"雨迟，你是说……很麻烦？"

"有三分之二的成圈圩的坝基土质不行，新添的浮层几浪就会掀掉了……这倒无所谓。问题是雷阳堤本身。历史上的难点至今还是难点……"

"这么说问题蛮严重？"

"走着瞧吧。说实话，我心中也没底。这得靠运气。"

"你讲得太玄乎。"

"我能吓唬你吗？"

"那么，下一步呢？天又开始下雨了……"

"我也没想好。"

两人对视了一下，又同时把目光投到窗外。黑色的天幕中闪电像蛇信子似的跃动。雷就在头顶上，一串闷音过后便是一声如破竹筒子一般的炸响。雨的线条极挺拔。室内的气温已明显地下降了，手臂竟有点儿麻。

"要向地委汇报吗？"

"汇报又能怎么样？你手好凉。去睡吧。"

"你也早点休息吧。"

这个时候白洛宁是希望能在这个空间多待一分钟的。但他还是离开了，带门的声音很轻。回到自己屋里，他感到疲乏正在吱吱呀呀地蚕食着身体。他躺到床上。他把枕头叠起来塞到脑勺下并且换了一个方向让脚对着西墙。他不愿意再去看窗户上的水痕和天上的蛇信子。现在他脑子里是一片空白，只盛有各种混杂在一起的声响。最初的几分钟他老是以为电话铃在响又觉得一会儿有电话要来。以后是觉得门口走廊上有匆匆的脚步声接下来是敲门声。等他适应了雨的节拍之后心律便趋于整齐。我这是怎么啦？难道一听到枪响就扯起白旗？这太可笑了。雷阳堤不是好端端的吗？庄雨迟或许是故弄玄虚，似乎只有这样才体现他的价值。他说我的手很凉，这就是说我白洛宁太不够分量了。他说这话时眼睛朝天花板上看。问题糟就糟在我的手确实凉了。我真不该去碰他的手，其实我只不过是从他手里拿过火柴抽烟。

白洛宁摆平了身体，让四肢互不相碰，这样睡起来舒服。他开始数着雨的节拍，数过九十便觉得眼球发酸了，似乎已踏上了梦境的门槛。

突然有人敲门。

"白书记，睡了吗？"是小马的声音，很短促。他今夜值上班。难道出事了？白洛宁弹起来，先拧亮灯然后打开房门。他正想问，小马先一步递过来一张纸。"省里来了个记者。女的。"小马说，"蛮帅的。"

白洛宁看了介绍信就问："人呢？"

"在食堂吃饭。才到。"

"哦，你先去安排她的住宿，我就来。"

二十四

安平塔下香火正旺的时候，龙水背着手出了门。苇子一个人在渡上，他心里总不大踏实。疤子歇好久不开喉咙，龙水就坐不住板凳了。月亮昏昏的好像这时分要出么子事。苇子要有了自己的男人他就不会操这份子心了。于是又感叹起来，骂完那狗日的"四只眼"再骂自己。当初要是他发了话，苇子还敢不配运生？他不是想攀城里人。城里人算个卵！杨政委那样的官他都不攀，还在乎一个穷下放学生？龙水那会子默认了苇子同那姓庄的好，桃花寨人都好生疑。姓庄的不是个棒劳力且背上还驮着家庭的黑锅，老龙水图哪一门子？这是无论如何也想不通的。倒是姓庄的捞巧了。仗着背后有龙水，寨上人都让他三分也敬他三分——姓庄的生性刁伶，上通天文下知地理。可是这东西换不到工分。姓庄的考上大学了，翅膀硬了，一拍就几丈远，拍着拍着便再也飞不回头了。活活坑了一对人。于是这笔账一清就又扯到了龙水伯。这老人哪，一世积德就是这桩事出了讹错。当然龙水还是龙水，他在桃花寨人心上的地位总还是最高的。大事，支书村长即使拿准了，大伙也还得瞟瞟龙水伯的脸色。或许基于这个意义，龙水才照旧不紧不慢地把日子打发过去。他心里有本账，也有杆秤。

寨子好静。月光落在屋背上软软的，像盖了一层毛霜。这与背后的安平塔极不调和。去烧香的都是外乡人。桃花寨人不会去的。大人把细伢子看得好紧，不准他们爬上岭去看热闹。他们像没一点事似的，早早地吹灯安歇了，享受着这种得天独厚的优越。

龙水瞟了一眼香火，突然觉得来了劲。这塔的名声是越来越大、越来越神了。雷峰塔被白娘子拱倒了，地面上最好的塔怕就是它了。年年有人来考察，年年有人来参观。香火断了许多年如今又续上了。不过这塔也给龙水招惹了不少麻烦。县文物管理所的人一年至少要跑来两趟，还不都是为了那两件从塔下刨着的宝？一次一个价，层层加码。"不卖。"龙水只有这两个字。连看一眼也不行。以后他们再来，龙水便笑着说那东西被人盗了。这就更加诱发人的好奇心，于是传得噼里啪啦响，连邻县、地区一直到省里，都有人晓得。龙水却泰然处之，闭口不言宝……龙水绕了个弯子，没有径直去渡口，先上寨子转悠着。所有的狗见了他都拼命地摇尾子。一只花狗不知趣地来舔他的脚跟，被他一脚拨得两尺远。到了麻子扎匠家门口，见门缝里透出灯光，就住脚听屋里的动静。麻子在对几个毛头谈古。这麻子越发起劲了，竟用粗竹节做了面板鼓，正敲着点子哼道：

汉钟离他本是第一仙道，
曹国舅他也曾保过唐朝。
……

这麻子，哼不尽的老腔……龙水摇摇头。这会子他想起了玉枝。她的喉咙像磬，像那塔上的风铃……

买了船，做了水上夫妻，日子虽过得紧巴心却落得个安稳，夜里不再梦到鬼来剁我的脑壳，不再嗅到血腥。上到汉口下达镇江，大小码头都靠过。替徽州佬贩过盐，替湖北佬贩过米，替江西老表贩过鸦片，替四川蛮子贩过女人。不地道的生意得瞒着堂客做。白日里叫风揭掉一层皮,夜晚便又让堂客的热气给敷合上了。玉枝夜夜要对我唱几句戏文。久了,不听几句戏文我就硬是困不进去。那戏文跟江水一样的没有个尽头,实在是软耳呀……

是民国三十七年还是三十八年?记不清了。反正是在这前后吧,江被老蒋封死了。船开不得,就到汊子里去放卡扳罾。馋个嘴。桃花汛一来,鱼虾也跟着来了。那回一罾竟起了几条鲥鱼!呵呵,这婊子养的鱼原是蹲在海里的,被炮子吓住就躲到这汊子里来生伢。那会子人只顾着吃人去了,这货色也兑不了多大的价码,不如留着老子下酒。老子在江湖上跑矮了腿还不曾尝过这婊子养的味道。玉枝是尝过的。她是红角还尝不到鲥鱼?她手艺真不孬,鱼是清蒸的,拌着野葱,好香哪狗日的好香!那夜月亮跟鲥鱼肚子一样的白,好清爽,好平和。那年头天底下难得有这么一块安乐。狗日的老蒋初一说言和十五又来封江,搞得老子断了两个月的酒水。这壶酒还是玉枝早早藏下的,一启塞儿人就软了半截。好酒。顶好的酒!就喝起来,喝交杯酒。月亮在酒盅里摇,酒便格外的惹老子淌口水。喝起来吃起来,吃一天算一天。料不定明朝一颗炮子飞来就上西天去了,喝吧喝吧,今夜不醉何时醉?

"玉枝,唱,唱一段吧……唱。"

"夜深了,困吧。"

"你唱你唱……"

"你喝多了。"

"多了?多个卵!这条江老子也喝得下!你唱,你唱你唱……"

玉枝就唱了。唱《山伯访友》,又唱《尼姑思凡》,唱到《白娘托孤》,调门陡地暗了:

  白素贞在楼台珠泪滚滚,
  喊一声士林儿娘的命根。
  ……

"莫唱了!"我恼了。这几年她在我耳朵边儿呀儿的不下一百回。老子耳朵都起跰了!我把玉枝搂到怀里,想把她哄困了事可她一把推开我。

"你不是男人！"

"么话？"

"你连伢都不能生还算么子男人？！"

"是我不中还是你不中？"

"你！"

"我……我老子撕了你！"

"你撕！你撕！你么子不撕？！"

她像细伢一样的哭了。梦里还在哭。鸡啼头遍我上了岸，一口气跑上了桃花岭。我烧了纸。桃花娘娘哪保佑我龙水早得血脉接传宗支吧！我的大慈大悲的桃花娘娘哪！那夜几大的风呀，香火撩得如扯起的帆，安平塔是把刚淬火的剑，一半是青一半是红，就在我头顶上……

疤子汪了几声。龙水脚跟软了软，就顺那狗叫去望渡口。敬香的人差不多都走了，水面上只泊着船影，却不见苇子。龙水撑了几脚，便见到疤子像个醉汉似的朝他颠来。这老畜生熬了一夜的骚，不耐烦地用后爪挠肚子，尾子紧紧地夹在屁股里。龙水踹了老狗一脚，然后对着河面喊了一声苇子。话音落下，就见苇子细细的身坯棉花一样自芦苇丛后竖起，一阵风仿佛能折断她的腰。

"时辰不早了，回吧。"

"大，你先回吧。我热。"

"河边风大，莫冻了。"

"我站一下就走。"

"你站一夜了。回吧，伢。"

苇子就同大把船拖上岸，支好，然后把袋里的一把毛票抓到大手里。

"你收着吧，"龙水说，"明朝到镇上去挑两双玻璃丝袜子。天热了。"

"热了打赤脚就是……我是个打赤脚的命。"苇子把钱推了回去，扛着撑篙上前走了。

龙水不再言语，跟着女儿走着。上了孙家坝，月亮移到脑后，便把他的影子甩到面前。他吃了一惊——这活像一只老狗——比疤子还老的狗！老天爷呀，我倒是真的老成这般了？他使劲挺了挺腰，顿时觉得脊梁上的筋酸胀无比，且流遍了全身。但他硬是挺住了。我不老。我不能老！我会老吗？我……怕老哇……打赤脚的命？当初要顺了杨政委，如今起码也是个科长了。可是那个饭碗捧不稳，捧不乐——那个狗日的经理是个活剥皮的狐狸，眼眨眨就是一个点子，能玩他得过？老子生来就不情愿叫人玩！工作辞了就辞了，能少掉一根卵毛？老子不悔！老子情愿打赤脚也不甘心讨鞋穿！这桃花寨，除了死鬼孙二先生，能寻出第二颗人头有老子这般颜色吗？！我不老！老子不老！这安平塔不倒老子就不会倒……不会……不会的……

龙水审视着面前扳正了的身影，吐出一口憋足了的长气。他又望了望那青青的塔脚下行将泯灭的香火，觉得丢却了许久的一件什么东西，似乎又找回来了……

月亮便在老人飘动的胡须上晃荡着。他伸出双手展了一下，仿佛要把这沉睡的寨子搂到怀里，让她枕着他的手臂去睡，去做梦……

二十五

天整个地黑下来后，巧凤才相信丈夫不会回来了。两星期没回来了。两星期就等于半个月。再拖到下个星期天便是二十天出头。下星期天他未必能回家，她想，逢他头上的人物下来他就把这个家甩到脑瓜子后面了，把堂客塞到腋窝里了，滑掉了也不可知。

"这砍头的！"

树下的蚊虫嗡嗡大响，巧凤左右开弓地拍打了几下，眼不再盯路面上看。屋里两个伢鬼在看《陈真》，一个讲这回要死，一个说肯定不会，就纷纷嚷着要打赌。于是巧凤的思想便随陈真绕了一小会儿，似觉得有个人很是像那陈真，只是衣着没有陈真那样的体面。但比陈真高。巧凤慢慢仰起颈子，让那碎银般的月盖住面孔。星子一粒一粒地多起来，且有了丝丝凉风，人就多多少少有了几分困意。

可是她困不着。从松茂抽到防汛指挥部工作，她就没困上一回囫囵觉。刚才本村的德荣来借米，说了松茂的情况。德荣说："松茂哥这回肯定又要升一档。全雷阳的干部大大小小有几稻箩，就抽了他进县里指挥部。这还不说明问题？"巧凤没做声。德荣一走，她心里就大跳了几下。

德荣讲得头是头脑是脑。再从前几次的情况看，好像也是这么回事。七九年发大水，县里也在雷阳扎了寨，也抽了松茂去帮忙。大水一过，松茂就由大队调到公社，正式吃起了商品粮，拿起了国家薪水。那回松茂是拼了命的，肉舍掉了十几斤。还扒掉了自家的屋，拿桁条当坝桩朝雷阳堤上扛。当天就叫广播宣传了，后来还登了报。今年呢？今年的大水必定不会小。日晕水，月晕风，这日晕一起呀，我的天！稻子、棉花都光了！还要倒屋！还要死人！有天灾就有人祸。松茂这时辰升官像是发漏水财，总不大吉利的。他总拣这时辰升官！这回要升也只会往县里升了。县里的官叫科长、局长，还有县长，还有书记。他早就想到县里去。他说要在杨树湾蹲一辈子，就算是白混了。县里出门有小包车坐。有好戏好电影。电视放起来比这角落里不晓得要清亮几多。县里有自来水。苍蝇蚊子也少，热天困觉不用挂帐子，有纱门和纱窗。可这些未必是好。出门就坐车，那人还长腿做么子？好戏好电影都是假的，灯一亮就全都忘了。电视瞧多了伤眼睛。自来水可有雷水清？可有雷水甜？洗不净吃的也洗不清穿的，反而要月月贴钱。纱窗纱门值几个钱？安起来不过一泡尿工夫……

巧凤是不情愿日后随松茂进县城的。为这事上个月他们在枕头上磨过嘴。

"要去你去，我和伢鬼在家里。"

"你不去，我，我不就'旱'死了……"

"滚一边去。你找个俏妹垫床我不怪。"

"这是哪里话。嫁鸡随鸡嘛！"

"你么子不能来回跑？"

"一百好几十里呢，我腿磨矮了你不嫌丑？"

"你不是讲出门有小包车坐吗？"

"那，那也是有回数的嘛！"

"那你搭客车。"

"一星期搭一回？比养路费还贵呢！"

"我出得起。"

"算了，莫讲伢话。真到了县里，怕是不带你去你还心里窝火呢！"

"畜生会窝火。"

"好好,不争了。人朝高处走,鸟往高处飞,你难道不巴望我进步?"

巧凤就不再言语了。丈夫的进步,她当然不会阻碍。但她想,丈夫越进步就与她越远。风筝飞高了会断线的。假使松茂真调到县里,像她这么一个一无文化二无职业的堂客横在屋里总显得碍手碍脚,人家会怎么看呢?

那天夜里巧凤始终困不着。松茂倒是作乐后就歪头困熟了。她盘腿坐在他边上,借着透过窗的月光把男人反复看了,末了叹起气来。她弄不清自己为何要叹气。

月光淡了,蓬松的树冠在头顶上摇着,似一团软云。巧凤扶着树身立起,见周围的声音弱下去,心想时辰怕不早了。今夜竟这般凉爽,如秋如春。可那砍头的不回来!

也不知自哪天起她开始早晚刷两遍牙齿的。现在习惯了,再疲再困,总还是要在上床前把牙清一回。刷牙时她想起那颗曾经美过好久的金牙业已不存在了,又觉得那个位置像塞住了韭菜屑子似的。她使劲用牙刷捣了几下。又似乎是现在才发现,这颗躲在假金壳子后面好久的牙齿,是那样的洁白、光亮。她把镜子拿开了些,仔细地照了。我这口牙生得可真不孬呀,露出来如含了一块玉。巧凤心头的薄薄愁云便被这牙齿带来的欢欣冲去了一半。可是一想到为这颗牙在安庆城被那个精瘦的戴着金边眼镜的医生调逗一番,她又觉得受了天大的冤枉。那医生说:"没毛没病的进什么医院? 金牙啃猪蹄爪不更利索吗?"说完他就歪过脸去看边上端盘子的护士小妖。巧凤没吱声,把头往怀里埋。"张嘴。"医生说,"嗬,还真照得见人咧!"又瞟瞟小妖,接着就用什么钳子往巧凤嘴里捣,眨眼工夫便剥出了金牙壳,拿得远远的看了,又将它放在巧凤手心上,说:"留着作个纪念吧。"巧凤看也没看就将它扔到痰盂里去了。那医生故意做出吃惊的样子,说:"拿到银行是可以兑钱的。"巧凤再也忍不住了,就大声说:"留给你兑。兑钱给你娘打口棺材!"于是争吵,走廊上的人纷纷朝门涌。一位看上去像是位领导的老医生闻声而至,看看瘦子又看看巧凤。两人都不响了。那瘦子背过身去把处方上划的价,由一元改成了十元。巧凤又是看也不看地拿起处方拨开人群走了。一出医院她眼圈就红了，急急地走到一处偏僻的厕所里，哭了几大声，才觉得心里平和了些。

她先上街逛了几家百货店。这几家店中间都有几个大方柱子，上面都镶了镜子。巧凤从这根柱子绕到那根柱子，每面镜子面前都要停留一小会儿，悄悄地张嘴看牙。她心里悬了好久的一块石头算是落下了。她想她以后见人不需要再背过脸去笑了。于是心情慢慢地好起来，就决定趁时辰还早去逛一趟菱湖公园。她每次下安庆都要去逛这公园。最初是为了去看看狮子老虎。看厌了，就觉得好看的是那些亭台水榭、假山怪石。她在这些东西面前照过相。相片洗出来，猛一看煞是爱坏人。可细一看就觉得丑煞人了。风景实在是好看，人却呆得如树桩。最恼人的还是那金牙，日头正巧射在它上面，反光极强烈。巧凤当下就把照片撕碎了。或许是这回，她始才相信了以前小白说过的话。她决心要把这层金壳子剥掉。

巧凤去公园的时候，日头已歪得厉害。不看表她能估到总在下午三点上下。日光倒嫩生了，照在人身上不觉烫也不觉晕。进了大门，浓荫蔽日好不凉爽。走过石头弯桥，细看了湖面荷叶一片葱绿，荷花露出尖尖粉粉的白来。水珠在荷叶上滚动，虽也亮但远不及雷水的晶莹。巧凤的兴趣不在这里，她还是要去看那些亭台水榭和假山怪石。那湖心亭不久前经过了修整，颜色十分鲜艳。又发现湖面上新添了鹅形鱼形的游艇，有使桨的也有脚踏的——像踏自行车一般。她就以为新奇，很想租一条划个把钟头。但又怕错过时辰，耽误了照相，就决计先去照相了。如今城里照相都是带彩的，自然要好看许多。我这回要多照几张，她想。于是便挪到一棵松树下，迎风拢了拢头发，把连衣裙牵了牵，把钱换到顺手的袋里。正准备去摄影点，忽听得左前方一群人嗡嗡在嚷，像是在争着看什么稀奇之物。巧凤迟疑了一下，还是快步跑过去，想图个眼福。

原来是在拍摄电视剧。

几个戴白帽子又戴黑眼镜的男女，正端着家伙围着一对化装成驸马公主模样的人儿转来转去。人群中议论纷纷，有的说是拍《荞麦记》，有的说是拍《女驸马》。拍的人只是把围观者往边上支，并不解答什么。一个胖子老头大概是个指挥，对其他人点点划划，手里拿了个小喇叭。忙乎了一阵子，那老头说："试一遍。"于是驸马公主就表演起来。驸马只做了个叫公主走开的动作，甩了一回水袖，眉头皱了皱，背过身去不再理睬。公主则始终是个背影，肩头耸了一下。就这些，算是试过了。那老头很满意的样子，拿起小喇叭叫道："注意了，正式拍。准备——开始！"驸马公主又照原样来了一回。过后，老头说："今天就到这里吧。"围观者个个不满足的样子，怏怏散开。巧凤也很失望。她觉得拍电视远不及唱戏过瘾，演员像只狗似的，叫人牵来牵走，就算了。照这样拍法人人都能当明星的，她想。这实在是不难，看看就会了。人一散开，巧凤就发现了运生。她与运生昨天一下安庆码头就分手了，各走各的路。想不到又在这里碰见。这安庆城也不算大哩。

"运生哥，你也在呀。"

"凑凑热闹。你事可办好了？"

"办好了。你呢？"

"我？我其实也没的么子要紧的事，出来散散心就是。"

两人沿着湖边由鹅卵石铺成的小路走着，谈些无关紧要的话。到了假山面前，巧凤煞住脚，说："运生哥，我想照几张相。你照不？"

"你照吧。我这个鬼样子有么子好照的？"

巧凤抿嘴笑笑，又开嘴笑笑。她看到雷运生脸上怔了一下，知道是为么子怔的，不禁心头一热。"这样……好些。是要好些……"雷运生越说越不顺口，便把眼睛从巧凤牙齿上移开，去看湖面。巧凤这才转身去找摄影师了。运生又不时扭头往这边看看。巧凤移来移去地照了好几张，满足了，就准备付款开票。摄影师却不满足，说："唉，好容易来趟安庆，好歹你们夫妻得合个影呀！"一句话说得巧凤脸红了大半，低下头去说："师傅，你莫乱讲。"摄影师做出恍然大悟的样子，却又说："你们还是在恋爱阶段吧？如今农村也开始晚婚晚恋了……"运生听到这话，一个人掉头急急地走了，很快就不见了影儿。

巧凤一直望着他走出公园大门，然后轻吁了口气，独自坐到湖边的一条石凳上，望着那并不清澈的水……

刷过牙，把伢鬼的帐子拉拉好，巧凤回到自己屋里，和衣靠在床上。松茂不在家她一个人总是开灯困觉的。今夜却把灯关了，于是浅浅的月光在床前铺开。屋子裹时静了许多，似乎有凉气在穿来穿去。她双手环抱着胸，感到那柔软的奶子下面一下一下的心跳。这声音越来越响，越清楚，像是谁在拿锤子在敲什么空洞的东西。接着她起了惊慌，猛地又将灯拉开。灯光刺得眼看不清面前的一切，而月光已不复存在了……

二十六

白洛宁在踏进门的前一分钟把要说的第一句话又想了一回。当然是先打招呼而后握手。问题是该怎么称呼她合适。以前他喊她小素。现在看来不太妥帖。但改换小边，又似乎显得生分并且有点居高临下的味儿。他想还是直呼其名的好，这样容易让彼此感到又回到大学时代去了。同学之间就是这么回事，而同学关系较之同乡关系或者上下关系，显然要雅致单纯得多。

他进门的时候她正在用手拢被雨淋湿的头发，背影依然是楚楚动人的。她嘴里低唱着加拿大民歌《红河谷》的旋律。白洛宁还从未听到过边小素的歌唱，不禁倚着门立住了。这时边小素已觉察出门口有人，便就势把头发朝后一甩地转过身来。

"想不到能在这儿碰上你！"白洛宁上前一步，颇有些激动地说。

边小素的表情在经过零点几秒的惊讶后又调整得相当平静。她先伸出手："你好。"

这个动作使白洛宁不得不想起他们第一次见面的情形。也是她先伸出手的。但是那时这个动作意味着什么的开始，而现在似乎是宣布什么的结束了。也就是说，现在的握手完全是一种礼节性的，不包含任何由此派生出来的意义和价值。当白洛宁去握那只依然白皙纤细的小手时，他简直不敢使一点儿力，好像他握的是一只刚出壳的雏鸡。我应该先伸出手。不管怎么说我是主人。我没有必要把什么都想得那么复杂。也许当初的突变就是由于我的复杂带来的……

"几年不见，你好像长高了。"他说。这样就蛮好，他想，这样要自然得多。

"我想，"她笑笑，"我想我早过了'青春期'吧？"

白洛宁也笑了。他意识到自己的笑有点尴尬。她怎么突然变得如此刻薄呢？这种年纪的女人是容易病态的。她们不会再多愁善感，有的是过分的愤世嫉俗。其实她们也是凡人。她们追求女人世界里应有的一切，只是更挑剔、更清高、更不可一世……

"回过家了？"

"我是直接来的。这本来不是我的差事。他们大概是看我活得太自在了，就来了这一手。而我呢，正是因为过分自在了，也就认了。上午通知我，下午我就动身。怎么样，够进步的吧。"边小素一面用白手绢束起头发一面说，口气是极轻松的。

居然如此相似。白洛宁很自然地想起了宋尚志的"将军"。不过，我可没你那么自在。我肩上担的是责任。万一出了漏，首先饶我不过的是你那位令尊大人。然后你们这些报痞子会蜂拥而上，借题发挥或者小题大做了。

"你打算在这儿待多久？"

"这要看我的兴致怎样。反正，给你添麻烦了。"

"这话可不像是你说的。"

"我什么话都会说，不是吗？"

白洛宁心里咯噔一下。他不想再顺着这条线儿把谈话继续下去。过去的事就让它永远过去吧，这话谁都会讲。没有必要再就以前的事争长论短、明辨是非了。这毫无意义，尽管遗憾不会完全消失。各自头上一方天，随其自然吧。我不是英雄，但我至少是个男人。斤斤计较的不是男人。

"工作上和生活上有什么要求，尽管提。我尽力而为。"白洛宁说，"你辛苦了，早点休息吧。"

这次是他先伸出了手。

可是边小素没有及时去握，先稍稍歪了一下脖子。

这个男人越发老练了。白洛宁走后，边小素这么想。她怀疑自己在见到他的那一刹那表情的慌乱他是看清了的。而他却努力做到了不动声色。这不简单。但是这个男人绝对不知道，老练是个可怕的字眼。与一个老练的男人中道分手这不能构成遗憾。虽然那时她的心里断断续续地出现过不平静。事情已过去很久了。留下的印迹也随之而浅淡。一切如同被风揪落的叶子，失重地飘了几飘就不知去向了。可是现在她竟找到了这片叶子。这无疑是富有戏剧性的。问题是如今已不是戏剧性能吊人胃口的年头了。边小素又将头发抖开，站到门前的走廊上想让风吹干。她一走出门就感到非常舒服。风凉丝丝的，雨沙沙地敲击着均匀的节奏。这是个柔美的富有梦的诱惑的夏夜。而五年前的那个夏夜也同样是柔美和梦幻的。那一夜与这一夜仿佛一模一样。在一条石头铺成的曲曲弯弯的小径上，在一把黑色的尼龙伞下，一个女人在欣赏一个男人表演爱情——

"你不觉得分配是一道关口？"

"也许是。不过只有一次。以后由你分配你自己，不是吗？"

"如果你不是省委宣传部副部长的女儿，你还会这么说吗？"

"我想我会的。"

"我没说的了。"

"我想该说的都说了。"

他走了。他走得很沉稳。他的背影是那样的挺拔。这个男子是极讲究自尊的。他不感情用事同时也不蔑视现实。她突然产生了一种强烈的内疚。她想这可能是由血缘带来的不公平。她觉得他是可以理解的。他希望能顺利地分配到省委办公厅，为自己寻得一个满意的起点。这没错。他希望能请父亲出面同校领导打个招呼。（这个意思的表达让他的心情痛苦到了极点，尽管他努力保持着表面的平静）这也算不上错。而她说："我想这太复杂了，你说呢？"她看见他两腮的肌肉突兀地弹了一下。他不再说了。

他走了。那落在伞上淅淅沥沥的声音似乎还没断。她希望他能回来，或者，停下来，让她追上去！她会说希望他能够理解她。她之所以莫名其妙地离开"红门"另觅寓所，是因为她早已不习惯那里的空气。她想摆脱一切之于自己都是附加或者多余的成分。她认定了要这么做。她那时还不十分清楚这么做在别人看来是一种所谓的犯傻或者所谓的壮举。她完全是由着性子来的。她不欣赏遇事方方面面都考虑又考虑的作风。她图的是自在。那时她是多么想同他把这一切都痛痛快快地说出来呀，可他是聪明人。对于一个聪明人是用不着多费口舌的。于是她倚在晾台上注视着那个愈来愈模糊的背影。雨在几分钟内淋湿了她的头发……

边小素下意识地用手指梳着头发。此刻旅社里所有的灯火都熄灭了。雨声弱了一些而蛙鸣却更热烈。她在走廊上踱了几个来回，在猜测时间在什么位置上。叔本华说时间是一个圆。与地面相切的一点是现在，顺时针方向表示过去而逆时针则意味着未来。问题是，这个圆一旦运动起来也就是旋转起来，那么现在、过去、未来则浑然一体了。生活大约就是这么建立起来的，她想。

不管怎么想，与边小素的不期而遇，白洛宁是有些激动的。他去看了她，一切处理成公事公办的样子。他觉得这么做也未尝不可以。他不希望这位秉性古怪的记者在这儿久待。这似乎有点碍手碍脚。想起那个可以说是比较遥远的雨夜，白洛宁的两颊又麻又烫。我还从未那么折着脑袋去拜求一个人，一个女人。我敢说除此之外我没求过任何人。唉，那时呀，真他妈幼稚。其实事情本身也未必复杂。据说分到省委办公厅的那个二班姓张的家伙至今还是科级巡视员。所以说人生的路至少有一半由命运支配。任何事在临头之际都会令人焦虑不安，一旦成为过去又觉得是那样的简单……

白洛宁在床上翻了个身。又打算重新数数，数进梦境。可是他眼前总荡着边小素那双含有几分热烈又含有几分揶揄的眼睛。这大概是地球上唯一看出我内心缺陷的眼睛吧，他想，随之又引起了一丝不安。他设想，当他在大堤上对着千军万马点点划划的时候，她会在心里怎么说呢？白洛宁又坐起来，随时准备关灯的手拿起了一支香烟。他想自己似乎干了桩根本见不得人的事，而边上恰恰有那么一位目睹者。那滋味可想而知了。

他慢慢地又是用力地吸着烟。乳白色的烟雾在面前优美地飘过。我又想复杂了。我干吗偏要朝一个方向想呢？我求过她但最终是求了我自己。我的路是凭着我的腿走过来的。我完全有理由坦然。从这个意义上讲，我离开了她或者她离开了我是件幸事。否则，我走到现在这地步便永远得不到公认。谁都会认为我是个有背景的家伙。谁都会说白洛宁这小子不就是倚仗他是地委书记的女婿吗！这太可怕了。我好不容易洗清了杨子东折射在我身上的痕迹哩！他想起好像在一本书里读到过的一句话：世界上最丰富的颜色是白色。这太精辟了。如果说我白洛宁的进取是有什么背景的话，那么这背景的颜色就只能是白色。

白洛宁的嘴角矜持地笑了一下。

他很快就入睡了。半夜里，他梦见了妻子。

二十七

雷运生这趟下安庆是憋着气走又泄了气回来的。动身前他还把战友的信又看了一遍。那战友原是在一家公司的车队当修理，被改革的大潮一操便挂职停薪支起了个运输开发中心，自命经理。他手下掌握了几辆破车，干了两载竟也有不小的赚头。于是就招兵买马，想成就一番大业。雷运生本来与汽车行业无缘，但战友看中了他的忠厚与耿介，又有一副铁打的身坯，就发信邀他来干装卸队长兼仓库保管，月薪八十，且有浮动工资与奖金。运生接到信，高兴自不必说。虽然这是个不怎么像样的饭碗，但掉了搪瓷的碗也比刚出窑的瓦碗结实。当下按捺着激动，做进城的准备。龙水和苇子问起缘由，他都扯了个杂理支应过去了。他想等事情兑现、工资到手后再摊牌不迟。谁知到了安庆，那战友寒暄过后便拿出合同来，第一款就要交纳"支办金"一千元，说是三年后连本带息一并还清。运生笑道："我腰上要缠有千元，何必要上这儿来呢？"战友也表示理解，说目的是为了买新车，贷款困难就只好靠大伙出力。"你家境不宽，就先付一半吧。"战友说，"另一半我替你垫上就是。""我一半也付不起的。"运生说。战友的眉头这时便起了疙瘩，好久才说："这就不大好弄了……要是人人都这样，我这个经理早就倒台了。"运生也知道对方的难处，就不多说了，喝干茶便离开了经理室。战友要留他吃饭，他说在街上吃过了。

他在家里躺了一整天。往日的忧愁加倍在心头盘绕，鼻子酸了几回。这鬼场子他一天也住不下去了，他恨不得放一把火把桃花寨烧个精光！这种活法实在是比死还作践。老天要发大水了，下吧，下他娘的个九九八十一天，把这穷卵子地方抹掉！彻底抹掉！

这天夜里，雷阳区委书记王胡子来找雷运生。自那回错误过后，王胡子就没踏过这道门槛。运生便有些吃惊，心里在想这胡子究竟为何肯花费这番工夫的。王胡子是个痛快人，一年四季三百六十日屁股后面总吊了只能盛二两酒的瓶子。他走到哪吃到哪，随主人吃，酒却坚持自备。见王胡子手里用荷叶托着一把切细的猪耳皮，运生就知道他今夜是非得把板凳坐矮不可。龙水往日与王胡子处得和顺,就吩咐苇子去炒了一盘花生米、切一盘腌辣椒。他本想把那瓶"古井玉液"拿出来,摸了几回终于还是缩了手。苇子在一旁看出了大的心思,便出门打了斤散酒。安排好这些,天已黑透。四个人围着一盏煤油灯坐,三人喝酒,一人吃饭。苇子始终把身子侧着,于是墙上就显出一个优美的身影,忽明忽暗的。

　　酒一沾唇,王胡子的话匣立即打开。这胡子说话向来不转弯抹角,就说:"怎么样,把支部还给我撑起来?"

　　运生心里大响几下,但他说:"不干。"

　　"能上能下嘛,你这犟种,还记我的仇不是?"

　　"不干就是不干。"

　　龙水放下筷子,又把粘在胡子上的酒珠抹掉,说:"王书记,随他吧。是块烂泥巴,糊不上壁的。"

　　"龙水伯,你老可不能拆我的台哟!"胡子颇有兴致地搓搓手说,"犟种我见得多,不怕的。"

　　龙水便笑笑,喝了面前的酒,说:"我老了,讲话不顶放屁,男的女的我都奈何不住的。"

　　"大,你少讲几句吧。"苇子瞥了大一眼,端着碗离开了。

　　龙水又喝了一盅,说:"好好,我不讲了。你们谈正经的。"也离了席,进灶间去了。

　　王胡子脸色陡然严肃起来,把一条腿搬到板凳面上,用筷子点着运生的鼻子说:"不干也得干!这是组织决定,你还价,我还得处分你!"

　　"处分吧!干脆把我的党籍开掉算了!"运生还是顶,但口气已软了许多。

　　"你以为我不敢?"

　　"我不怕。我这个党员甩到这鬼场子不如烂掉的好!"

　　"你怕穷?穷则思变呢!"

　　"你少来虚的。变?怎么变?到现在电搞不通,桥架不起,起码的条件你上面都不给,让下面如何变?还念毛主席语录吗?"运生越说火气越高。

　　"客观条件差,不错的。主观呢?主观就那么干净了?党号召党员带头致富几年了?你带头了没有?罢了你的官你觉得委屈,躺倒,你这是和谁过不去？和我吗？你还不清醒清醒……来，喝酒！"王胡子说。

雷运生端起酒盅，突然掼到地上，伏到桌上头埋得死死的。

王胡子是在月起东山时分离开桃花寨的。雷运生撑船把他送过了雷水。下了船，王胡子又握了运生的手走了一截子路。这一路上两人都没说话。临分手时，王胡子说："过去的事不要多想了。男子汉大丈夫能起能落，好好干吧！"运生还是没说什么，目送着胡子远去。回到船上，正欲起篙子，猛见正前方一点灯光如星子般闪耀，思绪又纷扰开了。……

都是你这婆娘！

我能不打你吗？你明明晓得我为苇子丢了脸却偏偏要来捉弄我，来拉扯我，你这不是找打？你心里该有数的，巧凤！我不是把气出到你头上，我会那么蠢吗？你要记住你可是松茂的堂客。你们有伢鬼了。我晓得你从进李家的门那日起你就蹲不惯，可李家养活了你呀！就算是恩报恩还吧，你也得耐着性子同松茂过下去。巧凤，你是年纪轻的缘故才这么乱想的。你不能这么想。我好讲你当耳边风，反而……唉。那回要是让外人看见成什么样子！我能不把你推开？我只好歹作了！我偏要在青天白日里当着人面扇你两耳巴子！我要把你打得远远的，打得叫你恨我一世，来世……你再打我吧，巧凤……

雷运生记得清楚，那两巴掌是刮风似的扇过去的，巧凤倒退了两步，边上的人都吓住了。两个手印先是白的由红脸盘儿托着，很快显红了，刻在业已变白的面孔上。巧凤憋了好久终于嚎哭起来……

我……下手太，太重了。我只有这个法子。我是个蛮人，是个犟种，也是个软货——你以为我心里好过？！

唉，人活着就是受罪……

活受罪！

月亮不觉起了毛边。雷水在静静地淌着。这是条极活的水，不知淌了几多年月！一水之隔天地之别。杨树湾和桃花寨，两个对立的村子，喝的是一样的水，却养着两样的人。真是一娘生九子，九子不像娘哪！雷运生扶着撑篙立着，似觉得身子热了许。不是酒劲，不是的。这寨子呀风风雨雨多少代，活像一盏残油的灯。他死死地盯着雷水，静听她轻柔的声音：雷运生，你是随这条水淌到这里的！菩萨心肠热了一回，阎王的手软了一回,让你重新出世了。你喝了三十四年的雷水,你就不觉得欠了她什么吗?你以为替自己寻个丁当响的饭碗就屁事没有了?

可我不能活活苦死、穷死!我到这个年纪还没碰过女人!我不能再熬了!我一定要走!

你走吧。你甩手甩脚地走吧!你无能,你无法收拾这个烂摊子!人不要脸什么事都做得出的。

脸值几个钱?

你说值几个钱?!你这忘恩负义的杂种!

……

雷运生把双脚浸在雷水里,突然一篙子把水中的月亮捣得粉碎。等水声恢复平静后,他隐约听到有人在喊他。起先他以为是错觉,可是他发现水里多了一个人影,蛇一样随水波扭动。这是她。

"这么晚了还下河洗衣?"

"趁好月亮。这月亮几多的好……"

"松茂没陪你来?"

"人家哪有工夫陪我?我也不要人陪,未必鬼敢掐我的喉咙?"

"那,你忙吧,我得过去了……"

"是呀,苇子要人陪嘛!"

"巧凤!你少嚼舌根子!"

巧凤便哧哧笑了。笑过又说:"运生哥,我不是戳你,你与苇子也般配,莫误了自己也误了人家……"

"巧凤,这不可能。"

"么子不可能?"

运生不想与这妇人再言语,就上了船。他想一篙子把船顶得远远的,可手下一松,船像磨盘一样,好久才调过头。他一把一把地撑着篙子,听见身后一下一下地响着棒槌声。船到河心,棒槌声断了,一会儿又急急地响起来……

二十八

黎明时的江是非常迷人的。用时髦的措辞叫朦胧美。空气仿佛是浅蓝色的，在缓缓地流动。两岸的景致像一座座冰山也在缓缓地推移，稍带着一点儿固执、一点儿眷恋。鸟的身姿完全是剪影，在水面上划来划去，并不叫。喧嚣已经凝固，当然，太阳一露脸便融化了，接下来又是一个火热的日子……

江面像一块洁净的灰色并带有云纹的大理石，似乎无风无浪船也照样可以运行。只有一只船在动。

这是一只普通的小货轮，造型虽然难看但跑起来蛮不错。柴油机发出的嘟嘟声极其单调，不过又衬托了四野的宁静。船头甲板上立着一个身影，这是地委书记边达。

船是半夜离开码头的，谁也弄不清这位书记为什么要拣这个时辰动身。他困不着，就给秘书长拨了电话，提前出发。临行前他交代：全区防汛工作目前由总工程师负责。至于这次出来的任务是什么，他没有解释。他只说随便走走，并且吩咐不许给基层任何堤段指挥部挂电话。他也没多带随行人员，就一个秘书长老胡。上了船，他叫老胡进舱继续睡觉，自己想在外面吹吹风。那时大约在夜三点，他在船头已待了近两个钟头，并不觉得有多大的疲倦。

边达决定到 M 大堤的三个堤段看看。第一站是广济，第二站是雷阳，第三站是同兴。从近期各堤段报来的材料看，情况都还不错。但这个印象不是立体的，总让他似信非信。这个地区的工作"水分"多，他早就领教过。五八年，在一亩田里堆上十亩田的稻秸，在稻秸中间藏一张桌子，在桌子上安排小孩唱歌跳舞谓之"放卫星"的，出在这里；五九年，把十个村的浮肿病人撵到山洼里，再把剩下的健康者集中到一个村里来迎接上面的检查团，也出在这里；六六年，把领袖像章扎进皮肉遮住奶头谓之"三忠于"的，还是出在这里！洋相、丑闻、闹剧，都在这里如幽灵般游过！可奇怪的是，这里的干部官运却异常亨通，历届省委班子都少不了来自本地区的人选。外地出成果，此地出经验，这句话实在是太妙了！妙不可言。对于前任留下的荣誉或者麻烦，边达把它搁在一旁，不打算去品味或者去收拾。画一个句号，一切重新开始。这位地委书记的秉性决定他具有比较强化的自信力。所以他一到职便一猛子扎到基层，住了两个月，砍掉了几面漂亮的旗帜。这在全区产生了不小的震动。但他心里清楚，这仅仅是触及画表皮，仅仅是开始。要想从根本上发生变化，并非砍几斧头就行的。他甚至想过，他或许只能开个头而已。他希望能开个好头。他不指望在自己主持工作期间会干出什么惊天动地的事业。地区这级组织，长期以来只是个传声筒、中转站。却又十分实惠，大事朝上推，小事往下踢，两沾又两不沾。但对于晋官加爵，又委实是个好台阶。当然，不是对任何人都如此。比方说，他。

　　当时他感到很突然。他一直是干部门工作、干意识形态工作的，虽然他对基层工作不算陌生，但出任一个地区的主要负责人，这在他四十年政治生涯中还是首次。他很关心这件事的背景。可省委负责同志一笑置之，只说是普通的干部流动，考虑到他在这个地区曾经工作过，底细比较清楚，就决定了。个人服从组织，他接受了。曾有一度，省委大院吹过这样的风：边达这回可能"转正"，成为常委宣传部长。不过风声越大真实性就越小，这似乎是一条规律——上层的人事变动都是出人意料的。有一会儿他对自己在这个问题上的多虑有点懊悔。但是第二天，有人向他透露，说是新上任的省委文教书记杨子东提议让他下去的，理由是怕边达在今后的工作中难以与他合拍。一个是分管意识形态的书记，一个是宣传部长，如果配合不默契，将会出现什么结果呢？省委自然要重视这个问题了。传话的人讲得极吃力，反复解释自己的举动不是拨弄是非，只是同边达交个底。边达没说一句话。他觉得实在无话可说。

　　他很快办了移交手续。

　　在船头上点烟可不容易。边达连划了三根火柴才把香烟点着。可是一吸便立即传出一股焦烘烘的气味，原是他把烟拿倒了，点着了过滤嘴。他自嘲地一笑，把烟揉碎扔到了江里。然后又嗅了嗅揉烟的手指。这会儿风向似乎转了，浪并着肩不懈地迎面扑来，船头溅出的浪花沫子也略高了一点。有道是宦海扬帆如同逆水行舟，不进则退。可是何为进？何为退？理解又不尽一致。边达对此可以说兴趣不大，但对于自己与杨子东的关系，总感到遗憾……

　　我们认识是很早了。我担任《大江报》副总编辑的时候他干县委书记。在当时，他是全区八个县最年轻也是最有水平的书记。我们很谈得来。每次他来地委开会，总得抽空上我那儿聊聊，一聊就聊到三更。说实话，我很钦佩他的干练。我曾亲眼见到过他作关于查田定产工作的动员报告。那是一九五二年春天的事。是在一个露天会场，他身着军装跳到一张八仙桌上，嗓门洪亮，表达生动。我被他征服了。我记得我是连晚赶写了一篇报道，第二天一早派专人骑马送回报社，第三天就见了报，是头版头条。不久，全省推广了这个县的经验：查田自下而上，定产自上而下。不用说，这件事使我们的关系加深了一步……

不行，还得抽烟。这回他蹲下身子划火，果然一根就点着了。看来在风口上得稍避避。他很费劲地吸了一口烟，他能感觉到脸部有巴掌一块给映红了。他重新站起来，踱了几步。他发现一站起来烟的口劲小多了，简直就像在闻别人抽的烟味。于是他用手掌围住香烟，像咳嗽似的吸着烟。这时候，两岸的山已呈黛色，水天相接处比刚才又白了一些……

在同老杨相处的整个过程中，如果我的记忆没出毛病的话，是从来没发生过争执的。可以说我们有点同病相怜，因为我们是知识分子并且少年得志。而其时革命队伍中的知识分子是非常孤独的。我们关起门来发过牢骚，也骂过娘。不过，一段时期过去后，他的脾气突然好了，好到换了另一副脾胃的程度。我很吃惊。我想这大概是由于他年长两岁的缘故吧，或者是由于我们各自所处的位置不同。他是县委书记，主持一个县的全盘工作，是来不得感情用事的。然而他的全面谨慎，总让我感到不够自然。我隐隐感觉到我们之间出现了一层隔膜……

要说分歧，最早的分歧是在对待李永庆的问题上。我知道，李永庆是他的老上级。渡江战役结束后，本来留在地方开展工作的没有杨子东。是李永庆坚持要留他的。杨子东之所以敢放开手脚干，是由于李永庆在撑腰。"镇反"中，杨子东错杀了无辜，本来是要在党内进行处分的，但李永庆打了圆场，把事情揽了过来。杨子东只不过作了个轻描淡写的检讨，就万事大吉。以后杨子东谈起这件事，并没有感到多少内疚，只是流露出对李永庆的感激……

但是李永庆犯罪了。这位当时的地委副书记利用职权，不择手段地贪污国家财产资金，数额惊人。我是接到一封匿名信后才介入的。说实话，当时我还有点怀疑，也有点胆怯。我几乎是悄悄地调查，从外围提供的情况入手。可是哪有不透风的墙呢？于是我被逼到逆水行舟的境地，别无选择。但令我乐观的是，我已初步掌握了关于李永庆贪污的一些证据确凿的材料，这是足以能使我腰杆坚硬的力量。大概就在这个阶段，一天晚上，已经是很晚了，突然有人敲门。我想不到来者是杨子东。他好像是一口气从县里赶来的，风尘仆仆。我很高兴。我那几天正愁找不到合适的人就李永庆的问题谈谈。于是他刚坐下，我就说："你知道吗？我在调查李永庆呢！""我就是为这件事来的。"他说。然后他开始抽烟。等吸过几口，他又问："问题到底有多大？"我说不小。我还说了几笔较大的款额。他似乎很怀疑却并不吃惊地问："有这么大？真有？"我突然意识到他的不期而至是有另一种背景的。我说："我是调查者，倘若问题有出入，我会负责。以党籍、职务，乃至性命！"不用说，气氛紧张了。我们相对无言地坐了两支烟的工夫。接着他又说话了。他说他不是打击我的积极性，不是干扰我的工作。他说李永庆是位身经百战的老同志，倘若在这件事上马失前蹄，于我是很不利的。"我完全是为了你好，琼文！"他说得很激动。我说谢谢。我记得我说这句话时的口气是冷的。他当然是坐不住了。他走了。临出门，他又转过身同我握手，说："三思而后行，你好自为之吧……"

　　我不能否认杨子东的来访对我有所触动。那天晚上，我在灯下坐了整整一夜。黎明前天下雪了，很白很白。屋里没有炉子，寒气怎么也赶不走。那时我是怎样想的？我好像没想什么。窗外的雪吸引了我……

　　他把烟头扔到江里。两岸的喧嚣渐渐开始了。这一夜几乎被过去占走了。静夜思。有点骚人墨客的味道。边达有点想笑，痛快地伸了个懒腰。

　　江面上也活跃起来，船夫的号子粗犷且带点野味，惊得江鸥忽上忽下。天空明朗多了，云的轮廓是千姿百态的。而江水，虽然保持着呆板的姿势但气势磅礴，不屈不挠地迎面扑来。他现在已明显感到了船的颠簸。他从口袋里取出望远镜，对着M大堤观察着。堤上有三三两两的民工，间或有机动车辆开过。堤脚的防浪林和堤的植被看上去都蛮不错。这段堤属于广济堤，基础在历史上就还可以。边达打算在广济小住几日，然后去雷阳。他最不放心的还是雷阳。尽管他对青年人不抱成见，但面对这种十分特殊的情况，让他十分相信他们又是不可能的。边达在同意雷阳堤指挥部的工作方案的同时就已考虑到，如果雷阳堤疑难问题集中，他决定坐镇那里，指挥全盘。不过这个想法他只单独同总工程师谈过。

我倒要看看你们的能耐。你们不是张口改革闭口开拓吗？那么好吧，看你们的了。你们干得漂亮，这样，我们这些老头子下台或许就没多少委屈了……

汽笛长鸣一声。一会儿秘书长老胡睡眼惺忪地出来了。

"边书记，你去睡会儿吧。到了广济我喊你。"

"到了广济再说吧。我这人怕吵，船上睡不着的。"

边达继续用望远镜观察。这时，朝霞已泛于江面，波光粼粼，好迷人。他发现了面前的自己的身影，虽然不很清晰但看起来还蛮魁梧。他从这里获得了一种满足，于是他将双臂反复舒展了几次……

二十九

在江上跑了一趟后，工程师庄雨迟浑身像注了铅似的沉重。这个历来自信无比的青年人仿佛是第一次对自己产生了怀疑。也就是在这样的心绪支配下，他向指挥长白洛宁交了底。但他又不想把什么都倒出来，因为这么做会让对方魂飞魄散的。如果这支老枪卡壳了，于整个战役是很不利的。他觉得只要来那么一点暗示，让白洛宁清楚关乎雷阳堤安全度汛的举足轻重的是何许人，就行了。同时要对白洛宁的那副首长风度泼点冷水。实际上，庄雨迟至今也谈不出多少对白洛宁的看法。他只觉得这个人过早成熟。他们第一次见面，他就发现他不会玩。当时他提议去江里洗澡，其他人立即表示赞成，白洛宁却忙着去扫公社的厕所。以后每次知青在公社集会，白洛宁都要把厕所清扫一下。凡公社出面交办的事，白洛宁都完成得相当出色。特别是搞文艺宣传队，排样板戏，使他的聪明才智得到了极大的发挥。他是导演又是主演，不在台上表演便是在台下操琴伴奏，他会多种乐器。庄雨迟也抽在宣传队里，负责画布景、制道具。这纯粹是为了逃避劳动，为了玩。宣传队的女主角，是陈家镇大队的知青小戴。她长相虽然不算十分的出众，但嗓子、身段都很理想。庄雨迟很欣赏她的一双眼睛，似笑非笑，又仿佛带了一点淡淡的哀愁。于是有一次演出后，在帷幕后面，庄雨迟亲了她的眼睛。她给了他一耳光。他却笑了。可是几个月过后，传来了小戴投江的噩耗！庄雨迟连忙去找了白洛宁，后者其时正被当做新鲜血液，在忙着给支部写思想汇报。

"小戴死了!"

"听说了,真遗憾……"

"你还坐得住?!"

"雨迟,你别冲动,等调查结束……"

哦,这件事过去十二年了!但就像是刚刚发生的一样。我忘不了小戴那张苍白透明的面容。她的眼睁着,沾着水的睫毛像麦芒;她的嘴张着,她想说什么呢?我活着。白洛宁也活着。整个雷阳区的知青除了她,都还活着……一个年仅二十一岁的生命就这么悄悄地结束了,又悄悄地被活着的人遗忘……

庄雨迟的心绪恶劣到了极点。他几乎是撵走了白洛宁,关起门,闭了灯,深深地吸烟。一种复仇的欲念在心头萌动,他恨不得现在就把雷阳堤炸开,让野兽般的洪水把这块可耻的土地彻底淹没……

他弄不清自己是怎样平静下来的。窗外的雨在忽明忽暗的路灯下闪烁着,天越压越低。这似乎是支前奏,悲剧的前奏。他想着,悄悄离开了房间。这时候,差不多每个窗户都熄了灯,夜在雨声中依然求得了静谧。庄雨迟打开旅社的边门,到了街上。他没带雨具,就站在一家店铺的凉棚下面。他似乎是好奇地看着雨景。这他妈的可不是闹着玩的,他想,万一出了纰漏不死也得脱层皮。而更叫人难受的是,一个男人的旗帜上写的是失败。对于汉子,没有比失败更糟糕的事了。海明威这美国佬创造了那个桑地亚哥,实际上是在宽慰自己。那个时期这位大文豪正背时。而项羽则没有这么滑头,痛快地抹了脖子。失败了的英雄?真他妈的不知是赞颂还是挖苦!是英雄就不会失败。失败了还配充什么英雄?项羽成全了自己,可惜后人又善良地玷污了他。庄雨迟想着不禁暗笑,历史简直是一部闹剧,他觉得自己这个见解蛮不错。

左侧传来了汽车的引擎声。他回头时看见一辆吉普车在旅社门口停下了。他以为是县里什么干部来了,就没当回事。可是从车上跳下的一个优美的身影叫他差点儿从凉棚下蹿出来。

绝对是她。一个不可思议的女人。

边小素是第二天上午在食堂用餐时见到庄雨迟的。她当然没料到他会在这里同时也没料到他已知道她来了。她的脸颊即刻红了,幸好边上没有人。但她没说话,打算端起碗离开餐厅,可她慢了一拍,庄雨迟已经坐过来了。边小素面前放了一袋随身带来的"芙蓉辣酱"。庄雨迟把它拿过来,用馍蘸了。

"你好,别来无恙?"他说,吃馍,"蛮不错。"

"当然蛮不错。你发现我缺胳膊少腿了吗?"

"我是说这酱的味道,蛮不错。"

"那就送你了。慢慢品尝吧。"

说完,她起身走了。散披在肩的头发有节奏地弹着。

一个背影。一个矜持无比的背影。庄雨迟自嘲地笑笑,慢慢地嚼着馍,把一袋辣酱蘸尽了。

这天下午,白洛宁把边小素介绍给庄雨迟:"我的同学,边小素,省报记者。"

他们居然例行公事地握了手。

"地委边书记是她的父亲。"白洛宁进一步介绍道。

"你和你父亲一点也没联系。"庄雨迟说,"我指的是长相。"

"可能不只是长相吧。"边小素说。

他俩都没注意到白洛宁这时已背过脸去了。

这地球委实太小了,边小素想,转来转去都是那几张面孔。戏剧性情节。戏剧性总是充满着虚假。奇怪的是这虚假的情节往往具有诱人的魅力,甚至催人泪下。边小素不得不承认,从见到庄雨迟的第一眼起,她的心绪乱了。这几天的努力,使她相信了自己的脆弱。以前建筑起来的良好自我感觉也随之幻灭……

与你的分手的确是莫名其妙的。你以为自信的是我而我以为自信的是你。我们的自尊心其实只是破了点皮。你的高慢是一种病态。我的清高也是一种病态。你的自尊是用来压制自卑的。你不允许任何人俯视你,也不会仰视任何人,包括我。你大概忘记了我的性别和天性。你这号男人我理智上是极端崇拜的,但感情上却接受不了。后来你已经是做了让步。你来了信。八个字。而那时我害怕了。我觉得两个病态者的结合是不会健康的。比如乔治·桑和缪塞或者肖邦,比如邓肯和叶塞林……我不敢做一次爱情的游戏或者探险,不敢……

八个字的信我读了几遍？

离开你是痛苦的。走近你也是痛苦的。糊涂地爱上一个人固然不幸，而十分明白地爱上一个人也未必能得到幸福。你说呢？

那么，再说吧。把结果交给时间。况且，我还有很多的事要做，你也一样。我们最好都不要让对方替自己负责。

几天过去，他们没有作第二次交谈，哪怕是短短的。

对于庄雨迟来说，异性的刺激往往是此起彼伏的。他激动起来可以不思茶饭、彻夜不眠，而一旦过去又仿佛什么都没有发生。他弄不清这究竟是个性还是毛病，是阳刚还是"阳痿"。但是至少有一层意义使他骄傲，对待异性似乎没有比这种法子更灵验的了，既可以坠入情网又能够跳出樊笼，进出自如。从这个意义上讲，他觉得情人是伟大的。他也曾考虑过是否可以过一段情人的生活。这种生活既小于婚姻又大于婚姻，或者说，不似婚姻又胜似婚姻。然而理论的完备不等于实践的顺当。他很难设想那种偷偷摸摸的生活会有多么愉快和圣洁，而尴尬和紧张是肯定的。我只不过吹吹牛罢了。叶公好龙指的就是我这路货色。这个时候，他有了不以为是构成男子汉因素的孤独感。他发现自己在精神上并不富有。

有一个时期他几乎不碰任何书本。以前崇拜的尼采、叔本华之流被他置于脑后。叔本华这位伟大的童男子死后，有人在他的书籍里发现了医治梅毒的偏方。他相信这不是讹传。凡·高将耳朵割下一片赠送给自己所喜欢的女人却令他心潮荡漾，而这又曾是他无比蔑视过的……

我简直就像一把老掉牙的吉他，无论怎么调试都奏不出一个准确的和弦。这实在有点儿可怕……

边小素的意外闯入，给庄雨迟带来了仿佛发自心底的颤动。好像命运会在一定的时候要把这样一位女性推到他的面前。一切像是经过精心设计的。但是庄雨迟没来得及同时也不情愿把她纳入理智之中。他珍惜在最初的一瞬间她所爆发出的魅力。他相信这就是异性的魅力。他相信自己的直觉。他不允许由于自己的草率或者武断来破坏这种神秘的直觉，可结果还是事与愿违。等他意识到事态的严重程度，一切似乎到了该收场的时刻，淡淡的帷幕在恍惚之中闭上了……

是痛苦还是惆怅？实在辨不出来。我承认我在断断续续地经受着失恋的折磨。我嘲笑自己的乐观与自信。我差不多已嚼出了自己的荒诞。我想，我大概是可以到情场之外的地方去溜达了。

庄雨迟企图以别的什么玩意儿来摆脱窘境最终宣告破产。他买了很多书但没翻动一页。他还悄悄作起小说，随心所欲地写了一大堆，然而一搁笔就发现是在做无聊的文字游戏。甚至在一个漆黑的夜晚，他在子夜时分跑到江边去学狼嚎，结果被工人治安保卫队揪到了派出所。不久，他接受了到雷阳堤担任工程负责人的任务。他想借这场洪水来好好洗洗脑子。可是，那个边小素竟也阴错阳差地掺和进来了，这完全像是一个低能的剧作家拙劣的虚构，见鬼！

他难以料到这场戏会演成什么样子。

三十

这场雨过去后天气陡然燥热了。不过也确实到了该热的时候了。天一热，到处便是焦烘烘的气味，到处都混混沌沌的。只有浸在雷水里，才觉得这偌大的地面上还有一点愉快。雷水总是那么讨人喜欢。

苇子此刻就浸在雷水里。她挑的这个场子极好，是个小小的且又是浅浅的河湾，两头都长着密密的芦苇。这芦苇的叶子映在水里便使水又绿了几分。苇子喜欢绿色，她觉得绿色是最干净的。可从未穿过一件绿的衣裳。

这正是日头暴晒的时候。中饭刚吃过，运生就被召到区里开会去了。运生的复出，苇子心里是高兴的。她想这个家得有个像样的人物支撑门面。以前是大撑着，那时这个家在桃花寨、在雷阳区，都数得上名。大虽不是官，但大有"资格"，有光荣，通雷阳大大小小的官儿没有不对大恭敬的。何况大又是挖宝的人。天下能有几个呢？如今大越来越老了，他的光荣慢慢让人淡忘了，他也早就不显宝撩人了。本来这个家稳稳地落到哥的身上，可他竟因为巧凤那草狗受了处分，从此就歇脚了。这个家也越来越叫人瞧不起了。莫看那些狗男女对大照样扮笑脸，其实都是支应大，糊大。以前人家请裁缝都要请大去陪客，现在连老人①都把大拨一边了。那天夜里区委王书记上门，大的嘴唇都在发抖，好像丢掉的宝物又找到了。如今哥又成书记了，好孬是一方之主……

苇子送运生过渡，就将船泊着，自己来了这浅河湾。起先她只是赤脚浸在水里，脚心的凉便慢慢流遍通身。她用手捧起一汪水，手便像是玻璃制的。苇子经不住这水的挑逗，瞧瞧四周，估计这时辰是没有人过渡的，就脱了外衣跳进了水里。她只会几把水，不敢往深处划。她靠在河沿的细沙上，整个身体平躺在水里。水刚好淹过她的胸部。这实在是舒服透顶了。苇子就这么躺着，嘴里含了根细芦根，细细地看着自己的身体。与短裤、短褂紧挨着的那几截肉像玉一样的白，她忍不住用手去摸了。她又发现最白的还是腰部，就把小褂朝上提了一点，触动了胸部。她从颈口看到了双乳的一部分，顿时感到有点耳热。接着她像忘了一件事没做似的不安起来，那白白的两条隆起的肉弧诱发了她的好奇，就像看到水面露出头的鱼一样。她抿抿嘴，终于还是解开了束胸的布带。双乳同时弹了一下。她慢慢撩开小褂，完全看到了它们。一下，两下，三下，她揉了它们。然后她摊开双手，水的微波拍打着它们，似痒非痒，像是另一双手在抚摸着……"哗"的一声，苇子坐直了，惊慌地用手拽紧小褂，反复往四周看。她总觉得边上有一个人，就藏在芦苇丛中……

我替你画张像吧，苇子。画像？莫白费了纸笔，我丑。丑我也要画，你坐好。那……你把门掩起来。还怕丑？怕丑以后就莫嫁汉。不嫁就不嫁。真不嫁？不嫁。哪个都不嫁？你画就画吧！心虚了吧？你到底画不画？好好，我画我画……你脸往窗子磨一点，放松些嘛！可能讲话了？照讲不误。不，不会画丑吧？你本来就丑嘛……

屋檐下雨嘀答嘀答地响。苇子的心怦怦地跳。脸不热了，可手心有汗。她几次想讲什么却又不知从哪儿讲起，她只听到铅笔在纸上画来画去的响，像割稻子似的。她好想看看自己画到纸上是什么样子，刚想扭头就听到他叫道："莫动，快了快了……"

天色慢慢暗起来。

---

① 老人：死人。

不像不像！你画走样了。你拿给天下所有的眼睛看，谁敢讲不像你苇子？我，我哪有这个样子……你糊我。你就是这个样子。真的？当然真的。那你就送给我吧，小庄哥！不中不中。我用钱买。那更不中。你要我做么子？你讲哪！我么子都依……

他笑了一下就止了，点烟吸。一会儿工夫小屋子里就像起了雾一样……

这像你拿去吧，莫给别人看。你真好，小庄哥……我如何答谢你？我天天来给你洗衣，给你烧锅，给你……苇子，别讲了，你就这样，就蛮好。小庄哥，这像……你要是喜欢，就留着吧……苇子，你拿去吧。你不喜欢就烧掉！苇子！我还有。还有？还有……小庄哥，你还想上调吗？想有么子用。哪块黄土不埋人呢？小庄哥，我丑吗？苇子，你很美……那我做你堂客吧！

于是在那个月色溶溶的春夜，两个年轻的心跳到了一起。他紧紧地搂着她，切实感受到了她膨然胀起的胸的酥柔。他吻她的脸颊、嘴唇和颈项。她不会吻，就松软地躺在他怀里，屏着呼吸承受着他的一切。可是当他的手触及她的乳房时，她立刻抓住了那手，并且在手腕上咬了一口。那只手颤动了一下。她又用滚烫的脸去熨。可他的手慢慢地缩回了。她几乎是发疯似的抱住了他那窄窄的腰……

"有人吗？喂——"

苇子被这脆脆的声音吓得跳起，野兔似的钻进芦苇丛里，然后猫下腰大气不敢出。她隐隐看见自己的船边上飘着一片浅浅的黄，异样地逗眼。是个女的，苇子肯定，是外地的。

苇子急急地穿好衣，把盘起的辫子放下来，用手顺了顺。她突然发现胸部高出了一大截，才想起束胸的带子没系，便又重新摆弄。这带子是她借贵林堂客的机子偷偷织的，有六尺长，可以在胸口束两道。苇子每天系它都嫌费事。有一回去雷阳镇，沿街的二道贩都在卖奶罩子，白白的尖尖的，还镶着花边。苇子隔老远地望着，很想也买一只，可就是挪不动步子，张不开嘴。她看见松茂家堂客挑来拣去地买了两只。心里就骂：就你这草狗名堂多，都是生儿养女的人了还那么做俏！你那奶子还不及猪奶狗奶值钱哩！其实这也是一方的习俗，姑娘家做了堂客，奶子便不谨慎地藏。夏天乘凉光个膀子露截大腿，也是常事。

苇子沿着河边走过去，看到那个穿黄衣裳的女子正在摆弄吊在脖子上的照相机，就猜不是这一带来的。苇子发现她的腿好细好长，而那条洗得发白的蓝布裤子又太窄，把屁股裹得像嫩香瓜①苞，屁股沟都清楚明白。那件黄衫子又太宽，袖口像裤管。不过苇子很喜欢她头顶上的白帽子，这比草帽要好看些。只是颜色不吉利。苇子用赤脚把水拨得哗哗响，引她回过头。

"喂，你是摆渡的吗？"

苇子正眼看看她：是城里人。是城里什么人呢？苇子点点头。

"麻烦你把我送过去。"她说，"我要去看看那座塔。"

"上船吧。"苇子说，"就你一个？"

"对，哦，我愿意出十个人的渡钱。"

苇子就有些不好意思，后悔说漏了嘴。这城里人总都精得赛猫，你只讲前言他就能答后语。

船离了岸，风即刻大起来。城里人不再用白帽子当扇子使，惊叹着乱看，说好美呀好美。以前那个城里人第一次坐这船也这么说……

"能问你的名字吗？"

"我叫苇子，我是芦苇里生了，就取了这个名。"

"这名字好美。你也好美，苇子。我叫边小素，你就喊我小素得了。荤素的素。"

苇子笑了起来，心想这个城里人怪有意思的，像个男人，随和得很。城里人也有好人。

这当儿边小素举起照相机抓拍了几张苇子的肖像和姿态。以前从书上、电影上见过美的农村姑娘总不大当真，这回可无法怀疑了。这女子竟有这么美？算长见识了。

"你在……"

"我替你拍照片，我是搞报纸的。你很美，苇子。"

"你不是在说笑话？"

"怎么，难道没人这么说过？"

---

① 香瓜：即南瓜。

苇子的脸便倏然失去了原有的神采。她不再讲了，稳稳地撑着船。这瞬间的变化自然无法逃脱记者的眼睛。凭着职业的敏感和想象，边小素似乎有把握地认为，苇子的命运是耐人寻味的。她觉得一下子同苇子贴近了许多，好像她们不是初次见面。不过，现在她不想去认真探究这些。她是奔桃花岭上那座塔来的……

桃花是托塔李天王的大女儿？边小素笑得直不起腰来，这太离奇了。弥天大谎。可苇子却一本正经。

"你不信？"

"托塔李天王哪来这么一个女儿呢？我不信。"

"可这塔下埋着一对鸳鸯。这是真的。"

"你凭什么讲是真的？"

"我，我大……挖到了他们的……"

"尸体？！"

"不，是信物。一个玛瑙扇坠，一个赤金凤钗。"

"这东西还在？"

"在。"

"那，那你能带我见识见识吗？"

"我大不愿。县长想看，大都不愿。"

"你可见过？"

"我当然见过。寨子里的人都见过。不信，你去问他们……"

边小素惊讶地看看苇子，又回头看看塔，她不知道该如何解释这些。于是她又举起照相机，变换着角度拍了许多这古塔的风姿。她仿佛觉得，这塔是有生命的。这种建筑随着时代的久远，已经不再是一种纪念、一种标志或者一种图腾。它是一种象征。这象征又不完全是抽象的，似乎超越了什么又凝聚了什么……

她们在塔下徘徊了好久。

当夕阳准确地勾勒出古塔的身影时，边小素似乎已感受到一种巨大的力量在头顶上运行。一阵乍起的山风掀动了古塔檐角的风铃，其声如磬，又仿佛是那么的遥远……

三十一

转眼又到了星期六。李松茂屈指盘算，已经有十九天没回家了。他后悔上个星期六不该到指挥部露脸，否则白洛宁是点不了他的卯的。去江上溜一圈，毫无意义，人还晒脱了一层皮。但是又不得不去。白洛宁是县委副书记，是指挥长，他叫你向东你还敢对西吗？上下级关系，有的只是服从。组织原则是这么个意思，个人感情也是这么个意思。想图自在，就揭掉帽子做平头百姓去！如今承包了，百姓自在得如鸟似鱼。可事情又绝非如此简单。李松茂认了。不认又能怎样呢？不认也得认。他白洛宁在比他更高一级的干部面前不也如此吗？这样一想，李松茂似乎也没觉出有多大的委屈，甚至觉得白洛宁事事带着他，是一种非同一般的信赖。问题是天一黑，李松茂心神就不安定起来。那几天气候又极凉爽，一个人直挺挺地躺在床上就感到十分的单调。他想巧凤。他把灯关了，把头缩在被窝里去模仿巧凤的喉咙，说一些夫妻间枕头上的话语，一问一答。又将手在身体上均匀地抚摸，想摸出那一种熟悉的感觉来。终于这感觉从大腿间获得了，他周身一阵一阵地发痒，还稍带一点儿麻。他几次想把手停下来但都没有停住。结果便横下心来将十八九岁时做过的那种见不得人的游戏重新做了一回，竟也成功了。等他喘过几口大气后，他就有了心慌意乱，还有了一点羞耻。不久，就睡熟了。

但是第二天夜里，他又做了。

一连几天他都那么做了。

今天一早，李松茂起床就刮了胡子。本来还打算去理发，又觉得在眼下这种不寻常的环境里，头光脸光的怕不大合适。这些天他始终穿一套便服，且始终把裤管卷平膝盖。今天是个好天。日头极嫩，薄薄的云随微风运动着。李松茂是准备回杨树湾的。他还在镇上的百货商店替巧凤买了一把花色素雅的折叠伞，仿佛自己是由外地出差回来。他已计划好请假的由头，就讲是巧凤病了，托人捎信来的。可细一想，又觉得这么讲不够理想。不如讲是孩子病了。那个秋夜发生的事总横在李松茂心头，他极不情愿让白洛宁记起巧凤。这些年来，李松茂对自己的妻子一直是朦朦胧胧地存着戒心。巧凤朝城里人瞟得厉害，脚步跟得也紧，余下的精力差不多都花在打扮上，竟也相当的出众。对此李松茂本是没有意见的，妻子鲜活得长久是做丈夫的安慰。问题是这个女人心肠太热，见到熟人老远路就笑，还拉到家里来喝茶。有的厚脸皮时常与她调笑，她却也不动火。李松茂好几回想就这个问题严肃地同妻子谈谈，可一想那个秋夜自己酒后的鲁莽所带来的尴尬，顿时就泄了气。他很不踏实。这次，他私下给吴德荣下了任务，虽没明言，但意思是足可以叫对方领会的。"社会复杂，巧凤虽然为人正派，但坏家伙不能不防。你多关心点。"李松茂说，"有什么情况你要及时给我汇报。我是很信任你的，德荣。"

德荣三天前来汇报过一次。他说一天夜里区委王书记在镇长家门口站过，同巧凤讲了几句话。

"大概几点了？"

"至少有十点。"

"他们讲话……是大喉咙还是小喉咙？"

"大喉咙。王书记说从桃花寨来。"

"王胡子可进屋了？"

"这倒没有。我看得清清楚楚的。没有。"

"这有什么呢？胡子我还不了解？"

"后来……"

"后来又怎么了？"

"其实也没么子。巧凤挎篮子下河沿了。"

"这么晚还下河沿？"

"是想趁好月亮洗几件衣吧。哪个不晓得她是个勤快人嘛。"

"你没跟过去？"

"我，我眼皮实在撑不开了，困虫上来了。"

夜里下河沿，巧凤好像不这么做。她手脚麻利在全杨树湾数第一，再忙，也犯不着夜里下河沿的，而且是那么深的夜！李松茂在德荣面前当然不会流露出什么来，但在心里总太平不了。

他是一定要回家看看的。

李松茂刚走进白洛宁的房间，工程师庄雨迟就从沙发上站起来了。

"老李，"工程师说，"今天你得辛苦一下，把各堤段上堤民工数、库存的防汛物资认真检查一下，逐一登记，以便掌握。"

"不是已经有数字了吗？"李松茂说。

"数字是有，但掺了水分。还是我们自己亲眼看看的好。"工程师说，"工程处和后勤处各派一人随着你。要抓紧点。"

李松茂似乎还想解释，但白洛宁发话了："松茂，这件事很重要。家底盘不清，就是一笔糊涂账了。你用我的车下去。"

"那好。"李松茂说。

于是李松茂的"探亲"计划又流产了。他在下面泡了一整天。倘若没有那辆小吉普，他会一路上在肚里骂娘的。这是他第一回坐吉普车坐到前面的位子上。镇里没有小车。以前地、县领导来视察，作为陪同人员的他只能坐在后面挤，下了车别人才发现他的形象。这次，沿途的人一眼就注意到他，不停地挥手。这使他心旷神怡，由衷地产生了豪迈感。如果能到县里，他想，就不必操这份子心了。即使安排个局长，也是配有小车的。有的局还是轿车呢！这么想着，他就心定神安了。他觉得白洛宁对自己还是十分器重的。

回来时天色已晚。李松茂直接去了食堂餐厅，炊事员翠娥便将饭菜重新热了，及时地端上来。松茂的兴奋尚未消退，吃起来也很开胃口。翠娥叫镇长吃过饭把碗搁着，等会儿她来收拾。翠娥又说洗澡水也烧好了。松茂就正眼看了看她，说："我们杨树湾的女人都贤惠哩！"翠娥抿嘴笑笑，回自己屋里去了。

翠娥的房间套在餐厅里头，原先是卖菜饭票的地方。因为她是镇长介绍来的，就腾给了她住。那屋子很小。松茂回来的时候，翠娥刚收拾停当，正打算关门在餐厅里洗澡。现在她只好把澡盆移到自己小屋里去，小心地洗。

开始，李松茂并没有留意翠娥干什么去了。等他吃得八成饱时，才听到背后隐隐有"哗啦"声。他回头看了一下，发现声音是从翠娥的小屋里传出的，且有一条细细的光束透过门来，落在脚边上。顿时，他起了慌乱。大门一关，便没有第三者了。他想离开。但那门缝里透来的一束光仿佛一根系心带，牵制着他。他感觉到自己的呼吸粗了。望望窗外，黑洞洞一片。镇委机关的人本来就少，这阵子差不多都分派到下面各堤段去了。他走到餐厅门口,慢慢将门掩上,又上了闩。我这是怎么了?要是……他又回头瞥了一眼那束灯光,然后悄悄褪了力士鞋,朝着迎面的那扇小门走去。只听见不规律的"哗啦"声。他的眼贴紧了门缝。

——翠娥正赤裸地侧身揩洗,丰满的乳房在随着手臂的动作滚动。滚圆的大腿。滚圆的臀部……

李松茂使劲用手按着胸口,喉咙像火燎似的辣,周身在微微战栗。

他用肩顶开了门。

翠娥完全呆了,直挺挺地站在澡盆里,腋下的肥皂沫子往下淋。等她反应过来,便像泥鳅似的跳到床上,拉过被子连头一把蒙起,露在外面的两只脚在剧烈地抖。

有一刹那李松茂感到了内疚。但等这一刹那过去后,他又表现出极大的冷静与坚定。他慢慢走近翠娥的床,对那起伏不停的一团足足看了有两分钟,接着利索地把自己的衣服扒光,用劲揭开了被子……

这天夜里,杨树湾的那棵大槐树下,一个妇人又站在以前站过的地方,面对通往雷阳镇的那条旧时的官道,在低哼着一段黄梅调:

> 劝冤家出门去莫贪色酒,
> 贪色酒是小人不足风流。
> 西天佛不贪酒佛门为首,
> 韩湘子不贪色南山终修。
> 汉朝里有一个昏王刘秀,
> 酒醉后错斩了姚期手足。
> 隋朝里有一个炀帝老狗,
> 后花园调亲妹江山抛丢。
> 冤家哥呀,
> 切莫把奴言语付与水流。

三十二

雷运生的复出给老龙水带来的滋味极难分清。当初雷运生的倒台,老人的心情也不易摸透。这个养子的脾性,做父亲的有数。是个野种,是个犟种，也算得上个怪种。五四年，龙水把这个两尺长的东西捞上来，竟被咬了一口。那会子龙水就想，日后怕降不住这小东西，家业或许就败在他手里。果然就应了。这杂种从小就不驯，你叫他上山，他偏要下河。龙水不晓得痛揍了他几多回！起先这杂种死咬着牙齿一声不做，也不淌眼水。后来，竟犟起嘴来了！这还了得！龙水记得，两辈人第一回翻脸，是为歇书的事。是运生念四年级的时候，十一二岁的光景吧。这杂种人虽鲁，书却念得不猛，四年下来就会看报纸，会写信，年年都得奖状。听说要歇书，学堂里的吴校长都踏凹了门槛，硬是不同意歇。校长还讲，要是家里经济作难，可以免一半学费。可我还是下狠心歇了。那会子我天天在江上跑，起网扳罾少个帮手。又思谋着，这杂种肚子里墨水喝多了，翅膀就越硬，日后还能把我这个假老子放在眼眶里吗？他跪下来求我，一口一个好大。说真的，换个人是看不下去的。其实我心也在发软，可是我既然开言叫歇，那就得歇。在桃花寨，我龙水向来是说一不二的。我背过身去，吃我的水烟。我猜他眼水淌了一脸了。过了这夜，就好了。伢鬼玩性重，几回江上一跑，心就野了。猛地一声炸起：

"你不是我大！"

"你……你这杂种！老子撕开你！你给我滚！滚！"

这是头回吧？唉，我恐怕也做过分了……十九岁那年，他当兵去了。入了党，据讲本是要提官的，因为揭了领导的短，就黄掉了。领导跟个把女人困觉有么子稀奇？碍你么子了？又不是偷了你堂客！结果被撵回来了，倒也不错，成了支书。王胡子很赏识他，想暗里往上拽他一把。可这不争气的东西又闯了祸，又是为了女人……不过这桩事不能都怪他。我也有误。都是那狗日的"四只眼"搅的！搅浑了水！这样就一下子瘫了，雷家的门面也暗了许多……

但是这杂种顺风顺水又能怎样呢？混个国家户口不成问题。当个乡长区长也差不多。可这些如今能顶个屁用！田包到了户，各人头上一方天，他不犯法你还能拿他怎么的？啃他的卵？他不求你就不认你。他只认得票子。而这杂种又是一根肠子通到屁眼，脑子里整天转别样的经。他当支书那会儿，天天想的就是在这雷水上架一座桥。他就不晓得家里还有一条船！照这么下去，老子这点家底不被他浪个精光才出鬼呢！也亏他早早倒了台……

现在又起了。虽说这门里又有了人在区里乡里进进出出，但想由他来支门面怕也是笑话。雷家这门，是不大好支的。杂种，你还嫩着呢！

这几天雷运生脸色始终是平平的。支部改造了，他算是个合法合纪的领导人了，但他在支部会上一语未发。今天晚上，却又召集了全体村民大会。自从包产到户，这种规模的会议，桃花寨就未曾开过。人聚不齐。上面有些什么新条文，村领导或者乘放电影的前几分钟抢着念念，或者借哪家老人请瞎子说书的机会讲讲，就了事了。听说要开会，大家就很觉得稀奇。也不知是这种久违的新鲜感的缘故还是对雷运生个人的尊重，通知一经发出，到了时候人竟差不多都来了。

会场还是原来的，雷家祠堂。几盏煤油灯摆着，人影黑黑地布在两壁，绰绰地动，使本来就弱的光线越发模糊，久了人眼便涩巴巴的。龙水没有到场，他捡了只小竹椅坐在屋后土坡上乘凉。他的身体完全被老槐树的影子遮住。但从这个位置，他能够看清祠堂里的情况。

会议是准时开的。村长贵林念了一段关于因地制宜、勤劳致富的报纸。刚念一半，下面就有人用芭叶扇"啪啪"地驱赶蚊子，接着议论声纷纷而起，说哪个又怀上了，哪家卖了猪膘，哪个上街钱包给掏了。贵林把嗓门清清，又抬高了一度，照样把报纸念下去，一边念一边还招呼说"快了快了"。不料下面的议论声也相应高了一度。于是坐在旁边的运生用胳膊肘碰碰贵林，说："算了吧。"贵林就把报纸塞到屁股底下，做了个手势，说："下面，请雷支书讲话！"这一说，下面的声响顿时便弱了许多。

雷运生慢慢站起来，看看屋脊，再看看大家，说："今夜请大家来，是想讲几句心里话。大家看得起我，都来了，我谢谢大家。我如何谢呢？我又不能印票子，整把整把地撒给你们。"

下面的笑声起了，个个眼也亮了许多。

"大家站起来看看河对面的杨树湾吧！人家的日子过得如何，不用我多嚼舌根。桃花寨人是天生的穷命吗？桃花寨人不也生着一个脑壳两只手吗？我们不笨！为什么我们就要活活苦死呢？我们不服！"雷运生一说就激动了。他努力使自己平静下来，接着说："我对不起大家。以前在我手上，坯子就坏了。今天我又出来了，我……我是要帮大家出出这口闷气的！各位老少爷们，婶婶娘娘们，兄弟姐妹们，我雷运生虽是从这雷水上淌来的，可我毕竟是喝了三十六年的雷水呀！……"

雷运生讲不下去了，就用力把手朝头上挥了一下。紧接着下面有人鼓起了掌，很快就哗啦啦地铺开了，像掀掉了一座老屋顶。

老槐树下，龙水慢慢站起，背过身扯开裤腰撒了泡尿，却分成几段才撒尽。刚才那场面也颇使他激动。当年杨政委带队来搞土改，推他为头子，也立在台子上指手画脚地讲过话。那情形与刚才差不多。不过那会子人的脾性都驯，好管；就是骂一顿打一巴掌，也犯不了乱子。杨政委错杀了陈胖子，重贴一张文榜，就算了结了。陈胖子的儿子只是抱着那张纸哭，说只要政府承认他大是好人，烈士不烈士都无所谓的。这事要摊在如今那还了得？奶奶的，人是越来越不好管了。可是刚才的巴掌声又像是说人也未必难管。恐怕是那杂种夸的海口撩拨了人。哪个不想过好日子呢？你给他好处他对你磕头唤老子都中。可这好处就那么容易得吗？杨树湾那些狗日的不走正路，靠偷鸡摸狗的本事把脸涂得像堂客奶奶的屁股一般惹人，早晚要遭报应的！看看吧，这日晕又起了……

会散了。人一离开祠堂就叽叽喳喳地乱嚼舌根，还乐着呢！那杂种还真有两手，两片嘴唇夹夹竟把人心拢了过来……龙水看见运生气昂昂地出来了，却不进家，一个人往河边摸去了。怕又是在看杨树湾了。杂种，当初捞了你我该把你扔到对岸就好了！龙水叹了口气。老人最难过的是运生时刻记着他不是雷家的种。我是雷水上淌来的——听听，这是什么婊子养的话哟！

夜这么深了，龙水却摸上了桃花岭。月已斜得厉害，如一叶舟子在浪谷里颠着，看一眼便头昏目眩。龙水高一脚低一脚地踩着这惨惨的月光，喘着粗气，总算到了岭尖。这儿的风要猛得多，吹得人周身发软。龙水没有停脚，径直奔安平塔而去。那塔日日夜夜挺着，在月下暗暗地亮，好似一把剑，把天剖成两块。龙水感到心跳得好野，脚底像抹了油。近了，他看见塔脚下亮着一小堆火，在随风作悠悠地跳。这会子还有人烧香？他脚步慢慢放稳了，咳了一声。他看清是麻子扎匠。

"是龙水伯哪……你老也来看看？"

"来风凉风凉。烧香？"

"这日晕一起,我心里总不实在,就……"

"怕个卵子!这塔就是替桃花寨竖的,祖上荫德……"

"那是那是。这塔姓雷。"

"烧个么子了?"

"扎了个摇篮。嘿嘿,我想桃花娘娘又该生一胎了,用得着……阴曹总不会开展计划生育吧?"

龙水就着一块石头坐下,望着那堆残火,眼直勾勾的。麻子何时离开的,他都不晓得。他觉得那火红得像血。于是血腥气又在他身上散发开来……

龙水,我腰酸得厉害,一阵一阵地紧。我怕是……要生了。你莫哟可中?我去找接生婆。你就去。哎哟,我怕是活不过寅时了……你又哟!堂客生伢同拉屎,你抗抗!龙水,你去找接生婆吧,我求你了!我就去,我就去!玉枝你得抗抗!抗住!

小船在芦苇丛中直摇晃,像个醉汉。

龙水去找了接生婆。过后,他又上了桃花岭。其时岭上鞭炮炸响,锣鼓喧天,杨子东书记正为本县第一座小高炉的出铁剪彩。这热闹刚过,又传来了特大奇闻:雷龙水青天白日于安平塔下得宝!这是众人亲眼所见,连杨书记也怔住了!不久又听到一声:"玉枝生了!生了个千金!"龙水的泪水顷刻涌出,他揣着宝贝几乎是连滚带爬地下了山……

接生婆到的时候,孩子已经落地了。玉枝用牙齿咬断了脐带,血染透了半个舱……

七天后,玉枝撒手去了。那是个秋风秋雨的日子,芦花开了又谢,整个雷水白汪汪一片。

玉枝,我对不住你呀……

我该杀!

龙水伏在膝上呜呜地哭了。这塔,仿佛是玉枝的碑。风越发紧了,松针摇曳的"沙沙"声送过来。最后一粒火星终于熄灭了。龙水颤巍巍地立起来,回首俯看了桃花寨。全寨就他的家还点着一盏残灯,像一只青面兽的独眼。龙水似乎是头回觉得,这寨子小得可怜,小到他一只巴掌就能盖得住……

他又仰脸看了看安平塔，脉正随着塔檐的风铃声在跳。他庄重地跪下来，连磕了三个响头。而后，又伸出两只枯如松丫的手臂，紧紧抱住了它的一块身体。

一只猫头鹰远远地啼着。

三十三

"从这次摸底的情况，问题是严重的。人力、物力都相当薄弱……"白洛宁以这种沉重的语气结束了他在雷阳堤分指挥长会议上的讲话。本来他想点几位工作上水分较大的基层领导人的名，又觉得这样容易把事情搞僵。我们这拨人，不像老家伙那么来得痛快。他们凭着把脑袋别在裤腰上打江山的本钱可以随便骂娘、拍桌子、掼碗。我们不行。我们上来似乎就是占了大便宜，就不叫人舒服。你若再不注意点方法，就更叫人难受了。当然，要是背后有老家伙撑着，会方便些。问题是老家伙能有几个真心实意地替你撑腰呢？除非是你爹。爹还有与儿子争风吃醋的呢！说是扶上马送一程，但他人虽下了马缰绳却死死捏在掌心上！

工程师庄雨迟在会上提出了几条具体意见：一是根据现在的农村情况，"大呼隆"怕是行不通了，只能推行承包责任制，即按公里将堤段承包到户，责任到人。目前每公里一人，如果水情恶劣，每公里增加到两至三人。同时要注意"结合部"的质量。二是每十公里为一小组，分成两班，日夜巡逻。三是迅速组建抢险队，以防不测。抢险队由雷阳堤指挥部统一指挥调配，负责抢险。四是在一周内补齐各堤段缺乏的防汛物资数额，除摊派到各户的土方、稻草、木桩外，草袋、瓜子片（碎石子）、沥青油毡等，由指挥部统筹考虑。五是加强通联工作，除要求省里给指挥部增设电台外，各指挥所要增加一部专线电话，正常情况下每两小时向指挥部汇报一次水情。最后一条，是以指挥部名义发出通告，严明纪律。

这些意见受到了与会者普遍好评。大家觉得这个年轻的工程师很干练，且又机敏。一些麻烦事到他这儿，就都搞清爽了。比如，按公里搞承包就出乎大家意料之外。自从搞责任段，农民各自都快活起来了，可集体的事就极难推得动。还有抢险队，也实在是好点子。于是有人说，庄工程师当个地区水电局长怕是绰绰有余的。可庄工说，这次防汛一结束他就打算改行。改行当个作家，埋头写书去。

　　对庄雨迟的反应，白洛宁都注意到了。庄雨迟第一次在会上露面便吸引了大家。那一夜白洛宁没睡踏实。但是这个指挥部的领导者是他白洛宁而不是庄雨迟。尽管他心里有点儿不舒坦。我干吗那么狭隘呢？我们难得合作一次，完了就道一声"拜拜"，还能有什么呢？白洛宁觉得自己这方面是个弱点，既然想开了、想通了，也就平静了。不过有一点他始终不明白：庄雨迟一面扬言要改行，一面却干得热火朝天，这怎么能够统一呢？他弄不清楚究竟是什么原因促使庄雨迟这么表现的。

　　会议是在黄昏时散的。其时天气很室闷，云也比白天厚实，而且焐得紧了。空气中一股酸酸的味道，时有时无。看来今夜有雨是无疑的了。白洛宁似乎已有了这么个习惯，凡是阴天雨天他的情绪就比较低落，而且还有点儿心虚。一触脉，脉象也不够理想。所以他一出会场，就悄悄一个人去了雷阳堤。他有两日没上堤了。看见江水离堤面还远，他心里顿时便放松了些。

　　白洛宁登上雷阳堤时，西天残霞的一线橘红色的霞光挤出云层正投射在他的身上。他感觉到了，便立住，肃穆地接受了晚霞的洗礼。他想自己这会儿是如同一尊铜像的。他的母校 A 大学，迎门便耸立了已故领袖毛泽东的镀铜塑像，是全身的。领袖身着呢军大氅，手里捏着军帽从容地指着前方，两眼深邃无比，嘴角挂着胜利者矜持的微笑……虽然那时人们对这种建筑的兴趣已日趋淡漠，甚至还报以嘲弄，但白洛宁每次从大门进来，总是下意识地对它凝眸遐思。这无疑是个杰出的伟人，即使有缺陷也不妨碍他成其为伟人。良久，白洛宁的视线回到了大江上。江水是浑浊的但又是奔腾不息的。没有一叶舟子，只有几只水鸟在向对岸飞聚，时而传来微弱的叫鸣。白洛宁缓缓移动着脚步，沉思着。他仿佛觉得眼前这条江是湘江，脚下这块土地叫橘子洲。六十年前，一位叫毛泽东的青年就停在那里，呼喊了一声："问苍茫大地，谁主沉浮？"如雷贯耳，石破天惊！啊！那是何等的气魄！何等的自信呀！

　　他继续向前走着……
　　突然，他整个身体挫了一下——
　　他又见到了那只巨大的白鸟。它的巨翅割断了那一线残阳，天地倏然间混沌一片……

他返回时晚饭已经结束了。他知道食堂里替他备了一份，但他不想吃。好像在他看到那只大鸟的时刻，他发现胃口败了。这他妈的实在奇怪，我怎么老是见到那家伙呢？在龙韵关上，小马竟没看见。刚才也没听到边上人的议论，莫非又只有我一人瞧着了？难道是错觉？即使是的也只能是偶然，但我又瞧见了。这真不可思议！他纳闷地走着，想回到房间里躺上一会儿。刚上楼梯，听见边小素在喊自己，就转了身迎过来几步。

"这篇稿子请你过目一下。"她说，"最好能快点，如果没什么异议，我想今晚就用电报传回去。"

"还这么客气。"

"这是规矩。在这儿，你是一方诸侯。"

"我马上看。"

白洛宁接过稿子就踏上了楼梯。他忽然觉得应该请边小素上来喝杯水，便又转过身。可是边小素已经走远了，咖啡色大格子裙被风抖得很开。风度够潇洒的，他想，脾气却那么古怪。不是高干子弟常有的那种古怪，而是女人的古怪。一种敏感多疑、喜怒无常的女人必备的性格毛病。这种女人是高档的工艺品，你对她的最大兴趣除了欣赏还是欣赏，而且需要往后挪几步。白洛宁对于他与边小素的告别，除在那个极短的几天里有过沮丧外，是没有额外的情感变形的。事实证明他的超脱是明智的。他有一个十分满意的家，妻子不仅漂亮而且温柔。这些都不重要，白洛宁最引为自豪的是，妻子对他的崇拜几乎可以说是五体投地。对于妻子，他觉得实在是无可挑剔的了。他也很喜欢她。为了她的事业，他主动提出推迟三年再要小孩。第四年头上，妻子顺利地怀上了孕可是不幸意外地流产了——她当时正参加一部叫做《秋水伊人》电视剧的拍摄，担任第四号角色。拍外景时，她不慎滑了一跤。现在，她又怀上了。白洛宁盘算着，可能有四个月出头了。这几天，他常常梦见她和那个未出世的孩子。

他进屋后先喝了杯水，再坐到沙发上来看边小素的稿子。他已经有一段时间没有审阅什么了，所以感到很愉快。尤其是现在他审阅的是同学的文章，这种客观的距离感似乎弥补了他心灵某方面的缺陷。他在接过她的稿子的时候，就在琢磨如何对待它。他想所谓内容上的把关是次要的，他觉得应该在文字上拉她一把。我毕竟是学汉语言文学专业的，玩文字游戏我比你老练。我会处理得让你无话可说，不服也得服。这方面你最好不要自信。可我干吗要这么想呢？趁机杀杀她的骄傲还是索回她欠我的债务？我这就有点小家子气了。还是给她一个台阶吧，开绿灯。何况如今她是以省报特派记者的身份来工作的。对记者这号人，最好还是恭而敬之。闹别扭了，他们就挖空心思地揭你的短。这实在是个可笑又可畏的职业。然而白洛宁的判断有误。边小素的文字功力远远超出了他的估计，甚至叫他暗自吃惊。然而更让他吃惊的是，这篇题为《面对洪水的思索》的文章，突出强调了"承包"用于防汛的优势，并上升作为一个新观点、新方法提将出来，向全省推荐。她是如此之敏锐！白洛宁几乎是一口气没喘地读完了全文，末了，他点上了香烟。他觉得文中这句："这个方案是由年轻的水利工程师庄雨迟首先提出的，遂引起了重视和赞赏。"读起来极吃力。当然这是事实，他想着，问题是这么提似乎不太合适。构想不难，难的是实施。而实施是绝对离不开领导重视、群众支持的。按这样的提法，岂不是在为个人树碑立传？白洛宁提起笔打算把这一句划掉，可又迟迟不能落下。他开始踱步。不一会儿，门外传来了边小素的声音："可以进来吗？指挥长。"

"请进。"

"审阅是否完毕？"边小素进门便问。

"哦，你坐。"白洛宁给她倒水，"写得相当不错。你的思维敏捷让我吃惊。这绝不是恭维。你喝水。"

"如果你不是恭维，我很高兴。"边小素说，"我想这篇东西必定是头版头条。"

"我不怀疑。"白洛宁又点上支香烟，"不过，我对其中的个别提法还在考虑……"

"你大概是指提到庄工的那句吧？"

"是的。我首先声明，我绝不是对庄工存有什么看法。他很干练，我们的合作可以说是达到了默契……我担心的是，在这个非常的时刻，突出了他个人是否会挫伤一大批同志的积极性……"

"那么，你觉得该怎么表达合适呢！"

"我也没想好。我觉得……可以虚一点，意思到了就行。我的意见，仅供你参考。"

白洛宁说完，将稿子还给了边小素，然后将身体稍稍朝外边磨了一点。他把视点固定在燃烧的烟蒂上。

静了一会儿，边小素站起了身。她用手拢拢耳际的头发，说："指挥长，如果你仅对此表示异议，那么我可以走了。我觉得既然是事实就没有必要来虚的，恕我直言。"

这时，庄雨迟推开了门，差一点儿就与边小素撞上了。三个人都觉得不够自在。还是白洛宁反应快一拍，朝庄雨迟甩过去一支香烟。

庄雨迟靠在门框上点上烟，用力吸了一口，然后说：

"已接近危险水位。"

三十四

这场憋足了劲的雨终于泼下了。自然是暴风雨的势派且又富有秋雨的韧劲。天地间雾腾腾一片，四野哗然。这场雨仿佛是为了强化"危险水位"的气氛而来到的。

这天夜里，与雷阳堤成圈的外圩溃破达三分之一。

雷阳堤防汛指挥部成立二十几天来第一次上了弦。电话铃一阵接着一阵，全是告急。而这时，指挥长白洛宁与工程师庄雨迟以及另外几名工作人员都在堤上，密切注视着水情的发展。记者边小素自然是不愿放弃这个具有新闻价值的时刻的，尽管上车时工程师在黑暗中使劲把她往后拽了一把，但她睬也没睬地挤上车去。

堤上乱哄哄一片，时有尖锐的哨音和沙哑的锣声随风断断续续地送来，总觉得在某个地方嘈杂的人声在浮动着。几盏马灯在风雨里像中风一般地颤抖，光线又暗又昏，视野里的一切都似乎是经水泡过的，湿淋淋、黏糊糊。吉普车在堤面上缓缓地晃晃地行驶，好似一个年迈的瘸子。车灯雪亮，密集的雨点碰在顶篷上如回潮了的鞭炮样的响。车灯五米之外就被蒸发起的水汽所遮挡，于是驾驶员小马又开始骂娘，因为车里有个女人，他不便痛快地骂，只是嘀咕"妈的！妈的！"当小车驶过一架工棚时，听见里面有人在嚷："当官的，操你妈！"

庄雨迟摇开车窗，把手伸出去接雨。这场雨照这么落下去，降雨量不会低于160毫米。内圩一定吃紧。水库也一定吃紧。而这种条件又容易形成山洪……这是个问题。江水涨势迅猛，内水又迎头浇来，内外夹击，雷阳堤能承受得住吗？他将淋湿的手收回，盖在脸上。这时候他感觉到边小素在注视他，便轻轻叹了口气。昨天的事重新泛起，他的心绪又紊乱了……

是在午休起床的时候，庄雨迟热得够呛，就自制了根鱼竿，想到附近河塘里去试试。他转了一圈只钓了条三寸长的小苍条。他没将小鱼取下来，让其悬挂于竿头招摇过市，倒也觉得开心。在旅社门口，他遇见了边小素。她是从斜对门那家照相铺子出来的，手里拿了一叠照片。庄雨迟看到最上面的一张是安平塔。两天前边小素去桃花寨他是知道的，但他对此举始终保持着缄默。

"桃花寨好玩吗？"他打量着照片，"不虚此行？"

"是的。那地方，神奇得很……"

"鬼气森森。"

"鬼从某种意义上也是神，神也可以成鬼。"

"这么说我们讲的是一个问题的两个方面。"

两人微笑了一下，顺着林荫道慢慢地走着。几天来的接触，他们表现得十分自然。也非常有分寸。

"看来你钓鱼是外行。"

"这要看从什么意义上去理解。钓的过程，我完全和每个垂钓者一样伟大。钓鱼的目的不一样，有人钓鱼是为了吃鱼，有人钓鱼是为了享受。"

"堂·吉诃德式的伟大。"

在一家店铺门前的条凳上，他们坐下了。庄雨迟买了两支冰棍。趁这会儿工夫，庄雨迟拿过她的照片，很随便地看着……这塔还是那个样子，威严无比，虎视眈眈……从这条小道往右拐，再下坡，是我的家……雷家祠堂。那年老龙水是在这里动家法的……雷水。雷水阔了，阔多了……

他突然站了起来。

"你怎么了?"她已经从他脸上发现了明显的惊慌。"是因为这姑娘的美?"

我失态了。任何掩饰都无济于事。这个姑娘的美仿佛是气状物弥漫在我的周围,我呼吸着它。我无法回避这种撞击。我干吗要回避呢?庄雨迟,难道你做得还不够吗?……

我说了那一切的过去。我只是像展览馆的解说员一样对她作介绍,似乎我也是局外人。我没有必要多说。完全没必要。但是,她是怎么看的呢?"看来你钓鱼真是内行。令人钦佩……"她说。她的眼光是不友好的。这无所谓。我转身离开了,在很远的地方,我折断了鱼竿……

吉普车剧烈摇晃了一下。

他们巡视了全堤,沿途在各指挥所了解了水情及灾情。庄雨迟逐一作了登记,纳入他建立的各堤段档案。从接触的情况看,江堤目前的状态还算乐观,几处险段有少量的冒沙、管涌,已被排除。然而以后的情况是无法估计的,上游的降雨量日益增大,汉江、鄱阳湖已开始向长江排水,这场雨将会在这个地区徘徊一段日子,因此内水的压力也越来越大……

从堤上回来,鸡已开始第一次啼鸣了。庄雨迟把白洛宁拉到地形图面前,分析了形势。

"看来,必须彻底放弃成圈圩的防守。"庄雨迟说,"先退一步,以屈求伸。"

"彻底放弃?那灾情……"白洛宁思考着,"群众会怎么看?怨声载道不说,要统统撂挑子问题可就大了。"

"必须这样。现在的人力物力要绝对集中到江堤上,不能分散。这个地区主要田地是在内圩。我的意思是,堤外千亩以下的成圈圩全部放弃。"庄雨迟续上香烟,用力地吸。

白洛宁踱了几步,自语又像是对工程师说:"我们是否把情况估计得过于恶劣了?万一情况比我们想象的乐观,白白放弃成圈圩,也是不好交差呀……"

"要是情况比我们估计的还要恶劣呢?在第一回合上我们耗费殆尽,第二回合怎么打?残兵败将能打赢吗?那时江堤溃破,大片良田、房屋遭淹，工业区被毁，你我能负得了责吗？枪毙了还浪费两颗子弹！"工程师一下子激动起来，两眼圆睁。

指挥长被这种气氛搞得很尴尬。这支"老枪"连日来时常卡壳，叫他烦躁也叫他纳闷。他觉得自尊心已濒临崩溃的边缘，权威也摇摇欲坠。以前在老家伙们面前装孙子那是厚着脸皮和无可奈何。而现在，在同龄人面前他也抬不起头来，这使他难以忍受。可他又很怕同这种趾高气扬的工程师闹僵。他又一次清醒地意识到他的依赖性。这……简直是侮辱，是挑衅！糟就糟在我无还手的余地。可这么下去，我算什么呢？不能躁，绝对不能！你不是支老枪吗？王牌的老枪吗？那么你就该处处打响，哪怕膛上装的是一颗生锈的子弹……

"那，待请示了地委再说吧。"

说完，他离开了。他在走廊的尽头也就是在自己房间门口，听到庄雨迟"嘭"地将门关上了。

刚落座，李松茂便领着食堂工友送洗澡水来了。进门就说："白书记，洗完澡好好困一下。晚上我值班，有情况我马上报告，你放心……"

白洛宁像抽掉骨骼似的堆在沙发上，微微点点头，又摆了摆手。李松茂觉得不便久待，就催着工友快些离开。白洛宁又喊住了他，说："我一桶热水就够了。这一桶给庄工送去。"李松茂迟疑了一下，见书记脸已侧过去，就同工友抬起一桶热水走了，顺手将门带上。

躺在澡盆里白洛宁才觉得是累了，他闭着眼浸了一会儿，整个身体像被掏空了似的，很轻很轻……

我可不能像你那么简单。防汛完了，你拍拍屁股就走，我呢？我在这块土地上混。灾情太重，即使江堤没出纰漏，也不能说明我是清白的。老百姓会骂我，甚至会告我，说我是官僚，是败家子。老百姓是不会想到什么大局大体的。他们眼睛盯的是自己的脚尖。多失一亩田地就多增加一声怨言，多增加一张状纸。这些东西凑起来便是一座小山，是足够压得我喘不过气来的……那时上级会怎么看？无疑是要指责我作风毛糙，工作不够深入细致，考虑问题过于片面，过于教条……政治，历来就是实用的。尼克松下台不是因为"水门"本身有多么了不得的奇怪，糟就糟在消息一经披露，整个美国都哄起来了！所以说人言可畏……我还年轻，在这个鬼地方少说也还要干三五年。宋尚志的戏眼看就要演完了，而他却大睁着眼睛在窥视着我,期待着我出尽洋相……稳住,一定要稳住……

洗好澡,他给地委挂了电话。在等待电话接通的这段时间里,他又想起了边小素。他觉得她似乎是个可怕的累赘。那篇文章她发回去了,几天后可能会以显著的位置公之于世,这会产生什么样的后果呢?边达会怎么看?宋尚志又会怎么看?老百姓会怎么看?白洛宁头痛得厉害,太阳穴在嘭嘭地跳。我是否应该给子东同志挂个电话?他是分管意识形态的书记,是可以出面的……可为了这么点事去惊动他妥吗?况且,据说他的身体状况不够好……

这时电话铃响了。

"我找边达同志。我是雷阳堤防汛指挥部,姓白。对对……边书记在吗?出去了?有几天了?喂喂,什么时候到达雷阳?不清楚……哦,那就这样吧,再见。"白洛宁放下话筒,又坐下了。

这老头实在是高深莫测。下来不打招呼,搞突然袭击。他喜欢搞这套。白洛宁想起去年春天的一件事,心绪陡然好了许多。那是边达第一次来这个县。说来就来,住下了才叫秘书给县委办公室打电话。办公室主任老方向秘书探听,边书记这次下来主要是了解哪方面的情况?秘书说不清楚。这是实话。于是宋尚志立即召集了常委会,要每个常委各自准备分管工作情况,晚上八时整一起去向边达同志汇报。但是边达只请三位书记去了。宋尚志便顿起慌张,只好将各方面的材料都备上,塞了鼓鼓的一皮包。白洛宁却什么也没带。他本想揣个工作手册,结果连那东西也甩了。他一个人闭门将几个数字背熟,又将有可能问到的几个问题的思路理了一番。他觉得有必要这么做。后来的事实证明白洛宁的考虑是恰当的。会谈的气氛十分松弛,用边达的话来说,只是"随便聊聊"。边达并不对行政区划、产值利润感兴趣,却提出这么一个问题:"你们认为地委和行署应该如何对各县开展工作?简单地说,你们觉得需要个什么样的地委书记?"

这老头太绝了!你没法吃准他的路子,你不能不感到棘手。但他不是在说笑话,他脸上的微笑并非表明他的不严肃。于是宋尚志哼呀哈地说了一通,虚虚实实、真真假假,"犹抱琵琶半遮面"。另一位也只是浮光掠影地谈了几句,职能呀,隶属关系呀,并且反复强调"我的意见不一定正确"云云。该我的了。说实话,当时我有点儿窘。这是道简单而又复杂的题目,是几种做法都可以完成的题目,边达希望用哪一种方法?我第一次在"红门"里遇上他就深深地感到,这是位不同凡响的老头,你休想一眼把他看透!他不同于杨子东。我仅仅是随子东同志出一趟差,就摸清了他的脾胃,所以我在担任他的秘书期间没有出过任何差错。我给他的印象自然是良好的,否则我现在不会坐在这个位置上去同一位地委书记对话……看来,我只能像吃药那样,每次3～5片我便毫不犹豫地吃它4片。就这样吧,也只能这样……

"我觉得,"白洛宁喝了口水,坐正,"地区作为省里的派出机构,应该同市、县保持若即若离的关系。具体地说,既要在宏观上把握,又要保证基层机关的相对独立性。这就好比一位大师带领学生作画,大师只须勾勒轮廓、布置色调,具体的活儿得放手让学生去干。倘若学生的创作过程出现不顺利,大师还是可以点石成金的。没有必要管得过细,统得太死,这不符合时代的要求。再就是,地委、行署既是司令部同时又应该是参谋部和后勤部,它的职能不仅仅是发号施令,而且更多的是为基层提供服务……至于希望什么样的地委负责同志,这不太好说。因为每个人的条件不一样,工作方法也自然有所差异。但不管怎么说,他起码是一位政治、业务素质比较全面的人。像音乐指挥、像电影导演,能够主宰全局同时又能协调各部门的工作……"

白洛宁一直在悄悄观察边达的表情。边达曾三次摸着下巴,这或许是满意的标志吧?

白洛宁的自我感觉是良好的。他完全清楚自己刚才的那番话书生气十足,但是,面对这位曾是老牌大学生,担任过报社总编、省委宣传部长的地委书记,来点书生气又有什么不好呢?

……

雨一直下得激烈。白洛宁站起身,走到窗前,注视着雷电交加的天空。他希望边达明天能抵达这里,那么他与庄雨迟的分歧就压根儿不存在了。连日来的经历,使他已基本摆脱了那种诚惶诚恐。他觉得自己可以结束让人架空、随人摆布的历史了!

三十五

地委书记边达是第二天黄昏时分抵达雷阳镇的。天气的突然变化使他将行动日程作了调整，他提前了一天。据气象部门报告，这个地区二十四小时内降雨量达到218毫米。雷阳闸实测水位是20.8米，已达危险水位。与历史最高水位也就是一九五四年的水位仅差1.51米。昨天，边达几乎一宿没睡。凌晨三点，他从广济堤给雷阳堤防汛指挥部指挥长白洛宁挂去了电话。

"小白吗？我是边达。情况怎么样？"

"江堤安然无恙，成圈圩损坏接近三分之一，受灾田地大约三千多亩。"

"下一步怎么安排的？"

"我们研究过了，准备……"

"要准备好力量，确保江堤这个重点！"

"是的是的，我们准备放弃江外的成圈圩和部分小面积的内圩，集中力量保证江堤安全度汛。您的意见如何？"

"我完全同意。明天我到雷阳。"

放下话筒，边达这才有了解悬般的感觉。他上床不久就睡着了，打起了很粗很响的呼噜。四小时后，秘书长来了，见书记睡得正酣实在不忍惊动。可是他又懂得书记的性子，凡是事先安排好的不能随意变化。边达计划上午去广济堤走走，然后启程往雷阳。秘书长只好将书记唤醒了。起床后的边达显得很舒服，用过早餐竟同秘书长下了盘棋。午饭后又杀了一盘。不过战绩非常之惨，边达两盘皆输，而且输得极冤。"手气不好！"他将捋袖子说，"看来我们这号人只懂马克思还不行，还得懂点儒道释迦！"

江面极开阔。雨幕中，对岸的一切景观全都消逝了，只剩下一大片黛色，越往上便越浓重。小轮离开了江心主航道，贴近江堤摸索着蹒跚而行。每到一处堤段指挥所，都得靠靠，边达要了解情况。这样哩哩啦啦搞到黄昏，方才停靠了雷阳港。刚下船，白洛宁驱车滑行迎来。他已在这里等候了大半天，在车内小睡了一觉。

"这个时候就不要讲究客套了,"边达说,"你礼节再周全,工作出了乱子我还是饶不过你。"

虽然是句幽默话,可白洛宁听了还是有点耳热。他在车上向边达简短地介绍了雷阳堤目前的状况,口气是胸有成竹的。他边说边注意着反光镜里边达的神色,见那两道扫帚眉始终是弯弯的,白洛宁内心十分愉快。

"能调兵遣将吗?"边达侧过脸问,"说话能算数?"

"有领导的支持,工作比较顺利的。"

"老宋的病情怎么样?"

"还在住院吧,我们已有好几日没通气了……"

"庄工程师与你能合得来吗?"

"我们的合作应该说是不错的。他很能干,只是……爱激动了点。"

"年轻人不爱激动就不像年轻人了。"

白洛宁心里顿了一下。他似乎听清了边达这句话的内涵。这不是随便说的。这与其说是开脱庄雨迟还不如说是侧面批评了我。难道庄雨迟背着我向老头告状了?他们到底是什么样的关系?背景有多深?一个初出茅庐的助理工程师能同一位资历丰厚的地委书记随便讲话,这能说是一般的关系吗?庄雨迟居然还知道边达家的电话号码!边达竟果决地把这个三十几岁的人放到这个重要堤段主持工程技术,信任是可想而知了。莫非,庄雨迟的趾高气扬是仗着这个老头……

接到边达的电话后,白洛宁立即去敲工程师的房门。庄雨迟还没睡,在翻阅资料,给各危险地段拟订治理措施。

"雨迟,你的想法我同意……"白洛宁低沉地说,"现在是第一次洪峰,以后的情况会更恶劣,我们是需要以小的代价换取……"

"请示过地委了?"庄雨迟甩过去一支香烟,自己也续了支,并狡黠地笑了一下,又伏于案上。

白洛宁未置可否,背手踱了两步。他明白工程师的挖苦,吸着烟。他移到那张地形图前停住,接着郑重地说:"作为指挥长,我可以对每一项决策负责。"他觉得这句话很响亮,这么说也非常贴切。他也估计到工程师会引起低度的不悦,于是又添了一句:"我不得不对每一项决策多绕几道弯子,尽管我十分欣赏你的果断……"

"嘀嘀!"

一个急刹车。白洛宁抬头一看,只见几个衣衫褴褛的村民并排跪在马路中间,嚷着:"官老爷呀,给我们一碗饭吃吧!"啼哭声掺杂其中,极让人心寒。

边达下了车,白洛宁也跟着跳下来。一打听,才知道是堤外遭淹的几个庄子里的人。他们那里是昨夜受灾的。白洛宁侧眼看了一下边达。

"大家先回去吧。熬过这几天……"边达说,"共产党能让你们饿饭吗?"

"如今田到了户,你们还会管吗?"一个男人苦着脸问。

"当然管。共产党……"

"五九年饿死人你们就不管!"一个老妇跺着脚说。

边达一时语塞了。过了一会儿,他说:"共产党也有错。但是共产党会知错就改的……"

这些年过去了,灾难还是像幽灵一样地附在老百姓的身上。三年自然灾害?仅仅是自然吗?!

也是在这块土地上,山上的草、树皮被人啃光了。还有的吃"观音土",拉不出大便,就用竹扒齿掏!共产主义难道就是这等面目?人的尸首像蛆一样四野皆是,活着的尽是浮肿的身躯,惨不忍睹……

是个秋风瑟瑟的日子吧?是的。不会错。那时我已是右派分子,被刺配到离这儿不远的昌湖农场进行劳动改造。比起老百姓,我们这些人还算是优待的,每月有九斤米。我自然还要谢谢当时的县委第一书记杨子东,虽然政治上我是他的敌人,但在生活上他对我一直很照顾。我经常收到他私下托人带给我的罐头和山芋。我的劳动强度也是极轻的,只负责办黑板报、刻印学习资料。然而这一天的情形,我是永远不会原谅他的!省委省政府灾情视察团下来了,实地考察了几个村子,结果竟很满意。用当时调查报告中的措辞来说,"这个县人均每月吃粮可达二十六斤,社员们的健康状况也不错,可以说是红光满面……"其实,杨子东为了对上级视察团的口味,将十个村子健康者集中到一个庄子,并且交代:只要按领导指示办,视察团一走每人就可以发给十斤山芋。谁要泄露就关起来!而剩下的老弱病残全部撵到深山野洼里,还派了民兵持枪把守着,不准他们出来行乞。就是这一天,仅仅一天就有五十八人饿毙在民兵的枪口下……卑鄙！恶劣！难道人血是胭脂?!

边达强压着内心的冲动，悄悄抹掉了眼角的一颗泪花。他磨过身来，对坐在后排的秘书长老胡说："给家里挂电话，立刻通知各县粮食部门以及其他有关部门，尽快调拨粮食和民用必需品到灾区。必要时，请省防总支持，个别地方可以采取空投的办法。"

车抵雷阳堤防汛指挥部时，第一个见到边达的是他女儿，这是老头儿始料未及的。

"大驾光临，有失远迎了。"

"给我来一篇吧，宣传宣传，题目就叫'地委书记深入防汛前线'如何?"

"问题是深入前线干了什么。"

"来看望宝贝女儿！"

"其实他女儿水性未必比他差，尽管他有一副'曾经沧海难为水'的派头！"

父女俩笑得开心。边达笑过又说："好了，天伦之乐到此为止。从现在起，我是地委书记了。"

边小素撇撇嘴："中央书记又怎样?"

边达摆摆手，就径直朝小会议室走去。刚挪两步又停住，低下头轻声问女儿："见到庄雨迟了吗?"

"什么意思?"女儿眉头一扬。

"随便问问。这也有错?"边达又摆摆手。丫头，你心里有鬼。你瞒不住我老头子。我才不管你们那套！可是丫头，你今年不小了，二十八了！青春可来不得时髦，过去了就算过去了。我看你别再漫天地飘了，得落下来，两脚踏在地上……不过我也想过，你同庄雨迟合到一块似乎也怪别扭的，除非配个后勤科给你们。你们这些现代派呀……

见到庄雨迟的最初一刻，边达发现这小伙子累得够呛，像害了一场大病似的。他跌跌撞撞地从楼上下来，手里还抓了半个馍。头发乱得像草，脸像是在酱油里浸过的。他一面对边达咧咧嘴，一面朝背上搔痒痒。边达迎过去几步，伸出手，说："累坏了吧?"

"差不多快断气了。"

"还有一口气也得撑住。"

"你这么器重我干吗不封我一个局长什么的？那么我也可以坐在家中指手画脚，至少蚊子不会乱叮。"

"行了，牢骚等大水过去再发。晚饭后，我听你谈情况。"边达用力握了握庄雨迟的手，又丢开了。

一旁的白洛宁这时说："庄工昨夜干了个通宵。今晚就由我一人向您汇报吧。"

边达犹豫了一下，说："还是一块谈吧。工程方面，我们是外行……"

什么意思？难道对我信不过？既然信我不过干吗要把这副担子压到我肩上呢？雷阳堤上放个县委书记表示领导重视的意思，仅此而已。他并不是有意地借此来掂掂我的分量，不是……但我一定要让他……至少是悟出些什么……我辈岂是蓬蒿人！白洛宁把插在裤袋里的手捏得汗黏黏的。突然，他发现站在左侧前方的边小素在眯着眼打量着他。他们视线相碰的一刹那间，白洛宁自觉心顿了一下。这双眼睛是第一个透视过我的，但这毕竟是一双女人的眼睛。白洛宁把视线从边小素头顶上抛过。天际在熠熠发白。当大雨间歇时，天空如一片龟裂的黑土。他仿佛在寻找那只奇异的白色巨鸟……

三十六

边达到雷阳堤视察的消息，县委书记宋尚志第二天一早便知道了。这正是长江第一次洪峰顺利通过的时刻。

依然是阴天。雨阵的密度倒是大大减小了。乘这间隙，宋尚志步出了舒适的病房，到后面的一排竹林中散散步，也散散心。他发觉今天没有知了叫。往日嫌这东西吵得厉害，现在听不见，倒感到格外冷清了。宋尚志沿着脚下这条鹅卵石铺成的小径走，走得极慢，走走停停，不时回过头看看。他老觉得身后有人跟着。这条石径的尽头是一个小池塘，荷叶正茂。几只青蛙蹲在荷叶上，紧紧张张地转动着鼓眼。宋尚志对它们看了好一会儿，结果忍不住朝它们掷了一块石子，不料石子未落，这几只冷血动物就已扑通下水，划出一圈又一圈的涟漪。几颗水珠溅到荷叶上，滚动了几下，极晶莹。

这些日子，宋尚志一直没有休息好。特别是午睡起来后常常出现偏头痛。每当收音机里播送香港歌星费翔的"一把火"，他就想到大兴安岭的森林火灾，由火灾想到日晕，由林业部长的撤职想到自己的肝区异常反应。他一百次考虑这回自己的防范措施，一百次都认为是最佳方案。他觉得只有这么处理，才合情合理。白洛宁是新官。新官上任"三把火"，这才是第一把。但是这个白洛宁的第一把火，竟烧得不坏，这是宋尚志估价不够。不过宋尚志毕竟是有经验的一辈，现在对白洛宁这第一把火作评价，显然为时过早。这仅仅是开始嘛！万事开头难固然不错，可更难的是以后。所以宋尚志还是不动声色地控制住了内心的波动，只是没有休息好。仅此而已吧。这期间他也曾给白洛宁去过电话，询问工作情况并关心到他的健康，白洛宁回答得十分简洁，说一切顺利，他身体也相当的好。"我看你的身体可要引起高度重视，这可是本钱哪！"末了，白洛宁还来了这么一句。什么意思呢？宋尚志自然能揣摩得清。年轻人，现在乐观似乎早了些吧？宋尚志放掉话筒，平摆着躺到床上，又从枕头下面拿出关于撤销林业部长职务的报纸看起来。他弄不清自己看几遍了。

但是边达下来了！边达是在白洛宁初战告捷的情况下到达雷阳堤的。宋尚志这就睡不安稳了。这老头子现在下来仅仅是为了视察灾情吗？现在还谈不上什么灾情呢！了解情况？坐在办公室里拨电话是轻而易举的事，也用不着这么快就下来呀？莫非是借工作之由来摸地委班子人选的底？明年就换届了，现在酝酿正是时候……宋尚志捉住这条线想，越想越觉张皇。昨天晚上，办公室主任请他去看一部外国录像片，说是获过什么奖的，叫《最后一班地铁》。他去看了。其实他对这部影片几乎一点兴趣都没有，连男女主角的名字他都记不住。但片名却给他留下了极深的印象。最后一班，意义是深远的。他想，人的一生就是这么回事，错过了这最后一班地铁或者别的什么车，就算彻底甩下了。他弄不清导演为什么要起这么个片名，又不是政治片嘛！宋尚志这一夜都在想这"最后一班"。他觉得"最后一班"是个弹性词组。他这辈子能干到如今这程度，也算是对得起列祖列宗了。这就是说他是搭上这最后一班的了。可我毕竟才五十五呀，他想，我为什么就不能再搭一次最后一班呢？我还能干的。实际上能干不能干也没个秤称的。一句话，你台子硬你就能干罢了！宋尚志懊恼的是，在官场上混了这些年竟没有同一位大老板交上真正的朋友。这实在太遗憾了。杨子东走了，对他毫不负责；边达来了，短短的接触，给他的印象似乎还可以……要是边老头子对我兴趣不大，我老宋的戏怕是该收场了。……

杨柳依依，倒影映在塘面上非常优美。宋尚志有点儿累了，就扶着树干，点了支"大重九"。他在考虑，下一步该怎么做合适。不多会儿，办公室主任来了，送来几份文件。

"你替我安排车，准备一下……"宋尚志说，"下午，我去雷阳堤。"

"去看望边书记？"

"这是一个意思。你把该带上的都带上，我可能要在那里住下来。"

"宋书记，你是在住院哪。"

"水情这么严重，我能住得下？"

"白书记已在那里了嘛……"

"你去准备吧。午饭后动身。"

当天傍晚，宋尚志的车驶进了雷阳镇临江旅社。边达由白洛宁等人陪同上堤去了，还没回来。宋尚志便在小客厅里休息。几个一看穿戴便知是都市下来的青年正在里面摆弄着什么机器，过了会儿才晓得他们是省电讯局派来的，在架设电台。他们是中午到的。其中一个留着八字胡的小伙子问宋尚志在哪工作，宋尚志一时回答不上，于是驾驶员介绍道："这是我们县的宋书记。"

"宋书记？"八字胡说，"中午见到的那个是白书记吧？你俩谁大？"

"当然是我大。我有五十多了。"

"我不是指这个。这个很明显。我是说，你俩谁是……哈哈，第一把手。"八字胡调皮地说，另一个戴眼镜的同伴拽了他一下，他无所谓地笑笑。

宋尚志也笑笑，说："都是人民的勤务员嘛！"

"这么说你是第一把手啦？"

"我们宋书记是老书记了。"驾驶员又说。

这么随便聊起来，宋尚志觉得也很愉快。他说这儿条件差，任务又重，省里同志下来是要吃辛苦的。八字胡接过话头说："那等防汛结束，你摆一桌让我们干干怎么样？你是第一把手，宋老大！哈哈！"

"行呀！"宋尚志说，"这点主我还是能做得了的……"

正说笑着，院子里传来了汽车的引擎声。接着听见边达的嗓门在喊："吃饭吃饭！"

宋尚志从窗里看到了浑身溅满泥星水点的边达、白洛宁和另外几个不认识的人，突然觉得自己这一身青丝丝的装束很不调和，便等屋里人走尽后将裤脚卷到了膝盖，又把衬衫敞开了，再走出去喊边达和小白。

"哟，老宋！"边达转身迎过来，与宋尚志握手，"你还专程赶来干吗？身体怎么样？"

"别谈身体了！"宋尚志显出极不耐烦的样子，"查来查去查不出个名堂，还建议我转院！"

"那就转院嘛！"

"这时候，住院可真不是滋味……我想还是等大水过去再说吧。"

"老宋，"白洛宁走过来说，"既然住下了就别半途而废。病这玩意儿若不根治，后患无穷。我可不是吓唬你哟。"

"好吧好吧，吃完饭再说。"边达一摆手，先挪开了步。

……

雨又开始落了，较之昨夜要细得多。雨是在子夜刚过时下的，宋尚志从床上爬起来，没有开灯，点了支烟坐在迎窗的那张藤椅上。一道霍闪映亮了他半个身子。他环抱着的手抄紧了些，等着想必是震耳欲聋的雷声滚过。但这声雷并不么响，其声嗡嗡，回音却悠长。宋尚志放松了四肢，觉得浑身每个关节都松动了。他长吁了口气。

晚饭后，边达与宋尚志单独作了交谈：

"说实话，小白来抓雷阳堤，我这颗心始终悬着……虽说万一出了纰漏打不了我的屁股，但毕竟我是主要负责人哪，我怎么向七十二万老百姓交代？"宋尚志有点激动地说，"我想等到了万不得已的时候，再来助一把……"

边达一面用牙签捣牙一面微笑着。他给宋尚志添了杯水，说："其实我这颗心也是悬着的。这次下来看看，才安定了些。他们干得蛮不错。当然，这只是第一回合……"

"边书记，"宋尚志说，"我看还是让小白回去吧。半个多月了，他够辛苦的。这时候回去，于他于工作都不错嘛！再说，他爱人怀孕了。"

"哦？有这事？"边达引起了重视，"这事可马虎不得……但你的身体也是马虎不得的呀！"

"我自己觉得没什么多大的事。这就不谈吧，反正也只有几十天的工夫。我毕竟多吃几十年盐嘛！"宋尚志说着，下意识地将手朝肝区揉了揉。

边达摸摸下巴，又站起踱了几步。少顷，他转过身来说："我看还是让小白接着抓吧。至于他家属的情况，县里可经常派人去看看。如果水情变化大，我就留在这儿。老宋，你安心治病，别的就不用操心了。我看就这样吧。"

……

又是一道霍闪横空掠过，几秒钟后听到雷在远方响着。宋尚志吸着烟，觉得口苦，就把烟扔出了窗外。

这实在是画虎不成反类犬！非但没有转化边达对白洛宁的看法，反而加深了印象。怎么要扯到他老婆大肚子呢？边达一听便站起来。这老头会如何想？必定是以为这个白洛宁还真不错，个人的实际困难撂到一边提都不提。而这个老宋却莫名其妙地住了院……天哪，这简直是强烈对比嘛！

"砰！"黑暗中什么东西摔碎了。是烟缸。宋尚志一挺身碰翻了它。他揉揉跳得紊乱且又迅速的太阳穴，又摸了支香烟。他立到窗前，让南风好好地吹吹头脑。过了会儿，他觉得好受了些。

我不是在装病。我能这么低级？我起码还是个共产党员嘛！这肝区现在还痛着呢！没病怎么会痛？问题是这种内痛不能让人看见。不像折胳膊断腿，打了石膏上了夹板，人一见便起了同情心……不过最终会有诊断结论的。这结论既不能太好又不能太坏。太好了对上不好交代——你宋尚志这时候竟小病大养？！太坏了我也吃不消——这不等于是接到老马的请帖了吗？！……最后一班地铁……最后一班……操他娘的！

窗外的雨骤然猛了，哗哗啦啦地响得好乱。远远地传来一阵破锣声，又是什么地方破圩了。雷阳堤像条巨蟒正酣睡着，又似乎随时会一蹦三丈高。那灯火，摇摇晃晃的，像醉汉，像老妇，像断线的风筝……

一切才刚刚开始嘛！好戏都在后头哩，粉墨登场的未必个个都是红角。万一闹翻了锅，一个边达是救不了驾的。或许连老头自己也是泥菩萨过河啦！林业部长是与省委书记平级的官儿，不也是说撤就撤了吗？白洛宁同志呀，你该翻翻县志。你该晓得日晕是怎么回事！退一步讲，这盘棋下到最后起码是平局吧，你充不了英雄我也不当好汉。

宋尚志感觉到自己笑了一下。他想自己现在可以去睡了并且相信肯定会立刻入梦。于是他重新躺在床上，调整到最佳姿势。可是那破碎的铜锣声渐渐近了过来，且一阵比一阵地紧。他翻了个身，肌体也随之紧了一下。几分钟后又翻了一回。……

这一夜，宋尚志设计的梦境完全被锣声给搅了。

三十七

那个晚上的事发生时，镇长李松茂是毫不慌乱的。他不像饿狼扑食那样压到翠娥身体上，却如夫妻度良宵似的躺在她身边，腾出一只手圈住了翠娥的颈脖。翠娥仍然中风似的抖着。

"冷吗？"松茂说，把她搂紧了些。他着实地感受到了她两只硕大的乳房的柔软。

"松茂哥……不能……我……"翠娥吃力地说，"我对不起伢大也对不起……巧凤姐……"

"可你对得起我呀……别乱想了。几分钟的事嘛！"李松茂说完便灭了灯。黑暗中听见他梦呓般地说："还是你的好……实实在在的……"

但这毕竟是桩见不得人的事。几分钟过去了，李松茂回到自己的宿舍后，就不大安定了。他最怕的是翠娥把事情捅出去。如果这样，他李松茂就栽定了。不过这种可能性几乎没有。翠娥是本村的姑娘，看着她长大的，生性向来温和，不善言语，面皮极薄。李松茂是掌握了她的性情才这么从容不迫地干的。假如翠娥是巧凤那样的女人，即使主动爬上床来，他也还得思谋思谋。那几分钟，翠娥哼也没哼嘛！这就算默认了。或许这娘儿正想着我呢！顶多算是个通奸吧，如今法律改宽了，通奸不碍。

第二天晚上，李松茂本来下定决心不再去找翠娥。可是一看见那窗口昏昏黄黄的灯火,他周身即刻燥热发痒。他还是去了。这回他很自信也好坦然。这种事嘛,有了初一就不怕没十五。他瞟瞟四周,确信是没有人了,就去敲翠娥的窗。里面无人回话。他又敲了敲,轻声唤:"翠娥……"还是没人答腔。李松茂很扫兴,估摸翠娥有事出了门,想等会儿再来敲。可是他眼前一黑,灯灭了!李松茂像挨了个耳巴子,脸腮极热极辣。

"翠娥,你听着,要是还想一个月拿四十五块钱薪水,就困到三更摸摸心口。"说罢,愤愤地离开了。然而这一夜,他没能困着。这女子还真看不出,腰还硬硬的。她还敢怎么样?李松茂尽量把事情想简单些,可还是出了一身的汗。

第三天一早,李松茂站在走廊上刷牙,观察翠娥的神色。翠娥仍然进进出出地忙,见人仍然打招呼,只是脸容没有往常那么舒展,且眼圈有点儿红肿。但是若不细看,是察觉不到的。李松茂这才轻松了些。进食堂吃早餐时还哼了几句黄梅调《闹花灯》,一派若无其事的样子。

这事就算一风吹过了。可是今天上午翠娥的丈夫吴德荣的到来,使李松茂那颗心挤到了喉咙口。

德荣找到雷阳堤防汛指挥部来了。当时李松茂正按照指挥长白洛宁的指示,给前来参加抗洪防汛的部队分配住处。看见德荣在四处乱瞧,李松茂就非常惊慌。他掩上房门,侧着身子立在窗边,注视着楼下的德荣。这下算彻底完了!他娘个×的,女人都是祸水!我李松茂任劳任怨奋斗了这些年,想不到竟栽在那么个贱货裤裆里……这下算完了,平了头还得破家,巧凤能不打离婚吗?你看,这狗日的德荣脸沉得像屎,这不是来捣我吗?出去还是暂时避避?最好是把这没成色的王八引到外面去,看看可能私了……或许来明的。我是他入党介绍人,我让他当了那么多的代表……对了,他还有把柄捏在我手里……

"松茂哥——"

这一声,叫李松茂如释重负。很显然,德荣不是来告他这"松茂哥"的。可这狗日的脸怎么那么板呢?

李松茂慢慢打开门,立在门口,对楼下的德荣说:"德荣,别乱喊了。我在工作嘛!"

德荣便急忙奔上了楼,刚进门,鼻子碰着了一支烟,就拾起来放到嘴上。他先替李松茂点火，镇长摆摆手说刚丢，又指指对面一张凳子，叫他坐。

德荣坐下便叹了口气，突然说："镇长你不能……"

"我怎么了?!"

"不不，我是说你不能替我讲几句话吗？"

"为么事非要我出面？"

"不是要成立抢险队吗？杨树湾棒劳力多的是，么子偏偏要抽我德荣呢？我一家五口，翠娥在镇上忙，家里就靠我一人撑着。实际困难嘛！"

为了这事。李松茂抖抖二郎腿，摸着下巴说："这时候哪家没困难呢？我说老吴呀，你是党员，又是先进，你不带头哪个带头？我看你呀是一时清醒一时糊涂。"

"可我只会几把水呀！"

"我不也只会几下子吗？"

"你是坐指挥部的，又不真的上堤……"

"谁说的？啊?!"李松茂霍地站起来，沉着脸厉声说："你看看指挥部每个领导可有个好气色的？二十多天来我掉了八斤肉！越说越离谱，我看你这个党员是不想要了！"指责完，又递给德荣一支烟："好好认识认识吧，你这同志呀！"

德荣把头埋着，半晌才说："我错了。"

"好吧，晓得错就中。你回吧，我正忙着哩！"李松茂搓搓手，又往鼻子上摸了一把。他本还想问问巧凤的情况，考虑到自己下午要因公事去那个方向，就作罢了。送走德荣，李松茂觉得内心并没有平静下来，仿佛有根细线拴在心尖上，动弹一下便紧缩一下。这根线头不是由吴德荣捏着，而是巧凤！

雷阳堤防汛指挥直接管理的抢险队，是由工程兵某部的两个加强排与雷阳区一百名身强力壮的民工混编组成的。各堤段指挥所也都相应建立了抢险组。这些人，平时不分派上堤。只有出现了险情才会用上他们。按指挥部统一部署，对地方上各抢险队员每人每天补助六角钱、一斤粮。

抢险队集中住宿在雷阳中学的教室里，吃集体伙食。篮球场上停放着五辆军用六轮大卡。写着"团结、紧张、严肃、活泼"的墙上并排靠着一列折叠式玻璃钢汽油划子。学校门口一天二十四小时有当兵的把岗，刺刀打直，在阳光下扎眼地亮着，好势派。

既然军民混编，自然步调得一致，地方朝部队看齐，一切行动军事化。这是指挥部的要求。部队方面提出，要选配一名地方干部担任队长，便于熟悉情况协调行动。于是区委书记王胡子就推荐了桃花寨村支部书记雷运生。其理由有三：一是他是基层党的干部，年纪轻、情况熟、有魄力；二是身体棒、水性好，是条"混江龙"；三是他本人就做过军人，部队那套他都懂。三条理由，硬邦邦的。白洛宁当场就拍板了，要李松茂立即去招雷运生来。王胡子心里有本账，这两人自从那回的挑选，以后见面就不大搭腔。王胡子担心李松茂出面会把事情弄糟，就主动提出自己陪同李镇长去。事情果然叫王胡子料到，见李松茂过了雷水，雷运生便不再伸头。躺在床上说肚子不好。还是王胡子发了威风，十分严肃地说："是我领导你还是你领导我？"接着又数一遍三条理由。

雷运生坐起来笑笑，说："还有第四条：我是个孤汉，赤条条无牵无挂，死了往火葬场一拖就完了。"

李松茂也干笑了一下说："你也太会联想了。这是县委对你的信任嘛！"

"信任？省委信任又怎么的？再大方也不会把省委书记的椅子腾出来放我的屁股。我还是我。"雷运生一边说一边用脚朝床下面搜鞋，准备随他们去镇上。三人正要出门，就听见大门口传来一声："运生哥在家吗？"

是巧凤！

屋里三个男人都感到意外，一同出了房门。巧凤打扮得十分好看地进了大门，一转脸，容颜即刻红了。"哟，王书记也在呀！"她迅速从窘境中挣脱出来，"我来找运生哥借……粑印子，七月七是鬼节……鬼节吃粑粘得住魂哩！"说着就咯咯地笑起来。

"那东西，早就甩了。"运生答了句，从她边上走过，立到门外抬眼去看天的颜色。

王胡子笑着用粗指头点点巧凤："你这现代化的人物还这么迷信哪！不如吃奶油蛋糕，那东西黏性才大呢！"

李松茂干干地笑着，始终不开腔。从听到巧凤的喉咙起，他心里就乱得如开锅的水。巧凤是何时与雷运生言和搭语的他不晓得。这不是桩一般的事。适才巧凤的失态和说话，他一一看得明白。多少年没吃过粑了怎么陡然想起来借粑印子？分明是临时寻的由头！如果这是冤枉，那么七月七又作何解释？七月七是鬼节，这不错。但指的是阴历七月初七而不是阳历七月七号。阴历今朝才六月十二呢！难道是记性的偏差？她可是个胆大心细的女人哪！怎么回事？无论如何要搞清楚……等会儿，回家再说。

他一直注意着她的脸色。

三个男人一个女人同船过渡。到了杨树湾，镇长夫妇在自家门口停住了。"进来喝碗茶，歇歇脚吧！"巧凤边开门锁边回过头说。

王胡子摆摆手，说时候不早了。

李松茂似乎有点腼腆地对王胡子说："你们先走一会儿，我洗个澡就回。告诉指挥长，我晚饭前一准儿到。"

"我看你在家歇一晚吧，"王胡子眨眨眼说，"要不巧凤就不许你上床了！"

"你这老怪！"巧凤对王胡子背脊擂了一拳，脸竟泛了红晕。

"歇一晚歇一晚，小白那里我替你说说。这也是人之常情嘛！"王胡子说完，就同雷运生一道上路了。走了一截，又回头说："巧凤吔，来日我倒了头你可要烧高香啊！"

"还是叫你那小脚奶奶烧吧，老怪！"巧凤高声喊了句，她还想囔几句，背后的丈夫制止道："行了，进家烧洗澡水吧！"

进了家，巧凤就到灶间给丈夫烧洗澡水。做丈夫的靠在竹躺椅上吸着纸烟，闭着眼。这会儿他又在想刚才雷水那边的事，越想越感到不大对头。这女人生得太好看了。俗话说，堂客好看，丈夫一半。另一半堂客得自己留着，想给谁就给谁！女人……操他娘的女人！

水准备好了，换的衣服也放好了。巧凤推推丈夫："洗吧，换下的邋遢衣等会儿丢出来，趁日头还旺我下河沿揉几把……"

李松茂捏捏堂客的手，进里屋了。他对着大立柜上的镜子把衣脱光，边吸烟边欣赏着。我还很年轻，很不错。……

"把衣丢出来。"堂客在门外说。

"你自己来拿。"丈夫说。

过了会儿，巧凤进来了。李松茂比穿衣时还潇洒地走过来，说："你还得给我搓背呢！"

"自己搓！"

"那我讨堂客做么子？"李松茂说着就把堂客拥在怀里。"老夫老妻的还端什么架子……"

巧凤摆开脸说："你不是把这一百二十斤典给县委了吗？别碰我！"

李松茂便弯腰将堂客抱起，往床边移。堂客尽力把他胸脯推远，说："一身腥臭烘烘的，洗澡！"就猛地跳下来，坐到一边去了。

夫妻毕竟是夫妻。巧凤替丈夫搓背，洗净，就将脸枕在上面。做丈夫的这一刻心绪杂乱无比，想起几日前夜里在镇机关食堂内做的事情，颇感内疚。就把一只手从肩头伸过去，抚摩着堂客的脸颊。

静了会儿。

"想我吗？"

"夜夜都想。"

"想么子老死在外头？"

"工作紧嘛！这可是关键时刻……"

"关键个屁！我才不稀罕'帽子'几大几高哩！平头百姓还自在些……"

"又说伢话！"

"我就是这么想的……真的，头上套了个官，弄得人不像人鬼不像鬼……"

李松茂不禁叹了口气。

三十八

一张照片引起的心绪波动使记者边小素意识到她与工程师庄雨迟之间依旧存在着"关系"。这委实属于那种剪不断理还乱的关系。也许，当知道一个男人与一个女人曾经有过所谓爱情经历时，另一个女人就不得不加速实践她与这个男人现在的爱情，尽管有点不可思议。

这几天，边小素总是不自觉地回味着庄雨迟关于同那座古塔下的农家姑娘相爱的叙述。庄雨迟讲得很认真也很平静，并且不回避一些在外人看来是羞于启齿的细节。有时，边小素想着想着就笑了。笑过，又隐隐觉得有那么一点儿酸楚。她惊讶的不是庄雨迟这样的人物为何爱过一位农家女儿，而是自己对这件事本身的惊讶。奇怪，难道得由我来对此负责？她怀疑自己是否太认真了。

然而不管怎么说，这件事对于边小素有什么实际的伤害，也是无从谈起的。倘若不在这个环境里，边小素相信自己会常常以此去挑逗庄雨迟。她对他在这个问题上谈不上理解也谈不上指责。虽然那天她拿"钓鱼"的话敲了工程师一下，但她觉得自己是下意识说出的，不能说是中伤。可庄雨迟会怎么想呢？他当时的神色反映出他的内心是沉重的、潮湿的。他折断鱼竿的瞬间，记者的心绪便乱了。……

从来到雷阳堤，边小素所看到的仿佛是另一个庄雨迟。他似乎不善言辞，举止也显得笨拙，时常独自吸着烟在院子里转悠，一副落魄的样子。有一天，夜已很深了，正下着大雨。边小素起来上厕所，一道闪电叫她看清了院子中央立着一个光膀子的庄雨迟，在仰着脸接雨浇面。她骤然产生了强烈的似乎是崇敬又似乎是怜悯的心情。她靠在走廊的方柱上，注视着那个水淋淋的身影，一直到他离去。

黑暗中，她对他的背影递了个飞吻。

现在，记者想的是另外的事。她准备二下桃花寨。苇子的照片经过暗房处理，完全可以作为一张肖像艺术作品。边小素细心将底片放好，洗印出来的打算统统送给苇子。她很喜欢这位比自己仅小一个月的农家女儿，觉出了她的活力和青春，还有那由山风山雨雕塑出的美。那桃花寨委实是个十分迷人的地方，值得咀嚼一番。于是早饭后，她同指挥长白洛宁随便招呼了一声，就整装出发。她还特地往包里塞了件红色尼龙游泳衣。那清澈如翡翠的雷水诱惑着她的身体。刚出旅社大门，便遇上了买烟回来的庄雨迟。

"我准备去桃花寨。"她说，从背包里取出苇子的一沓相片，"给苇子送去。我答应她的。"

庄雨迟点好香烟，把照片拿过来一张张看了，然后挑出一张苇子的侧面特写，说："这一张，我留下了。"

"可以。"

两人相背而去，谁也没有回头。其时天色逐渐开朗，云朵被风推得飞快，看来今天是个好天气。

这季节乘一叶舟子在水面上荡着是无比惬意的。微湿的风带着淡淡的咸味掠过脖子使女记者感受到肌肤的细腻。雷水已不是那么静了，一层层清波如练似的滚过。边小素利索地换上游泳衣，立在船头按迪斯科的舞姿做下水前的准备动作。完了，她"刷"地抖开秀发，借着风力把它托起，让它飘动着。她从肘弯看过去，苇子正侧着身子在偷笑，脸红红的。

城里人好大胆。穿这样的衣……不过她穿着倒也好看，像根红萝卜。黑缨的红萝卜……苇子想着想着，又忍不住地瞟了一眼手中的一沓相片。这真是我？她什么时候照下的？好刁伶。城里人刁伶的几多……我要是穿她的衣裳怕也不丑……苇子感到记者的目光热烘烘地落在自己脸上，便把放在两排洁齿间转动的食指抽了出来，脸颊如同绽开的两朵玫瑰。

这简直是上帝赐给人间的尤物！记者用手支着下巴打量着苇子的侧面。如果我是庄雨迟，也会毫不迟疑地去搂她，仿佛搂住了一个春天……

"好看吗？苇子？"

"相片是假的。"

"假的？谁见了会不相信这是你苇子？"

"有的人，人比相片生得好；有的人相片比人生得好，我就是的……"

"你真会说，苇子。"

边小素说完，就"嗖"地跳到水里，身体在水面上划了个红色的弧。惊起了两尾小苍条。她游自由泳，两只纤细白皙的胳膊刨起两条白色的浪辙……

她好自在哟，苇子半卧在船板上，目光追随着那尾"红鲤鱼"。她好命哪，快活得像鸟。

"好舒服哟……"边小素用仰泳游近船，"苇子，你不下来？"

"我……不大会水。"

"水边长大的不会水，太不可思议。"

后面的话苇子不懂。她猜是笑话自己的。现在她不觉得新鲜了，于是又回过头去瞟自己的那些相片。

"又偷看！"边小素的脑袋突然从船边冒出来，小船顿时晃了一下。她有点累了，就伏在船沿上。

"这么多相片，要几多票子？"

"送你的。我说过是送你的。"

"那，那你太亏了。我不能亏你。"

"你也送我点什么嘛。"

"你要么子？"

"你送我一段黄梅戏吧。你喉咙好。"

"你如何晓得的？"

"听人讲的。"

"哪个讲的？"

"镇上人嘛！哪个不晓得桃花寨的苇子有副金嗓子！苇子，你唱一段吧！"

苇子的眸子渐渐暗了。她停了会说："我……好些年……不唱了……"接着磨过脸去。

记者知道自己触到了苇子心底的痛处，显得手脚无措。她爬上船，坐到苇子边上，拿住了苇子的一只手。

"我不会再唱。咬破嘴唇也不会再唱！他走的那一天，是我最后唱的一段戏文。他是天擦黑时动身的，我撑船送他，顺着这雷水去雷阳码头。他先坐轮船下南京，再坐火车往北边去，要坐一天一夜，几多远哪。……"

水面静静的，秋来了，一河的芦花赛雪。我头顶上只挂着一粒星子，不像是牛郎星里的一粒。他坐在船头吃纸烟，一支接一支地不断。我一把一把地撑着船。我真想让他再把船拨翻掉，好再"救"我一回。那次，是他有意把船拨翻的，我吓得要死，他却在笑。他在水里把我搂着，好紧哪好紧，我都险些憋到阴间去了。我抱住他的颈，像抱着一棵树似的。我把含在嘴里的水往他脸上喷，他便用嘴堵住了我的嘴。……

天全黑了。他的纸烟火在一跳一跳。这会子他说话了，却不磨过脸来。他的喉咙好轻好涩。

"苇子，唱段戏文吧。"

我不做声。我眼眶子又胀又酸。
"唱吧,轻轻地唱……只唱给我听。"
我咬咬嘴唇,唱了——

　　八月里桂花开秋风荡荡,
　　日落西鸟投林对对双双。
　　……

我唱不下去。我轻轻哭了。我听到一声雁叫,像在老远老远的场子……
他站起来,像喝醉了酒似的移到我跟前。"咔嚓"——他拨着了打火机,看着我。
"苇子……你抬起脸吧。"
我没抬。
我不晓得打火机是什么时候灭的。油烧尽了,棉花蕊子焦烘烘的气味过了后,他把打火机扔到了水里。不一会儿,前面有灯光了,能听见呜呜的汽笛子声,像快断气的牛。……
"苇子,回吧……"他下了船,立在岸上说,"我,走了……"
你不会回来了。那个晚上我就晓得你是不会回来的……我掉过船头,拼命地往回撑。突然我听到他在后面大着喉咙喊着我的名字,他沿着河沙滩向这边撵,一边撵一边喊……我把船往河心撑,拼命地撑……慢慢地,听不到他的喉咙了,也看不见他的影子,只有一弯月牙儿在随着我,我走它也走。……
边小素不知道该用什么样的语言来抚慰这位农家姑娘。她默默地听着,仿佛在听一个遥远的却又能拨动心弦的传说。她一直在悄悄注意着苇子说话时的神色,这神色很像这个季节的气候,阴阴晴晴,变幻莫测。她清楚苇子对自己的信任,可苇子需要什么呢?她自然又想到了庄雨迟。喂,你知道这个姑娘还没嫁人吗?她本该有一个好的丈夫好的家,还该有一个像她一样美丽的宝宝,但这一切都被你毁了!你大可不必来一番这样那样的解释,这是毫无作用的……不过你要是提出同她结婚,我又会怎么看呢?这不是做文章,没有办法来做出所谓公允的评价,就如同拿香蕉和苹果来问你，哪个好吃哪个不好吃。边小素斜过身体用手去触船边的水。这河里盛满的到底是女儿泪还是男儿泪?!

"苇子，你还在想着他？"

"不，我早就不想了。真的。"

"不是真的。"

"想又能……怎么样？我恨。……"

"你恨他？"

"我恨自己。我……自作自受……"

"苇子，你听我一句话。你该嫁人了，好汉子多的是。你会好起来的，苇子。"

"你么子不嫁人？"

"我也会的。我们都是女人。"

记者跃起来，她决定改变一下气氛。"让我来撑会儿！"就接过竹篙使劲朝水里一伸，船便横了。又一伸，船转起了圈子。苇子终于笑了，笑出了声。这笑声让记者由衷地感到了愉快也感到了轻度的解脱，她觉得自己正试着替那个叫庄雨迟的男人偿还着什么，尽管是微不足道的。……

船渐渐直了，瞄着那座由阳光割成阴阳两面的塔影，悠悠地驶去。

三十九

这天夜里，桃花寨灯火辉煌，锣鼓喧天。雷水上撤了渡，隔岸望去雷家祠堂面前人头攒动，便知是有热闹事的。何事热闹？因为不久前，天上现出那多少年不得见的景象。桃花寨人在请道士做法事，谓之"做平安"。

从安平塔回来的那晚，龙水就在思谋着这桩事。桃花寨呀，这些年了你还是块宝地，是的……你姓雷姓几十年了？我怕是老了，尿都撒不直了……我真的老了？只要我还有口气，你就还姓雷！龙水跌跌撞撞地走着，脚下的路好软好湿，像才干的河床。在寨口，他遇上了运生。这杂种在河边痴立了好久，莫非又在想着架桥？

"大，还没困？"

"嗯。屋里热。"

"时候不早了。"

"你困吧。你叫了一夜怕也疲了。"

"大……我讲的都是掏心的话。错了，你老就点拨吧。"

"我还敢点拨你这个大支书？让你真老子点拨吧！"

"大，是不是做儿子的哪点怠慢了你？何必……"

"好了。你不是雷家的种，可桃花寨是姓雷的！代代都是！"

龙水愤愤地走了。漫无边际地走。从一家屋檐下走过，屋内黑着灯却还有人说话。是对年轻夫妻，困觉话自然多些的。男的说这下好了，运生是个好本事的汉子，随他就不会吃亏。女的说当初要是运生下不下台，如今桥怕也搭起来了，电也接通了，还愁摸不着票子？男的说运生要是龙水自己操出来的，老头子怕也不会作梗。女的表示同意。

"老狗日的还不死？！"男的叫道。

龙水像遭了电击似的周身发麻。小畜生，小畜生！你还记不记得你姓雷？龙水在心里咒着，脚像陷进了泥沼。奶奶个×的，这人头竟越来越难剃了……民国三十几年，五几年，六几年，七几年，桃花寨有哪个龟孙敢与老子作对？我说黑的哪个敢讲是白的？我指方的哪个敢碰圆的？唉！都是那杂种开了坏头，顶撞，对吵，我拍桌子他就掼碗！杂种，老子真该在水里捏死你！

老人继续吃力地移着步。他又看见了刚才搂抱过的古塔。几百年了，它还是这模样。它不老。它不会老。它怎么能老呢？！

……

"麻子，可困死了？"

"龙水伯吗？进来进来。"

灯亮了，光焰黄黄的乱抖。是盏没罩子的用墨水瓶做的灯，烧的也是柴油。龙水挺着腰方步迈入，麻子便及时地将按好黄烟的竹竿烟锅递上去。

龙水抹抹铜烟嘴，凑着灯点了烟，吸一口，叹了口气。

"运生出山了，你老还叹么子气？"

"他与我何干系？到底不是雷家的种……"

"话可不能这么讲，运生对你可孬似亲大？回回出门手都不空……"

"我在乎他那几滴猫尿?桃花寨指望他,卵!"

"你老也相帮相帮嘛!"

"我的言语他是当耳边风的……不过我倒还试试,在桃花寨,到底是他的法子灵验还是我的法子灵验,奶奶个×的!"

麻子不停地朝身上拍蚊子。

"麻子,明朝你去一趟天柱山。"

"去天柱山做么子?"

"请朱瞎子帮忙寻几个道士下来……做平安。"

"这时辰还做平安?"

"做。做大平安。今年的水势怕也不小,日晕现了……可桃花寨横竖都是平安的。"

"倒也好些年没做过了。好倒是好,只怕政府不许。……"

"政府算个卵!官司我独吞了!"

"再说,请道士要花大把的票子,如何出得起?"

"你就说是我雷龙水请的,他还敢多收?"

"那是那是。"

此言不虚。这方圆几十里有哪个不晓得桃花寨的雷龙水呢,第二天麻子扎匠便动身了,找到朱瞎子讲清了缘由,倒也没多费口舌。过几日,朱瞎子便领着三个道士摸下山来。这些道士路子极野,因此只能暗暗地做些法事。既然雷龙水发了话,也就不多虑了。雷龙水是何等的人物?!

"咚咚锵!咚咚锵!"

"咚锵咚锵咚咚锵!"

老槐树下,龙水布满皱纹的面孔被火把映得零零碎碎,胡须像火焰一般抖动着。

这一带的风俗,遇上风调雨顺之年,为了表示对上苍恩典的谢意,就请道士"做平安"。它又不尽与一般的祭祀活动相同,祭祀只供君帝菩萨,它却无时不为了自己。自然也杀猪宰鸡,但只供那么一会儿,就陈放到宴席上,自己享用尽了。按规模之大小,有"大平安"、"小平安"之分。大平安要延续四四一十六日,吃流水席,且日日有翻新的花样。从天柱山上下来的道士,皆自称是张天师的嫡传,入道之时也交过五斗米的,扬言曾修炼于武当金顶,梦中与南华真人的庄周作蝴蝶般飞翔。既然打的是张道陵的旗号，就也颂过《正一经》，且把王重阳之流不放在眼里。这一派的道士一般不出家，俗称"公居道士"，红尘里凡人做过的事他们都做过，但是在做法事行巫术时，又都道貌岸然，望而生畏。其实也不过是混碗饭吃。他们好久不来桃花寨了。并不完全在乎目下的桃花寨已无多少油水可捞。他们在这地方失过脚，那已是十年前的事了。那年是个好年成，也是雷龙水出面召他们下山做平安的。其时阶级斗争虽已不那么抓紧了，这种事却还不敢公开地做。但是雷龙水这位老革命老英雄发话叫做，道士心下便不再彷徨。国家乱了这些年，法事都丢尽了。如今出山，自然显得精神抖擞，新做的行头是好扎眼的。然而第一天，他们便闪了腿。那个戴眼镜的下放学生笑着说："既然行道，为何借十八罗汉念南无阿弥陀佛？"道士无言以对。那学生又说："不过释道合璧倒也是中国宗教的一大特色。释是什么？释迦牟尼是哪个？"道士越听越糊涂，说这种事可来不得认真，你讲你的，我做我的，吃吃喝喝，快活快活而已。道士心里好大不快，却又不敢动气，因为那学生不是一般的学生，是快做龙水家东床的人物。可几个月后，那学生考上大学了，走了，没听讲回来过。

　　听说要做平安并且是做大平安，桃花寨一下子沸腾开了。老一辈说敬天敬地、消灾灭祸，总是好事。只是今年是灾年，时辰反了。且又是做大平安，怕出不起票子，拉不开宴席。后来听了麻子扎匠的宣传，说又是龙水伯出面的，道士手也不敢乱伸，就都依了。小一辈子不管油盐柴米，只图热闹，自然兴致也高。于是家家凑够份子，乒乒乓乓动作起来。村长贵林发了急，觉得这种事万万是做不得的，纵使要做也不该挑这个时辰——江水都快漫顶了呢！可新选的支书雷运生又被抽到抢险队，一时间贵林昏了头，便踮着脚尖去同龙水伯商量，要取得理解。龙水根本不正眼看村长，平心静气地吸着水烟袋，把村长撂到一边坐冷板凳。末了，老人才摸着胡须说："你村长管吃管穿管阇堂客的×，还管老子的快活？"

　　"龙水伯，你不听我的也该问问运生哥，征求征求。"村长小声地说。

　　龙水把水烟筒重重地往桌面一按，剪着手出去了。村长耷拉着脑壳，跟在后面叹气。

"咚咚锵！咚咚锵！"

"咚锵咚锵咚咚锵！"

五张八仙桌一张垫一张地竖立于雷家祠堂门前，有一丈五尺高。桌子周围悬挂着十殿菩萨和许多的彩旗。每一层桌面又置有一根大红烛。这外围是一圈碗口粗的松丫火把，啪啪地燃烧着，烧红了半片天。青灰色的烟霭袅袅升起，齐顶上的桌面高便弥漫开来。一个道士猴也似的爬到最高一层桌面上，盘脚坐着，按罗盘所示面对正北，头顶烛台，双手合十，两眼似闭非闭。另外两个道士一手执青铜宝剑一手执太极八卦旗帜，做眼花缭乱的舞蹈，口中念念有词：一会儿是十大洞天七十二福地，一会儿是天官上元地官中元水官下元，一会又是日月星之三光水火土之三要精气神之三物，像煞有介事的样子。每一小间歇，末了必呼"南无阿弥陀佛"围观者也随之呼喊响应，其声如远雷。

又闹热起来了。龙水吹着纸媒子，悠悠地吸着水烟。他的胡须正随那锣鼓的节拍颤动着。今夜他始终坐在这老槐树下，身子纹丝不动弹。他不再去掌鼓槌了。年轻时他掌过，鼓声一起闹热便达到了顶点。那势派能醉山醉水、醉倒贵妃娘娘！风流的日子淌过去了，如今连尿也难撒得直。人哪，叶子一般，明明是青的，眨眼工夫便转黄了，要落了……

"咚咚锵！咚咚锵！"

"咚锵咚锵咚咚锵！"

好紧的锣鼓。龙水放下烟筒，用手捋了一把舔着火光的胡须，那抿了许久的嘴角终于显出了一丝笑意。杂种，你可看到了？今夜全寨的人都堆在我面前，我让他们快活，让他们开心。你以为我连屁都放不响了？老子纵使倒颈了，魂也守在这块土上！你这不知天高地厚的东西，几张票子就能盖住桃花寨？龙水眯着眼，把所有的松丫火把挨个扫了一遍，仿佛觉得这火是从他心尖上化出的，他整个身子被火光映得通红，像一头蹲坐的红毛狮子。……

"咚——咚——锵——"

这一轮完了，道士便洗净手脸去哪一家吃糖水蛋垫肚。这之间，便由已经吃过糖水蛋的朱半仙来说书衔接。瞎子支起皮鼓，掌着绰板，见时光还不够深就先说一段赵匡胤陈桥反水。不料条子一发，围者皆提不起精神，哈欠大响，芭叶扇拍蚊子盖过了鼓板声。这内容，本寨的麻子扎匠也说得出的。朱半仙发现自己的威信有了损伤，于是赶忙紧一把手脸，重新发了鼓条，改说《私情记》：

> 我家住在茅山洼口，
> 兄弟排行我是老六。
> 我大哥抬大轿外带吹鼓手；
> 我二哥卖水烟外带剃头；
> 我三哥配钥匙外带偷鸡摸狗；
> 我四哥钓黄鳝外带摸泥鳅；
> 我五哥开茶馆外带寻花剪柳；
> 老六我走的也不是个正路，
> 翻墙头与张二妹私情勾搂……

众人便亮了眼睛，嘻嘻地笑起来。朱半仙受到鼓舞，胆大了一寸喉咙也阔了一分，接道：

> 二妹生得桃花红，
> 裤裆里夹了个画眉笼。
> 你有笼儿没得鸟，
> 我有鸟儿少了笼，
> 少了笼，
> 借我老六用一用！

喝彩声炸响，围者笑得皆似醉汉，你靠我我倚你，蚊子叮了也顾不上拍打。正欲听下去，猛听见老槐树下发出一声闷响："够了！……该请宝船了。"

话音一落，麻子扎匠便回家取来了足有五尺长的油纸扎的"宝船"。各户也都将事先备好的一把米与一把茶叶，挨个放置其中。意味着宝船将他们的灾祸带走，将共同的瘟神送走。三个道士填了肚子，气色亮了许多，又挥旗舞剑地围绕纸船旋转哼哈，像三只无头苍蝇。众人随着他们也围着纸船绕了三周。接着，三个道士将"宝船"托起，呼喊着户尊龙水。老人便方步从槐树影中走出,神色庄重无比,将宝船落在自己肩上,往雷水边走去。众人各执一根松丫火把,排成一字长蛇阵尾随于后,跟着道士呼喊"南无阿弥陀佛"。到了河边,龙水卸下"宝船",稳稳地置于水面,然后接过道士递上来的火把,将宝船上的油灯点燃。其时南风正起,宝船带着火冠随风向正北漂去,岸上又是雄浑的一声:

"南无阿弥陀佛!"

突然,人声静了。只见龙水一个趔趄,歪在麻子扎匠身上。众人还是默默地、默默地注视着雷水面上刚行几步便被风扑灭、掀倒、下沉的宝船……

四十

寄往省城的那篇文章见报了,果然是头版头条。白洛宁是早饭后见到的,立即看了一遍。令他诧异的是,他担心的那句话竟没有了。这是怎么回事呢?是报社审稿时划掉的还是边小素自己斟酌一番过后划掉的?总之是划掉了。白洛宁对这篇文章便不再发生兴趣了。他觉得很轻松,像刚出温泉浴池似的轻松。自边达来到雷阳堤后,他就没有这么轻松过。他一下变得拘谨,甚至有点呆板。白洛宁不希望边达在这儿安营扎寨,这于他的形象无疑是不利的。宋尚志那天离开雷阳镇时说了这么一句话:"有边书记坐镇,我就完全放心了!"这固然是恭维边达的,但也说明他白洛宁在宋尚志眼里只不过是个小毛头而已。白洛宁深感自己受到了侮辱。还是边达的话宽慰了他,边达说:"这个镇我可不愿久坐,白洛宁可是跑不脱了……"然而几天过去了,边达非但没有离开的意思,却似乎已经是把地委机关搬到雷阳了,忙得满带劲儿。白洛宁做过几次暗示,说边达毕竟是上了年纪的人了,不能长期泡在下面。但每次老头儿都一笑置之。

照这样下去,即使打赢了又能怎么样呢?还不是众口一声冲着边达如何如何英明去了。我不过是个跑腿的……可问题总具有两面性,边达选择雷阳堤落脚自然有他的道理。我干得怎样,他会有数的。虚名于我,拂去又何妨?我不需要几万双眼睛热辣辣地盯着;仅一双,就足够了……白洛宁的心理求得了平衡。

白洛宁用火柴棒捣着牙缝准备去值班室看看今天的水情表。第一次洪峰顺利通过，损失不大。据分析，第二次洪峰可能在近日形成，这不能不引起重视。离门口还有两步路，白洛宁听见边小素在里面打电话，声音很厉害。

"……为什么要划掉那句话？不是口口声声要重视知识分子吗？……怕影响团结？难道这么做就加强了团结？这不是机关发奖金人人有份，谁有能耐谁就站出来，即使他与我有不共戴天之仇我也照样吹他！"

"吧嗒"一声，电话挂了。接着又是一句："都他妈的伪君子！"

白洛宁不打算进去了。刚才边小素叫的骂的，似乎不是对她的上司而是对他。唉！区区小事何必如此认真？她毕竟是太年轻了……白洛宁转身就走，但边小素已经出门并喊住了他。

"指挥长，"记者脑袋稍稍一歪，"有空吗？"

白洛宁觉得自己是平静的，答道："有什么事你尽管说吧。"

"想对你进行一次采访。"

"你太客气了。我有什么可采访的呢？"

"想请你谈谈第二次洪峰。"

"这个……我也没有系统的考虑。这样吧，换个时间，让我想想，你看今天晚上怎么样？"

"可以。"

记者说完，朝自己宿舍走去了，凉鞋当做拖鞋"吧嗒吧嗒"地响着。

指挥长背过身点了支烟，在楼梯拐弯处停住了。他在按记者的题目思想。这不算个难题，自然可以从这么几个方面来回答：一是进一步加强领导；二是进一步提高认识，防止麻痹思想；三是进一步抓组织落实，四是进一步……他煞住了。他觉得这样回答没有特色并且空洞。这思路只能去写汇报材料或者作为讲话稿的提纲，却不能拿到报纸上去。这几年报纸的气味好了些，没有人愿看这种党八股的东西。更要紧的是边达极讨厌这路货色！边达曾不止一次地强调谈工作不要按模式按套数，哪方面有体会就谈哪方面的，有一点就谈一点。白洛宁慢慢地吸着烟，他没有料到这位与自己曾有一截子不愉快的女记者会把镜头的焦点移到他身上。这无疑是一次机会，他想，女儿的文章老子看，巧乎？妙乎？

他不得不去敲工程师的房门。他估计庄雨迟还没起床。昨夜，庄雨迟去五号险段排除了一次内堤渗水险情，凌晨两点才回来。敲门的手举起的一瞬，白洛宁有点不好受，但很快就过去了。门是虚掩的，稍一触及便开了，工程师靠在床上两眼涩涩地在看那本揉皱的《巴顿将军》，香烟在嘴角上燃着。

白洛宁把两个夹菜的馒头放到床头柜上，工程师说谢谢。

"你怎么对巴顿这样感兴趣？"白洛宁说，他无话找话同时也的确不明白。

工程师没有回答，翻过一页，自语道："狗日的蒙哥马利，又讨巧了。"

这样过去了几分钟。庄雨迟甩给白洛宁一支烟，爬起床边穿衣边问："今天的水情怎么样？"

"和昨天差不多。"

"气候呢？"

"说是多云转晴，我看挨不到黄昏会有雨……"

庄雨迟看看天色，又问道："内圩、水库情况怎么样？"

"这个……还不大清楚。"白洛宁说，他已经觉出了这种对话方式的不舒服。于是他清清嗓子说："庄工，第二次洪峰说来就来，工程上你考虑得怎么样？"

庄雨迟把捂住脸的毛巾拿开，说："随其自然。天不变道亦不变。我想我的饭碗不会在这儿摔碎。当然，你的纱帽也不会丢。"他狡黠地对白洛宁挤了挤眼。

白洛宁并没有现出尴尬，只是淡淡地一笑。他想，这个人天生出这么一副秉性，好感情用事。这个人好像从来就不把自己同什么联系起来，因此对什么也不感兴趣。这倒也蛮自在……白洛宁突然对工程师产生了隐隐的羡慕，同时自己心里泛上了一丝凄凉。倘若我当初走上的是另一条道路，去当一名作家或学者，也许我会有另一番乐趣的。至少，我不会被人挤在夹缝中过日子，去看别人的脸色行事！他深吸了口烟。……

门被推开了。进来的是指挥部办公室的秘书，送《关于加强雷阳堤防汛管理工作的通告》的文稿来请指挥长过目。秘书说这是修改稿，如果没有什么意见了,就立即送印刷厂铅印。

白洛宁浏览了一遍,说:"可以了。"就把文稿还给秘书。

"签发。"秘书把脱帽的钢笔递给指挥长。白洛宁便在右上角潇洒地写上:同意印发。白洛宁。日期。

白洛宁觉得自己这几个字写得很漂亮。特别是名字,结构、行笔都有点章草的味道,凝重又飘逸。如果用的是毛笔效果必定更好,他想。他又很奇怪,自己对章草接触得并不多,他一直是师承十七帖的,字体极娟秀纤柔。当初杨子东就是通过这笔字才了解他的。现在字体变化如此之大,而这种变化又是悄悄地完成的,连他本人也感到吃惊。我不妨就照这个路子探下去,他想。

太阳在正午时分异常暴烈,一丝风也没有,空气中掺和着煤油味,满眼皆是尘土。谁能料到这个时候会出什么乱子呢?

雷阳码头淹了!

第一个传出这消息的人被视作恶作剧者,但事实毕竟是事实,气候的优良是掩盖不住的,尽管减轻了人心理上的负担。

"见鬼!艳阳天里居然闹乱子!"白洛宁一跳上吉普车就骂道,他刚从床上爬起来。

"这不比杀人越货,非得趁夜黑风高。"庄雨迟说,示意司机小马跑快点。

他们赶到雷阳码头时,边达已经在场了。这老头今天一早便上堤了,午饭不知在哪儿吃的。一看到边达的影子,白洛宁就有点儿紧张。他小跑着赶到地委书记身边,说:"好家伙,说来就来……"

边达没有说话,注视着水势。

江水的陡然上涨是因为上游的汉江与鄱阳湖的大量排泄。上游最近几日降雨量很大,导致几处山洪暴发。雷阳码头整个地浸泡在水里,栈桥被冲垮,连候船室也进水达一人多深,旅客们纷纷朝高处涌,嚷声哭声混杂一片,行李淌得到处都是。最后一艘小轮无法拢岸,只得于江心抛锚,连连鸣笛。抢险队已经在打捞了,几只玻璃钢汽油划子突突突地穿梭运行,把旅客往大堤上送。

庄雨迟跳上一只汽油划子,围绕码头转了一周。回到堤上。他对边达与白洛宁说:"得沿码头打一道外江坝,再调十台抽水机将内水朝外抢排,估计最迟明天一早会通航。"

"看来只能这样了。"白洛宁说,"边书记,你看……"

"听工程师的。"边达说,"堤上的旅客先送回雷阳镇去,安排好。"

庄雨迟点上香烟。水势很猛,坝基如何落下呢?他决定再去看看,就叫过近处的一只汽油划子,纵身跳了下去,小船剧烈一晃。他的身体摆了一下,眼镜滑到了鼻梁,一只有力的胳膊拽住了他。

"运生?!"

雷运生的手慢慢松下来,转过身去。

庄雨迟压制着内心的激动,没再说话。他指挥着船的行驶,用一只备用桨测着水深。突然他对堤上的白洛宁大喊:"调三只木船来!越快越好!"

工程师的主意是沉船落石。他将三只船连成一体,载满石头下沉至水底,抵挡正面的浪头。然后再在外围打木桩、架草包,垒起一道坝。于是很快就这么办了,果然就使正面的坝脚落稳。几百个民工哼呀哈地打桩架草包,天黑时坝已初见规模。抽水机响了。工程师盘算,照这个进度今天半夜码头内的水即可排尽。他喘了口气,将湿透的衬衫脱下来当毛巾在水里洗了一把。这时,他开始寻找雷运生。天完全黑了,眼镜沾了水渍,只看得见黄黄的灯光下人影黑黝黝地动着。庄雨迟现在才知道雷运生是抽来当抢险队长的。第一眼,他觉得雷运生变得老成了,而且黑瘦,浓密的络腮胡子遮住了半个面孔。如果不是那双英气犹存的眼睛,庄雨迟不敢相信这就是当年那个会讲笑话的大队支书。岁月,简直是一把锉刀,有的人给锉圆了,有的人给锉糙了。……

"一分队随我留下,其余的回去吃饭!"

是他的声音。庄雨迟循声寻去,很快发现了那个熟悉的影子。他的心也像抽水机似的突突突地响起来。这会儿,他不觉得嘈杂,仿佛时间凝固了。应该说时间早就凝固了,他想。

"运生……我们能聊会儿吗?"

"该聊的都聊了,庄工。"

"你……来支吗?"

"我抽不惯带嘴的烟。"

"想不到……"

"是想不到。不是这场水,你是不会再来的,庄工。"

"不能喊我小庄吗?"

"……"

雷运生走了,走得很快。庄雨迟又跟了上去,他已经感到脚扒不住地皮了。

运生,你还想宰了我吗?那天晚上,苇子来给我补衣裳,慢慢地,我们偎在了一起。秋来了,这山洼里的夜气直往人骨头缝里钻,可那会儿我不感到穿得单薄……突然门被撞开了,你立在门口。你的眼睛里分明藏着一股杀气,我差点儿弄翻了桌上的茶杯。你没说话,我没说话,苇子也没说话。三个人都站着,满壁都涂了黑影。苇子像认生的小孩半藏在我的背后,我感到了她的心跳得很乱,而这一瞬,我却平静下来。我记得当时我是正眼看着你的……你离开了。被你拧脱的门扣落在石门槛上,发出刺耳的一响……就在这天晚上,你想杀了我!

我要杀你!杀你这没良心的畜生!姓庄的,我待你亏吗?你可晓得苇子在我心中占了怎样的地盘?是观音!你三笔两笔弄一张画像就勾去了她的魂,你他娘的不是个正经货,我当时什么也顾不上多想了,我咽不下这口气!半夜里,我溜到后院磨斧子,月光可真叫寒哪。……

我也没有可想的,运生。真的招来杀身之祸也只好认了。不过我得告诉你,别以为我对这个世界有什么可留恋的,我的心早就淋不下一滴血!我的父亲死了,母亲也死了。但他们死得明白也死得体面。我呢?我的死却好糊涂……来吧,运生!

别以为我手软!姓庄的,你运气好!苇子真是痴呀,跪到我面前像小羊一样地哭。你可晓得她怎么讲?她讲,好哥哥,不是他的错,是我。是我作践!你饶了他吧!你真要杀就拿我当头刀!我不恨你手毒。我情愿替他去做鬼!哥哇,你饶了我们吧……来世我只做你的堂客,做牛做马都不怨……唉!

运生,你受苦了。我根本想不到,第二天,老龙水竟把你吊在雷家祠堂的正梁上,用他当广西兵用的牛皮带抽你,抽得你皮开肉绽!而你,一声不做!你的身体像秋千一样荡着,又像是木头雕的,没有弹性。围观的人吓得头直往怀里钻，谁也不敢上前。又是苇子跪在父亲的脚下来苦苦哀求，可是那老浑蛋的手还是高悬着，我真想同他拼了！猛听见苇子大叫道："大！你再抽……我就撞死在祖宗灵牌面前！"老家伙这才扔下了牛皮带，朝地上吐了口唾沫，端着铜烟袋走了……我把你放开，让你靠在我肩上。你慢慢睁开眼，又突然一瞪，然后我听见你叹了长长的一口粗气……

我认了。我晓得老头子是顾脸面干净才这么干的。人上了年纪，脸面上越要好看了，随他吧。他是打给寨子里的人看的。苇子到底给哪个，一打就清楚了。……

这个打出来的事实横在我面前，能拒绝吗？这个老人怎么会如此痛快地将掌上明珠许给他平日连多看一眼都觉得费劲的"四只眼"呢？是苇子的缘故？龙水不得不依着女儿？不，这绝不可能！如果龙水发话，不许苇子靠近我，苇子即使是吞了豹子胆也不敢妄作主张的！这究竟是为了什么？我至今不明白。……

唉，都过去了……庄工，你还记得这个桃花寨，也算没白喝几口雷水。……

雷水到底是何滋味，我至今没尝出来……

……

风渐渐大了，浪涛声由模糊转为清晰，节奏持重而呆板。工程师仿佛觉得自己的身躯已被风肢解了，与这广阔的夜融为一体，不断地向上升腾着。他隐隐约约地看见那个魁梧的身影正沉重地向着自己走来。他跟跟跄跄地朝前挪了几步就摔倒了。

四十一

砍好最后一根树桩，巧凤一直腰便眼闪金花。外面村长在吹哨子喊集合，准备把各户应出的树桩往江堤上调。上面要求很具体，每户十根，长不短过四尺，粗不少于五寸穿心。没有现成材料的就拿钱折，有材料的拿钱折还不行。巧凤就愁苦了。家里没有男劳力，这力气活她还得撑着。虽说松茂如今做了一镇之长，但在杨树湾官是不大吃得开了。人家不靠你过日子你就莫想支配人家。何况，人家的锅揭开未必就比你碗里的孬。自松茂正式做了国家人，巧凤的肩膀就越发尖削了。丈夫在村里的时候，尽管时常学习开会，农忙时总还守在田地里淌汗。如今呢？顶多给她倒杯水叫伢鬼送到田埂地头。要不是村上有个德荣，巧凤恐怕早就趴下了。德荣不跑买卖也搞不好"专业"，田里的生活却做得极好。于是巧凤便把田委托给德荣代做，出工夫钱。她只守着屋前的几棵桃橘和屋后的竹园，外带养些鸡鸭。猪是不养的，太脏了。一年下来，钱没少赚，人竟也水灵了几分，巧凤就好满意，德荣也没什么怨言。镇机关食堂缺临时工，巧凤并不眼热，反觉那种事丢失脸面，又认为应该给德荣一点甜头，就说服丈夫把差事移给了翠娥。德荣自然感谢不尽，从此大事小事一唤德荣便麻利如吃豆腐。这一回，德荣给抽到抢险队去了，巧凤只好自己来。她从中午砍到现在，茶饭还不曾过喉哩！她实在是累了，浑身无一处见干。村长的哨子吹得好厌，巧凤便倚在门框上喊道："你们先动身吧，我还没吃饭呢！"

"还是随大班子走吧，"村长说，"回头你钻到松茂那里，叫他把你抱在怀里灌个饱！"

"你这砍头的！"

巧凤把门关上，才觉到天是擦黑了。屋里好暗，眼睛看着看着就发涩，可她并不开灯。两个伢鬼前几天坐船到芜湖的堂叔家去过假了，她一个人守着这么大的屋半夜总是吓醒。她又想丈夫了。想着想着，泪珠儿就顺着眼角滚落下来。那天洗了澡，松茂便不再穿衣，手往她腰后一抄地抱起来，一齐跌落到床上，床板"乒"的一响。他就骑到她身上，哼哼唧唧地说："憋死我了！"

"大白天的……你滚一边去！"

"行了行了，又不是黄花女过头夜，还推推搡搡的。来来……来！"

"不中！我肚子①还痛着呢……"

"扯谎，你少吊我口胃！猫吊瘦了，鱼吊臭了！来来，我闲工夫不多……"

"是真的，今朝才三天……"

"倒霉！"

---

① 指妇女经期。

"好吧……你手脚轻点……"

他这下倒平静了，舔舔嘴唇，使劲咽了口口水，嘟囔一声"算了吧"，就打算侧过身子躺下来。而这时她用手抱住他的颈……

他如蛤蟆似的划了一阵后，大气吁吁地歪落在她的腋窝下，吐了句："你……真好。"

"真好还是假好？"

"真好。"

"你发现我么场子变了？"

"没变。你怎么会变呢？哦，时候不早了，我还得赶回镇里去。"

"歇一夜都不中？"

"我不是讲过了嘛，这个阶段，很关键……唉唉，你面对我可好？你听我说，只要熬过这个把月……你听我说……"

这时屋外传来汽车的引擎声，接着有人喊："李镇长——"李松茂听出是县里司机小马的喉咙，忙穿衣踏鞋，一边扣一边应着去开了大门。

"李镇长，白书记要你马上回指挥部，有急事。"

"好好，稍候一下……"李松茂回到内屋收拾，见巧凤还裹着毛巾毯面朝里睡着，就压着喉咙说："你看，就是你磨磨蹭蹭的！现在好了……叫我怎么交代！"

"我怎么了？！"巧凤猛地坐直。

"我没闲工夫同你理论！"做丈夫的一甩袖子走了，门被带得"嘭"的一响，和半小时前床板的响一模一样。

……

巧凤抹掉眼泪，像一团泥似的跌在小竹椅上。我还要怎么的？我事事都依你……你这……猪货！她叹了口气，到灶间用开水泡了两块锅巴，使劲地嚼着，可是很难咽下去。远远地传来一声雷。得动身了，要不路上会淋雨。她强迫自己吃下了这一碗，顺手扯过毛巾擦了把脸，就去将砍好的树桩打捆。她试了一下，这副担子少说有小一百斤。这两年力气孬了，挑这副担子走十来里路也实在不容易。可是这事耽误不得。万一误了大事，自己倒无所谓，那冤家就背黑锅了。巧凤便找了只垫肩系上，又将塑料雨衣别在担子上，准备出门。再忙再乱，她也没忘记出门前还要照一下镜子的习惯。镜子里的她别有一番风韵，好精神。这使她的心绪好转了一下。那颗"牙齿"拔掉实在是好看多了，可是冤家回来贴得这么近竟没有觉出……天晓得他成天脑子转的什么鬼经！

巧凤出门时头顶上正聚集着焦棉絮般的云。

乌云一块块地缀到一起时，风便戛然而止。一场雨在悠着是肯定的。这正是落雨的时节，落三天晴一天也是常事。可是老天爷呀，再这么泼，人可就遭殃了……巧凤吱吱呀呀地挑着担子，脚底越走越软。这一路上连个鬼影都没有，月亮在云里拼命踢着脚也只偶尔露出小半个脸儿。巧凤就借着这时有时无且又是极淡极浅的月光摇摇晃晃地朝雷阳堤上走。汗淌到嘴角上咸得发苦，连毛巾也变咸了。好久没肩过这么重的担子了，她累得七窍生烟。唉！是个挑担子的命哪！要是落到另一方土上，不也照样蹬脚踏车上班下班？那个拍电影的女人鼻子是塌的，下巴有点儿翘，喉咙也未必就脆，可人家命生得好哇……巧凤在一棵看不清是什么样子的树下歇下担子，坐到担子之间的扁担梁上，解下垫肩扇风。她还在想在菱湖公园撞上的那个拍电影的女角，那八怪实在是好命……

"哪个？"路面上一个黑影跟过来，巧凤吓了一跳。黑影并不做声，往路那边移了点，照样往前走。

"哪个？！"巧凤抬高嗓门又叫一声，同时把扁担捏在手上。

"我。桃花寨的。"

"是……运生哥……"

"这么晚了，你……"

"往堤上送树桩。一户出十根。桃花寨怎么摊的？"

"哦，一样。还没出齐。"

"运生哥，你不是抽到县里抢险队去了吗？"

"我回来有些事……"

"来看……苇子吧。"

"巧凤！"

"我不是作弄你，运生哥。我是……"

"行了！你这张嘴……"

雷运生一步跨上前，夺路急急地走了。巧凤揉了揉肩膀，又仰脸对天上望了望，慢慢走到树下，挑起担子。这下更觉得沉重。但她调整好步子又走上了路。雷运生的影子已经完全消失了。不一会儿，风乍起，卷带几点毛雨，倒蛮凉快。巧凤不停地换着肩，估计差不多走过了一半路。天上的雷声越来越脆，霍闪也越来越亮。等一道霍闪在面前扯过后，雨便落响了。巧凤穿上雨衣，走几步又觉捂得难受，便将它扯下。正准备加快脚劲，担子被什么东西抓住了。

借着霍闪她看清了雷运生的面孔。他双手猛地将担子托起，然后一猫腰钻到扁担下面，挑着往前走。

巧凤把雨衣搭在他肩上，他拨开了。

她也没穿。她走在他边上。

你怎么不穿上？何必两个人都淋湿呢？

你不穿我也不穿。要淋就都淋个透。喝雷水长大的还怕雨？

我怎么总撞见你？你这狐狸！我实在怕见你……那回我真该把你揍扁！

你就这本事。你可晓得你一打倒把我给打醒了！……为了苇子，龙水吊你打！你这贱骨头，为个娘们儿就想杀人。你可是真心地喜欢苇子？

我那会子只觉得苇子是许给我的，我得护着。我不能看着两个男人去撕她，也不能叫两个女人来撕我。两个女人，晓得吗？

你是个孬种？你明明晓得我在李家牛马不如你连吭都不吭。你越长越不是个东西。小会子，每回讨饭你都叫我牵着你的衣裳角走，这鬼场子狗比狼还恶……你嫌我身子不是干净的，你就是嫌这个……你不是东西，雷运生！

你错了，巧凤。你不晓得你同松茂圆房的那一夜我是怎么过的。我在雷水里浸了个通宵。你房里熄火的那一霎，我把头死命往泥里插！那时我想，我要是一只鸟就好了，我非得把你抢出来驮在背上飞得老远老远，永生永世也不回头。……

你如今还敢想吗？

不是不敢。是不能……我不能做对不起松茂的事。……

你就不怕对不起我？

你不是过得很好吗？

你瞎了眼！我连婊子都不及！婊子还可以讨价还价，我却像只夜壶，人家要用就拎，不用就塞到床底下。你以为一个镇长、几件好衣就叫我梦里笑醒了？

你别再难为我了……

可我心总难死！我是个花心女人吗？

……

一道红色的霍闪于眼前扯过，旋即炸了个惊雷，脆如利刃剖开一根老竹，极瘆人。巧凤"呵"了声，忙拽住运生的衣角："歇歇吧……我怕。"

运生立住脚，迟疑片刻就将肩上的担子落下，用手托到路边的一个茶棚里。然后伸手摸烟，见早已淋湿便一脚踩到泥中。巧凤将毛巾对着雨搓了几把，拧干，递给运生。"把衣脱下来我挤一把。"她说。

运生便将圆领衫脱了，别到腰间，说："就光着吧。"又走出茶棚，往黑里去。"你挤一把，雨小了好走。"

巧凤痴立了一会儿，便背过身去将上衣脱了，正欲去挤，一道白色的霍闪扯起，她本能地一抖，用手护住了乳房。天即刻又黑了，巧凤的手还放在原来的地方。乳房的弹性使她相信了自己的好光阴还在。她突然产生了一种强烈的自信与火一样的冲动。我要你！我今夜就要你！她浑身哆嗦着，牙齿碰得极响。但此刻她一点也不觉得冷。她将上衣扔在担子上，用毛巾将身体细致而均匀地揩着……那个沉重的脚步声近了，她使劲咬住了嘴唇。"行了吗？"他说。她只嗯了声，而心里却在说："行了！早行了！"她慢慢地转过身，又慢慢地走近那个同样裸露的身体。她在期待着一道强烈的霍闪。……

于是当一道霍闪扯起时，她猛地扑进了他的怀。他先是一怔，一动不动地立着。等头顶上大雷滚过后，他下垂的手抬起来紧紧箍住了她的腰，同时他的宽厚的胸膛在用力，完全感受到她的乳房正被两颗心脏牵着在颤动。突然，他把她折翻，让她斜卧在自己怀里，借着霍闪他认真地看了她一眼，然后骂了一声："你这狐狸！"……

四十二

沉沉地睡过一觉，醒来，庄雨迟感到浑身轻松了许多。窗外，雨已止了。于是有清净的空气弥漫开来,阳光浅浅的好柔和。

庄雨迟只隐隐记得自己是摔了一跤,身体重重地落在地上,眼前的一切全都在飘浮,接着是一片漆黑。抽水机的马达声突突地响了几下后,便嗡嗡起来。脑子里像灌了盆稠稠的糨糊。但他知道是雷运生把他弄回来的。在大卡车上,他斜靠着雷运生,颠了几颠后就昏睡了。后来的打针一类的折腾,他没有觉得。从晚上十点到现在(大约八点吧),工程师没有醒过一次,只是断断续续地讲谁也不明白的呓语。这无疑是累够了。

其实这一觉睡得也好吃力。

我像是走进了一块沼泽地。一块漫无边际的沼泽地。我几乎是绝望地搬动着腿,每移一步,身体都受到一挫。泥水是冰冷彻骨的,黏糊糊的蒿草像蛇一样缠住我。一只大鸟凝固在头顶上空,嘴是绿的,眼眸也是绿的,像磷火。我的身体陷深了,快齐胸了!我口渴,嗓子如烧焦的牛皮。我想大叫但一声也叫不出来,那远山的轮廓不是越来越清晰,而是更加模糊……我已经感到有一只冷手按上了肩头……

庄雨迟欠起身,酸的感觉便由腰椎向四方扩张。他靠在床上,使劲用手在躯干部按摩了一遍,就又出了一次小汗。是他妈的泡酥了。这副骨架怕是再难撑动一条船了。当然是逆着水撑。……那会子正度桃花汛。桃花岭尖上如衔着一块胭脂云,衬着那碧蓝的天,实在是妙不可言。于是我决定,逆着这雷水去逛天柱山。我早就想去叩拜这被汉武帝恩封的南岳了。我带了画夹,苇子备了干粮。她无论如何要随我去。自老龙水开祠堂动家法整治了雷运生,苇子与我的接近便落落大方,不再避人耳目。我们是天麻亮时动身的,四野好静,唯有雷水流之潺潺,如鸣弦一般悦耳。我执意要撑船,苇子就依了。我那时已是个蛮不错的船佬了,可逆水行舟却还是首次。自然要用几倍的力气,并且极不好摆弄。我就用篙子将船体拨斜,从浪背上歪劈过去。就这样S形地走着,闪过了簇簇的芦苇、丘陵、村庄。在骨关节的啪啪声中,我领略了一个汉子的骄傲。

"还真看不出咧!"她说,"力气不小。我还以为你没有这大的力……"

"我喜欢撑船。"我说。我还能喜欢什么呢?你当然不晓得我拿它当做冒险和赌博,苇子。"

"你喜欢往后这船就由你掌着吧。"她说,"反正……早晚都归你的。"

我记得我的身体抖了一下。她散发出的幸福正紧紧裹住了我来自心尖的痛苦……上帝,你为什么要制造这样一种双色蛋糕,而我不得不尝。我尝了,我是心甘情愿地去尝的……我饿了!我是只饿狼,而一只小兽偏偏落在我的舌头上……我只能这样。上帝!你这老狗日的!

"我不过是闹着玩的……我总想玩个够!"我说,手下一松,船倒退了几米,她竟乐了。……

我原以为黄山是天下第一奇山,但是当我走进天柱山的怀抱里,我觉得黄山似乎不像山了。黄山的灵秀超出了人的想象,于是它成了海市蜃楼,成为一种魔幻浮动在人的大脑表层。可天柱山的每一块石头都敲击着我的心扉,让我深刻地感受到了它的分量。天柱山以它的粗犷与豪迈准确地勾勒了一个男人的世界。这完全是一座挺拔的男性之峰啊!

我放声大叫……

我的泪水像石头一样劈下……

然而那"一线天"的峭壁上豁然一行红字刺伤了我的瞳孔——

千万不要忘记阶级斗争!

那颗"!"并不轻于一九四五年八月六日美国佬在广岛掷下的那个玩意儿……上帝,饶恕你的孩子们吧!

……

庄雨迟从抽屉里拿出了苇子的照片。他很喜欢这张照片。这个角度不错,侧面,逆光,阳光柔美地勾出了轮廓,眼神被阴影浅浅地覆盖住,是悦?是忧?还是怨?又仿佛暗示着埋在心底的仇恨……

他把照片平摆在膝上,腾出的手就点起了香烟。吸一口,舌苔便发涩且带着淡苦,于是他连吸了几口,把背稳稳地向后靠去。

门像被风吹动似的开了。边小素立在面前。她的眼神反映出她在这个位置已站了好久。

我似乎犯了个错误。我不该把苇子的照片送给你。你不要以为我在吃醋，实际上你也未必这么想过。我觉得，没有必要去碰你过去的伤口。这伤口不是在别的部位上，是在心上。你的心是残缺的堡垒里露出的一面白旗，但即使是这样的旗帜却也还是弹痕累累。你别误会我这么想绝不是在怜悯你。我知道你们这号男人都拒绝怜悯，尽管不完全是真的拒绝。我不知道你到底需要什么。或许你需要的正是我也需要的。我只好就这么默默地看着你。……

庄雨迟对门口看了一眼，并没说什么。

边小素慢慢走进来，把一袋"方便面"和一袋"芙蓉辣酱"随便扔在床头柜上，然后抬手试了一下工程师的额头，在床边坐下来。

她注视着他的侧面。

沉默。

我想我们之间最好别出现这种诗情画意的沉默。你们女人总是趁男人倒霉的时候来一番莫名其妙的名堂。实际上这很古老。我相信我们会有一段时间的热火，但是不久我们就会连谈话也觉得费劲。我们应该是情人才合适，谁也不对谁负责。真的，我就是这么想的。我这人说穿了是个浑蛋。

你最好不要做作。这种无动于衷的淡漠瞒不过我的眼睛。我知道你这个时候需要我或者别的女人。女人就是这么一种尤物，她们也承认是为男人而存在的，但她们总是把男人的世界搞得支离破碎或者混混沌沌。庄雨迟，这个时候你该老实一些……男人和男人不一样。我也弄不清自己属于哪一种男人。我甚至可以一日之内把自己进行三次肯定又三次否定。我差不多像肚脐眼那样占据着一个中心地位其实什么功能也没有。我这样的人的存在本身就是一种不幸。我不知道因为什么居然活得从容不迫——抑或堕落呢？

这些日子我常常感到自己的精神世界有一片空白。我不是指爱情什么的。要证明爱情是最简单不过的事。不是爱情。我至今不清楚那片空白意味着什么，所以我把拳头握紧的时候很有力，而松开才知道什么也没抓到。这要命得很！我担心这么下去当我成了个干瘪瘪的老太婆的时候我会突然感到：我是从婴儿一下子变成老太婆的！那漫长的一段岁月仿佛是空白的，或者存在了什么东西的复制品横贯其中。我没有什么东西能区别他人的。庄雨迟，你觉得我是否有点毛病？

你本来就有点神经质。我也有。我们都是不大正常的人。当然我们不是有意弄成这个样子的。我惊讶的就是这点,我们怎么莫名其妙地这么变了……这种生活把我折腾得七零八落,我像是一堆变了形的弹簧。我好几次试着去恢复,但一开始就预感到要失败。你不会相信我会盯着一对卖完鸭子蹲在墙角用蘸了口水的指头数点钞票的青年夫妻看了十分钟。你更不会相信我很想去福利院领一个小女孩来收养。我心里积压的东西太多了,挤得心脏越来越小。我想发泄!想去爱去恨或者去骂娘去对哪个坏种抡几下拳头。我也想到过死。其实死也是好困难。茨威格的死是因为失去了国家,海明威的死是因为讨厌自己那副胡子拉碴的面孔。这蛮体面。我寻求不到这种体面的死,又厌倦这种不体面的活着。我的世界里没有太阳也没有月亮,只忽隐忽现着一丛磷火……

那么,让我们爱吧!庄雨迟……

爱是不容易的。

这我懂得。

我们懂得但我们不会爱。我们总是把爱搁在实用的秤盘上,于是需要就爱呀爱的没完没了……

我想这场天灾能使我们会些什么的。庄雨迟,你早就该吻我。你是不是太懦弱了?

不,我太累了。累得像只苟延残喘的老狗。你现在就是拿锥子扎在我身上,也不会见到血眼的……不过这时候你无论如何不要离开我。我们就这么坐着,偶尔相顾一眼……

"那天,"她说,"从桃花寨回来的时候……我突然想把苇子接来,让你们见面。我不是恶作剧。"

"你怎么没干?"

"我想,这太残酷了……我有点害怕……"她慢慢站起来,从他面前走过去,背着他说:"你别再问了。"

他便吸烟。他看着鼻前绕过的一缕缕浅蓝色的烟雾,过了好久才说:"我是想见她的。"

"不。你别这样!"她又回到原来坐的地方,"你不能再去捉弄她!"

"这是我自己的事。"

"她,她会宰了你!"

"这结果也未必不好……"

边小素惊恐的目光凝固在他的脸上。这是怎样一张脸哪！仿佛是经过酱油腌过的,细细毛孔如一层薄网笼罩着极度的疲倦。腮帮的两块肌肉在随牙齿的运动起伏着,参差不齐的胡子碴儿像烧荒后的蒿草根须,反映出青色的光掩盖住了一丝血色……

屋里突然明亮了。从工程师无动于衷的眼神里,记者仍然敏捷地感到门被推开了,而且进来的人只能是指挥长白洛宁。于是她保持着原来的姿态,工程师一动不动,慢慢吐出一口烟。几秒钟后他们听到轻微的一声:"很抱歉……"然后屋子又暗淡下来……

四十三

从雷阳镇返回的第二天晚上,县委书记宋尚志体温陡然上升到 39.5℃。他感冒了。是因为受凉感冒的。浑身酸软并且食欲减退,于是吊了两瓶葡萄糖。宋尚志家不在此地,一旦病倒就把整个县委办公室的同志忙得团团转。一日二十四小时有专人值班看护。县委办公室主任老方,却是每日都来的。以前是送文件、报纸,陪书记聊天或者下棋,现在倒真的急了,后悔那天去雷阳镇自己没有跟随。他熟悉这位领导的禀性,没什么了不得的病住进医院,你要成天一副紧紧张张的面孔他会讨厌;倘若真有了什么病,你要从从容容他也会讨厌。所以见过医生的体温表后,老方的脸便皱成了一团。他嘴里始终像吮着一块永远也吮不干净的鱼刺,啧啧地响。连打针的护士长也对此大为惊讶。"不过是感冒嘛。"护士长私下爱这么议论。后来这话宋尚志本人也重复了几遍,这使老方有了不小的疑惑。宋尚志甚至批评道:"小小的感冒何必要惊动大家?眼下汛情这么紧张……"他拒绝了超额的照顾。

一瓶葡萄糖滴过,宋尚志感到心里好受了些。他觉得来一场这样的折腾,是很有必要的。住院一个月,整日干干净净地走来走去,难免令人生疑。就是老边达,也未必没这么想过。白洛宁自然更不在话下。那么现在呢?一切都实实在在地摆着,县直机关都会晓得我老宋病得不轻。实事求是嘛!

与边达的接触,宋尚志事后想起来好懊悔。边达是什么水平的人?

能唬得住他吗？我这着棋走得实在是蠢。这时候我从白洛宁手里接过挑子，边达会怎么看？别看他对我张口安心闭口养病，其实这老头子心里肯定会想：看不出你老宋还会搞投机取巧哇！他就是这么想的。这岂不是彻底栽了？不。第一，我住院是报请你批准的；第二，我的确肝区不舒服（喏，又痛了！）况且还有医生证明，建议我转院；第三，我对白洛宁放手，他干不了我会自动去接；第四，现在我是大病套了小病，暗病套了明病；第五，尽管这样，我老宋还在关心全盘工作，我还要带病坚持干着——这一条马上就兑现。

于是当雷阳码头遭淹的消息传来后，宋尚志当着大家的面将胳膊上的针头拔了。他指示办公室主任：晚上八时许召开全县电话会议，就当前防汛救灾工作互通情况、交流经验，研究下一步的对策。而后，他以县委主要负责同志的身份，向全县发表广播讲话，进行全面而深入的动员。当夜，办公室主任就拟好了题为《书记挂帅，勇斗洪峰》的报道，第二天便送给宋尚志过目，打算急交地区报发表。宋尚志看了，自觉文中"带病坚持指挥"、"轻伤不下火线"之类的词句扎眼，一时半刻没有表态。老方就很着急，在一旁搓着膝盖。

"不要集中宣传个人嘛，老方。"他说，"我的脾气你还不清楚？"

"我写的都是事实。"老方说。

宋尚志笑笑，说："我看焦点不要专对着我。再向上向下扩展些，从边书记亲临雷阳堤视察指导开笔，把白书记也带上，这样就全面些，也丰富些。你看呢？"

"对对。这样写，好得多，好得多。"老方说。

"你抓紧充实。写好了，我再看。尽量把我个人讲简单些、平淡些，带一笔就够了。"宋尚志把稿子还给老方，又郑重交代道："你可以同地委通讯组、地区报记者站碰碰头，最好以他们的名义。"

老方点头称是，就按这意思去抓落实了。可地委通讯组的同志说，边书记早有招呼，未经他本人同意，不得随便发表关于他个人的文字。老方把这意见汇报给宋书记，并问是否给雷阳镇挂电话，征求一下边书记的意见。宋尚志想了片刻，就把手一摆，说："那就算了吧。"

"改成消息可行呢？"老方问。

宋尚志又想了想，说："这样吧，就写一篇关于白书记的，写好一些。"

"只写白书记?"老方越发吃不准书记的路子。

"嗯。白书记很辛苦,应该宣传宣传。你抓紧办吧,完了,我再看看。"

老方走后,宋尚志又躺下了。他觉得这桩事办得有些水平。不是要支持年轻同志吗?现在我就全力地支持,你总不该再有什么不快活了吧?

于是几天后,地区报以头版头条的位置发表了题为《身先士卒锁蛟龙》的通讯,生动而优美地介绍了年轻的县委副书记、雷阳堤防汛指挥部指挥长白洛宁的事迹。报纸送到宋尚志手里,他认真地看了一遍,表示满意。但是一个小时后,他接到了白洛宁的电话。

"我就是,小白吗?"

"老宋,今天的地区报你看了吗?"

"喏,正看着哩。"

"这篇关于我的文章是怎么回事?"

"喔,是老方他们弄的,我听说过,还不错嘛!"

"老宋,这个时候怎么能集中宣传我个人呢?况且事实还有出入……这么搞,我怎么能拢住这一班人?"

"小白,你想得太多了。该宣传的还得宣传,否则我们的报纸作何派场?……你听我说,不要责怪老方他们,人家至少是善意吧?同志,你别激动,如果不妥,责任由我来承担,行了吧?"

"老宋……这件事至少要事先与我通气。我现在还是个副书记吧?我希望不要再发生类似事情了!"

电话挂断了,宋尚志放下话筒,突然觉得身子骨又紧凑了,就随手抓了个苹果,边吃边走出去。天正在渐渐地放晴,蓝色一片片地衔接起来,空气也好新鲜。他又走上那条穿过竹林的石头小径,在心里默了个残局,边走边"下"起来。他有好几天没碰棋了,因为对手都好蹩脚。他只好同心里的那个对手"下"了。

宋尚志走近池塘,看见柳树下立着一位垂钓老者,就拢过去,颇有兴致地看着。老者稍偏过头,说:"是宋书记,可好些了?"宋尚志一时好尴尬,他不认识这老者,便嗯嗯地支应过去。老者说:"你认不得我,我可是认得你的。这也自然。天下只有香客识菩萨,哪有菩萨识香客的?

父母官嘛,我见一回就认得了。我听过你的报告,是讲五讲四美的,你好会讲。"

老者唠唠叨叨地讲了这些,宋尚志听了很舒服,就拿出香烟请老者抽,老者连说戒了。他便自己点了支,问:"老人家高龄多少呀?"老者说:"七十了。土埋到颈了。"宋尚志好吃惊,说:"你腰板比我还结实呢!"老者就笑笑,说:"你们做领导的,操心得厉害,是吃了许多辛苦的。平头百姓嘛,有碗饭吃就没得什么好思谋了。"

宋尚志看着老者这一副悠然自得的神态,有了极短暂的羡慕。无官一身轻,这话的确有些道理。这老人一生过来,似乎没有半点烦恼。他至少还能活十年。或许死到临头也不会觉得有什么遗憾的……唉,人生在世,好歹都这么一辈,又何苦把自己榨得这么干呢?

这时老者一顿鱼竿,接着甩起一条足有六寸长的鲫鱼,在空中划了一道银弧。

宋尚志忙蹲下身去替老者解钩。老者却拦住他,说:"不用不用,莫弄腥了手。"宋尚志就弯在一旁欣赏着。老者解下鱼,又从塘里取出浸在水中的鱼篓,将鱼投进去。然后把鱼篓捧给宋尚志看,说:"天亮来的,可有四斤?"宋尚志将鱼篓颠了几下,说:"四斤怕不止。"老者就乐了,说:"宋书记,你拎几条去煎吧!"宋尚志摆摆手,竟自个儿将空钩上了小半截红蚯蚓,说:"我试试。"老者便从腰间取出一只深褐色的小瓶,往掌心倒了一小把酒浸过的大米,前倾着身体掷于不远处荷叶缝隙中,这叫洒窝子。"来来,这儿下钩。"宋尚志就按老者的指点做了,神情很是专注。

少年时,宋尚志极爱钓鱼。那会子庄子附近还有东洋鬼子的据点。鬼子中也有嗜好钓鱼的,宋尚志起初心里好怯,可钓鱼又那么着迷,就起大早出去,日头升起便回。这样却也不过瘾,于是常常与鬼子相遇。钓鱼的鬼子心思只花在钓鱼上,便不管边上那个少年。有一回,宋尚志的手气很好,个把钟头竟钓着了五六斤,而鬼子一连几次都是空钩。鬼子就移了过来,对宋尚志眯眯地笑着。宋尚志顿时就慌张了,以为鬼子来夺他的鱼,就拿荷叶将鱼篓盖住。那鬼子在宋尚志边上支着下巴站着,不一会儿,宋尚志又拉起一条大鲫鱼,甩落在鬼子脚前。鬼子便呀呀地喝彩,帮宋尚志取钩。宋尚志把鱼篓捧来,说:"你要,就拿几条去吧。"鬼子说："拿的,本领的没有!"说完,搓搓手走了。现在想起这件事,宋尚志觉得好有意思。那鬼子说的这句话,倒也在理路上。俗话道:拿的不乐,争的不香。可是不拿不争又何从谈乐谈香呢?这实在是矛盾的,不能够对立统一。就拿眼前这场天灾来说……

"宋书记,咬了!咬钩了!"

宋尚志就急忙一拉,慢了一拍,鱼未上钩饵却失了。"不行了,不行了,"他说,"反应迟钝了,迟钝了。"老者又安好食饵,劝书记再来一次。可宋尚志的兴致已经败了,盛情难却,只好再试。

这实在不合算。照这样的钓法,结果必然是不会叫人乐观的。再来一次。或许是最后的一次……奇怪,那片子就叫《最后一班地铁》。两小时下来谁也没看清地铁是什么样子。与地铁无关为何挂了个地铁的名字呢?王顾左右而言他。醉翁之意不在酒。声东击西。指桑骂槐。含沙射影。有心栽花与无意插柳。好家伙,这下……宋尚志猛一拉鱼竿,水面划出了一道豁口,但是一出水面便失去了分量,鱼钩上挂了条两寸长的卿鱼秧子。老者哈哈大笑,说:"宋书记,你今天手气不好,实在是不好!"宋尚志也笑了,把鱼竿还给了老者。

"这鱼可认不得书记哟!愿者上钩,不愿就溜,哈哈!"老者边说边收拾,与宋尚志道别,班师回朝了,一路哼着:"昔日里有一个包拯丞相,他本是文曲星降下天堂……"

宋尚志目送老者远去,亮开两掌看了看,笑了。手气不好?似乎是这么回事。小时,阴阳师给我瞧过手相,说掌纹赛叉,抓住的东西便不会失掉。但这把叉齿浅且欠锋利,因此抓住的东西就极有限:执笔不过秀才,从戎不过骑马,经商不过斗银,做官不过七品。还真他娘的邪!宋尚志拍拍手掌,觉得好黏,就用手帕仔细地揩了。他开始围着这一塘荷花踱步,眼前总晃着那条明亮的小鱼儿……

四十四

那天下午李松茂被吉普车接回雷阳镇,迎头给白洛宁敲了一棒。"我说老李呀,这个时候家庭观念最好淡泊些……"白洛宁说完便背过身去。李松茂当下心陡地一沉,又很生气。可气不敢出,强窝在心里。姓白的你算个什么东西！同老子打官腔。

"我只是洗了个澡，白书记……"他轻声说。

其实白洛宁急着召李松茂回来，只不过是替地委书记边达找一根拐杖——边达要去这一带走走，看看内水及受灾的情况，以便考虑汛后补种的方案。白洛宁很希望这些日子边达的影子不直接投射到雷阳堤上，甚至希望他立刻就离开这里。宋尚志临走丢下的那句皮笑肉不笑的话，白洛宁常常想起。绝不能让老头夹在腋窝里，他想，这很难受也很难堪。白洛宁的意思是让镇长李松茂陪同地委书记到内圩转上几天，然后送他启程。可是边达没有叫人陪着自己动作的习惯，尽管李松茂已经召回，地委书记还是决定单独行动。"你忙你的，我忙我的。雷阳堤落在你们肩上，该怎么着，你们商量着办。"边达这话是当着白洛宁和庄雨迟两人的面说的。雷阳码头脱险后，他同地委秘书长两人就离开了雷阳镇。在内圩走了一趟后，就去了同兴堤。

边达一走，白洛宁便召集了第三次各分指挥所指挥长会议。他觉得这次会议开得很成功。其标志是除各堤段汇报情况外，就是他作报告。这个报告准备得很充实，他想是会收到较好的评价的。报告结束，白洛宁侧身问工程师可有什么招呼的。庄雨迟说：该讲的都讲了。工程师就先一步离开了。正要散会，白洛宁突然想起了一件事，脸色即刻燥热潮红起来。他背过身去吸了口烟。

"再耽误大家几分钟，"白洛宁说着便扬起一张报纸，"这是今天才到的地区报，上面有一篇宣传我的文章，大家见到了吗？"下面便有了嗡嗡的议论声。白洛宁继续说："这篇文章很滑稽，事先没有征求我的意见，就捅出来了！这么做是什么意思呢？无非说明我白洛宁是个好大喜功、好突出好表现的人物。所以，我有必要借此机会予以澄清，我申明……"

"指挥长，"坐在门边的省报记者边小素这时站起来，打断了他的话，她说："有关个人的事情，最好不要放在这个场合议论。这是我的建议。"

白洛宁默想了片刻，宣布散会。这个多余的尾声让他极不痛快。他坐在位子上，等所有的人都离开后，才慢慢站起来，将那张报纸窝成一团，扔出了窗外。正巧碰着了李松茂的脑袋。白洛宁唤住镇长，吩咐他马上给县里挂电话，直接挂到宋尚志的病房！他觉得这件事肯定与宋尚志有关。老宋呀，你做得太过分了！你这是在边达面前出我的洋相，让我去解释。那么好吧，我会解释清楚的，你等着！

他用严厉的口吻与宋尚志通了话。话筒扣下震得掌心发麻。喝下一杯凉水，他似乎平静了些。我是不是太冲动了？太浮躁？显得没有涵养？不管怎么说，这件事算不上陷害呀！我犯得着为这桩事去同老宋发火吗？他会怎么想？别看他口气平和，其实他心里在笑，笑我乳臭未干！我……我怎么这样不冷静！或许，写文章的人是出于好意，或者是为了讨好……白洛宁又想到边小素那次写文章的事。他觉得自己的确好奇怪。宣传人家认为不妥也不舒服，宣传自己又觉得愚蠢同样也不舒服。他拿出风油精给太阳穴揉了点，然后闭眼躺在沙发上。他打算给宋尚志写封信，检讨一下。尽管是违心的，也有必要走这一着。他现在甚至懊悔临行前不该在棋的上面扫老宋的兴。何必呢？老宋既然爱提领子，就让他提好了。

分寸！这是极为重要的……自己说出来与让别人感受出来效果完全是两样的，天壤之别！所谓大智若愚，大巧若拙，所谓无为而治，无为而无所不为……我毕竟还年轻，还不成熟……我现在是在尝一颗青皮橄榄，只能慢慢地吮吸、慢慢地咀嚼，才有回味……分寸！一切都离不开分寸，如同宋玉笔下的那个女子，增一分或减一分都将失去完美……做人难。做官更难。做高官是难乎其难！所谓平步青云其关键在于平步——平稳的步子。是因果关系。一步不平则前功尽弃！这简直是在走钢丝……我是迷迷糊糊地走上了这条路，其实也未必是最好的路。上下左右都无形或有形地钳制着我。谁都钦佩拿破仑但拿破仑毕竟只有一个。有一位老年作家说过，这世界上只有一对宠儿：上帝和白痴。上帝主宰一切，白痴不为一切所主宰。这倒颇有道理的……可我已经走上这条路了！逆水行舟不进则退！狭路相逢，勇者胜——军事家的真理。但对于一个政治家来说，狭路相逢，智者胜！尽管这智慧自然不完全是最纯净的……白洛宁，你不是被人称作"老枪"吗？！

他猛地站了起来。这个剧烈的动作使他意识到自己的失态，他有意放松了些，打算到外面走走。门被打开时，他看见了走廊的另一端扯起一片黄云——边小素又进了工程师的宿舍。白洛宁慢慢掩上门，一种饿过了头的感觉在体内震荡着。

应该说我是早有预感的。一个普通的水利工程师竟如此博得地委书记的青睐，难道不是反常？庄雨迟的随便，边达的宽容，这之间难道没有联系？我介绍他们认识的时候他们一点也不拘谨。他们的交谈似乎埋着丰富的潜台词……他们肯定早就认识了！既然如此又何苦装腔作势呢？庄雨迟不是这种性格。边小素也不是。他们究竟属于什么性质的关系？相爱了这已成为事实。爱得相当老练。但又算作哪一类的爱呢？一见钟情还是重修旧好？或者是临时性的搭伴？行了，这种事还是别存在心上吧！我想我不至于吃醋——这真滑稽！我对女人的兴趣很久以前就丧失了……即使没有丧失又能怎样？我很幸福。在被女人崇拜或者挑剔之间，我理所当然地选择前者，尽管这并不高雅但实在。把爱情供上神龛这是诗人们的谎言，是少男少女们想干的蠢事。

如果硬说这是三角形，那么其中的一条边早已飞去。那是条斜边。

这天夜里，白洛宁接到了省城的长途电话，是他岳母打来的。电话一接通，话筒里就响起了岳母的嗡嗡抽泣声。白洛宁心跳骤然增快，连问家里出了什么事。岳母一哽一哽地说明了情况，白洛宁大叫了声："怎么搞的！"

妻子又流产了！洗完澡，一个人端盆倒水闪了腰。……

"她现在怎么样？住院了吗？她边上不能离人……营养要跟上去！什么？你声音大点……要我赶回去？你同她好好讲讲，我这里实在抽不开身，确实……这边一结束我立刻赶回。快了，顶多十天半月，同她细致地解释一下……也拜托你们二老了。我很好，是的，叫她一定要安心休养，要当个大月子来坐……好吧，就这样，我这就给她写信……"白洛宁沉重地放下话筒，坐到沙发上，张开的手指伸进茂盛的头发里。妻子那张惨白美丽的脸庞浮现于眼前。他很难过，又觉得十分悲凉。屋子里闷热得很，他默默吸完一支烟，又续上新的一支，然后离开了房间。上了雷阳堤，觉得风紧了些，他很想找个地方坐下来，可是蚊子极多，坐定是困难的。没有月亮，星光极弱，浑厚的江涛声此起彼伏，像个老者的喘息。白洛宁避开工棚和人群，在一段相对静寂的地方徘徊着……

他觉得对不住妻子。她已经三十岁了，这是第二次流产。如果没有这场天灾是不会出现这种人祸的。他本打算暑期返城休假，或者让妻子来他这里。他在身边，是绝不会出现意外的，端盆倒水他会主动去干……妻子这时候希望做丈夫的在身边，这要求极普通。对于她这样的女人，只需一个微笑，就满足了……她命中注定要充当一名悲剧的角色，无论是在太阳底下还是在水银灯底下……她实在太可怜了……

我可能太残忍了……我不能在你边上。这个时候，对我来说是绝对不能后退一步的……你自然不懂后退意味着什么。这不是一般意义上的后退……我不是英雄，我也不想去充什么英雄！

你以后不要再崇拜我了。越这样，我就越感到自己可怜。我像一只螃蟹，而伸开的全部的腿都不是我自己的！我是用别人的腿来一步一步地往前爬，还要保持着安详和愉快……我本来是完全可以凭借自己的腿来行走的，但走的不能是这条路。这条路上是没有靠自己的腿去行走的！我就这么鬼使神差地走上了这条路，没有退路，别无选择……

他流泪了。

他不知道现在是什么时间了，更不知道边小素是何时站在他身后的。

"我听到了你的电话。我听懂了。"

"我很对不住她。她不大向我提什么要求的……"

"我知道这个时候你不会回去。"

"我很自私。"

"谁都自私。"

"我有点懊悔……你信吗？"

"这不奇怪。我父亲也有。你不觉得他暮气很重？"

"设身处地想想，你会理解他的……"

"倒也是。谁不想活得更像人些？当然，这很困难，很困难……"

……

第二天，白洛宁从边小素那里拿了一百元钱电汇回家，同时给妻子写了一封长信。他招呼边小素，不要把这事嚷出去。从邮局出来，白洛宁遇上了镇长李松茂。自上次挨训后，李松茂事事都更加严格要求，索性把自己的铺盖从镇机关卷到了临江旅社。见到白书记，李松茂便不由己地朝边上挪了点，正眼不敢看。白洛宁起初感到好笑，又有些得意，并不当回事。现在见了，倒很不自在。将心比心，他觉得对待李松茂是过于苛刻了些。于是他喊住了镇长，并且递过去一支香烟。

"松茂，"他扶着镇长的肩头说，"那天，我的态度不好，还望你不要往心里去……我看你还是同以往一样吧，星期天回去看看巧凤。这边有事，我让人及时通知你。"

李松茂很惊讶也有些激动，稳住气说："不用了，白书记。同指挥部的同志比，我的觉悟……"

"什么觉悟不觉悟的，别再小题大作了，没那么严重。人嘛，谁没个七情六欲？"白洛宁说完，就抽身走了。他知道李松茂不会回家的，但他不希望这样。那个巧凤是很迷人的。想起当年插队时的一幕，白洛宁心里很不是滋味。不过，那巧凤落在这个男人怀里的确是委屈了……

突然，白洛宁又见到了那只巨大的白鸟，他的身体几乎向后一挫。那大鸟的翅膀在强烈的阳光中映出了浅红的血管和脉络。他定睛追踪着它，只见它在云层里滑翔了一阵后便像被磁铁吸住似的钉在一块洁白的云端。云块愈来愈大、愈厚，那大鸟就被严严实实地缝在里面。过了好久，白洛宁似乎听见了一声尖锐如金属相碰击发出的音响，余音不绝……

白洛宁在那个位置立了很久、很久……

四十五

龙水卧床已有几日了。

那"宝船"沉落的时候，龙水眼前便腾起一团黑雾，脚跟一软歪倒在麻子扎匠怀里。死静片刻，堂客们就呜咽起来。龙水被抬到家里，村长贵林连夜请来郎中。切过脉，郎中半闭着眼说是内火外凉，气血不畅，病不在身而在心，当下开了五副中药。这郎中医道平实，也算得上妙手回春，果然五副药煎尽，龙水呼啦啦扯出一摊淤血青痰，倒也思茶想饭了。只是筋骨尚有酱浸醋腌之感，酸软不减。试着下地行动，开步便觉得是踏在云头上。于是终日卧床，心里隐隐作麻作冷，粗气断断地出。

雷运生是第二天擦黑赶回桃花寨的。他在镇上称了二两银耳，给老人煎水喝。过了渡，苇子径直先去了家。运生在雷家祠堂面前停下来，看看脚下做平安留下的鞭炮屑子与花纸碎片，心里便滚过了一阵酸楚。

这鬼场子，越穷越装大方，越要脸子！他不明白，这种事竟能被一个快进土的老头子挑起来。他看着祠堂那两扇朱漆剥落像烧伤的人脸似的大门，不禁发憷。就在这地方，他被吊打过。还是在这地方，他被村民们鼓掌送上了台——这不是几天前的事么?! 可是，昨夜这里在狂欢，在醉叫，灯笼火把映红了半条雷水与半片桃花岭……

村长贵林像寻找遗失的物件一样拢着脑壳走过来，一脸的沮丧，见面就说："我拦过，拦不住……"

运生看看天，叹了口气："贱哪！活践！"就把手插到裤袋里，往家里走。

屋里黑黝黝的，且有一股霉味。每次，只要隔几日不回，一进这屋雷运生就感到所有的关节顿时松脱了，自己像一堆咸肉似的搁着。苇子在灶间热剩饭，又将一撮银耳放于陶罐内，煨在灶膛里用文火煎熬。见运生进了屋，苇子就问："可再加一碗垫垫？"运生摇摇头，进了厢屋。他在门口划着了火柴，把灯点上。龙水正侧着身子，背对着运生躺着，吁一口气，表明自己醒着。运生在老人床沿边坐下，随手拍死两只花脚蚊子，又从床脚摸出一盘土蚊香，在煤油灯上点好，置于床前。

"大，可好过些了？"运生说，自己点烟吸。

龙水不语，用脚趾把起皱的草席抚平，吁一口气。

"大，可想起来靠靠？"运生说，听龙水嗯了声，就帮老人坐起来。灯光照出龙水的面孔，运生吃了一惊。这张脸几乎小了一圈，眼窝深陷，皱纹像蚯蚓似的爬满脸膛，花白的胡须上沾了黏糊糊的口水。运生心里一辣，险些去捉了老人两只干丝瓜瓢一般的手。

"外面的水势怕不小吧？"龙水燃着草纸媒子，咕噜噜吸了筒黄烟，"这日晕一起，天灾是逃不脱的了……"

雷运生看着老人，觉得他的神情相当古怪，似喜非喜，似忧非忧。而当看到墙上老人的影子时，一下子起了冲动，那影子像只秃鹰似的，盖住了半片墙，于是阴森的气息穿堂而过……

"老天有眼哪……"老人叹道，"三十年河东转河西，这世道未必只兴歪门邪路上闲逛的杂种……等着吧，等着看，哪个坟山旺些……"

"大，你心也操够了，歇着吧……"

"歇着？我倒也该歇着……如今桃花寨又有了支书，我还能不歇？"

老人说着，"噗"地将烟垢吹落，喉管里抽了几下却没有抽出痰来。

雷运生透过烟雾还在注视着墙壁上那个巨大的影子。龙水讲话时，影子时长时短，向下卷起的胡须极像雕的嘴。雷运生把抵在喉头的粗重热辣的气从咬紧的牙缝和鼻孔里丝丝排出，然后说："我晓得自己无出息。有出息的，不会落在这方土上……我只想让大伙跟着能图个温饱，出门能挺直腰，就算没白喝几十年的雷水……"他听见老人在不耐烦地哼哼，掌心便渗出了汗。他接着说："大，这桃花寨总是勒紧裤带做平安，怕做不了多久的！砸锅卖铁也做不了多久！"

龙水的胡须绷紧了，潜伏在青色的眼窝里的两颗浑浊的眸子骤然见亮，射在雷运生的脸上。这时候，苇子端着一碗银耳汤进了房门，见状脸色便僵了。她没有做声，慢慢地从运生身边走过，把碗捧到父亲面前。龙水猛地一掌劈下，"啪！"——汤被打翻了，碗碎成四瓣。

……

"宝船"沉了，平安没有做完，草草收了摊子。那几个道士见彩头不好，便分文不收且带着负疚心情悻悻离去了。剩下的是堂客奶奶的哼哼唧唧——

"今年这塔怕是再也镇不住水了，不得了哇，老天爷……"

"龙水伯老了，血脉弱，不经事哪……"

"冲掉也罢！这活不来死不去的日子有么子可念的？"

"孬子×吧，还不赶紧嫁到河西去享清福！"

……

这些话，龙水自然没有听见。可他完全能料到。尽管也有不少晚辈送糖送鸡蛋来看望，老人终日卧在床上心里一刻工夫也没太平过。这天黄昏，老人坚持着下了地。苇子替他寻了根断锹柄作拐杖。这样拄着走，身子才往下落了，脚板也稳了些。老人在屋里踱了一会儿，打算出去散散心神。走到门口，他将拐杖扔了，像以前一样反剪着手臂，迈着方步。苇子心里紧了一下，但没有把拐杖送过去。她倚在门框上看着父亲向前走动，觉得身子还正，才松了心口。这会子家家正忙着烧夜饭，炊烟一缕缕的，于一丈高的地方连作一片，天色便灰蒙蒙的将桃花寨严严罩住。有断续的鸟啼在背后。

老人静静地对着雷水淌去。黑狗疤子颠颠地跟在后面。

雷水竟这么阔了！龙水往脚下看看，那水痕已齐了孙家坝的腰。五四年也不过比这高出一点，今年这水势……难怪日晕现了，这水势……孙家坝会破吗?! 老人蹲下来，在坡上拭了拭。这坝的基脚牢实，石头是用糯米浆砌的。几十年了，跨了两个朝代，土是几多的板结！老人抓了把浮土，捏着……狗日的孙二先生也算积了点德，筑这坝是花了好几斗的袁大头的。要不，老子会留他一个全尸？老人突然觉得自己很久以前没头没脑地失了一着：这坝本该改姓哪！姓雷！雷家坝！

老人慢慢走着。一阵风自桃花岭尖上泼下来，安平塔的铃声便轻柔地飘过。老人立住了，回首去望那巍巍的塔，即刻肃穆了。这桃花寨，前有孙家坝，后有安平塔，风水宝地，水势再大又有何妨？然而立在这里，老人的心又总也不能飘荡起来。几天前的夜里，在这里，是他送"宝船"下水的……老人头又有点发晕了，血脉烤着像薄膜一样的皮肤在作麻麻的辣痛。直到此时，老人还指望那夜的情景是一场噩梦。这辈子，他不知送了几多次的"宝船"，哪次不是顺风顺水地淌到极远的地方？而这次，也是顺风顺水的，可刚一开步就沉没了，水面上腾起一股油纸的焦烘气味，呛得人鼻涕眼泪一齐下淋……

我——老了?!

真——老了?!

我老了还是天老了?!

不，不……

天不老！

我能老吗？天！

老人庄严地仰起下巴，胡须在颤动着，像一面旗帜。他突然热泪盈眶——那西天骤地红得如刚出炉的铁水，一条金色的光束刺破苍穹，于是眼前这条宽阔的雷水由绿转红——混合成殷红色——血色！老人的十个手指已经僵硬了，不能屈却一阵阵地如中风般战栗。他吃力地将小臂屈着举到眼前，两掌被夕阳映着透红并且沾了一种腥荤味。老人两眼直勾勾地望着这一双手，跌倒了……

疤子立直前腿对着寨子汪了两声，然后回过头来舔主人的手背。良久，龙水觉得手上的血脉活了些，猛一使劲扼住了疤子的喉管。疤子四爪乱挠,喉咙里像车水一样咆着,白色的黏黏的唾沫顺着嘴角慢慢往下淌。一会儿工夫,夕阳便在疤子两只突出的眼珠里暗淡了。凝固的血块从它的舌苔上滑落出来,挂在下颚上……

死了?!龙水惊讶地缩回手,将手背上溅到的白沫子于鞋帮上揩尽。这一下便弄死了?你……这老畜生,不经事……老子不过活一下血脉。老子还有这大的力气?龙水吹吹十指,老天爷,你可看见了?!我说我不会老的……

龙水拎起疤子的尸体,甩到了雷水中。那尸体像一件破棉袄,焊焊地随波漂走了。老人这时心头蹿出了苍凉,我疯了!我怎么……这般毒辣呀!我老昏头了……他踉踉跄跄地去追疤子的尸体,可是暮色整块地围了上来……

在泊在水里的船帮上,老人抱头坐下了。不一会儿,他听到了女儿的声音:

"大,吃夜饭了。"

"嗯。"

"你刚复点元,哪能这么吹风……"

"嗯。"

"大,回吧。"

"嗯。"

父女俩一前一后地走着。没走几步,苇子立住说:"疤子呢?"

"哦,先回了吧……"

"我路上没遇见哪。"苇子说着就大着喉咙唤疤子,不见答,"刚才还听它叫的嘛,这疤子鬼!"

龙水不再吱声,眼光落到船上。雷水如此的阔,这舟子便像个汤勺。可这毕竟是条好船哪!这会工夫,老人想起一个问题,他对女儿说:

"雷水阔了,阔多了。从明朝起,这渡上一来一往要各加一毛钱……"

四十六

白洛宁对李松茂的又打又摸,不知怎的让村民吴德荣晓得了。他很替镇长抱不平。这德荣一辈子藐视做官的,却也一辈子惧怕李松茂。原因极简单:县官不如现管。李松茂始终现管于他,且又是他的入党介绍人。德荣的生辰八字全捏在李松茂手里,这似乎是没有办法可改变的。其实德荣也未必做过乌纱梦。他自知"米桶"深浅,一不通文墨,二没得人缘,能成为在组织的同志已经是很可以了。而且,他德荣当过很多的代表,获得的奖状够糊一层天花板。这在杨树湾、在雷阳找不出第二个;在全县又能找出几个呢?这荣誉的获得,用李松茂的话来说,既有蛮力又有巧劲。德荣心下就不很太平。前些日子,地区召开灭鼠先进表彰大会,德荣理所当然地出席了。灭鼠任务下达,执行的办法与以前任何任务的完成办法一样:承包。各户起码要灭五只鼠,拿尾巴作凭据层层上交,不许走过场。老鼠是极精的动物,逮之不易,药死也难,于是就有了愿出钱买老鼠尾巴交任务的。自然也有拿老鼠尾巴发笔小财的。桃花寨的麻子扎匠,这当儿制作了许多鼠夹和鼠笼,倒也获了薄利。买他的鼠尾的,便是德荣。一条鼠尾一毛钱,这德荣竟买下了所有的鼠尾,共七十八条。麻子就很惊,问为何要买这些?德荣说是替许多人代购的。德荣再折到邻队转悠,又购了二十二条鼠尾,凑成一百条,交了上去,顿时就哗然于雷阳。看出这点的,是镇长李松茂。一日,松茂回家过周末,遇见德荣,就笑着说:"老吴你还真让人看不出,生得憨相,逮老鼠却精得过猫!"德荣起先还以为是受到了表扬,脸色腼腆地说:"任务嘛,我是组织同志,当然要尽力去完成的。"松茂就更笑得开了,说:"不是九十九也不是一百零一,恰恰一百条,哈哈!你这老吴……"用手指点着他的鼻子。德荣即刻红了脖子耳朵。不过镇长再也不说什么了。没过几日,德荣接到了出席地区会议的通知,代表资格是由镇党委审查的。这就令他无比地激动和感动。好几年了,德荣没有开过县以上的会,自然也谈不上奖状什么的。这几年地区和县里尽开些致富的、专业户的、多经发展的会。这些会,轮不到他德荣。为此他失落了好久。如今能出席地区召开的先进会,这之于德荣无疑是形象的重新树立。看看吧!我老吴……可是一碰到镇长那双似笑非笑的眼珠子,德荣又起了惊慌。这种压力,使德荣对镇长更顺从了。这次防汛,如果不是这种压力,有些事德荣是不愿听镇长支配的。镇长抽到县里指挥部,叫他多关心巧凤,尤其是夜里。德荣听得懂这"关心"的意思,于是夜夜缩在离李家一丈远的树下,"关心"着。这种"关心",德荣觉得好缺德行,可他又不得不"关心",因为镇长也关心着他。再就是抽他到抢险队,他也有意见,觉得拿他不吃劲,别人不干的让他去干。结果被镇长又打又摸了一阵。现在镇长又给县委书记打摸了。德荣就觉得这世道蛮蹊跷,好比卤水点豆腐,一物降一物。但他还是坚持替镇长骂了几句娘。"他娘的,姓白的有什么了不起?党龄比老子还短四个月呢!"

"好了!"久坐在一旁吸烟的镇长,这时把烟掐了,对德荣摆摆手:"白书记从严要求,是对的。我要做自我批评,你不要再乱说了!"他剪着手在屋里来回走了几次。德荣察到镇长这副脸色,自知无趣,就离开了。说不定一会儿还得来。德荣的时常出现,李松茂很讨厌,又很惊慌。每回待"松茂哥"喊过,背上的汗才收了些。与翠娥的事毕竟是个事,李松茂这下是真的悔了。该死……实在该死……他离开镇机关宿舍,除为了进一步表示工作的积极之外,还在于不想再见翠娥的面目。那天夜里翠娥猛地把灯熄了,似乎反映了什么……

李松茂又坐下了,又吸烟。

他觉得抽吴德荣到抢险队来,是个错误。错在两个方面。其一,德荣住在镇上,堤上无事他就无事,无事便在他与翠娥那里跳来跳去。那雷运生也好通融,同意德荣隔三隔四地宿在堂客那里。夫妻间恩爱深了,没准儿有一天翠娥就会跪下来挥泪诉说那桩事儿,做丈夫的能不来拼命?其二,德荣离开杨树湾,谁去"关心"巧凤呢?这女人……能不"关心"?!水这么大,竟把两个伢鬼支到芜湖。她一个人守那么一片屋就不嫌空?……李松茂这样推推想想,就产生了一种大难临头的预感。"老子……一定要抓一回现的!"他突然咬牙切齿地自语道,"这狐狸!"可是,一支烟吸完,他又在心里责备自己:你这臭嘴!你这嚼舌根的!

——他实在是喜欢那狐狸。

吴德荣从抽到抢险队的那日起,堂客翠娥就没有什么好的脸色。翠娥不怒也不怨,只是把脸平着,眼珠子灰灰的慢慢地转。起先,德荣以为堂客埋怨他不顾家,就反反复复地解释了,大小道理一并亮出。翠娥也没多说什么,脸依旧是平着。叫德荣糊涂的,是每回夜里他来宿,翠娥都没有兴趣与他造爱,说累了,说天热,说来经了。这娘们吃了几日镇上饭,瞧我不起哩!德荣想,笑着,笑过就又犯了糊涂。

从镇长那里回来,吴德荣又窜到堂客这儿。其时天色将晚,他就在这儿吃了饭,洗了澡,自然不走了。他先上床睡了,很快睡熟,但一会儿又给堂客的倒洗澡水声弄醒了。他透过帐子望望堂客,她的腿白很了,花短裤裹着滚圆的臀部。德荣呼吸便粗了。等堂客上床来,德荣就把枕头搬了过去,一只手枕着堂客,一只手摸着堂客。翠娥不动也不说,德荣就好高兴。骑到堂客身上,说:"再不来,我可要死了。抢险抢险,这鬼天怕真会吃了我哩!"话刚落音,做堂客的突然呜咽起来,双手把男人腰搂得好紧好紧。

"说笑嘛,你还当真……"男人说。

女的越发哭凶了。

德荣又回到原来位置上,问堂客怎么搞的。翠娥哭过,咬着牙说:"姓李的,畜生!活畜生!"德荣心里像被人狠踹了一脚,忙搡着堂客膀子追根。堂客就一五一十地哽出来,又是一场好哭。

"可,可奸中了?"

堂客点了点头,粗粗叹一口气。

"这婊子养的!这……"德荣跳下床,浑身颤抖着,"老子饶他不过!"就一头冲出了门。

翠娥听到菜刀碰碗柜响,怕要闯祸,便循着男人的脚迹撵去了。

……

"咚咚!咚!"

"哪个?"

"我,吴德荣!"

"哦,等一下,我在洗澡……"

"你快点!"

李松茂明白了。他哆哆嗦嗦地穿好衣服,想竭力使自己冷静下来。事到临头,躲是不行了。唯一的办法是尽力制伏他——他这种男人本是极好制的,但眼下可不是一般的问题……

"好了没有?!"

李松茂一咬嘴唇,随便地说:"德荣哪,你可是为那件事找我哇?你消息好灵通嘛!我刚听说,你就到了……放心,我不会把你捅出去丢人现眼的……"他慢慢把门拉开，吴德荣一脸怒气地进了门，但是没说什么。刚才李松茂说的话，叫他昏了头——谁把谁捅出去？谁叫谁丢人现眼？

好，稳住了！李松茂心中转惊为喜，很快递给吴德荣一支烟："老吴哇，你上次出席地区灭鼠先进表彰会，有人向县里检举了……"

"检举么子？"

"你该清楚嘛！一百条老鼠尾巴恐怕掺了水分吧？"

"乡里、镇里点过数的，掺的屁水！"

"可你是花钱买的！"李松茂把桌子一拍，厉声说："你知道严重性吗？你用这种手段哄骗组织，欺世盗名，你说，这像个党员吗？！你给党抹了黑！弄虚作假，败坏党风，整党开始了，不整你这号货色整谁？！"

吴德荣脸色大变，半晌才吃力地说："我，我不对……"

"德荣，能认识到了，就好。担子由我来扛。我作为一级党政机关的负责人，我讲的话是会有分量的。人无完人嘛，何况出发点是正确的。"李松茂拍拍德荣的肩头，接着说："我准备以镇党委、政府的名义给县纪检委报材料，说你吴德荣出席地区会议，是经过我们认真审查的，事实如此。放心了吧？"

德荣叹了口气。

"要接受教训哪！这件事万一捅出来，我看你如何做人？好了，你回抢险队吧，再出乱子我可不会再替你担保了。"李松茂说完，稳稳地将臀部安放在椅子上，这才吸起烟，看吴德荣慢慢地走去。出门时他的腰部扭动了一下，衣摆下露出了一块菜刀的寒光——李松茂的香烟落到了地上。

这天夜里，翠娥离开了镇机关。几天后，杨树湾才知道这女人莫名其妙地随湖北放排的汉子飘了，只带走了小儿子。

也就是在这天夜里，党员吴德荣在抢险中遇难了！

事情是这样的——

吴德荣回到堂客的房间，发现人已不在了，堂客的东西也不在，就猜堂客是赶回杨树湾了。做丈夫的感到人头难顶，人脸难要，就决心暂且咽下这口气，先渡过自己的难关。一旦整党结束，他便要重新与畜生李松茂算账！

吴德荣流着眼泪回到了抢险队的营地,此时已是夜间十点多。大伙儿都困了,他自然是困不着,闷闷地吸烟,呆呆地看天。好久,天色阴沉下来,接着是倾盆大雨泼下,电闪雷鸣,极吓人。突然电话铃响了,队长雷运生从双层床的上铺跃下来抓过话筒。放下电话就吹哨子,说:"马上赶到石亭水库!"于是全体队员出发。

石亭水库在后山,本是不该惊动江堤抢险队的。可是这座水库大坝溃破了,冲毁了一座林场。白洛宁据此就当机立断了。

据队长雷运生说,吴德荣原是在岸上抢运木料的,没有安排他下水——他水性不够好。可是吴德荣竟第一个跳下水去捞木料,结果扑空了,后面冲下来的木料重重地撞在他的脑壳上,他就失去了知觉。当时天是一片漆黑,完全依靠停在远处的车灯照明,所以吴德荣一下子就不见了。过了一会儿,大伙听到由下游传来的撕肝裂肺的一声——

"我——是——烈——士——"

四十七

石亭水库的崩溃使内水猖狂一跳,二十四小时导致了十几道千亩以上圩堤的决口,灾情翻了一番。而江水的涨势依然不曾减弱,已超过危险水位,正朝着历史最高水位蹿去。

地委书记边达是第三天傍晚时从同兴堤返回到雷阳镇的。石亭水库溃破带来的困境,使他那颗不易改变节律的心脏颤动得如按摩器。他完全感受到了,一坐倒便有极强烈的恶心感,所以晚餐他只来了碗稀饭。他想休息一会儿,可是疲劳正有分寸地匍匐在他的身上蠕动,弄得他哈欠连着眼泪不断地出现,同失眠一样难受。直到他用凉水洗了把脸后,精神才稍加振作些。他不打算再躺了,就泡了杯浓茶饮起来,接着便是认真地吸烟。这个时候,如果女儿帮他煮杯咖啡是再好不过了。

他的思绪又牵到了灾情上。他循着洪水的足踪走着,沿途所见的是淹没的庄稼、倒塌的房屋,还有浮肿的尸体……好多年了,他身居高门大院,血流得平稳。尽管他在那个环境里未必十分如意,但那种体面而清洁的生活方式他是适应了的。我并不留恋。可我也习惯了。习惯成自然。这些年,我到底干了些什么?回答这个问题是多么令人难堪哪!我干了自己想干的，也干了自己不想干的，这都是小数。更多的是干了自己想干却没有干成的……我的痛苦大概就是由此发端的。可是，谁能体谅到呢？

他深叹了声。

门开了。工程师庄雨迟走了进来。边达从工程师的神色中意识到了自己的失态，但他没有及时去调整，只是稍微挪了一下，让工程师坐过来。

"你累了？"

"哦，有点。"

不一会儿指挥长白洛宁也来了。看来这两位年轻人是约好一道来找老头儿汇报或者请示什么的。老头儿看出这一点，便有些不耐烦地说："我已申明过，我是客人！我没有要求你们动不动来讨我的眼色！"说完，他站起来踱了几步，背对着他们。

白洛宁看看庄雨迟，笑了一下，同时又现出适度的为难。

庄雨迟也笑了一下，说："全世界都知道，中国有一条惊人的美德：敬老。"

这一说，边达倒也笑了。趁这气氛，白洛宁首先发言："石亭水库出事，内圩灾情严重，排涝救灾与江堤防汛出现了矛盾。从道理上讲，为了减少江堤负荷，应该立即关闭所有的江闸，停止排涝。可是……内涝不排，灾情增大，会不会挫伤群众的感情？"

边达想了一下，回过头说："关闭所有的江闸？是时候吗？"

庄雨迟于是介绍了情况，从葛洲坝测出的流量到这个地区近期的天气形势，可以断言，第三次洪峰的条件已经形成，一旦通过雷阳堤，内外夹击，危险性极大。"在情与理之间，"他说，"我往往选择后者。"

这可以理解，边达想，可是小伙子，人毕竟是有血有肉有情有感的动物，如果你到灾区走一遭，还会这么从容吗？见边达一时没有表态，白洛宁凑近庄雨迟问道："难道就没有第三条路可寻？"

"当婊子树牌坊的事挨不着我干。"庄雨迟显然不悦。

边达听到这话脸色骤然大变，他差一点想发火，把面前这个油气很重的青年人训斥一通。可是他克制住了。我是不是对他太那个了点？他想。他还是保持着缄默。

"是否要召集一次分指挥长会议？议论一下……"白洛宁走到边达边上说，"这也许会减少一定的盲目性……"

庄雨迟霍地站起来，准备夺门而去。边达厉声喝住了他，指示他回到原来的位子上，然后说："我没料到你这么骄惯！"

白洛宁自然很尴尬，不知所措地看着窗外。

庄雨迟点上香烟，说："那就开会吧。既然皇帝都不急，太监又干吗急呢？"

"这样做未必就是不尊重你的意见，同志！"边达说。

庄雨迟自嘲地笑笑，说："我没福气，当不了大官。否则，你来少数服从多数，我就搞下级服从上级！"

边达又愉快了。这个年轻人蛮可爱，他想，奇怪的是可爱与淘气往往是形影不离的。

然而并没有举行会议。指挥部下达的命令是，从现在起到第二天上午六时，各江闸抢排内涝；六时许，关闭，任何人不得以任何理由开闸。虽然所有的高音喇叭都在宣传顾大局识大体，但仍然发生了几起老百姓闹事，他们纷纷到当地政府请愿、求情甚至发了很多牢骚，还砸掉一块块乡政府的招牌，带头闹事的已被抓起来了。事情及时反映到地委书记边达这里。边达批评了过火的做法，然后不禁感叹了一声："也难怪，我们欠他们的债太多了……"

一旁的庄雨迟听到这话，心里为之一震。他惊讶的是，作为地委书记的边达与作为老人的边达竟如此和谐地统一在一个躯体里。那自然是血肉攀绕着骨骼的躯体。

这天中午，边达睡下了。他一躺到床上就觉得这一觉必定会睡得香熟。可是当他刚踏上梦的门槛时，有人嘭嘭地擂门。他很不情愿地爬起来，光着上身去开门。

是女儿。她的表情似乎说明了她的到来是有不太好的事。她递给父亲一纸电文，说是刚收到的。边达凑近一看，呼吸便粗了。"怎么……怎么这样快……唉……"他连忙穿好衣服，奔报房去了。等他立到电台面前时，他觉得两眼已经湿润了。他哆哆嗦嗦地吸完一支烟，然后向报务员口授如下电文：

省委并转杨子东同志治丧委员会：

惊悉子东同志因病逝世，很难过。谨此表示我的哀悼。并请向子东同志的老伴及子女转达我的慰问，原谅我不能前去参加遗体告别仪式。

战友：边达

离开报房，边达没有再回宿舍，他想出去走走。女儿随后跟来，他摆摆手，说："让我一个人待会儿。"

是个阴天，因此地面上没有热浪，却有微湿的风穿梭着。边达走上了一条从未走过的路。是条小路。顺着这路往前不多远，有一片杨树林子。路把林子裁成两块不规则的四边形，鸟声又巧妙地把它们缀在一起了。边达在林子里转了几圈，然后倚着一株身体极度倾斜的老树停下来，心情仍然是沉痛的。他眼前总浮现着当年站在这块土地上挥手作报告的杨子东的形象，那是个具有儒将风采的形象。哦，三十几年过去了！三十几年犹如一瞬，人生竟果真如此的短暂！边达绝没有料到杨子东会走得这么仓促，但他知道杨子东肝脏不好却是很久了。虽然最后一次见面时——那是调整省委班子的前夕，他问老杨肝病怎么样，老杨爽朗地说："早好了，早好了！"可有人却悄悄告诉边达，说杨子东的肝病有癌变的征兆，但又从来不进医院检查，也不许别人议论他的健康情况。直到杨子东顺利地晋升为省委副书记后，边达临到下面工作时才与他通过一次电话。那次，边达是开门见山的。

"子东，我觉得你气色不对呀。"

"还好吧，不过这几天肝区是有点不舒服……"

"还是去医院仔细检查一下的好。这种病，越拖越成问题。"

"谢谢你呀，老边。……这次下去，你可能……"

"我倒没什么。下面空气反倒新鲜些。"

"老边，过些时候我去看你。好些年了，没有在一起聚聚，总觉得有点遗憾……"

"再说吧。子东，身体要紧，珍重些。"

不错，是遗憾。五十九岁就化作一缕青烟，太遗憾了！边达已经是老泪纵横了。面对着过早辞世的同志和战友，盛荡边达胸腔的，唯有怀念……

杨子东进了医院便没再出来。不久转院到上海，经肿瘤专家诊断，是肝癌晚期。鉴于此，杨子东提前回来了，他认为即便是死，也应死在自己奋斗过大半辈子的地方，这是朴素的想法。据说，他是笑容满面地走下飞机舷梯的，并且同前来迎接他的同志说了一句十分有趣的话："自然科学实在叫人无可奈何。这要是社会科学上的问题，我想点子也要将它推翻！"

边达深知自己一时半刻不能从悲痛中挣脱出来，就闭着眼睛靠在树身上。他懊悔那次与杨子东通电话太短促，自己不该突兀地把正进行着的交谈拽向结束。两分钟。连哼带哈不过两分钟。年轻的时候，一谈起来就不指望有个完的。有一次三更头上肚子饿得咕噜乱响，就在火盆上烤了几根红芋，好香好香哪……有道是树老根多人老话多，可我们岁数越增谈的却越少，或者说，话不投机半句多。边达叹了一声，他现在脑子里谈不上理论是非曲直，但有一点使他很不明白：杨子东究竟凭什么不愿与自己共事呢？并且摆出一副"有你无我、有我无你"的阵势！难道你我为之奋斗的事业充其量是一场赌博？然而此时此刻感叹这些又有什么意思呢？子东，我真想同你好好叙叙……晚了……

身后传来了脚步声。边达知道谁找来了，稍一回头，庄雨迟便下意识地立住了。两人距离不过五米。工程师随手折下一截树枝，突然冒出一句："你好像一下老了许多。"

"该老了。"

"男人老了一般看上去都蛮体面，甚至挺帅。"

"为什么男人偏要到老了的时候才帅呢？"

"或许到那时他们才相信是男人。"

"你讲的像话剧里的台词。你哪来这些怪念头？"

"怪么？我倒觉得挺自然。"

边达觉得这个年轻人来得正是时候，与他在一起，蛮有意思的。可伴随这愉快的又有那么一点忧虑。他很早就打算同这位性情怪癖的年轻人进行一次推心置腹，但是又对交谈的结果缺乏应有的信心。这批人，他想，这批人既不同于四十几岁中年人那样人情练达，也不像二十来岁小青年那样少不更事，他们沉稳而不世故，激动而不浮躁。可以说，他们正盘踞于人生最为辉煌的阶段。他们的思想、情绪、文化心理往往是整个社会发展的标志。然而也还是这样一批人对痛苦持高度的敏感和体验，因此他们的心跳动的节拍很乱，难以触摸，仿佛一座神奇而诡秘的迷宫……

"这次下来，感受怎么样？"边达说，"好像很快活。"

"谈不上快活。"庄雨迟说，"我这人比较随便。我是说我不容易感受到什么。"

"你以为这就叫自我超越？"

"没那么伟大。我觉得累。很累。"

边达不想再这么聊下去了。他从工程师憔悴的脸上察觉到一种沉重。尽管他不欣赏似乎一切都随便的生活态度，但他能够理解。他搜寻不出恰当的词句来表达这种理解。他默默吸着烟。

两人走出林子后又上了江堤。江水浮雕般呈现眼前，自信而笨拙地流淌着，气喘吁吁。工程师坐下来，抱着双膝注视着江面。一只扬着厚实邋遢风帆的大船移动着，几只水鸟悠闲地贴着江面朝彼岸飞去，天极高极远。这条大河，他沉思着，淤积了几千年的泥砂石砾，浪是永远淘不尽的。河床正在日益增高，不久，会成为第二条地上河的。它业已失去了血性与野性，那从来就没有改变过的线条完全可以准确地勾勒出女人的形体，具有成熟的美。但绝对没有青春的魅力……

"这是条老人河。"工程师沉吟道。

四十八

雷阳闸关闭后，雷水一夜之间暴涨，杨树湾整个汪在水中，几家屋基软了，便倒塌了。德荣家自然在其中。德荣的尸体是几天后在别处寻到的，已经肿得吓人。他的堂客翠娥被证明是随湖北佬的排淌了，至今不晓得家中遭了大祸。大伙好生奇怪，这翠娥怎么是那号货色呢？德荣家委实太惨了。曾经在杨树湾做过知青的县委副书记白洛宁，在听取镇长李松茂一把眼泪一把鼻涕的汇报后，两眼也湿润了。他同意上报材料，追认共产党员吴德荣以烈士称号，并亲自安排了善后工作。德荣的尸体在追悼会后便下葬了,两个女孩子暂时住在镇长家里,由巧凤管着。巧凤那天哭得死去活来,她念着德荣的老实,又咒老天瞎了眼:好人不长寿,恶狗活千年。

这样一来,雷阳附近的群众便惶惶不可终日,胆小的已经纷纷往后山搬了。每天公路上车水马龙,人声鼎沸,阵势极狼狈。杨树湾也有搬家的。这当儿对岸的桃花寨人便立在孙家坝上看热闹。麻子扎匠提着一挂"三千响",正准备点火信子,却给苇子一把扯灭了:"麻哥,莫太缺德!"

其实从做平安起,苇子就不快活了。大这个主意好馊,外面水势一天天地逼紧,破圩的场子惨得吓人,可大偏偏要挑个时辰做平安!"大,等水过去了再做平安吧!""水过去了再做,卵名堂都没有!"苇子便不响了。她晓得大从来就是出言不改,说一不二的。那天夜里,祠堂门口热闹哄天。苇子夹着一刀草纸顶着灰蒙蒙的月色上了桃花岭。她跪在宝塔前,烧着纸。金黄的火焰映着她一双呆滞的眸子。纸化作一堆黑灰,她双手合十,但一言不发。她不晓得该求菩萨保佑什么,也不晓得有什么得求菩萨保佑的。她像个木头人似的一动不动地跪着,好久,突然听到孙家坝上一片啼哭。后来才晓得是"宝船"沉了,大也倒了……

骂过麻子扎匠,苇子拨开了船,一个劲地往对岸撑去。她望望日头,估摸差不多是七点的光景。几天前,那个省里下来的女记者同她约好了,想搭船结伴去游小孤山,来去三天。苇子想也没想就点了头。虽然要丢掉一天的渡钱,苇子也是情愿的。她觉得同女记者在一起很开心。这种心情也曾有人给她捎来过,但又扯断了。苇子跟大商量了,大咕咕噜噜地吸完水烟,终于准许了,只是叮咛船不要往江心拢,水不顺就调头。大只准在外头歇两夜。

船刚拢岸,青青的芦苇后面便飞出一块黄。边小素蹚着浅水背着大包小包晃晃地走近,一步跳上来,险些把船弄翻了锅。两个女子咯咯笑开,船就着暴涨的水势,像玻璃上滚动的钢珠似的滑行。太阳一竿子高时,船翻过雷阳堤进入了浩渺的大江。往下,则是逆浪而行了。苇子稳健地摆弄着撑篙,仿佛抖出了一支优美的旋律……

这次出来,边小素计划是到同兴堤采访的。若不是雷阳堤上立了个号称庄雨迟的家伙,她早就出发了。然而这个庄雨迟似乎仅仅把她当做一棵树，偶尔漫不经心地瞟上一眼。这有点欺负人。边小素自然也讨厌所谓的坠入情网。她越自信就越想离开这情网。她决定悄悄地离开，去同兴堤，但先得顺道来这小孤山。这山委实太迷人了……

正午时分，她们登上了小孤山。

孤峰挺立于江心一柱擎天。形如椎髻，苍翠欲滴，远望如菌苔出水，近观似芙蓉凌波。这天开神秀的景观叫边小素激动无比。苇子也好乐，这地方她已好多年没来过了。她想细细地玩一回——以后还会这么开心地玩吗？但是现在她不愿多想以后。她要把心思尽花在玩上。玩够！玩厌！她拉着记者的手顺着盘山小道拾级而上，穿过一天门再过龙耳洞，看了弥陀阁又游先月楼，不多会儿，便到了山顶。这顶上有一座两层楼的小亭子，是乾隆爷年间建的，叫梳妆亭。

"给谁梳妆？"边小素问。

"还有哪个？小姑娘娘嘛！"苇子不无骄傲地说。

记者现出不解的样子。其实关于这小孤山的经历她掌握一些。不过出于一种职业的习惯，她希望能更多更广泛地占有资料。从苇子眼神里，边小素知道这座山溢出的一段美丽的传说，正在这农家女心里激荡着……

"你能看清江那边吗？"苇子手指着南岸，"晓得是么场子？"

"彭浪矶。"

"不，是彭郎矶。"苇子纠正道，"小孤山该叫小姑山。小姑和彭郎的事，晓得吗？"

"不晓得。但我想他们是情侣。"

"情——雨？"

"就是谈对象的。要不他们怎么会永远隔江相望着呢？"

"相望着……有么子用……"

苇子的声音陡跌，脸上绽开的红云渐渐退去。边小素意识到自己鲁莽地拨动了一根不该拨动的弦，懊悔已迟。看来想继续玩个痛快恐怕难了。那根心弦一旦颤动，是不可能很快平息的。这姑娘，记者思忖着，太痴情了，难得……十年过去了，还记着她的"彭郎"。她就靠着这断断残残的思念和怨恨打发着日子……

记者不禁轻轻捏住了苇子的手。

这仿佛是一只没有血的手!

第二天,她们整个地泡在"小姑庙"里。

眼下是汛期,来旅游的人不多。边小素在寺旁的招待所里订了个单间。月浸江心时,她们又出来了,在庙前随便走着。浅灰色的月光淋在小姑娘娘塑像上,像玉一样诱人。白天她们各敬了一炷大香,磕了三拜。苇子虔诚地闭着眼、屏着气。边小素竟也相当肃穆。她觉得似乎被一种无形的东西触动了,但是并非因此而得到了解脱,相反心绪更加杂乱。直到此刻,她还是没有把自己调理好。她不时看一眼苇子。南岸的"彭郎"早已被夜霭所淹没,可是苇子的眼睛依然越过了这辽阔的大江,仿佛在寻找,在等待……边小素由衷地升起了一缕羡慕之情,她想一个女人的心田里无时无刻不在思念一个男人,这无疑是一种幸福,尽管这是泪水腌浸的幸福!这种幸福她是绝对无法拥有的,以前她不想得到,但是现在,她极其渴望——一个女人心中盛满的只能是爱呀!

苇子的睫毛上停着泪珠。她几乎忘记了记者在边上站着。她觉得自己好像同"小姑"化在了一起,一辈子、几辈子都赤脚立在这条江心,朝朝暮暮与"彭郎"相望着……可是"彭郎"永远只是像风一样,来去无踪无影。十年了,他没有回来。她晓得他这一去就不会再回来。他恨死了这块土,他说做鬼也不到这块土上来游魂。可她的命苦,做鬼也逃不出这块土。今生离不了这块土,但等来世投个好胎……小姑娘娘,保佑我这苦命人吧……

边小素感到自己冲动了,不由自主地抱住了庙前的一棵柏树,抱得好紧好紧。你来吧!我要你!我一定要你!我乏极了,让我在你胳膊弯里静静地躺一会儿。你不觉得我快成一堆柴火了吗?我渴,舌苔好苦好涩,我好像刚刚翻越撒哈拉沙漠,好不容易找到了一个泉眼……你来吧,我……我不能没有你……

你真的不回来看我?我只想见你一面。你还戴着眼镜吗?你再给我画张像把。我这辫子留着,就是给你画的。你不是说我梳辫子……好看吗?你回来看我一眼吧,我撑船去接你,给你唱黄梅调,你可还会把船弄翻?你回来吗?我等十年了,十年……你真的不回来了?看我一眼都不中?我配不上你,不会搭在你身上。我只想你让我看看,就看一眼……你真的不愿？你……

"你好……狠哪！"

苇子失口喊出了声，边小素为之一怔。她走过去轻轻牵牵她的衣摆，苇子并没有意识到自己的失态，一双泪眼直逼着记者。边小素不禁晃了一下，等她站稳，苇子已伏在她肩上抽泣了……

月亮起了毛边。

这一夜，她们偎在一起躺着，昏沉沉的，似睡非睡。心上的夜气很重，一切东西都是软绵绵的，湿风袭来，人竟有些战栗。月光不知什么时候消失了，江的涛声嗡嗡起伏，死一般的寂静笼罩着整个的山。蝙蝠的翅膀拍击着窗棂，黄黄的灯光被带得若明若暗。由江心断续传来一个沙哑且带着鼻音的嗓门在喊："回来吧——回来——"闻之毛骨悚然。突然，一道强烈的惨白的闪电像蛇一样蹿进窗户，紧接着霹雳一声惊雷震撼了建筑物。几分钟后，滂沱大雨落下了，天地浑然一体翻腾着，仿佛天将崩地欲裂！

两个姑娘惊得从床上爬起，目瞪口呆。她们靠得紧紧的。边小素似乎预感到今夜潜伏着危险，心里更不安了。她昨天出来没同任何人打招呼，当时指挥部正在举行会议，研究战胜第三次洪峰。这些日子，她脑子里洪峰这个词儿出现的频率太高，她有点烦了。现在她很着急。她找到招待所的负责同志了解山下的情况。对方说，刚才接到电话，雷阳堤告急，要调他们的交通轮去参加抢险。边小素惊恐不已，立刻收拾行李。

"苇子，我得赶回去！"

"雨太大了，挨到天亮吧！"

"不，我已经误了工作。"

"那就动身吧。"

"不，你等到天亮后雨住了再走。我乘交通轮，他们要去雷阳。好，再见！"

边小素随他们出了门。苇子追出门，把一顶斗笠扣在记者头上。

这正是最黑暗的时分。

四十九

雷阳闸实测水位表明,目前的水势已达到历史最高记录,即 21.59 米。一九五四年七月十四日,雷阳堤便是在这个水位上溃破的。

但是,江水依然在上涨。一连几日雷阳堤不断出现危险地段,危机四伏,仿佛一座岩浆蠕动,正迫不及待寻找喷口的火山。与此同时,雷阳堤防汛指挥部接到了地委防汛指挥部的通报,说天柱山有山洪暴发的迹象。这一点,工程师庄雨迟虽有预料但没有对策。他当即提议召开各堤段分指挥长会议。

会前,庄雨迟同指挥长白洛宁谈了个人的想法,白洛宁毫无精神准备,很觉吃惊。

"有这么严重?"白洛宁说,"这可不是闹着玩的……一定要稳妥,雨迟。"

和以前不同的是,庄雨迟这回没有现出急躁和自信,相反却异常的心虚。他一把握住白洛宁的手:"这个时候,我们得紧紧捆在一起,老枪!说实话,我有点……撑不住了……"

然后,他们一道去向地委书记边达作了汇报。边达思考了一会儿,说先不妨听听大家的意见。于是,庄雨迟站在地形图面前,对目前雷阳堤所处的困境作了长达三小时的分析——

雷阳堤的江水已达到历史最高水位,很快要超越 21.59 米。据测,第三次洪峰最迟在三天后通过葛洲坝,十小时即可抵达雷阳。目前大堤的基脚由于浸泡时间过长,至少有五分之一的地段开始松软,不过如果没有内水剧烈的撞击,一般只会出现冒沙、管涌一类的险情,溃口的可能性不大。但是,近期天气形势很恶劣,估计降雨量日达 200 毫米的大雨很快就会泼下,这样就有极大的可能导致山洪暴发。天柱山距雷阳堤不远,一旦山洪崩泻,势必会顺着雷水的渠道直撞雷阳堤。眼下雷水的水位基本上同江水持平,倘若山洪袭来,内水顿时超过江水,压力差失去平衡,江堤滑坡、溃口就危在旦夕了!

"如果出现这种情况,"工程师最后指出,"唯一可以保证江堤安全的措施,就是将雷水东岸的孙家坝作为溃坝工程处理,切开,溢洪。当然，这个代价很重……"

一时间的寂静过后，有人站起来表示：同意工程师的意见。接着又有人站起来表示：一切服从江堤需要。这样，工程师的方案在很短的时间内得到了一致的通过。庄雨迟慢慢站起来，说："谢谢……"他突然热泪盈眶，走出了会场。

指挥长白洛宁接着简明扼要地提出了几点要求：一是立即做好桃花寨等村子的群众安置工作，沿途十公里内的，都必须在明天上午前转移到安全地带。二是通知部队方面，负责孙家坝爆破准备工作，等待命令。三是进一步充实抢险队的人力物力，以应付较大的险情出现。"至于这个方案是否实施，当然要根据具体情况才能定夺，同时还要请示省防汛总指挥部。但超前工作必须马上落实，刻不容缓。"白洛宁说完，问坐在窗边吸烟的地委书记边达可有什么指示。边达站起来一摆手："散会。"

庄雨迟又走进了那个小林子。他去找边小素，没能找到。这个时候他十分想见到她。我现在可以结婚了。我非常非常地想同你结婚。世间上的事或许本来就很简单，人把它弄复杂了。我现在想的就是结婚。我不知道为什么只想这个。我不能再不结婚，你得答应我。你千万不要把这件事上升到什么狗屁哲学意义上。全部意义就是结婚这个事实。然后你得给我生个孩子。然后日复一日地去对付油盐柴米。然后去痛痛快快地死。于是在弥留之际我们都会说这辈子没白过，没有任何空白。这正是一个老夫子所说的，揪着自己的头发并不意味着能离开地球。我们揪头发实在是太久了……

庄雨迟感到了一种前所未有的充实。这感觉使他激动甚至达到了兴奋。他的每一块肌肉都似乎绷得好紧，所有的关节像上了铆钉一般。可是那颗湿漉漉的心脏却越发沉重了。正是这种沉重感使他悟出了作为一个汉子的骄傲。我是男人，他想，我相信我已是个当当响的男人。

白洛宁来了。看得出他的情绪受到了工程师的感染。两人并肩走了一截路，白洛宁问边小素哪里去了。庄雨迟摇摇头，又说或许上堤段采访去了。白洛宁停住脚，问："你爱她？"庄雨迟犹豫了一下，点点头。

"雨迟，你们结婚吧。她很疲倦……"

"是的，结婚……我现在想的就是结婚。我第一眼见到她就动了这念头。第一眼就使我产生这念头的女人毕竟不多。"

白洛宁内心深处受到了撞击。他觉得庄雨迟的话或许是对的。我可能犯了一个极大的错误，他想，我这些年似乎总是在用电脑安排生活，每做一件事都有着充分的准备，一套又一套。我可能太理智了，太清醒了，太冷静了——这些被理所当然地视为成熟。但是一个熟透了的果子其生命力必然是短暂的……

他轻轻地叹息一声。这时，他仿佛又见到了那只巨大的白鸟。

省防汛总指挥部很快批准了雷阳堤度汛方案。同时强调指出：把孙家坝作为溃坝工程处理必须在万不得已的时候才能进行。地委书记边达接过电报，认为这后面的强调完全是废话。"难道是放炮仗凑热闹？"他要求白洛宁抓紧做好超前工作，并准备亲自去孙家坝实地考察。

桃花寨村党支部书记雷运生当天下午就赶回去了。雷水上没有渡，隔岸唤了半天也未见苇子的船出来。运生索性游了过去。他这一回来，村子便炸开了锅。麻子扎匠不知从哪里得到了消息，屁股着了火似的逢人就嚷："要炸坝了！要炸坝了！"村长贵林摸不着头脑，苦歪歪地坐在老槐树脚下吸闷烟。见运生湿淋淋地窜出，贵林心里就"咯噔"一响，问炸坝可是真的？运生点点头，叫村长通知各户集合到这里开会。不多时，人由四方叽叽喳喳地汇起，运生便从边上拿过一张方凳，跳上去传达了雷阳堤防汛指挥部会议精神，下面顿时嗡声四起，乱作一团。

"大家不要慌！"运生抬高嗓门说，"一切要服从统一部署。各家各户都上桃花岭，搭棚子，备点吃的穿的就行了。万一炸了坝，政府会考虑大家的损失的。大家要相信政府，相信共产党。共产党做事是不亏人的……"

"卵！"麻子扎匠跳出来指着支书鼻子说，"不亏人？五九年人饿死比茅厕里的蛆还多，过后可赔了一分一文的？六七年冤死人打死人可赔了一分一文？如今田虽到了户，可化肥农药尽是议价，漫天地纳税，连乡里头子喝酒也要摊到各户，这还叫不亏？老子不信！"

雷运生险些跌下，这麻子一梭子扫来，使他感到顿时矮了半截。无言以对！他觉得这是自己有生以来受到的最沉重的打击。而这时下面的人更是乱了。雷运生激动地说："要说冤枉，哪个都有。刘少奇冤死了，邓小平给打倒了好几回。现在不是诉冤枉的时候。共产党即使是佛，也不可能通身都是金的，但如果没有共产党，中国至今还趴在洋人的裤裆下面！共产党有错误会改的，不是已经改了些吗？还会改的。大家要相信这个党……时间很紧，我不多讲了，大家抓紧行动，天黑之前一律要上桃花岭……"他跳下方凳，看见人群里哗地闪出一条路，龙水背着手迎面走过来，脸色阴沉得像涂过一层老陈醋，颈脖上松塌的皮肤裹着尖突的喉节在微微颤动，下巴上的花白胡子被风掀到耳根。这一刻静得出奇。

雷运生一动不动地立着，看着老人。龙水稳稳地走到他面前，突然左右开弓地抽了运生两个耳光。边上人嗡地往这边一涌，村长贵林一把抱住了老人。

雷运生还是一动不动地立着。

龙水被村长、麻子扎匠几个人架走了，但是大家并没有散开。有几个年岁长的过来劝了支书，叹息着。这时候雷水水面上传来了马达轰鸣声，不一刻便有伢鬼来叫："当兵的来埋地雷了！"于是大家吓得面色如土，团团转，堂客就嚎哭起来，细伢子也跟着哭了。雷运生又跳到方凳上，说："大家放心，不会出现危险的，先回家收拾收拾，上桃花岭！"话音刚落，人们便纷纷往家里窜，其情其景是叫人可怜的。雷运生没有回家，叹了口气就朝孙家坝走去……

日头正挂在西山嘴上，摇摇欲坠。西天黄澄澄一片，像熊熊燃烧的火。不久，这堆火熄灭了，化作灰烬随风漫天吹开，吹出一个灰蒙蒙、雾腾腾的世界。这迟暮的景色使人容易产生出遥远而缥缈的思念。工程师庄雨迟此刻正被这团思念萦绕着。他乘着一艘玻璃钢汽艇沿着这蜿蜒三华里的孙家坝缓缓行驶。几处爆破点业已确定，他的工作结束了。然而他没有一点离开的意思。四十天来，他第一次如此近的把自己推到这块伤心地面前。那被暮霭笼罩着的一砖一瓦一草一木让他激动，也让他仇恨。他仿佛觉得那条曲曲弯弯的小石径上还留着一串深浅不一的脚印。它还在。它烙在石头上。我在怀念?！他问自己，可我弄不清这怀念是为了忘却还是因为忘却了才来怀念……

你回来了！是的。你还会走吗？是的。你为什么要回来?！我不知道，或许是命运。你别过来！我已经离你……够远了。你走开！我想再待一会儿。你滚！我，我想……再看看你，真的。可我不想再见到你，我以为你……早死了！是的，我死过一回……

天色越发暗了。几只乌鸦哑着嗓子掠过树梢向远方飞去，雷水像一把破了蛇皮的二胡奏着瘆人的调子。工程师眼前的景物化开了，如一片残荷。我是死过一次。可我的灵魂像觅尸啄骨的秃鹫一样，盘旋在我的青冢上……

雷水的浪随风兴起，一阵一阵的，仿佛空谷里回荡着一个声音：

你——回——来——了——

五十

经过动员，孙家坝以东的十公里一线的群众于第二天上午转移到安全地带。孙家坝上架设了高音喇叭，日夜进行着顾大局识大体的宣传教育。部队已正式接管了这座举足轻重的堤坝，把守得很严。桃花寨人遵照支书的安排，上了桃花岭，围着巍然屹立的安平塔扎了草营。人们的情绪似乎又活跃了些，因为村长贵林宣布过，倘若真的炸了孙家坝，大水过后政府要拨下一笔款子，平分到各户也能摊到千把块。村长又说，省里到时候还要派飞机来降落东西，自然都是够斤两的好货色，也平分好了。

但是龙水没有离开屋子。几批人去劝过，皆被老人轰出。这当儿苇子姑娘去了小孤山，运生又返回了抢险队，老人独自剩在屋里，总是叫人担心的。好在一天一夜过去了，坝还横在雷水沿上，大家才松了口气。

龙水自抽过运生两耳巴后，就一直躺在床上。寨子空空荡荡，显得无比的大。老人叹息着。他叹的不是家门不幸出了逆子，而是这回他的话不灵了。连麻子扎匠也于昨夜夹着被子摸上了桃花岭去给安平塔守灵。都是些贱货！老人愤愤然，但脸面上是没有失去往日的容颜的，极安泰。窗外的天色又灰了，几声狗叫过后，老人起了彷徨。他已是两天没见到女儿了。他想女儿。他本是不准许女儿随那个省里的女记者去混的，可是女儿想去，想去小孤山玩玩。这又叫老人好高兴。那狗日的"四只眼"一走，女儿的魂便失落了。十年了，女儿没提过要玩。如果不是身子骨松了，龙水这回肯定要撑船送女儿她们上小孤山的。"去玩几天吧，"他对女儿说，"票子花大方些。"女儿说来去只玩三天，临动身还蒸了一海碗咸鱼，给大做三天的菜。女儿离开家，寨子还安稳得很。现在却乱了……

玉枝在苇子这个年纪，正随我在江上漂着。玉枝是民国几年生的？好像到了五六年她有四十岁了。她讲她是这个年纪。那会子正闹着办大社，日子过得倒也平和。玉枝虽偎着我这蛮汉过，容颜却一样同戏班名旦般的嫩生，哪看得出有四十呢？可她硬说有。那一日，船泊在九江口，贩货得来一把票子，我就给她扯了六尺苏州的丝绸，水红底子上绣着凤凰，爱煞了人。

"喜欢吗？"我说，"明朝就上岸找裁缝。"

她抖开绸子贴身比着看，先是笑出了两个酒窝坑，过后便叹了口气。"我都四十了，穿不出去。"她把绸子揉成一团，塞到边上，再起身替我用热水温酒。她看着我吃，看着我喝。我这酒竟不那么香了。我晓得堂客在想么子。不多会儿，我听见她在抽鼻子，正想坐过去劝她几句，可她先叫了起来："我四十岁了！"

"四十？看不出……"我说，又喝了口酒。

她一下栽到我怀里，哭了。"我要生伢！我不能不生伢！不生伢算么子女人？我要生……"见我沉着脸，她的喉咙弱了些，"你，你到底中不中？"

我猛地把小桌子掀翻了，站起来。

"你不中！你不是男人！你不能生，我就偷人生！"

我一巴掌扇过去，她被打倒了，呆呆地看着我，并不哭……

那一夜，我坐在船头听浪作响。露水打湿了衣裳，浑身冰凉彻骨。月亮差不多该圆了，船上像盖了一层霜，冷清清的。我碰着了斧子，顺手拾起来，一下一下地捏着柄子。慢慢地，我立起了身，提着斧子揭开了舱帘，月光就射进来，落在玉枝身上。她困着了。你这……贱货！我又捏了捏斧柄。这时候她翻了个身，双手平摆在小肚上，慢慢揉着，嘴里像吮糖似的响。我木了。我在她面前跪下了，淌了眼水……

龙水的眼湿了。发黏的眼垢模糊了他的视线。孙家坝上的高音喇叭又在哇里哇啦地做宣传，他听了脑门像裂开似的生痛，胸口越发的闷了，老人支起身子想吸筒水烟，可是纸媒子光了，只能用火柴点。火柴加了一分钱，这么粗手大脚。他抿抿嘴唇把铜烟筒放下，想过一阵子凑着灯苗抽。天还黄着，离点灯还有个把时辰。往日这会子，苇子该回来了。老人现在十分地想念女儿，也十分地觉得对不住女儿。当初，要是他断了女儿的想头，女儿是不敢同那"四只眼"黏的。可是天晓得，他无论如何也要认可这桩没有媒人的亲事。没有媒人？有的。那凤钗和扇坠便是媒人……

那一日姓庄的来找苇子，我不在场。后来我才晓得他是来看我的宝贝的。女儿夸了海口，寨里人也时常地神吹，姓庄的能不着急？我放鳖卡回来，正撞上了他们。姓庄的拿着两件东西对着日头看，看过了笑得嘴直歪。见我进了门，他便把东西还给了苇子，对我说算是长了见识了，还眨动了一只眼，才走。我关上门瞪了女儿几眼，女儿此后便不敢乱动了。不过，这以后苇子去姓庄的那里，回来晚了我也睁一眼闭一眼了。这四只眼到底比两只眼顶用，看什么都能看出个名堂……四只眼，老子操你祖宗八百代！这杂种还是走了。走了就好。走了这寨子就安生了。可女儿的眼神一日比一日地暗了……

龙水叹了口气。天色开始发灰，今夜有雨是稳的。老天爷这脸阴下来，一时怕收不回去的。

雨，是夜十点左右开始下的。下起来就很猛，四野哗哗一片，像一群野马踏在瓦砾上一样，叫人惊慌失措。起初的几分钟，地面上热气被蒸发上来，空气浓缩成一团，窒闷而燥热。这几分钟过去后，气温陡跌了好几度，寒气弥漫开来，人立着不动没一会工夫牙齿便碰得格格响。冷雨洒到身上，心里都觉凉。闪电和雷鸣的密度比任何一场雨都大，这无形中已构成了一种灾难的先兆，不祥的预感在每一个人心中荡漾着。

雷阳堤防汛指挥部似乎是严阵以待，却又是安静的。然而这安静不仅不让人宽心，反而却增加了几倍的负荷。就像一场战争即将开始一样，伏在壕堑里等着第一声枪响，心跳动的频率绝对超过第一枪响过之后。

地委书记边达晚饭后就在报房门口的走廊上徘徊。他承认此时自己的心情是不平静的。第三次洪峰已通过葛洲坝，那么十小时后，也就是明天黎明将抵达雷阳堤。这次洪峰的流量和流速都比前两次大。边达觉得这一切凑到一起，像是巧合又像是命中注定的。可这个时候，女儿边小素竟不知去向！一定要处分她，他想，这太不像话了！你是省报特派记者,你的职责呢?女儿会不会出现意外呢?他又不能不担心。指挥长白洛宁打算派人去寻找边小素,被边达制止了。"随她娘的去!"他发火了并且说了句粗话。

工程师庄雨迟觉得疲劳已超过了极限,同时为了不让人看出他内心的紊乱,特地弄来一把竹躺椅,面对地图坐着。他在等待来自各个方面性质都是共同的消息。他现在完全体会到,真正的战争,最怯懦最心虚也最劳累的,是将军。不成功便成仁这并非是什么崇高,一种自我解脱罢了。这仿佛是一场赌博,谁也不能排斥运气的力量。一个乞丐可以摇身一变成为百万富翁,同样一个富翁也会顷刻之间只剩下一条短裤。人世间,一切似乎都是偶然的。成败论英雄这毕竟是太古老的话题,英雄一般说来是没有的,或者,因为偶然。他有点心烦,便从枕头底下抽出那本《巴顿将军》,随便翻着。他想等到明天太阳升起的时分,这本书可以撕烂去揩屁股了。这时从后面伸过来一只手拿走了他的书。他知道白洛宁来了。

"你这么喜欢巴顿?"白洛宁说,也翻翻,"他不能同拿破仑相提并论,尽管后者失败了。"

"关键不是胜败。"庄雨迟说,"拿破仑打仗是为了当官,巴顿当官是为了打仗。"

白洛宁没吱声,夹着那本书走了。

雨势丝毫没有减弱。

零点零三分,一纸急电送到了指挥长白洛宁手中——天柱山山洪暴发!

他们立即赶到了孙家坝。天黑得像口深井,树像尸体一样斜歪到一边,雨劈到人身上生痛。警报器拉响了,声音像狼嗥一样瘆人。孙家坝像一条蟒蛇正处在野狼四伏之中。

工程师庄雨迟用手电照射着注视水面,迟迟不同意爆破。他弄不清这次山洪的流量有多大,想尽可能地避免这一损失。几分钟过去,他决定乘玻璃钢汽艇去雷水的上游看看,如果情况严重,鸣枪为号。"听到三声枪响立即引爆。记住,三声枪响。"他同白洛宁握手。边达走过来,说:"要注意安全。冷静点。"工程师点点头,就跳上汽艇,随两名战士出发了。其他人全部撤到杨树湾。

在另一边，抢险队队长雷运生立在一棵树上默默注视着寨子。也许，这里马上就成一片汪洋了。这丑陋不堪的地方他曾几次梦里将它毁尽，可现在他却有些心酸了。一阵强风吹过，一点昏黄的灯光从黑黢黢的树缝中跳出，运生心里一惊：这正是他家的灯火！这是唯一的灯火！

运生手心捏出了汗。

……

汽艇逆浪而行，工程师用手电直射水面，时而用手捧一把细看，水还是绿的。他希望水绿得时间越长越好。孙家坝上的灯火渐渐模糊了，汽艇继续向前驶着。突然，水黄了，而且浪骤然大了。这是山洪！工程师看看手表，从山洪暴发到现在才三十分钟，按这个速度推测，山洪是极迅猛的而且流量极大。

"放枪！"他命令道。

砰！砰！砰！

三声枪响后是几秒钟的停顿。接着，轰隆隆几声巨响，孙家坝上空一片通红。水像雪崩一样扑向了桃花寨……

五十一

昏黄的油灯下，沉睡着的龙水被刚才几声巨响惊得坐起。这声音如万雷击顶，整个桃花寨都中风了。炸了！到底……炸了！老人从床上爬起来，推开窗户。窗外是一片漆黑。水涌来的声音越来越响，其间夹着树木和房屋掀塌的响声。不一会儿，这屋里也开始进水了！老人浑身在抖，手脚越发笨拙。我要死了……我就要死了……他喘着粗气，用手护着摇曳不停的油灯。他看见投在壁上自己的影子，像一只麻虾，又像一只脱了毛的老雕，心便跳得像风箱一样呼啦呼啦响。我要死？我就要死？我真的要死？老天爷，你瞎了狗眼，呸！他颤颤地从箱子里拿出那瓶大曲酒，用牙齿咬掉瓶塞，咕噜噜地一饮而尽，酒从两个嘴角淌掉不少，胡须湿了。"砰"的一声，老人摔碎了酒瓶，狂笑起来，笑得身子战栗不止。笑过，他又爬回床上，眼痴痴地望着那跳动的灯苗。

我今夜就死？马上就死？不，不不，我还有气，还动得，我不能就这么等死……桃花岭就在背后，我不能等着叫水吞了，我得……

但是他没有动弹。这会子摸上桃花岭，能活；百年之后两脚一伸，还会有人捣你这老狗日的脊骨！这不是我雷龙水！老子与其活着叫子孙笑掉门牙不如就这么爽爽快快地死。可我实在是……不想死。我还没抱过孙子。这辈子就两代人，香火不旺……报应哪，老天报应了！我欠鬼的债太多，如今鬼上门来讨了……

老子还！

他把褂子纽扣一个个地扣好，又摸了双纱袜穿上，盘着腿坐在枕头上。他又想起了一件东西，便从枕头套里掏出一只小红布包，打开，正是那扇坠与凤钗！这东西陪了他几十年。老人把两件东西细细看了，又细细摸了。他那榆树皮般的面孔陡然胀开，笑意渗透在每一条皱纹之中。门边的便桶被水浮起，碰在壁上咣当一响，龙水这才看清水已经有齐腰深了，床也湿了。他把他把玩了大半辈子的宝物最后把玩了一回，投到浮到面前的便桶里去，叮咚一响。酒性开始发作，老人觉得头像一只冬瓜瓢子，松松轻轻的，就把身子靠紧了些，冰凉的水越过了他的肚脐。他不知不觉地在水里撒了一泡尿。这微弱的暖意经过了老人的大腿。好暖哪！好暖……好暖……

突然，门被什么东西撞开了。一个黑影水淋淋地蹿进来，是运生！

老人心里一响，但依然保持着原有的姿态。

雷运生已累得气喘吁吁，脸上被树枝划得一条条的血痕。他拨开水，摆着身体走过来，要背龙水。

老人不动，闭着眼。

雷运生一把抓住老人的手甩过自己肩膀，弓腰背起来就向门外冲，一只腿刚跨出去，就突然眼前一黑，他感到什么东西重重地敲在自己的脑勺上，手一松，身子像口袋似的软了下去，甩出了门外。屋里的龙水扔掉了手中的铜烟筒。

"哗"的一声，屋倒塌了。

灯灭了。

孙家坝切开后，洪水几十分钟内洗平了桃花寨和雷水以东五六公里内的几十个村庄。四野茫茫，惨不忍睹。

工程师庄雨迟没有回来。据同行的战士说，枪响之后工程师命令他们向西岸撤离险区，由于地形不熟，小汽艇撞到一块巨石上，立即就翻了。水速很急，三人落到水里便散了。其中一位战士被淹死，尸体是在雷阳闸口找到的。但是工程师失踪了，生死不明。

"马上分头寻找，活见人，死见尸！"指挥长白洛宁命令道。

地委书记边达没有同意。"眼下，不是个把人的问题，"他沉重地说，"江堤正处在危险中，我们的精力……不能分散……各就各位。"

这一夜，雷阳堤上灯火连成了火龙，民工们立在雨里看咆哮的江水作最后的挣扎。这情景，使地委书记边达内心深处产生了强烈的冲动。他将雨衣揭掉，暴雨的洗礼使他觉得自己还是个健康的人。他想到了杨子东，这位过早踏上古陌荒阡的战友。子东，你的身体有病怎么不及时治疗呢？你的确走得太早了……

民工们在喊着号子干，打桩、扛草包、填碎石，热火朝天。这是地球上最纯净的人民。他们是牛！是奶牛！也是勇敢的牛！这是这个古老国度的骄傲啊！边达激动地想着，多少年的失落感似乎从这里寻找到了。他想起大军渡江前夜，他作为一个随军记者采访过许多民工。他至今记得一位民工的话："共产党必定要得江山的，"那民工说，"国民党说'弟兄们，给我上！'，共产党却说'弟兄们，跟我来！'。"这是多么精辟的概括啊！也许，无论我们的党处在怎样的紧急关头，只要她大喊一声"跟我来！"，是绝对会无往而不胜的！

一道强烈的闪电掠过，映出了边达布满血丝的眼睛。

黑暗的夜像老龙的大嘴正吐出一道道粗大的水柱。借着霍闪能看见一块石头般的东西在随着浑浊急喘的洪水滚动着。那东西被一截树杈拦住了。这是雷运生！

刚才沉重的一击，他软了下去。接着是哗啦啦的巨响，屋倒了。一个老人的呻吟断了。雷运生不知道自己是怎么漂到这里的，暴雨将他抽醒，但他已经是精疲力竭了。他想攀到这棵树上。他几乎是在拼命地向上攀，手够住了身子却怎么也提不上来。完了，他想，这下算彻底地完了。这狗日的场子……老子操你的爱！不，我不能就这么死……我才晓得做人……

你……哭了。我是喜欢过度了。你这么喜欢我？我恨不得一口吞了你，把你化在我身上！你这狐狸……

那件事雷运生不懊悔。他做了就不懊悔。他的心动了，狂跳着，是那狐狸挠的。他得要那狐狸！大胆地要！她也会大胆地给。可是现在……雷运生死死抱住树干，越抱越软。如果这是温暖而柔软的身体，他会越抱越紧……他挣扎着抬头越过涌来的洪水去看西岸的灯火，可是头又开始痛了，仿佛裂开了似的。右耳根有暖暖黏黏的东西在淌。他眼前一片黑暗。

"啊——"他撕着嗓门大叫了声，身体顺着树干往下滑。树发出咔嚓的断裂声，随着他的身体斜了。

"运生哥——"

这是巧凤的声音！这声音激起了雷运生求生的最后一线希望。他听清楚了。不是错觉，不是……但他喊不动了。

雷运生张开嘴，用牙齿咬住了一根树丫，身体被洪水像荡秋千似的操着。渐渐地，他隐隐地感到有人朝这面划动……

霍闪越扯越密，巧凤终于找到了运生。他射向雷水的一瞬她看见了。于是她套起一只大车胎也下了水。她随着巨大的浮力和动力向桃花寨漂来，呼唤着她的运生哥。她听见了那撕肝裂肺的嚎叫，这是多么熟悉的声音哪！

"运生哥！运生哥！"

"巧，巧凤……"

"你快钻进来！快！"

巧凤费了平生最大的劲把雷运生拽进车胎来，两人紧紧地粘着，运生的头搭在巧凤的肩上，昏迷不醒。巧凤是沉着的，她知道这会子想顶着水划回杨树湾是不行的，只能顺水往桃花岭脚下漂……

她用力蹬开那棵即将冲倒的树。两人立刻被洪水推走了。

边小素动身后，苇子一个人剩在屋子里觉得屋子好大好空，阴森森的。外面过道上有几个人在紧张地说着大水的事。其中一个干部模样的男人说，如果山洪下来了就得炸开孙家坝，把水分走。这话叫苇子惊恐万分又焦急万分。她不晓得大怎么样了。她得赶紧走！

没有人能拦住这姑娘的。她一点篙子，船便像离弦的箭射了出去。

船在波峰浪谷间颠簸着，苇子的心也颠簸着。她一点也不害怕。现在她脑子里只有一个念头：大怎么样了！她离不开大……

她不相信真的会炸孙家坝。为什么要炸掉这坝？是哪个坏种的主意？这个该刀剐的！

天哪，你这么黑！到哪里了？岸上的灯火像鬼眼一样乱眨，防浪林像疯子般地摇头晃脑，只听见断断残残的人声，看不清人影。好像这条大河上就活着一个人，都疯了，都死了！不知过了几时，苇子看见了雷阳闸。可是闸还死关着，上头有当兵的设了岗，刺刀贼亮。苇子寻了个偏僻的地方把船停稳，用肩顶着船想翻过大堤。她拼命地顶着，但力不从心。她急得哭起来。忽然听到头顶上一个男人粗叫道："哪个？干什么的！"

苇子吃惊地埋着头抽泣。这是个城里男人的喉咙，莫非以为我是偷船的？她从肘弯往外看，见一柱手电的光射过来，接着是一双大赤脚，接着是"苇子！你么子……"这声音又变土了。是那个洋货毛狗！

"苇子，这会子你跑出来做么子！这里正险哩！"

"我要家去！毛狗，你帮我一把……"

毛狗这些日子都在堤上泡着，现在他在巡逻。见到苇子他极高兴，可是他迟疑着。上面有规定，今夜无论是谁家的船都得扣下，由指挥部统一调动。上面刚才又发了紧急通知，说不定马上要炸孙家坝分洪。

"毛狗，你是死人嘛！"

"苇子，你，我看你就在这歇歇……天亮了再动身可好？"

"我要家去！我要见大……毛狗，真的要炸孙家坝?！"

"说是这么说的。不过桃花寨一带的人都转移好了。我看你还是……"

"毛狗，你帮我把船送过去。我，我做你堂客！"

"苇子，这太险哪……"

"你滚！你这狗日的！"

毛狗就不响了。他帮苇子把船送到了江堤那边的雷水里。苇子跳上船。毛狗把手电筒塞到她手里，说："你得当心哪！"苇子用篙子将船拨离了岸，向黑暗中奋力撑去。毛狗大喊道："当心哪——苇子！"

这时的雷水浪还不算大，因为逆着风又顶着雨，船撑起来又涩又重。

苇子浑身早已湿透，她把辫子绕在颈脖上，把辫梢咬在嘴里，左一下右一下地往前撑。离家有十五里，她估摸着天亮时能到家门口。腰酸痛极了，腰椎像插了个榫子，每撑一篙子榫子就往里下了一分。霍闪在头顶上扯个不停，雷声时大时小。雷水极阔，两岸的芦苇只露出个尖尖，水是白的。霍闪过去后，就再也看不清哪是岸哪是水了。苇子叉开腿立于船尾，均匀地左右下着篙子。她不觉冷，只觉得全身都麻木了……

警报声突起，越来越响！

苇子毫不犹豫地继续往前撑。闭着眼撑！一下又一下，她在心里数着，想摆脱那蛇一样缠住她的警报声。水面上浪像大了一些，风也烈了些，但警报声尽了就显得特别的寂静，尽管天上有雷鸣。

三声微弱的枪响，苇子也没当回事。她想城里人实在缺德，吃香的喝辣的还要来炸坝开心！城里人不得好死！突然，那极远的地方升起了半边红云，旋即是"轰隆隆"的巨响，整个天地都斜了……

"大——"

五十二

这是什么地方？天……这样黑……一场噩梦……噩梦……我还活着……我的皮肤还是暖的。我听到了我的心跳，一下，两下，三下，好慢哪……我还活着。他妈的我居然活下来了！我的眼镜呢？好像落水后就被浪打掉了。炸了。我听见爆炸声的，过后就给震昏了……似乎是本能救了我。那根神经没有昏，在起作用，支配我呼吸。我当然也喝了不少水。好腥的水呀……

我的水性没用上。我像一根草似的随波逐流。我被浪推得乱转，推得好远。头部还有腰部给什么东西撞过，可是不痛。脸上火辣辣的是给芦苇叶划破的。那东西锋利得赛刀。这到底是什么地方？我怎么淌到这里来了？不错，我遇上了一只船。那船上有几个人。我像是被人架上去的。他们像扔口袋似的把我扔到一边。我听见有人在哭，在叫，在骂，骂城里人是婊子养的……突然船给浪掀翻了！又是本能在起作用，我抢到了一块船板。这是一块好大的船板，我抓住这头，有人抓住了另一头……

天哪，好吓人！阴阳一层纸，如果不抓住这块板我恐怕早已做鬼了。如果我真的死了，会怎么样？自然有人会象征性地哭一阵子，还会追认我个什么活一辈子也得不到的称号，舆论界说不定也要小闹几分钟，慷慨地朝我尸体上堆砌形容词。妈的，见鬼去吧！我活着！我快活是因为我活着。我绝对不信他妈的大难不死必有后福。我脸皮比跰还厚，锥子扎进去也不见血。所以我能活下去……我果然活下来了。

现在是几点了？水还在涨……这到底是什么鸟地方！脚下有沙子，有草，像个孤岛。哎哟，这倒霉的腰……

庄雨迟撑起身子，想站一会儿。可是由腰部生发出的剧痛像电流一般迅速通过了全身，他又跌倒了。黑暗中他伸手四下乱摸，希望能得到一个支点将身体重新竖立起来。雨势丝毫没有减弱，他仰脸张开嘴接雨。冷雨滋润过的喉管不再像刚才那样的火辣。他似乎听见了冷雨触及喉管发出的嗞啦声。水还在涨。这块地方不久也会沉下去，于是他起了惊惶。不能这么等死！这太划不来……他试着又一次支起身子，运足力量，这力量爆发后他立起来了。一道闪电从他的头顶上斜劈下来，他看清了周围的环境——白茫茫！远山青面獠牙地注视着他。完了，他想，我仿佛被甩到地球外面了。他摇晃着。又是一道白色的闪电掠过，庄雨迟看见了离他不远的地方有块淡红色。那是人！是个女人！他稳住身体等待着下一道闪电的检验。真的，是个女人伏在暗绿色的蒿草上。他不禁向前迈了一步，但跌倒了。于是他开始爬行……

当他的手触及她的脸的时候他仿佛预感到了什么。这皮肤不很细腻但十分油润。颧骨不高，眼窝也不深。眉毛很长并且弯弯的。嘴唇的线条很硬朗，牙齿咬得好紧。庄雨迟用胳膊枕着她的脑勺，她绕在颈脖上的辫子被他慢慢地解开。好长的辫子！这是她！这分明是她！闪电又一次证明了他的预感。他一下紧紧地将她拥在怀里，用自己开始温暖了的胸去熨另一个仿佛冰冷的胸。他流泪了……

这是命运！这绝对是命运的捉弄！这不是虚构。上帝今夜毁灭了整个世界，只剩下我和你。你和我还残存着一口气。上帝这老狗发慈悲了，让我们生不同床死同穴。那老狗站在你一边。不，也站在我一边……苇子！苇子你得醒过来！你看我一眼！你看清了！你得明明白白地同我死在一起，这样我们的眼睛都会毫不费力地合上。苇子，我欠你的债今夜统统还了！苇子你晓得吗？

"苇子！"他摇晃着她，使劲掐了她的人中。

她动弹了一下但眼依然是合着的。她好像听见有人在大声地喊。是喊救命。有人往船上爬。又上来一个。好像一共上来了五六个，差不多都是男人。看不清他们是哪里的，口音像本地的，还有一个小孩……船在乱转，那轰隆隆的声音震起后，船就稳不住了，斜着漂，像石头一样甩得老高老远的。她的劲完了。船翻的那一刹间她清醒过来，抱住了一块船板……

"苇子，苇子……"

有人在喊。声音好近，好熟……做梦吗？我莫非还在小姑庙里？我不是漂回来了吗？是毛狗帮我下的雷水……毛狗没随我来呀；哪个在喊我……

"苇子，你醒醒！我是小庄！小庄！"

小庄？小庄哥？你不是走了吗？是我撑船送你走的。你先坐轮船再坐火车。那么老远的你还回来吗？我晓得你不想回来了。我不去追你。这是命。你走吧，走得越远越好……你没有信来。你给我寄的料子衣裳和羊毛围巾我都拿到安平塔下烧掉了。我留着到阴间去穿去戴。阴间我可还是这个命？桃花娘娘保佑我吧……我就要去了，去找小庄哥……

　　雨竟渐渐小了。当雨丝断续之际，天无比高远，一轮冰冷的月亮从穿行不息的乱云中显露出来。四野茫茫的水面升起了浅灰色的光辉，映出了一个孤独寂寞的渺小世界。

　　这是一个古墓。墓主至今不详。它的历史可能相当久远。离它不远的地方有一个残缺的牌坊。牌坊的规模可以想象得出是不小的，可它现在淹在浑浊不堪的水中，只露出顶部。水该有多深！墓多少年没有人动过，长满了蒿草。周围便是芦苇。那芦苇的尖儿露出水面像死人垂死的膀子。再也看不到什么了……庄雨迟看了一下自己刚才做的标记，叫他吃惊的是水还在上蹿并且幅度不小。好大的山洪！如果不当机立断，雷阳堤恐怕早就散架了！这多少给工程师带来了一点安慰。他觉得应该感谢那截阴差阳错的历史，感谢水利这个专业，给他提供了一次作为男人的机会……

可我不是男人。不是个比较完整的男人。作为男人我失去了最本质的东西！这已是无法补偿了……他俯身看看苇子，月光下她的脸惨白无比，睫毛投下的阴影是淡青色的。她的嘴唇不时动弹一下，发不出声音。庄雨迟又一次地呼唤着。

苇子终于睁开了眼睛，她痴痴地望着他。

"你是……哪个……"

"是……我是小庄！庄雨迟……"

"不信……他戴……眼镜……"

"苇子，你好好看看！我是小庄哪！"

"不像……他好看些……"

庄雨迟双手捧起苇子的脸，泪水弄湿了眼睛。这会儿苇子头脑清醒了许多，她看清了离她很近的那张脸。你瘦多了。你又熬夜了吧？你怎么又回来了……这可是真的？你……

"真的是……你……"

"是我，苇子……"

"你不是走……了吗……"

"我又回来了。"

"你……还晓得回，回来……你不该回来……"

"苇子……"

庄雨迟把苇子扶着坐直，想让她靠在自己身上。可是苇子突然将他推开了。她哭了，无声地哭了。

庄雨迟仰面躺下了，望着辽阔的天。月亮起了毛边并且哆嗦着。他叹了口气。

这是命运！无论你怎样挣扎也无济于事。我是一只苍蝇，绕了很大的一圈又回到了原来的地方。捉弄！活活的捉弄！命运捉弄我我也捉弄命运！我没什么可说了……可是我对不住你，苇子！我把你的青春撕碎了，我毁了你！谁又毁了我呢？完了……一切的一切，都完了……要不了一会儿，水会盖住我的尸体。水葬。这个结局也未必不理想……苇子，你能不哭吗？让我静静地躺会儿，时间不多了……

我不哭。我真不该当你的面哭。哪来的眼泪？！我不哭了。过去了，十年过去了。十年，你可晓得这十年我是怎么熬过来的？日头升了又落，月亮圆了又缺，我是扳着指头一天天数过来的！人家笑我不能笑，人家玩我不能玩。我整日守在船上，想着你头回坐船的样子。你给我画的像还在，我压在箱子底下，时常半夜里起来看它。那上面还有你留下的烟味……你走了，一走就不回头。我不恨你，我只恨自己的命……老天的眼真的睁着，又把你送来了。可是迟了，我们要死了。能同你死在一起，我，我这辈子活得也值……我这辈子还没做过女人哪！

苇子咬着牙坐起来，突然疯了似的将自己的衣服扯光！月光下她的身体像一尊瓷器。她像鹰一样使出最大的力气朝庄雨迟扑去。

"你要了我吧！"

"苇子……"

"你快些要了我！"

"苇子！"

苇子紧紧搂住庄雨迟的脖子，脸贴着他的胸膛。你要了我吧！我这身子就是替你留着的！你快些要吧！我等了十年……我这辈子还不晓得么子叫堂客。我要做堂客。我要做你的堂客！大慈大悲的桃花娘娘呀，苇子来世还替你烧高香……

"你……要了我吧！"

"苇子……"

"我是干净的……"

"你……"

"我们就要死了！老天爷……成全了我这苦命人……！我要做你的人！我要，要……"

"苇子……"

天蒙蒙亮的时候，苇子被冷风吹醒了。我还活着？她猛地坐起来。庄雨迟静静地躺在她的身边，一只手横着——那是给她枕头的。一条由布条结成的带子把他们拴在一起。昨夜，是他这么做的。"让我们就这么一直睡到阴曹地府吧！"他说，"到那里再……拜堂……"他们抱头痛哭，然后，躺下了……他们不是困着了而是昏死过去。然而阎王爷把他们推出了门槛！

水声不对头。苇子能听出来，这水的响声像退……她欠起身子仔细看了水痕，果然水在退而且退得很快。活下来了！活下来了？这意外的狂喜驱使她想去摇醒庄雨迟。可是当她的手快要触到他的身体时，她像被蛇咬了一口似的缩回。水退了……水退了会怎么样呢？他是来防汛的，水退了他就得走。我又要回到那个鬼场子，接着去扳指头数日子……他是不会留下来的。他不会再要我了，不会……她捂住嘴一哽一哽地哭了。我是你的人了。我不可能一辈子都做得了你的人，你会走的，会的……你是只鸟，小笼子是关不住的，你会飞得老远老高……

庄雨迟轻微地翻了个身，梦里喊了声"苇子"。她贴紧他，把他细细地看了一遍。她忽然发现他衬衣口袋里有一张照片，和衬衣粘得很牢。苇子小心翼翼地将它取出来——这是她的相片！是那个女记者拍的……怎么会落到你手里了？你……真好哇！苇子把自己的相片贴在腮上，熨尽了上面的水渍，又看了一眼，放回原来的地方。天越发白了，庄雨迟的脸上现出了少许的舒朗。苇子用拇指与中指合成两个圈儿悄悄对准庄雨迟的眼睛。她觉得他还是戴着眼镜子好看。"四只眼……"她轻轻说了句，微笑着，两行泪水挂在脸颊上。然后，她慢慢解开了那条淡红色的布带死结。她站起来，用双手把抖散的头发往后推出，这头发在晨风里飘动着，像一面黑旗。她的手软软地放下来，交于胸前，护着高耸而极有弹性的乳峰。曙色映着她沐浴露水的身体反射出黛色的光晕。她望着无际的青天，喃喃地吐出：

"老天爷呀，你好缺德！"

五十三

黎明，第三次洪峰顺利通过雷阳堤。其时雷阳闸实测水位达到21.68米，创造了历史最高纪录。

孙家坝切开后，由天柱山奔泻而下的山洪改道往东北方向行驶近八公里，雷阳区有三个乡十一个村子受灾，桃花寨首当其冲，整个村子几乎踏成平地。汪在大水中的老百姓在附近的山岭上安身，这一带人畜的伤亡不大。省防总已通知空军某部，如果大水三天内退的幅度不大，必须对灾区实行物资空投。

雷阳堤防汛指挥部在第三次洪峰通过之后，开始组织小股力量进行救灾工作。由于工程师庄雨迟的失踪，指挥长白洛宁脸上罩了一层阴影。可是他离不开身，只能把寻找工程师的任务派给了熟悉情况的镇长李松茂。于是早饭后，李松茂乘着部队的玻璃钢汽艇沿着孙家坝溃口的方向出发了。

　　从吴德荣淹死的那日起，李松茂的心便软了。软到看到一点惨相就感到恶心。是他替德荣穿衣的，德荣的眼圆睁着，像死鱼眼一样灰灰的向外突出着。李松茂的头发差点儿竖起来，手中风似的颤个不止。这一连的几夜，他都开着灯睡觉。有一夜，他梦里吓哭了。现在，他的腿还是软的。他估计工程师八成是做鬼了。他实在是硬着头皮接受这项任务的。白书记亲自下的任务敢不接受？一上船，他突然问随行的战士怎么不带枪？战士笑了，说用不着。"山里，有狼呢！"他自动转弯。战士笑而不答，发动了马达。小艇悠悠地往前驶着，并且在偏僻的地方停下来查寻。太阳已蹿出了东山洼，水面上波光粼粼，一半是血样的红。李松茂又觉得恶心了，打了几个干嗝。他们继续向前。快出桃花寨的时候，一个战士突然指着左前方的芦苇丛惊叫道："有人！"

　　"在哪里？"另一个战士问。

　　"快，左拐弯，左……"那战士说。

　　李松茂顺着战士指的方向看过去，没看见什么。不过他希望战士没有看花眼，是工程师的尸体。这也算完成任务了，他想，免得天天出来恶心。小艇加速驶来，近了，李松茂好像也看到了一个白花花的东西夹在芦苇中被浪摆动着。小艇停下来，两个战士同时跳到水里，拨开芦苇，又同时叫起来："两个！"他们把那两具尸体拖出来。是一男一女，紧搂着；一个黑色的大车胎早被割破，软塌塌像肠子似的箍住了他们的腰。

　　这是运生和巧凤！

　　那黑色的大车胎出现后李松茂心里剧烈一挫。这极像他家的那只，是以前从一个司机那里弄来的，下大河放鳖卡时用的。他希望不是……但巧凤的背出现了！

　　松茂瘫倒了，呆呆地坐在艇上。几个战士也挺难过，准备把两具尸体往船上搬，可是谁也不能把他们分开！李松茂突然扑过来，从后面抱住巧凤，呜里哇啦地嚎哭起来，大声叫着："巧凤哪——"

几个战士似乎有点儿明白但又感到疑惑。他们决定把这一男一女的尸体运回去。李松茂落在后面,他漫无边际地走着,一步三摇。

他不知走上了哪条路,高一脚低一脚,一会儿是泥里一会儿是水里。但他没有完全糊涂。他脑子里被巧凤搂抱雷运生的姿势彻底占据着:一只手从他肩上滑下去,另一只手从他的腋窝伸上去,两只手在他的背后交合。她的脸半侧着抵在他的胸口上……哦,巧凤,你我夫妻十七年,你还从来没有这样地搂过我呀!我,我如今落个么子?一顶帽子……卵帽子!我,我怎么这般的贱哪!

他惨笑着。

他又想到了那个雷运生。我不恨你。还是,还是你的本事大……你是好汉,我是孬种。我输了……我赢了一顶破帽子,你赢了一个好堂客……哈哈!我输了,输得精光!把祖宗灵牌子都输掉了……

他像个醉汉似的往前走,隐隐听到前面有几个细伢子的嬉笑声,便眯眼去看。几个细伢子正逗着一个女人往这边走。那女人头戴着一朵白菊花,嘴里含着一根狗尾巴草,衣襟半开着。这不是……翠娥吗?你不是随湖北佬……

他吓醒了。他想躲避但已来不及了。翠娥看见了他,大大咧咧地挺着奶子走近来。

"镇长哪,你还要我不?咯咯咯……德荣又做了代表,王八代表……咯咯咯……德荣做了鬼……咯咯咯……镇长,来呀,我不是实在吗?咯咯咯……"

她疯了!李松茂脸白得如纸,怔怔地看着翠娥。这女人也不多纠缠,又扭着屁股往杨树湾走去。细伢子还跟着她,用柳枝搔她的胳膊,又笑又闹。

这里一下变得好静。这个小林子好脏,叶子没有一片是绿的。不时有几声鸟啼,也仿佛是咯咯咯……

李松茂决定不走了。地上有一截烟头,还冒着一缕青烟。他用两根手指轻轻捏起它,吸着,吸得上气不接下气。他盘腿在地上坐了一会儿,用指头在地上写了一个极深极大的"巧凤"。然后,他将衬衫撕成一条条的,结成根带子拴在斜伸到头顶的树丫上,试了试重,就把自己整个地挂了上去……

　　省报记者边小素是孙家坝爆破后赶回雷阳镇的。她的父亲边达见面就毫不犹豫地给了她一记耳光。她没有流泪。她流泪是在听到指挥长白洛宁告诉她工程师落水至今不见踪迹之后。她几乎是苦苦哀求白洛宁,帮她寻找庄雨迟。"我不能没有他!我……"她哭得很伤心。但是边达没有同意。那一夜,记者是在江堤上度过的。她拍下了许多激动人心的照片。其中一张是父亲的。他揭掉雨衣的一刹那间给记者抓住了。她深信这是父亲一生最美的照片。父亲并不老,那双尽管泛着血丝的眼睛暗示着他依然是个英武的男人。父亲并非是个只懂得握手、合影或者只知道在长篇讲话里动不动添一个"这个……这个……"的人物。这是位不可多得的父亲,不是太阳,也不是月亮,但总散发着热量。这张照片使她不假思索地感到:人必须有父亲。

　　这一夜边小素累垮了。凌晨五点她被人架回来就昏睡过去。她是把照相机抱在怀里睡的。醒来,已是阳光遍地了。她靠在床上,等待着寻找庄雨迟的消息。你不会死,她想,你绝对不会死的……不过她照样以泪洗面了。

　　寻找的人回来了,运回两具尸体:男的是抢险队长,女的是镇长的妻子,死死地拥抱着。她远远地看着他们。心里升起了一种具有古希腊悲剧力量的崇高美。这简直是一尊雕塑,她感动了,深深地感动了……

　　不久,有人发现镇长李松茂自缢了。

　　一连串的噩耗,使边小素产生了凶兆。她拖着脚步去找父亲,请求能同意她去参加寻找庄雨迟的工作。边达点了头,并且表示自己也要去。这样,午后两只小汽艇又出发了。他们分成两路,由桃花岭始分别向东北与西南两个方向寻找,逐渐会合。这一带基本是山地,船沿着山岭的边缘摸索着向前,走起来极缓。闪过桃花岭,是一片洼地,水汪在其中如大池塘,水面上只见到几处树梢,像蒿草一样随风摇曳。一头死牛伏在斜坡上,一群黄蜂在牛头上空盘旋。牛的脊梁上有两条青皮蛇。边小素见了不禁心里发憷,她不时看一下西斜的太阳。

　　从上船起,边达就没断过烟。他坐在船尾,披了件衬衣。他一语不发,眼眯着像思考一个永远也弄不清头绪的问题。他已做好了最坏的打算。可是怎么就见不到那小伙子的影呢？一定要找到他！

洼地的尽头是个山嘴。那地方水的流速颇大，小艇驶过去时跳了一下，船上的五个人衣服都给弄湿了。过了山嘴，眼前便豁然开朗，这儿又是一个洼地，比刚才的那块要宽阔得多，俨然如湖泊！几个鹰状的鸟在高天上自由翻飞。"湖"的颜色逐渐黄了，夕阳的余晖涂在远山的背上给人一种向往。

"喊几声吧！"边达扔掉烟头说。

边小素站起来，大声喊道：

"庄——雨——迟——"

回音久久飘荡。

"雨——迟——"

边小素已濒临绝望的边缘。泪水沁满了眼眶，她回过头来看着父亲。他又开始吸烟，连划了几根火柴都断了。她移过去，从父亲手里接过火柴，替他划。她划着了，正准备凑近他，父亲的眼睛猛地睁大了，香烟从指缝里滑落，他慢慢站了起来，带泪的目光向远处射去。边小素急速回首，她看见了——

杂草丛生的古陵上，庄雨迟横抱着一具姑娘的尸体像树一样迎风立起来……

五十四

大水过去的那天半夜时分，平地一声惊雷。所有的人被撼醒了。

第二天，有人说：安平塔给雷劈倒了。

第三天，又有人说：那塔还在。

……

1987年8月　写毕于合肥
（原载《清明》1988年第3期）

附　录：

多余的话

《清明》的负责人嘱我写一点关于《日晕》的创作谈。这类文字对于我来说总是不大好弄的。一部作品发表出来，我企盼的是缩到清凉处去听读者对它的谈论。不同的声音自然最好。现在让我先说，这话便显得多余了。

一

1983年夏，我作为由大学分配到地委机关工作不久的干部，被派遣到同马大堤防汛，那是个至关重要的江堤。我在指挥部担任宣传工作，住了四十天，除晒黑了点外，并没有吃多大的苦。指挥部设在离江堤极近的一个镇子上。不下雨的时候，我每晚都去江堤上吹风听浪，觉得蛮开心。这一年长江水势极猛，水位蹿过了历史最高纪录。当然，气氛是紧张的。我第一次见到县委书记腰间别着小手枪。其时我并没有产生想写什么的欲望。翌年秋，我到首都出席《北京文学》的小说笔会。玩了半个月不写一个字似乎挺难为情，于是便从防汛生活里挖了一块，捏成了一个小中篇，叫做《小镇皇后》。然而这篇东西除了引起朋友们猜测我在防汛日子里拈花惹草外，别无所获。以后的两年我不再碰这块领地，写别的去了。去年初，在全国"青创会"上，几家出版社的编辑向我约稿，都说要一部长篇。我便发憷了。因为这桩买卖意味着要将三百字的稿纸填满七八百页。而去年正是我最难熬的年头——孩子才萌出一颗牙。但我还是动心了。想想一部书印出来有点儿沉，逢友人递一本，倒也好神气。我于是又一次想到了在江堤边上的日子，事隔几载回头看看，沉淀的东西重新泛起，情形却与旧日不同了。那块土地我是熟悉的。可以说是我的故土。我在长江里洗过澡，在莲池里钓过鱼，在河湾里逮过黄鳝，在湖汊里抠过藕。那是一块水的土壤，也仿佛是女性的土壤。黄梅戏女人唱起来绝对比男人好听。女人是水做的。然而女性的土地上总有男人的歌子，有男人有女人便有生命。生命是辉煌的。

二

我们这个民族很神秘。企图透视她的灵魂往往需要一个或几个参照系。历史是一面镜子。思考自然是必要的，然而我的思路极其杂乱，可谓胡思乱想。每个作家持有不同的创作观，有人喜欢思辨，我是反对的。我喜欢凭直觉去把握表现对象。人与人、人与神、人与自然，这些在我看来都是蛮有意思，也颇神秘的关系。习惯中有天灾人祸一说，好像之所以有人祸是因为天灾所致。我发现这个因果关系实际上是一个不大不小的谎言。但它诱惑着我。对待生活，每个作家的处理方法也是不一的。有人喜欢拿生活本身开笑，于是历史便成了任人打扮的小丫头。我没这能耐。我只能把生活从自己眼里过滤一遍，然后捧出我自觉有点意思的（不是意义）让读者去看。至于读者怎么看，感受如何，我是不管的。我曾在一篇名为《小说者言》的文章中说过这样的话：好的小说是茶叶而不是现成的茶。你想喝就请你自个儿拿水来泡。至于水的度数如何责任由你负。接下来我引用了克罗齐先生的一句话："艺术家的全部技巧，就是创造引起读者审美再造的刺激物。"所言极是。

去年8月，《日晕》脱稿后，人民文学出版社的两位编辑专程到合肥把它读了。他们同我交谈时问：这部小说的主题是什么？我说是无主题或者是多主题。这是个滑头的回答。不过他们表示了所见略同的意思，现在《清明》的同志也是这么认为的。但我至今找不出这部小说产生的契机。我说过我是个胡思乱想的人。一个人物，一个细节，一片色彩或者一个梦幻，都曾成为这部小说向前推进的作用点。一位朋友读过小说的手稿，问道："那只大白鸟意味着什么？"我说你觉得是什么它就是什么。当小说写到近五万字的时候，我突然感到它的名字应该叫《日晕》。

小说可以看做是一种社会文化现象，也可以看做是一种社会心理现象。文化并不意味着"掉书袋"或"掉县志袋"，心理也不仅仅是一个叙述角度问题。我无意去"寻根"，也造不出"现代意识"。我感兴趣的是生活本身的色彩和光环。我热爱生命。热爱生命的本体价值，包括它的扭曲、毁灭或者重铸。

三

要紧的不是写什么而是怎么写。刘晓波说："艺术形式是从作家的独特生命中生长出来的，是作家生命的对应形式。"话虽玄了些，但我很乐意接受。这几年写了一些中短篇，花在"怎么写"上的气力不算小。作小说，各有各的招最好。谁也说不好小说是个怎样的名堂。长篇的营造，之于我是第一次。我做事往往不大考虑后果，觉得有意思，就做了。

在我看来，任何一种艺术都是以其本性而显示存在价值的。文学的本性应该是语言的艺术。法国佬克洛德·西蒙说："作品是建立在写作和语言同一水平上的。语言不只是一种手段，而且是一种动力。它也有创造力。"从这个意义上讲，文学是作家把玩的语言游戏，然而又是严肃的。语言不仅是承担表现什么的任务，它也是被表现的一部分。细心的读者不难看出，这部小说的叙述，用的是两种味道不同的语言。而其结构也似乎含有语言的因素，成为不同人物不同心态的衔接手段。我于是就这么写了。其时天正度暑，写得苦不堪言，我不想考虑这种写法的利弊和成败。

我图的是痛快。

1988 年 3 月 10 日　合肥

《日晕》(台湾版) 序言

贯雅文化事业有限公司将出版《日晕》繁体字版本，我是非常愉快的。

《日晕》是我的长篇小说处女作，写于一九八七年夏天，其时我三十岁。这部书，是应人民文学出版社之约写的，写得很顺手，也写得苦不堪言。我不是个职业作家，写作是业余的生活。那个时期，我的女儿还在襁褓里，天气又特别的热，但我还是接受了约稿。实际上，当时我想也没想，更谈不上什么案头准备，可谓初生牛犊不畏虎。似乎一夜间，我找到了我所需要的那种感觉，于是乎形成了一股冲动，就放手去写了。每天晚上，我躲在一间屋子里，光着膀子挥汗如雨地写，翌日照常上班忙公务。就这样过了一百个夜晚。我写东西，特别是长一点的东西，一般不打草稿。我写得很慢，很谨慎，每晚两千字，不多写。后来我的编辑看过《日晕》，并没有让我作修改，倒也省事。然而这种顺利，很大程度上得助于我的经历与体验——我熟悉那块土地以及生活在其上的男男女女。关于这类情况，我曾有一篇叫做《多余的话》的文章专门谈及，现附后，不赘。

《日晕》最初由我的故里安庆的期刊《满江红》连载过若干章节，嗣后由安徽省的大型文学期刊《清明》全文发表，遂获得强烈反响。国内几十家报刊纷纷载文予以评介。如著名文学批评家陈辽先生撰文指出："在中国四十年长篇小说创作中，《日晕》堪称具有突破意义的上乘之作。"不久，安徽作家分会等四家单位在合肥联合召开了《日晕》讨论会。《文艺报》在报道这次会议时是这样总结的——

"这部二十三万言的小说熔历史、现实、文化于一炉，展示了改革深化时期广阔的社会生活，揭示了众多不同阶层人物特定历史时期的复杂心态。尤为值得肯定的是，作家敢于大胆探索，在现实主义基础上合理自如地吸收了一些非现实主义创作方法，以其独特的结构方式和新颖的语言叙述形态，对传统的长篇小说营造格局作了一次较为成功的突破。"

一九八九年十月，《日晕》获"清明文学奖"；十二月，人民文学出版社出版《日晕》单行本。这些固然令人高兴，但更令我愉快的，是来自四面八方的读者来信。一个作家只能活在作品里，活在读者心中。

我由衷地感谢林惠珍女士及她领导的"贯雅"，使《日晕》有幸与台湾广大读者见面。我与林女士素昧平生，她的热忱与精干给我留下了很深的印象。我还向为这部书付出辛勤劳动的朋友们致谢。我们合作得非常愉快，我希望这是一个良好的开端。海峡两岸同是炎黄子孙，如果我的作品能为台湾以及其他地方的读者所喜爱，我将不胜荣幸。

是为序。

潘军

一九九○年五月二十九日夜于合肥寓所

重印《日晕》自序

《日晕》是我的长篇处女作，它的写作时间是 1987 年的夏天。那一年，我三十岁，以发表第一篇小说计算已有了五年。当时我在机关供职，写作完全是业余。我清楚地记得，那个炎热沉闷的夏季的每天晚上，我总是在《新闻联播》节目之后，提了一瓶水、带上一条毛巾和一盒清凉油，去机关办公室进行这部小说的写作。办公室没有空调，电扇又不能设置高速运行（怕掀动稿纸），所以往往需要在脚下放一盆凉水，热了，就把脚浸在盆里。我就这样挥汗如雨地度过了一百个夜晚，完成了这部书。

《日晕》应该是我的写作生涯第一阶段的终结点，它预示着那个习作阶段的结束，检验了我的叙事能力和写实基础，同时也启动了我在小说叙事领域里新的探索——一位批评家曾经指出，作为 20 世纪 80 年代出现的"先锋作家"，《日晕》的意义在于把习惯在中短篇小说里的写作探索较早地引进了长篇领域。而对于我，完成这部书无疑具有一种继往开来的意味，它让我开始关注叙事的重要性，树立了我作为一个小说家的信念。我知道我将拥有一种本领，去表达我对这个世界的感受。

《日晕》最先由我家乡安庆的刊物《满江红》连载了部分章节，1988 年再全文发表于安徽省文联主办的《清明》杂志。一年后的 1989 年，人民文学出版社出版了它的单行本。但那个时候，由于众所周知的原因，是没有人去看小说的。况且它的印数仅为三千册。所以除了一些喜欢我作品的读者与研究者外，现在很少有人知道我在这个非常的年头出版了我的长篇处女作。《日晕》的另一个版本是由台湾贯雅出版公司出版的，出版日期在 1991 年。十多年后的今天，当中国文联出版社决定重印这本书时,我不能不有所感慨。它让我看见了我年轻的身影,更让我缅怀了那段艰难岁月。

潘军

2001年2月8日　北京天坛之侧